21世纪高等院校市场营销专业精品教材
Excellent Course of Speciality of Marketing for
High-level Universities in the 21st Century

Marketing Channel Management

营销渠道管理（第三版）

张 闯 编著

东北财经大学出版社
Dongbei University of Finance & Economics Press
·大 连·

图书在版编目（CIP）数据

营销渠道管理 / 张闯编著. —3版. —大连：东北财经大学出版社，2021.1（2022.5重印）
（21世纪高等院校市场营销专业精品教材）
ISBN 978-7-5654-4037-3

Ⅰ. 营… Ⅱ. 张… Ⅲ. 市场营销学-高等学校-教材 Ⅳ. F713.50

中国版本图书馆CIP数据核字（2020）第232723号

东北财经大学出版社出版
(大连市黑石礁尖山街217号 邮政编码 116025)
网 址：http：//www.dufep.cn
读者信箱：dufep@dufe.edu.cn
大连日升彩色印刷有限公司印刷 东北财经大学出版社发行

幅面尺寸：170mm×240mm 字数：427千字 印张：19.5 插页：1
2021年1月第3版 2022年5月第2次印刷
责任编辑：朱 艳 责任校对：合 力
封面设计：沈 冰 版式设计：钟福建

定价：42.00元

第三版前言

对营销渠道管理的兴趣开始于硕士研究生学习时期，在准备硕士毕业论文期间，我查阅了当时学校图书馆可以找到的全部涉及营销渠道管理的书籍，感觉当时大家说的东西都差不多，与渠道管理相关的内容主要集中在营销渠道结构的设计与选择方面，而对营销渠道成员之间的互动关系也多是只涉及渠道冲突等在众多营销管理教科书中被反复提及的内容。2000年以后，以西安交通大学管理学院庄贵军教授为代表的一些营销学者展开了对渠道权力、冲突、合作、信任与承诺等渠道行为的研究，极大地丰富了国内营销渠道管理方面的研究文献。2001年，清华大学赵平教授组织翻译出版了由著名营销渠道研究学者路易斯·斯特恩教授及其合作者所著的国际公认的营销渠道管理方面的权威教材——《营销渠道管理》（第5版，清华大学出版社，2001），这本权威教材的内容架构很好地平衡了渠道结构设计、选择理论与渠道行为理论这两大研究领域。虽然这本引进版的教材由于其内容相对庞杂，理论内容也有些深度，可能并不适合作为本科生课堂教学的教材，但它却极大地丰富了国内营销渠道管理教学的内容，对渠道行为理论的研究也有颇多启发。

2003年开始攻读博士以后，我将我的研究方向确定为“社会网络视角下的营销渠道权力问题”，主要工作是针对传统渠道权力理论研究限于二元分析范式的不足，将社会网络理论引入营销渠道权力理论中，从网络的视角来分析渠道网络结构特征对渠道权力及其相关行为的影响。博士论文的写作促使我阅读了200余篇英文论文，这些论文主要是营销渠道行为理论的文献。可以说，博士论文的写作极大地提升了我对渠道行为理论的认识，因为这个领域一直都是国内营销学专业课程教学中较为薄弱的一个环节。

2005年学校调整本科教学计划，基于自己的研究兴趣，我自告奋勇地申请面向市场营销专业的本科生开设营销渠道管理课程。在课堂教学过程中，我有意识地加大了对渠道行为理论的教学内容，按照渠道结构设计与选择、渠道行为、渠道关系与网络、渠道绩效评价的框架设计课程教学体系。在过去十几轮的课堂教学中，很多学生反馈给我的信息是，虽然渠道行为、渠道关系与网络这两个部分学习的难度有些大，但却能够开拓他们的视野、扩大他们的知识面，这使得营销渠道管理成了一门真正意义上的“专业”课程。

在东北财经大学出版社朱艳编审的热情邀约和支持下，这本《营销渠道管理》教材于2012年出版。本教材按照营销渠道管理研究的两大领域，即渠道结构设计与选择和营销渠道行为为核心组织全书架构，与市面上现有的同类教材相比，本教材具有以下几个特点：

第一，本教材加大了营销渠道行为理论内容的比例。相对于传统营销渠道管理教材较为侧重渠道结构设计与选择部分，本书注重强化营销渠道行为理论，重点加强了渠道权力、冲突、合作、信任、承诺、领导、激励与沟通等渠道行为的内容。这样做是基于两个原因：一是关于渠道结构理论部分的内容，学生在市场营销课程中也会有所了解，所以本书在保留理论框架完整性的同时压缩了内容篇幅；二是除了少数教材以外，渠道行为理论部分是目前渠道管理教材中较为薄弱的环节，加强这个部分可以拓展课堂教学的内容，丰富与拓展学生关于渠道管理的知识体系。

第二，本教材强化了对营销渠道理论研究前沿领域的内容。除了强化营销渠道行为理论以外，本书还用了两章内容对当前营销渠道研究的理论前沿问题进行阐述，这两章分别涉及营销渠道治理和营销渠道关系与网络两个研究领域。由于这两个研究领域是20世纪90年代以来学界研究的热点，因此将一些理论观点纳入教学范围可以开拓学生的视野，并提升学生对渠道理论认识的深度。当然，这两部分内容理论性会较强一些，授课教师可以根据情况有选择地做课堂讲解。

第三，本教材有意识地强化了中国本土文化的情景。如同其他来自西方的理论一样，营销渠道管理理论也存在面向中国市场环境的适应性问题，这一点已经在近年出现的一些研究文献中有所反映。因此，本书在两个方面努力强化中国本土文化的情景：一是我们将一些以中国本土文化元素融入渠道研究的理论，并插入相关章节，如针对人际关系与角色问题的探讨、人际关系作为一种渠道治理机制的探讨等；二是书中举出的一些案例以本土案例为主，并且一些案例来自作者对企业的访谈。希望这两点能够帮助学生更好地理解渠道管理理论。

第四，拓展学习窗口的应用。相对于多数本科教材在每章后面附上案例帮助学生理解每章的知识这种做法，本书在每章后面用“拓展学习”窗口代替了“本章案例”窗口。在“拓展学习”窗口中，大多选取了一些与本章内容相关的理论研究文献，用以拓展学生的学习空间。此外，本书还在每章的最后提供了一些延伸阅读的文献目录，供教师备课时参考，同时也为学有余力的学生自主学习提供参考。

在本教材的撰写过程中，我设计了全书的内容架构，并撰写了本书的第3、5、7、8、9章及第1章第4节、第10章第3节，以及所有的学习目标、本章小结、拓展学习、复习思考题和延伸阅读等内容，其余章节是我和我的研究生合作完成的，这些参与编写的研究生及其参与编写的章节包括：杜楠（第6章、第2章第1节）、吴启双（第4章）、唐微（第2章第2、3节）、高洁（第10章第1、2节）、刘姣（第1章第1节）、万莹（第1章第2节）及曹冰（第1章第3节）。最后，我对全书内容进行审定、定稿。

此次对教材的修订并没有改变教材的整体架构，我们只是对教材内容中已经过时的信息和数据进行了相应的更新；重点更新了每一章后面的“拓展学习”和“延伸阅读”的内容，以让教材能够反映营销渠道管理研究的最新动态和成果。此次修订工作由我和我的一名博士研究生孙冬白共同完成，孙冬白同学对全部书稿进行了认真、细致的审读，并查找与更新了相应的信息和数据。

在本教材的写作和修订过程中，我们参阅了大量国内外学者的著作、教材和论文，在此对这些学界前辈和同行表示感谢。虽然我们在书中尽可能详细地标注了一些文献和观点的出处，但难免挂一漏万，如果出现了此类差错，敬请指出，我们将会及时进行相应的调整。

感谢我的博士生导师、东北财经大学工商管理学院夏春玉教授，本教材的编写大纲得到了夏老师的审阅和指导；感谢我的博士后指导老师、西安交通大学管理学院庄贵军教授，庄老师对我的研究领域的关注和支持对于本书的写作非常重要；感谢东北财经大学出版社的朱艳编审，没有她的鼓励、支持和出色的工作，本书将难以出版面世。

最后，我恳请学界同行批评指正本教材中可能出现的错误与不足，也迫切地希望采用本教材的任课老师将意见反馈给我，以便我们不断地完善这本教材。

作　者

2020年11月于东财师言阁工作室

目　录

第1章 导论

学习目标

通过本章的学习，了解营销渠道的定义、渠道成员与参与者，营销渠道的功能与流程，从理论层面了解中间商渠道存在的原因；了解营销渠道的研究视角与研究内容，理解营销渠道与流通渠道、物流管理等相关概念的区别与联系。

对于消费者而言，营销渠道不像他们所购买的产品、支付的价格、企业的促销活动那么显而易见，消费者所能够接触的主要是他们购买的地点，如各种零售商店或者网上商城，因而绝大多数消费者对于营销渠道的运作及功能都缺少了解，很多时候他们也没有了解的兴趣。对于生产制造商来说，营销渠道是其营销组合（4P）中的一个P，制造商通过营销渠道将产品从其工厂转移到消费者可以购买到产品的各种地点。从营销管理的角度来看，营销渠道管理是营销组合中最具挑战性的一个要素。由于营销渠道往往都是由一些独立的批发和零售企业构成的，因而营销渠道是4P中唯一涉及跨组织关系管理与协调的要素。不仅如此，在竞争越发激烈的买方市场上，营销渠道对于生产制造企业来说还具有非常强的战略意义。高效率的营销渠道不仅可以帮助企业获得更高的销售额，还可以帮助企业塑造竞争对手难以模仿的竞争优势，这就是为什么很多业内人士都认为“得渠道者得天下”的原因。

本章将主要介绍与营销渠道管理有关的一些基本概念和基本知识，包括营销渠道的概念与形态、营销渠道的成员与参与者、营销渠道的功能与流程、营销渠道存在的理论原因，以及营销渠道研究的视角，最后我们将展示本书的基本框架结构。

1.1 营销渠道及其成员与参与者

1.1.1 营销渠道的概念及基本形态

营销渠道（marketing channel）有时也被称为“分销渠道”、“营销通路”或“流通渠道”，指的是产品或服务从生产领域向消费领域转移所经过的路径，该路径由一系列在功能上相互依赖的组织构成。在此，我们有必要对几个相似的概念进行区分。

首先，营销渠道与分销渠道（distribution channel）在营销学中的含义并无本质的差异，只是分销渠道更为强调站在生产制造商的角度来考察渠道，而营销渠道的定义并没有特别强调这一观察视角。我们除了可以从制造商的角度来考察渠道以外，还可以从批发商、零售商或者消费者的角度来考察渠道过程。但与营销管理学的理论范式相一致，更多的时候我们都是站在制造商的角度来分析和考察营销渠道的。

其次，物流管理与营销渠道管理也存在着某些联系与区别。物流是渠道流程之一，因而营销渠道的管理包含了渠道中物流过程的管理。但物流管理的范畴更为宽泛，物流管理除了企业物流之外，还包括城市物流、区域物流、国家物流、国际物流等范畴，因而除了产品从生产企业向消费者转移过程中所发生的物流活动以外，物流管理的其他范畴与渠道管理并无太多交叉。此外，根据营销渠道的理论传统，传统的营销渠道管理侧重于商流管理，即侧重于渠道成员之间交易关系与交易过程的管理。

与营销渠道密切相关的另一个概念是流通渠道，二者之间的区别与联系我们在本章第4节进行详细说明。

关于营销渠道的概念，有下述几方面的要点：

第一，营销渠道的运行是一个将产品或服务从生产者高效率地转移到消费者手中，促使消费者更快、更好地对产品或服务进行消费的过程，这一过程有赖于渠道参与者共同完成的一些渠道功能来实现。

第二，在企业没有将渠道完全内部化的情况下，营销渠道存在于企业的外部，它不是企业组织内部机构的一部分，而是由与企业关联的、帮助企业达到营销目的的经营组织构成。所以，营销渠道的管理和控制要比一个企业内部的管理和控制困难、复杂得多。

第三，营销渠道是由一系列相互依存的组织按一定目标结合起来的。虽然生产者可以直接与消费者进行沟通，完成商品交易活动，实现直接渠道运作，但是对于大多数生产者而言，中间环节是产品分销成功不可或缺的。因此，一条营销渠道多由两个或更多个在产品分销过程中发挥必要功能的机构或个人组成，如批发商、代理商、零售商和辅助机构等。

第四，营销渠道中的成员之间存在竞争和合作的关系。虽然在有些情况下，它们的利益关注点不同，但每一个渠道成员都从渠道运行结果中获得收益，同时也相应承担着失败的风险，都希望通过专业化和合作提高自己的竞争实力。营销渠道存在的基础就是成员之间最低限度的合作，并且只有通过渠道范围内的合作，将渠道中的主要参与者联系在一起，才能高效、顺利地实现企业的分销目标。

图1-1和图1-2是营销渠道结构的简单示意图。营销渠道开始于产品或服务的生产者，以产品或服务的消费者为终点，所有参与渠道过程的组织和个人都被称为渠道成员，它们都或多或少地承担着一些必要的渠道功能。从图中可以看出，生产制造商的产品或服务可以通过多种渠道结构到达消费者或用户手中。有的渠道经过的环节比较多，涉及较多的中间组织，而有的渠道经过的中间环节较少，甚至为零中间环节，渠道结构相对较简单。在消费品营销渠道中，中间商主要由批发商和零售商构成，而工业品营销渠道的中间商主要由批发商和代理商构成。在本书后面的章节中，如果没有特殊说明，我们将主要关注消费品渠道的管理问题，这也是与营销管理理论的传统相一致的。

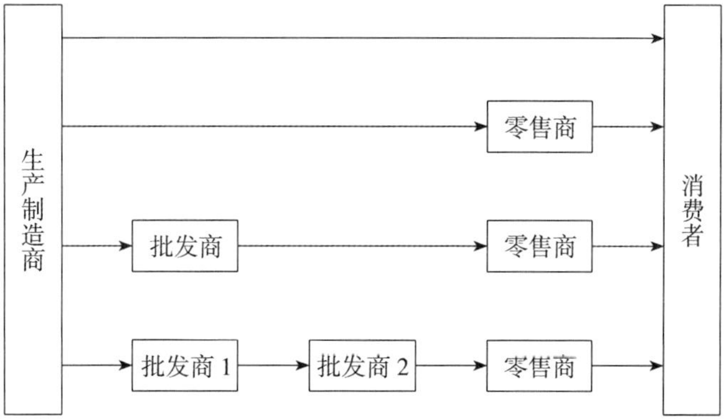

图1-1 消费品营销渠道

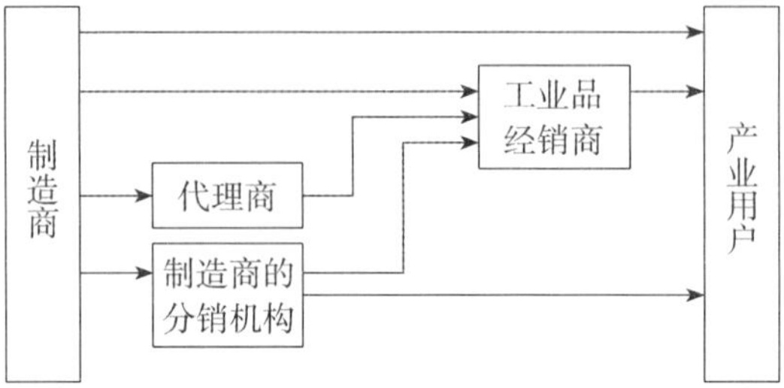

图 1-2　工业品营销渠道

1.1.2　营销渠道的参与者

营销渠道的参与者是指与生产企业产品分销有关的所有组织和机构。按照不同的分类方法，营销渠道的参与者可以分成不同的类型。按照是否参与商品所有权转移的谈判以及所有权是否发生实际转移来划分，可以将渠道成员分为两类：一类是成员性参与者，一般包括生产企业、批发商、零售商和其他形式的分销商；另一类为非成员性参与者，即辅助代理机构，一般包括运输机构、市场调研机构、广告代理商、银行、保险机构等[①]。营销渠道参与者的组成及分类情况如图 1-3 所示。

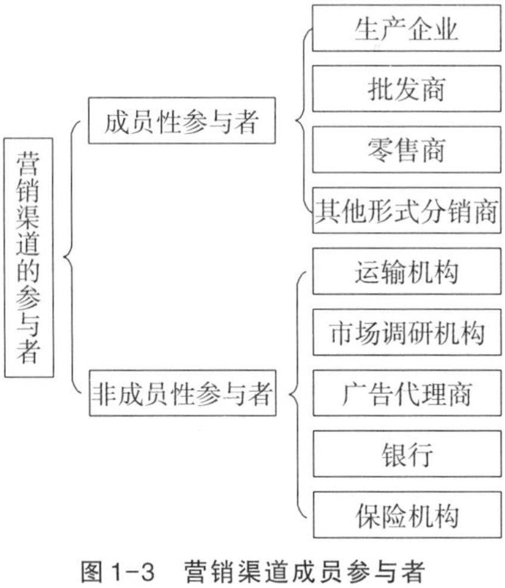

图 1-3　营销渠道成员参与者

营销渠道成员由三个基本部分组成：生产企业、中间商和最终用户。其中，中间商由批发商和零售商构成，最终用户分为一般顾客（消费者）和企业用户。一般来说，非成员性参与者的作用对于所有的生产企业而言可能是基本相同的，在生产企业看来，它们只是一种辅助性质的组织和机构。从营销渠道的建设和发展来看，这些组织和机构虽然是必不可少的，甚至有时会直接影响营销渠道的效率，但是一般来讲，营销渠道管理主要考虑的是对成员性参与者的管理和控制。

1）成员性参与者

（1）生产企业。一般意义上，生产企业是指那些直接从事提取、种植以及制造产品的组织。生产企业可以涵盖许多行业、领域。作为商品的生产者，其所覆盖的

① 罗森布罗姆. 营销渠道管理［M］. 李乃和，等译. 6版. 北京：机械工业出版社，2003：29.

行业范围是极为宽泛的，从农业、渔业、林业，到工业的各个行业，都是其生产活动的范围。生产者所覆盖的行业范围的宽泛直接表现为其所生产的产品的多样性，这显然是由消费者的消费需求所决定的。除此之外，生产者之间的差异还体现在组织形式与规模的差异上，从从事农业生产的农民与农户家庭，到从事大规模工业生产的各种公司和企业集团，其在组织形态和规模上的差异是非常巨大的。虽然生产者之间存在着上述差异，但其生产经营活动却都有一个相同的目标，即满足市场的需求。为了更好地满足市场需求，生产者不仅需要按照市场需求来组织生产活动，还需要通过组织有效的营销活动让消费者能够在合适的时间与地点买到其所需要的商品。

生产企业作为营销渠道的首个环节，在营销渠道的建设和拓展中占有非常重要的地位。一般来讲，生产企业既是营销渠道建设者，也是营销渠道的维护者和使用者。生产企业不仅需要为整个渠道的建设制订计划，还需要为营销渠道的畅通建立组织机构，配置相应的人员，并对整个渠道的管理工作进行指挥、协调和控制。但是，生产企业居于营销渠道主导地位的这种情况也不是绝对的，在某些情况下，中间商也可能扮演渠道中的核心组织角色。中间商是处在生产者与消费者之间，参与产品或服务的转移过程，促进交易行为发生和实现的参与性渠道成员。如果按照在渠道中承担的不同角色来划分，中间商又可分为批发商和零售商两类。

（2）批发商。批发商是指从生产者或其他经营者那里购进商品，然后转售给其他批发商、零售商、产业用户和事业用户的专业流通组织。批发商是商品分销过程的中间环节，其上游联结商品的生产者，下游则与商品的再销售者（下游批发商和零售商）、各种产业用户和事业用户相联系，批发商的活动完成后，商品一般不进入最终消费领域。

一般来说，批发商不仅拥有专业化的员工队伍和健全的经营管理组织，而且拥有便捷的信息网络和丰富的客户资源，能够对市场发展态势和顾客的心理做出相对正确的判断。因此，批发商通常能够比生产企业和零售商更有效率地从事分销活动。批发商在市场营销中发挥着重要的作用，这些作用归纳起来有以下几个方面：销售与促销功能、商品采购与搭配功能、仓储服务功能、运输功能、融资功能、风险承担功能、提供信息功能和管理咨询服务功能。

现代批发组织由三种主要类型的批发商组成，即商业批发商、代理商和经纪人及制造商自营销售组织。商业批发商是一种独立的批发机构，专门从事批发业务，并且在经营业务时获得商品的所有权。商业批发商的目的是通过发挥各种各样的批发功能，提高营销渠道的运行效率，并因此而获得合理的利润。按经营商品的范围，商业批发商可分为综合批发商、单一种类批发商和专业批发商。其中：综合批发商是经营多种产品类别的批发商；单一种类批发商是只经营某一类商品的批发商；专业批发商是指专门经营某类产品中某种产品的批发商。

按照提供功能服务的范围，商业批发商可分为完全功能批发商和有限功能批发商。其中，完全功能批发商具有广泛的批发职能，包括提供购销、产品储存、运输、融资、信息和咨询等服务。有限功能批发商是指只承担部分批发职能的商业批发商。

作为批发商的主要类型，商业批发商在市场营销中发挥着重要的作用。

商业批发商的功能体现在两个方面：对上游（生产企业）的作用和对下游（最终用户）的作用。商业批发商对上游的作用包括：占领一定的市场份额，充当销售联系纽带，保持合理库存数量，处理客户的订单，收集产品市场的信息，以及向顾客提供支持。商业批发商对下游的作用包括：确保所售产品的有效性，向顾客提供服务，向顾客提供信贷支持，对所售产品进行分类、整批分零，以及向顾客提供消费建议和技术支持①。

代理商和经纪人也是一种独立的批发机构，一般只帮助沟通产销，在交易当事人之间起媒介作用，在商品交易中，一般不获得商品的所有权。代理商是指受生产制造商的委托，代理销售生产制造商某些特定商品或全部商品的中间商。经纪人又称掮客，一般既没有资金，也没有商品所有权，只是受委托人委托进行购销谈判。代理商和经纪人的作用是为买卖双方提供市场信息、作为销售纽带联系买卖双方以及提供服务支持和买卖建议等，他们的收入主要来自销售佣金。

制造商自营销售组织由生产制造商自己开办并进行经营，是生产制造商的下属批发机构，通常包括制造商设立的销售公司或销售办事处。

（3）零售商。零售是将商品销售给最终消费者，以供个人或家庭消费的商业活动。零售商是指以零售为其主营业务的机构或个人。零售的概念具有以下要点：第一，零售活动是将商品提供给消费者用于直接消费，而不是用于生产消费或者转售；第二，最终消费者主要是个人或者家庭；第三，零售活动不只涉及有形商品的销售，也包括服务性劳动的销售；第四，零售活动不局限于在固定的营业场所进行的销售活动，很多无店铺的销售活动也是零售，如自动售货、网购等②。

零售业态是指零售企业为满足不同的消费需求进行相应的要素组合而形成的不同经营形态。根据国家标准《零售业态分类》（GB/T 18106—2010），目前我国市场上共有16种业态。按有无店铺可将零售业态分为有店铺零售业态和无店铺零售业态。其中，有店铺零售业态包括10种，即食杂店、便利店、折扣店、超市、仓储式会员店、百货商店、购物中心、专业店、专卖店和工厂直销中心；无店铺零售业态包括6种，即电视购物、邮购、网上商店、自动售货、直销和电话购物。

零售商在分销渠道中处于连接制造商、批发商和消费者的最终业务环节，在营销渠道中发挥着重要的功能，其具体功能主要有以下几点：第一，提供商品组合，降低了消费者购买过程中的时间、体力和精力成本。第二，分装货物，为消费者提供了形式效用。第三，保有存货，降低了消费者储存产品的成本，创造时间效用。第四，提供服务，为消费者购买和使用产品创造了便利条件，创造空间效用。

2）非成员性参与者

非成员性参与者，即辅助代理机构，一般包括运输机构、市场调研机构、广告代理商、银行、保险公司等。

（1）运输机构。运输机构包括所有基于公共交通基础设施以提供运输服务的公

① 罗森布罗姆．营销渠道管理［M］．李乃和，等译．6版．北京：机械工业出版社，2003：38，40．
② 庄贵军．营销渠道管理［M］．北京：北京大学出版社，2004：140．

司。由于能够实现规模经济，这些运输机构以及其他的运输公司就能够比生产制造商、批发商以及零售商以更低的成本更为有效地提供服务。

（2）市场调研机构。随着人们对市场调研重要性认识的逐渐增强，在过去的几十年中，市场调研机构得到了很大的发展。目前，大多数的大中城市都有许多市场调研机构来提供专业的市场研究服务。当渠道成员自己的公司缺少获得相关市场信息的必要技能时，它们就会使用这些市场调研机构来提供必要的信息。

（3）广告代理商。广告代理商是专门向渠道成员提供销售策略的公司。它可以帮助客户制定其要求的销售策划业务，小到制作一个广告，大到制定和执行整个广告策略。

（4）银行。银行作为金融机构能够为渠道成员提供资金保证以及各种形式的金融服务。

（5）保险公司。保险公司具有转移渠道成员业务风险的功能。例如，产品销售过程中可能遭遇的火灾、盗窃损失及在运输过程中的损坏，甚至恶劣天气所造成的损失都可以通过向保险公司投保而将风险转移。

从渠道管理者的角度看，辅助代理机构可能被看作次级承包商，可以把许多不同的分销任务转交给他们。对于渠道管理者来说，主要的管理任务就是选择适合自己的辅助代理机构，并且对其进行有效的监督控制，因为渠道中的任一环节都是至关重要的。通过准确地定位辅助代理商所承担的任务，渠道管理者将能够更好地选择与确定能有效实现公司分销目标的辅助机构。

1.2 营销渠道的功能及流程

1.2.1 渠道功能

营销渠道的功能在于使产品从生产者转移到消费者的整个过程顺畅、高效，缩小或消除产品供应与消费需求之间在时间、地点、产品品种和数量上存在的差异。简而言之，营销渠道的基本功能就是要将产品或服务顺利地送达消费者。在此过程中，渠道中的各个成员要相互合作，共同努力去实现产品的形式效用、时间效用、地点效用和所有权效用。由此形成的营销渠道功能主要包括：收集与传送信息、促销、洽谈、组配、谈判、物流、风险承担和融资。

（1）收集与传送信息。渠道成员收集和分析有关消费者、市场行情、销售环境以及竞争者的信息，然后将其传送给其他成员共享和交流。

（2）促销。企业为了刺激消费而采取的一系列企划宣传活动。促销其实就是企业与顾客主动沟通的一种形式，这种沟通的效果取决于企业是否能以富有创意的方式，使顾客乐于接受企业所传达的产品和服务信息。

（3）洽谈。供销双方为了各自所需，就产品或服务的价格、种类、数量以及规格等其他附加条件进行商议，以实现产品或服务所有权的转移。

（4）组配。组配是指制造商或经销商按买方要求，对商品在分类、分等、装配包装上进行组合、搭配的活动。消费者的需求呈现个性化和多样化，组配可减少买卖双方搜寻对方的成本，协调专业化厂商产品（服务）单一品类与消费者多样化需要之间的矛盾。

（5）物流。主要涉及商品的运输和存储活动。商品一旦进入销售领域，渠道成员就对其展开一系列的运输和存储活动。有时候这种功能由相关的辅助机构完成，如淘宝店大多数是通过支付费用给物流公司并由其将商品送达消费者，而不是店主自己亲自送达。

（6）风险承担。在商品流通的过程中，随着商品所有权的转移，市场风险的载体也在各渠道成员之间不断地转换。如在专业化产品市场中，渠道成员一方面共享专业化带来的利益，另一方面也要承担市场环境变化及其他不可控因素带来的风险。

（7）融资。商品的生产、制造和销售都需要资金的投入，充足的资金是渠道正常运转的保证。常见的融资行为有：制造商通过订金或保证金进行融资；经销商通过要求制造商压货或给予授信赊销额度来减少资金的占用；零售商通过延迟付款在短期内变相增加资金量，当下大型零售商已经普遍使用这种方式。

上述功能构成了营销渠道的功能集。研究与实践证明，顺利完成整个渠道流程，这些功能是不可或缺的，它们必须全部被执行。但这并不意味着渠道中的某一成员必须独立完成所有功能，渠道成员可以根据实际情况选择承担全部功能，也可以将其中一部分功能转移给其他成员来执行。渠道成员在执行各类功能时会有专长、成本、效率和效益的差异，因此，构建与管理良好渠道问题的焦点也就集中在选择谁来执行这些功能会实现效益最大化方面。管理者在考虑渠道功能组合时应该注意一个要点，即某个渠道成员可以从渠道中消失，但是其承担的渠道功能不会随之消失，而是在渠道中向前或向后转移到其他成员身上，由其他渠道成员完成这些功能，以保障渠道正常运转。

1.2.2 渠道的流程

营销渠道的功能表现为各种流程，营销渠道流程是指渠道成员依次执行的一系列功能，是描述各成员的活动或业务的概念，包括实体流、所有权流、促销流、洽谈流、融资流、风险流、订货流、支付流以及市场信息流，这些流程将组成营销渠道的各类渠道成员贯穿起来。渠道流程如图 1-4 所示。

（1）实体流，也称物流，是产品实体在渠道中的运动，主要包括运输和存储活动。合理的物流配送，是商品顺利走向消费者的基本保障。在竞争日益激烈的市场环境中，物流逐渐化身为商品的“附加产品”，成为影响消费者满意度的重要因素。

（2）所有权流，指商品所有权或持有权从制造商到批发商，批发商到零售商，零售商再到最终消费者的流转过程。一般情况下，随着商品的买卖活动，所有权流是向前流转的。

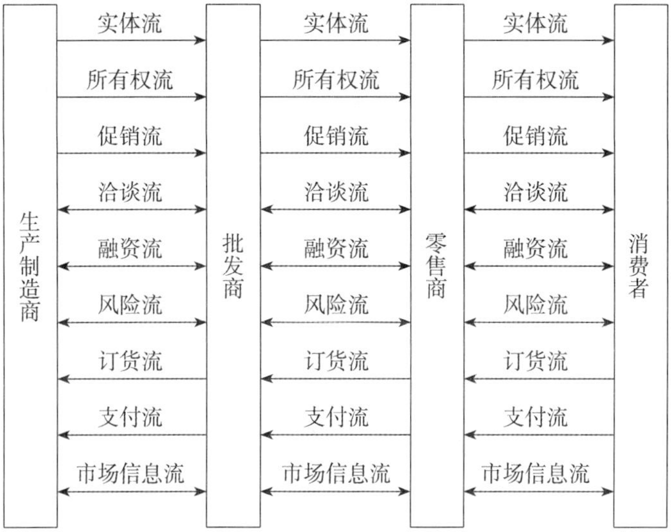

图1-4 营销渠道功能流程

（3）促销流，是渠道成员的促销活动流程。促销流分为两种：从制造商流向中间商，称之为贸易促销；从制造商直接流向最终消费者，称之为最终使用者促销。渠道成员既可以采用常规的媒体广告、冠名活动以及较新型的POP展示等大规模促销方式，也可以采用人员推销等针对性更强的促销方式。一般而言，快速消费品采用广告促销，工业品则常采用人员推销的方式来进行促销活动。

（4）洽谈流。该流程贯穿在整个渠道中，商品所有权每流转一次，成员之间就需要对商品种类、价格、数量及交易条件等方面进行洽谈。谈判内容越繁杂，谈判次数就越多，谈判也会更激烈。

（5）融资流。该流程是渠道成员间资金融通的过程。该流程是双向的。融资流既可以是前向的，也可以是后向的。一些服装公司会为新进的加盟店提供产品和财务上的帮助，这就是前向融资流；消费者为某种产品或服务支付定金购买预售产品，就构成了后向融资流。

（6）风险流，是营销渠道成员之间分担或转移风险的流程。随着商品所有权的转移，风险主体也在转移。谁对商品具有所有权，谁就对其负责，承担其风险。造成风险的因素有很多，如交易过程中的产品报废、过时、丢失、返修、违约、保险和税金等，还有存货量过大，影响资金周转，或处理存货造成的损失等。

（7）订货流，是渠道成员定期或不定期向供货机构发出的订货流程。订货流通常是后向的，由用户向零售商、零售商向批发商、批发商向制造商流动。

（8）支付流，是指货款在渠道各成员间的流动，它和订货流一样，是后向流动的。一般来说，它是紧随在订货流之后发生的。

（9）市场信息流，是各成员相互传递信息的流程。它是双向的，体现了渠道成员之间的相互沟通。从渠道上游制造商流出的信息是关于产品和促销等方面的信息，而从渠道下游向上游流动的则是关于市场需求等方面的信息。

从图1-4可以明显看出，在以上各种功能流中，实体流、所有权流、促销流的流向都是前向的，从制造商流向最终消费者；支付流、订货流是后向的，从消费者流向制造商；而融资流、洽谈流、市场信息流和风险流则是双向的，在制造商到消费者之间互相流通。

在现代市场营销中，企业很少会选择独立去完成所有的渠道功能，一方面是很难具备如此强大的实力和高级管理的能力，另一方面也会产生更沉重的成本负担，有时候企业承担某些渠道功能所造成的成本甚至会大于收益。术业有专攻，在此情形下，让其他合适的成员来承担这些渠道功能会是一个企业更加明智的选择。企业要将产品顺利传达至最终消费者，需要资金、物流以及广告媒体的推广等，而如何选择最佳的合作伙伴将是企业进行渠道管理活动的关键任务。

1.2.3 营销渠道功能与流程的关系

营销渠道功能与流程的基本关系是渠道功能通过渠道流程来完成，流程的效率决定了功能的产出效率。从宏观来看，营销渠道是一个庞大的劳动分工系统。渠道成员肩负不同的渠道功能，参与不同的渠道流程。他们看似在独立完成自己的分销功能，但是相互之间还需要沟通与协作，因为他们从属于为达到同一个目标而存在的营销渠道。渠道流程协调的关键在于成员之间信息及时交流，这一点已经得到广泛认可。现在，部分实力雄厚的制造商在着手建立渠道信息管理系统，作为与批发商、零售商等其他渠道成员交流的手段。一方面，制造商可以第一时间得到来自市场的反馈，从而做出相应的策略调整；另一方面，其他成员也可以第一时间了解最新产品信息，为新产品的推广和促销做好准备工作。

渠道功能的分配受很多因素的影响，往往是渠道成员间讨价还价的结果。无论采用何种方式完成渠道功能的分工，可以肯定的一点是，合理分工的渠道会有比较高的渠道运行绩效；相反，则会对渠道绩效带来负面影响。

1.3 营销渠道存在的原因

所有的制造商都是通过营销渠道将自己的产品和服务传递到消费者手中的。这就带来一个问题，即为什么带有中间商的营销渠道会存在，而不是制造商通过直销的方式直接把产品传递给消费者呢？本节我们从理论角度对这一问题进行回答，在第3章中，将就渠道一体化决策问题展开论述。

1.3.1 需求方面的因素

1）简化搜寻

营销渠道存在中间商的部分原因是中间商可以简化搜寻工作。由于制造商和终端消费者各自都面对着不确定性——制造商不知道该如何寻找需要该种产品或服务的终端消费者，同样，终端消费者也不知道该通过何种方法寻找到自己想要的产品或服务。中间商的存在就为制造商和终端消费者这两者搭起了一座桥梁。对于制造商而言，他们可以将所生产的产品直接销售给中间商，让消费者在中间商那里购买到他们的产品，从而减少了他们寻找目标顾客的成本。而如果没有中间商的存在，制造商们不能够确信通过他们的促销努力能否将产品送达到相应的消费者手里。同样对于消费者而言，他们也可以在中间商那里找到他们所需要产品的所有品牌，从而挑选出最适合自己的产品。如果没有中间商的存在，消费者将花费大量的时间来寻找他们所需产品的所有品牌，再从中选出最佳的产品。因此，中间商的存在大大减少了消费者的搜寻成本。

中间商的存在减少了消费者和制造商的搜寻成本，从而提高了顾客的让渡价值。譬如，佳能相机的制造商在中国就是通过各种专营电子产品的零售商来销售产品的，终端用户在购买相机时，无须再搜寻所有的制造商，而相信在那些专营电子产品的零售商那里就能够购买到自己想要的产品，从而简化了终端用户的搜寻工作。相似地，如果不存在专营电子产品的中间商，一个相机生产商就将花费大量时间来寻找他的目标顾客群体以及发现正确的终端用户目标市场。但是通过专营电子产品的中间商来销售他们的产品，能够使很多潜在顾客更容易搜寻到他们的产品，从而减少了制造商的搜寻成本。

2）调节品种与数量差异

由于制造商一般从事有限品种的大批量生产，而消费者通常需要有限数量的多种商品，因此，制造商所提供的商品和服务的类别和数量与消费者所需求的类别和数量之间存在着天然差异。营销渠道就是连接制造商与消费者的桥梁，为了解决这些差异，营销渠道就在制造商和消费者之间起着调节分类差异的作用，即对商品进行搭配、聚集、分类以及分配。

（1）搭配。将不同种类的供应物按等级进行分类，将供应物分成单独的、相同的商品，从而满足不同层次消费的需求。批发商和零售商通过与不同的供应商交易，将许多不同类别的产品搭配到一起向消费者供应，可以大大减少消费者的搜寻成本，满足消费者多元化的商品需求。

（2）聚集。聚集指的是中间商可以将多个不同来源的相同货品放在一起，形成大量的相同产品的供应，满足消费者挑选的需要。在营销渠道中，批发商为零售商聚集各种商品，而零售商则为消费者聚集各种产品。

（3）分类。分类就是批发商将产品按照零售商的需要进行分拣，销售给零售商。零售商再按照顾客的需要进行分拣，从而满足顾客的需要。分类解决了由于生产专业化而产生的生产与需求之间的矛盾。

（4）分配。分配是指为了满足不同顾客的需要，将相同的商品分解成一小份一小份的过程，从而使消费者有更大的选择余地。例如，批发商收到整车的茶叶后将这些茶叶分箱出售给零售商，零售商再将成箱商品以更小的单位出售给消费者。

1.3.2 供给方面的因素

1）减少交易次数

随着生产越来越专业化、产品越来越多样化，商品的交换变得越来越复杂和困难。如果没有中间商，那么，每一个制造商必须向他的每一个潜在顾客进行销售，从而保证他们的销售量。例如，如果在市场上存在3个制造商和6位顾客，由于制造商无法判断哪位顾客需要他们的产品，为了不会遗漏任何潜在顾客，这3个制造商不得不与6位顾客接触18次（见图1-5）。如果在制造商和顾客之间存在1个中间商，制造商不再需要与每一位顾客接触而只需与1个中间商进行交易。同样，顾客也可以直接通过中间商购买到他们需要的商品，因此他们只需接触9次就能够完成所有的交易，从而使整个接触次数减少了1半（见图1-6）。在交易中，通过营销渠道的中间商实现集中采购与配送，能够减少市场中交易的次数，提高交易的效率，从而减少交易成本。在一个市场中制造商的数目越大，则使用营销渠道中间商的优势就越明显。

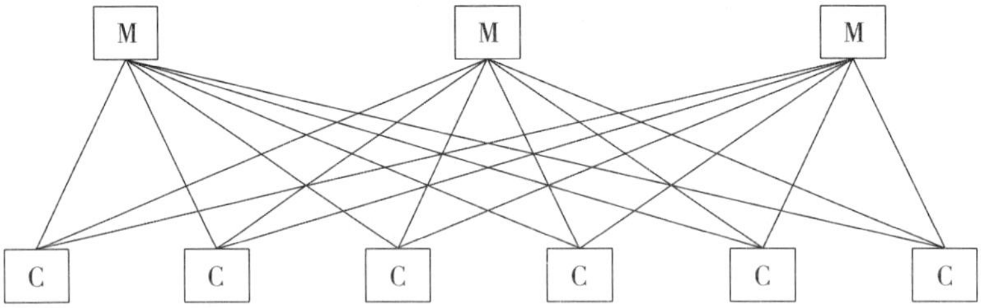

图1-5　直接销售情况下的交易次数

注　交易接触次数：M×C=3×6=18。其中，M=制造商，C=顾客。

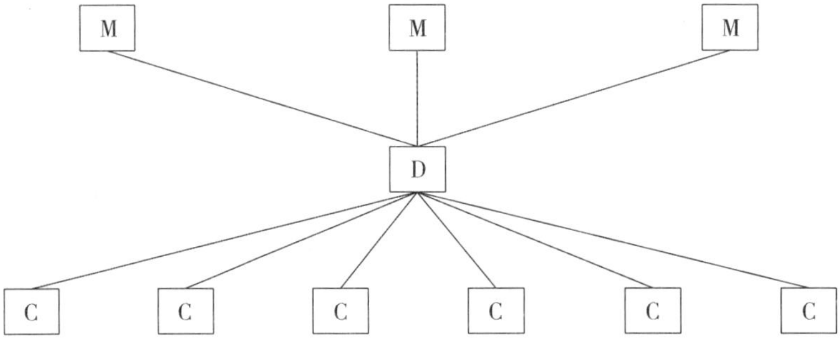

图1-6　通过1个中间商销售的交易次数

注　交易接触次数：M+C = 3+6=9。其中，M=制造商，D=中间商，C=顾客。

必须注意的一点是，当制造商和消费者的数量不变，但参与交易的中间商数量增加时，交易次数可能反而会增加。如图1-7所示，在上面的例子中，当3个制造商使用1个中间商时，接触次数是9次。而当3个制造商使用2个中间商时，接触次数就从9次上升到18次。如果使用4个中间商，那么接触次数将达到36次。因此，由上面的例子我们可以得出，随着使用中间商数量的增加，制造商的接触成本也在不断上升，从而使得制造商从该渠道中得到的回报也相应地不断减少。因此，制造商应该明智地利用中间商，从而帮助制造商减少覆盖一个市场所不必要的接触次数，降低制造商的成本。

2）交易规范化

专业化的营销渠道设置使分销成本最小化，交易规范化。由于每一次采购交易都会涉及订货数量、估计价格以及对产品和服务进行支付，制造商、中间商和消费者就

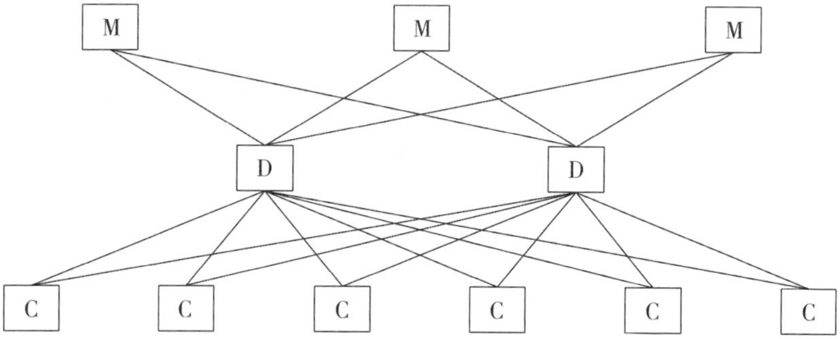

图1-7 通过2个中间商销售的交易次数

注 交易接触次数：2×（M + C）=2×（3 + 6）=18。其中，M=制造商，D=中间商，C=顾客。

必须对交易的数量、方式以及时间进行谈判并达成共识。若这些交易是常规化的，就会大大降低这些分销成本，从而提高分销效率。制造商和消费者通过与某个中间商的长期重复性交易，可以使得交易变得规范化，从而降低交易成本。

1.3.3 创造价值

中间商还可以为消费者创造价值。这种价值的创造表现为三个方面：首先，中间商通过商品的储存、聚集、搭配等活动可以为消费者增加时间、地点等便利性，从而降低消费者购买的成本，为其增加让渡价值。其次，中间商在产品销售过程中可能还对产品进行相应的加工，如产品的重新包装、二次加工等，这些生产活动为消费者创造了产品价值。最后，中间商为消费者提供的各种服务，如送货等售后服务也为消费者创造了价值。

1.4 营销渠道的研究视角与内容

1.4.1 营销渠道研究的宏观与微观视角

营销渠道是商品从生产者向消费者转移的路径与通道，对这一转移过程的考察可以从宏观与微观两个视角来进行。其中，宏观视角是站在全社会或全行业的角度对商品的转移过程进行研究，而微观视角则是站在企业的角度，尤其是生产企业的角度对商品的转移过程进行研究。这两种研究视角与两个概念紧密相关——流通渠道和营销渠道（或分销渠道）。之所以在这里提到了分销渠道，是因为流通渠道与分销渠道的英文表达是完全相同的，即distribution channel。两个概念的差异很好地体现了两种研究视角的差异：

首先，流通渠道的概念来自商品流通理论，它从社会或行业的角度关注商品从生产领域向消费领域的转移过程，而分销渠道或营销渠道则来自营销管理理论，它是站在生产者的角度，关注商品通过什么样的途径才能够迅速有效地转移给消费者，以满足消费者的相关需求。

其次，两者涉及的内容不同。营销渠道所涉及的内容主要集中在厂商的分销战略与策略等方面，即侧重于营销渠道的设计与管理，而流通渠道所涉及的内容则较营销渠道所涉及的内容更为宽泛一些，除了涉及厂商的渠道管理行为外，还涉及专业化的流通机构——渠道中间商的渠道行为，以及消费者的消费行为。更为重要的是，流通渠道所涉及的内容更侧重于从流通渠道的结构、行为等方面完整分析流通渠道的内在运行规律，以及渠道整体的运动变迁规律，以更好地实现流通渠道的商品转移功能。

最后，两者涉及的学科属性不同。营销渠道是市场营销学的重要构成部分，而营销学属于管理学科，因此，营销渠道也属于管理学的研究范畴。流通渠道是流通经济学或流通理论的重要构成部分，因而其在学科属性上应该如同流通经济学一样属于经济学的范畴。由于上述学科属性的差异，两个研究视角所体现的导向也会存在较大的差异，如宏观视角的研究更为关注成本与效率问题，而微观视角的研究则更为关注管理策略与绩效问题。

概言之，营销渠道研究的宏观与微观视角所关注的现象是相同的，前者是“面”，后者是“线”。尽管两者在上述方面存在着较大的差异，但两者所涉及的问题仍存在着较大的交叉，如渠道微观主体的经营行为、渠道成员之间的依赖关系，以及相互作用机制等。对这些问题既可以从营销学的视角进行研究，也可以从流通经济理论的视角进行研究，而且其研究成果也是可以相互借鉴与应用的。

1.4.2 营销渠道研究的基本内容

营销渠道研究的基本内容大体上可以分为两个方面，即渠道选择与设计理论和渠道行为理论（见图1-8）。早期的营销渠道研究与现代营销理论的发展有着高度重叠的轨迹，脱胎于经济学的营销学在20世纪50—60年代完成从经济学导向向管理学导向的转向之前，经济学导向主导着早期对分销问题的研究。将渠道看作经济系统的观点认为，经济学法则协调了不同渠道成员的行为，从而使之构成了渠道系统。从企业是利益最大化的追求者这一经济学基本假设出发，渠道成员之间保持协作关系的根本原因在于它们可以从这种协作中获取其单独行动无法获取的利益。因此，上述观点决定了将渠道作为一个经济系统来研究的基本工具是经济学，尤其是微观经济学，其研究的导向也必然是关注渠道成本与效率的经济学导向。因而，这类研究关注的重点内容是渠道功能与结构的改进，将渠道运行成本的节约和效率的提升作为研究的基本目标。在管理学导向下，从管理绩效的角度来考虑问题，企业则强调对其营销渠道的结构进行科学设计与选择，通过不断改进与优化企业的营销渠道结构来达到提升企业经营绩效的目的。因此，这一研究内容中，微观经济学及交易成本经济学等经济学理论是渠道结构研究的理论基础，其基本导向则是渠道成本与效率。

尽管经济学方法对理解渠道成员之间的协作关系和渠道系统的运行提供了颇具价值的视角，但仅从这一单一的视角去透视本质上是多维度的渠道系统可能无法获得对渠道系统的全面理解。其根本原因在于，渠道成员之间的一系列交易行为中除了经济交易之外，还包含着更为丰富的社会互动元素，而这些社会互动元素恰恰是无法进入经济学的分析视野的。更为重要的是，渠道成员之间的一系列经济交易行为不仅无法与其中的社会互动过程分开，根据嵌入理论的观点，任何经济交换行为都是嵌入在社会关

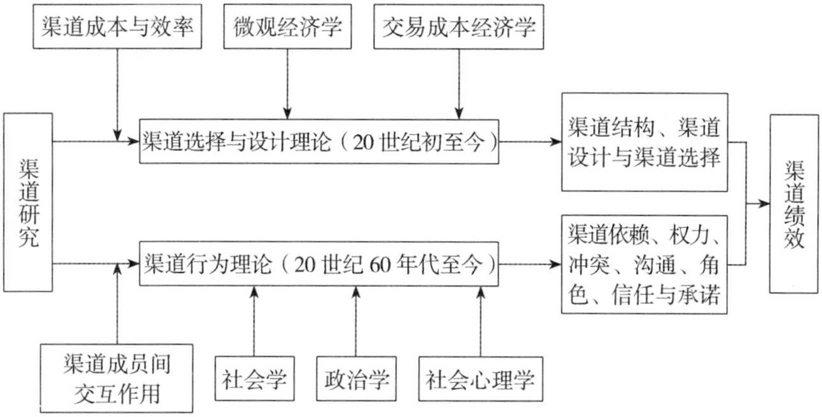

图1-8 营销渠道研究的内容及其理论基础

系中的，即任何经济行为都不可避免地要受到行为主体的社会关系背景的影响。而根据社会交换理论的观点，经济交易仅仅是更为一般的社会交换的一种特定形式而已，因而经济学视角下的渠道成员之间的经济交易行为实际上是一个更为一般的理论中的一个特定变量。因此，要更加全面、深刻地理解渠道系统的运行，必须将分析的视角进行拓展，将社会与行为变量纳入分析视野，因为渠道系统首先是作为一个社会系统存在，其次才是一个经济系统，并且前者是更加根本的。正是对渠道系统性质的这种认识导致了渠道行为理论的产生。

相对于渠道结构设计与选择理论关注渠道的结构及其成本与效率问题而言，渠道行为理论则关注在既定的渠道结构下渠道成员之间关系的建立、维持与终止过程，以及渠道关系内的互动行为。自20世纪60年代开始，西方学者开始关注渠道行为问题。渠道行为问题引起营销学者们关注的原因有着深刻的历史背景。20世纪50—60年代，在美国市场上以大型超市、专业店和百货商店为代表的零售商以连锁经营的方式完成了全国市场的布局与整合，这些实力和规模越来越大的零售商不仅越来越多地越过了批发商要求直接与制造商进行交易以获取更好的交易条件，更为重要的是它们开始挑战制造商在渠道中传统的主导地位，即开始对渠道的控制权展开争夺，由此导致了很多行业中愈演愈烈的渠道冲突。高水平渠道冲突的出现不仅增加了制造商管理渠道的成本，也极大地降低了制造商的渠道绩效。在这样的背景下，越来越多的企业经理人和营销学者意识到，仅仅有一个高效率的渠道结构并不能保证企业渠道的运行保持高效率，还需要关注渠道成员之间的各种互动行为。为了对现实中的各种渠道行为问题做出解释，营销渠道行为理论的学者们开始在经济学之外的行为科学学科，如社会学、社会心理学、政治学和组织理论等学科寻找理论工具，并将其应用于渠道行为理论的研究。因此，相对于渠道结构设计与选择理论的"经济"导向，渠道行为理论是"社会"导向的。学者们从上述行为科学的相关学科中引入了大量的概念和理论，对渠道冲突、渠道权力、渠道控制及渠道合作等渠道行为对渠道绩效的影响进行了广泛而深入的研究。

需要注意的一点是，营销渠道研究的"经济"导向与"社会"导向的分化虽然形成了对营销渠道研究的两个理论分支，但实际上二者是互补的。“经济”导向的研究更为关注渠道系统的经济“产出”；而“社会”导向的研究则更为关注渠道系统的行为“过程”，它们共同影响着渠道的绩效（见图1-9）。此外，渠道结构与渠道行为之间也存在着相互影响。如不同渠道的宽度、不同的中间商类型（如批发商的类型或零售商的业态）等渠道结构因素影响着渠道成员之间的互动行为；而渠道成员之间的不同互动行为也可能引发渠道结构的调整，如激烈的渠道冲突导致的原有渠道关系的结束和新的渠道结构的建立。从这个角度来看，营销渠道的管理不仅涉及渠道结构的设计与选择，以及渠道成员的互动行为管理，企业管理者更应该以系统、动态的视野来不断优化渠道的结构与行为，从而为高水平的渠道绩效奠定基础。

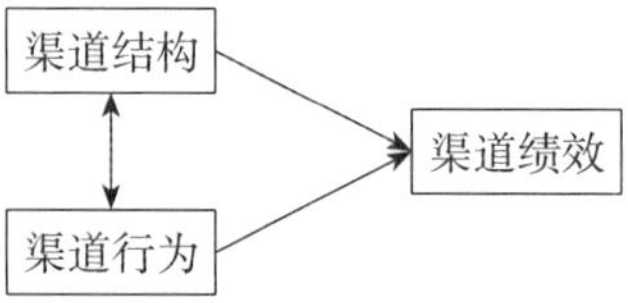

图1-9 渠道结构、渠道行为与渠道绩效影响关系示意图[①]

1.4.3 营销渠道研究的基本观点

在营销渠道的研究中，以下基本观点为学者们所认同。换言之，这些基本观点也是学习营销渠道管理这门课程的基本前提，我们在这里对这些基本观点进行简要阐述，为营销渠道管理理论的展开奠定基础。

（1）一条营销渠道多由两个或更多的在商品流通过程中发挥必要功能的组织或个人组成。这些组织或个人一般被称为渠道成员，渠道成员之间的关系则一般被称为渠道关系。在非一体化的渠道结构中，渠道成员包括生产企业、各类中间商和消费者，而在一体化渠道结构中，渠道成员则主要包括生产企业和消费者。对于消费品市场而言，非一体化渠道结构是更为常见和主流的渠道结构，因此除了一体化渠道的决策以外，学者们大多关注各种非一体化的渠道结构。

（2）不同层次的渠道成员之间相互依赖。基于分工理论，不同层次的渠道成员在功能上往往是专业化的，即每个渠道成员都各自执行一些不同的渠道流程。因此，每一个功能专业化的渠道成员都依赖于其他渠道成员的配合来完成渠道过程，并实现各自的目标。渠道成员之间的相互依赖构成了各种渠道行为的基础。

（3）一条渠道的不同层次成员之间存在着最低限度的合作。由于渠道成员在功能上的专业化，渠道成员之间的相互依赖决定了整个渠道目标的实现及渠道成员各自目标的实现都有赖于渠道成员之间的合作。为了高效率地完成将商品从生产者转移到消费者这一渠道过程，渠道成员之间必须保持最低限度的合作，完全没有合作的渠道关系也就没有存在的必要了。但这并不是说渠道成员之间的合作是自然而然的事情，渠道管理的一项关键任务就是提升渠道成员之间的合作水平，进而提升渠道绩效。

（4）营销渠道的管理与控制要比一个企业内部的管理与控制困难得多，也复杂得多。由于营销渠道的管理更多地涉及协调独立的渠道成员的目标与行为，即更多地涉

① 庄贵军．中国企业的营销渠道行为研究［M］．北京：北京大学出版社，2007：1.

及跨组织的管理，因此这与管理组织边界内的职能部门完全不同，前者往往意味着更大的管理难度和挑战。

（5）营销渠道关系主要指渠道中的纵向关系。渠道成员之间的系列交换关系是完成整个渠道过程的基本单位，更是渠道互动行为发生的基本背景。在渠道系统中，由于渠道成员层次与类型等方面的多元化，渠道成员之间的关系可能发生在从制造商到消费者的纵向链条上，也可能发生在某个层次（如零售）的水平面上（如两个零售商之间的关系）。由于营销渠道管理更为注重商品从生产者向消费者的转移过程，因而当我们提到渠道关系时，如果没有特殊说明，我们一般指的是纵向链条上的渠道成员之间的关系。

1.4.4　本书的基本内容和结构

如图1-10所示，根据营销渠道管理研究领域的分化，本书的基本内容安排本着以渠道管理基础知识为基础，兼顾理论发展前沿的原则，围绕渠道结构理论和渠道行为理论来进行。全书共包括10章内容。

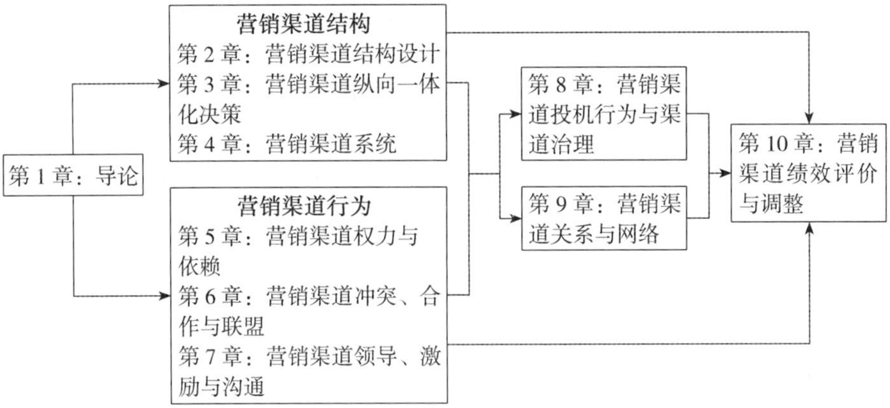

图1-10　本书框架结构示意图

第1章为本书的导论，主要对营销渠道的基本概念、营销渠道研究的基本视角与内容进行说明，为后续章节的展开奠定基础。

第2～4章围绕着营销渠道结构理论展开。其中，第2章的主要内容是营销渠道结构设计的一般过程、营销渠道结构设计的基本因素和营销渠道成员的选择。第3章围绕着营销渠道设计和选择的一个基本决策——渠道一体化展开，说明营销渠道一体化的影响因素、渠道一体化对企业而言的成本与收益，以及在完全一体化和完全外包之间的可能组织形态。这一章的内容主要以交易成本经济学为基础，体现了经济学导向的成本与效率原则。第4章的主要内容是营销渠道系统，这涉及20世纪70年代以来西方营销学理论发展的一些经典理论，主要是垂直渠道系统理论——关注企业用来协调整个渠道系统的机制；水平渠道系统——关注企业渠道系统中水平方向上的协作方式；多渠道系统——关注企业在同一个市场上同时使用多个渠道系统时所面临的问题。

第5~7章围绕着传统的渠道行为理论展开。其中，第5章的主要内容是营销渠道权力与依赖，这个部分实际上构成了渠道行为理论研究的基础，主要涉及渠道成员权力的来源、渠道成员使用权力的方式及其结果、渠道关系中权力与依赖关系的结构及其演化的动力机制等内容。第6章的主要内容是渠道冲突、合作与联盟。这一章的内容主要包括3个部分——渠道冲突理论，渠道合作、信任与承诺理论，以及渠道联盟理论。第7章的主要内容是渠道的领导、激励与沟通，内容涉及渠道领导的方式与策略、渠道激励的方式以及渠道沟通的方式与策略。

第8~9章是在渠道结构与行为理论的基础上体现渠道管理理论研究前沿领域的两章，在内容上不同程度地涉及渠道结构与行为理论。其中，第8章的主要内容是营销渠道关系的控制或治理机制。这一章的内容体现了20世纪90年代以来营销渠道学者在此领域的研究积累和基本动向。本章内容主要以新制度经济学为基础，并兼顾了社会学和社会心理学的相关理论，阐述渠道治理的主要目的、机制与策略。我们将单独用一节的内容关注中国本土背景下的渠道治理机制，以体现对中西文化差异的关注。第9章的内容主要围绕渠道关系与网络展开，其中涉及的主要内容包括渠道关系的基本维度，渠道关系的建立、维护与终止（渠道关系生命周期过程），以及正在展开的渠道管理研究的前沿领域之一——渠道网络研究。这一章我们将把一些比较新的研究成果融入书中，力图展示渠道管理理论研究的一个基本方向，也希望借此拓宽读者的视野。

第10章为本书的最后一章。从渠道管理理论的基本着眼点出发，在前述渠道结构与行为理论学习的基础上，本章主要关注渠道绩效的评价和在此基础上的渠道调整与改进。

本章小结

营销渠道有时也被称为“分销渠道”、“营销通路”或“流通渠道”，指的是产品或服务从生产领域向消费领域转移所经过的路径，该路径由一系列在功能上相互依赖的组织构成。关于营销渠道的概念，有下述几方面的要点：第一，营销渠道的运行是一个将产品或服务从生产者高效率地转移到消费者手中，促使消费者更快、更好地对产品或服务进行消费的过程，这一过程有赖于渠道参与者共同完成的一些渠道功能来实现。第二，在企业没有将渠道完全内部化的情况下，营销渠道存在于企业的外部，它不是企业组织内部机构的一部分，而是由与企业关联的、帮助企业达到营销目的的经营组织构成。第三，营销渠道是由一系列相互依存的组织按一定目标结合起来的，一条营销渠道多由两个或更多个在产品分销过程中发挥必要功能的机构或个人组成，如批发商、代理商、零售商和辅助机构等。第四，营销渠道中的成员之间存在竞争和合作的关系。营销渠道存在的基础就是成员之间最低限度的合作，并且只有通过渠道范围内的合作，将渠道中的主要参与者联系在一起，才能高效、顺利地实现企业的分销目标。

营销渠道的参与者是指与生产企业产品分销有关的所有组织和机构。按照是否参与商品所有权转移的谈判以及所有权是否发生实际转移来划分，可以将渠道成员分为两类：一类是成员性参与者，一般包括生产企业、批发商、零售商和其他形式的分销商；另一类为非成员性参与者，即辅助代理机构，一般包括运输机构、市场调研机构、广告代理商、银行、保险机构等。

营销渠道的功能在于使产品从生产者转移到消费者的整个过程顺畅、高效，缩小或消除产品供应与消费需求之间在时间、地点、产品品种和数量上存在的差异。营销渠道功能主要包括：收集与传送信息、促销、洽谈、组配、物流、风险承担和融资。

营销渠道的功能表现为各种流程。营销渠道流程是指渠道成员依次执行的一系列功能，是描述各成员的活动或业务的概念，包括实体流、所有权流、促销流、洽谈流、融资流、风险流、订货流、支付流以及市场信息流，这些流程将组成营销渠道的各类渠道成员贯穿起来。

营销渠道存在中间商的原因包括需求方面的因素和供给方面的因素。其中，需求方面的因素包括简化搜寻、调节品种与数量差异，供给方面的因素包括减少交易次数、交易规范化，以及创造价值。

营销渠道是商品从生产者向消费者转移的路径与通道，对这一转移过程的考察可以从宏观与微观两个视角来进行。其中，宏观视角是站在全社会或全行业的角度对商品的转移过程进行研究，而微观视角则是站在企业的角度，尤其是生产企业的角度对商品的转移过程进行研究。营销渠道研究的基本内容大体上可以分为两个方面，即渠道选择与设计理论和渠道行为理论，二者相互作用共同影响着渠道绩效。

营销渠道研究的基本观点包括：第一，一条营销渠道多由两个或更多的在商品流通过程中发挥必要功能的组织或个人组成；第二，不同层次的渠道成员之间相互依赖；第三，一条渠道的不同层次成员之间存在着最低限度的合作；第四，营销渠道的管理与控制要比一个企业内部的管理与控制困难得多，也复杂得多；第五，营销渠道关系主要指渠道中的纵向关系。

拓展学习

美国商品流通渠道的结构与变迁：一个宏观视角的研究[①]

美国商品流通渠道的结构变迁是伴随着美国的工业化进程进行的。

1）前工业化时期（1815年以前）的商品流通渠道结构

18世纪70年代独立战争以前，作为英国殖民地的北美13个州的主要功能就是

① 张闯．美国商品流通渠道的结构与变迁——基于美国经济史的研究［J］．商业经济与管理，2005（8）：19-25.文中删去了原文中的夹注和文后参考文献，内容有删减。

向宗主国输出大宗资源型产品，国内贸易微不足道。但这样的经济结构却促使北方的一些港口城市，如费城、巴尔的摩、纽约和波士顿得以兴起，这些城市在发展贸易的同时，也建立起了最初的工场手工业，这些手工业工场实际上就是当时北方经济的代表。而南方的种植园却表现出与北方完全不同的经济结构，以烟草为主要作物的种植园发展了与英国的双边贸易。可以说，美国在殖民地时期形成了南北差异较大的“二元”经济结构。建国初期，美国经济依然保持着殖民地时期的发展惯性，经济结构并没有发生本质变化，经济的商业结构也仍然与独立战争前大致相似。

与这一时期的“二元”经济结构相对应，商品流通渠道也被清晰地分化为手工业制成品（消费品）渠道和农产品渠道两类。集中在东北部的手工业工厂产品的销售和生产所需的原料、工具和设备由位于港口城市的坐商进行协调，这些商人买卖所有种类的商品，完成所有的商业职能，集出口商、进口商、批发商、零售商、货运船主、银行家和承保人于一体，协调着北方的商品流通。而协调南方农产品流通的则是英国商人，大种植园主在委托这些商人代售农产品的同时，还直接向他们购买生活所需的其他产品。同时，这些大种植园主也为毗邻的小种植园提供同样的服务。18世纪中期以后，随着烟草种植向内陆的移动，一些英国商人也开始在这些地区设立永久性的店铺（坐商），协调农产品的流通。见图1-11、图1-12。

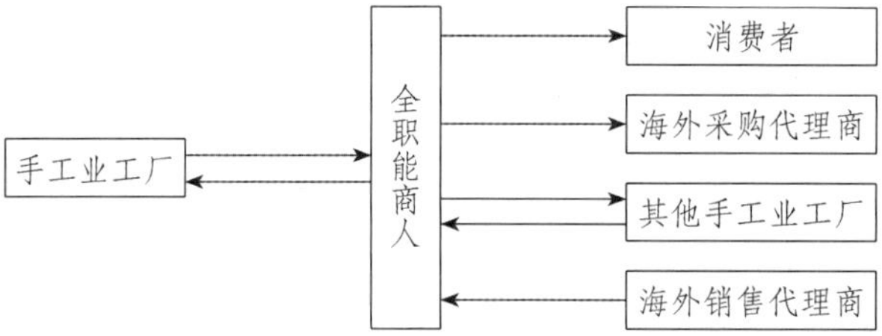

图1-11　前工业化时期（1815年以前）美国手工业制成品流通渠道

注：反向箭头表示手工业工厂生产所需的材料、工具和设备的流通。

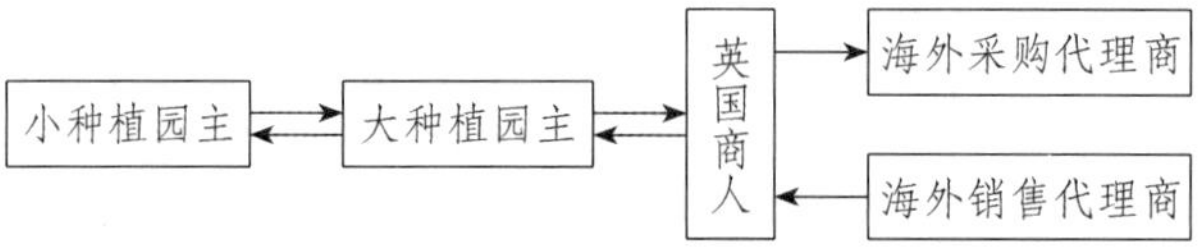

图1-12　前工业化时期（1815年以前）美国农产品流通渠道

注：反向箭头表示种植园主所需的生产、生活用品的流通。

2）工业化时期（1815—1950年）的商品流通渠道结构

（1）工业化前期（1815—1850年）的商品流通渠道结构

这一时期的美国制造业还处于传统生产状态，但部分行业已经开始使用一些简单的机器，从而提高了生产效率，但一些资源型的基础产品仍然依赖于从欧洲进口。英国工业革命的进行以及对欧洲贸易的恢复与繁荣，使美国在这一时期几乎成为英国工业原料的主要供应地和机器制造的新纺织品的重要市场。因此，这一阶段的美国经济仍然延续着“二元”体系，只不过南方种植园的种植品种由烟草变成了棉花。

这一时期美国商品流通渠道的最显著变化就是全职商人的专业化。首先是批发与零售从传统的商人职能中分离出来，进而在批发商和零售商内部出现了以商品种类为基础的专业化。随后，金融、运输、保险等商业职能也都相继专业化了。南方商业化农业的发展，加速了东北地区商业走向专业化的进程，前所未有的棉花贸易不仅使纽约成为全国首屈一指的大城市，也造成了早期全职商人的急剧没落。棉花的交易逐渐由专业公司来经营，他们不再采用早期商人买进的方式，而采取代理销售获得服务佣金的方式进行棉花贸易。最早从事棉花贸易的代理商是由英国纺织公司出售布匹和采购原棉的代理商转化而来的，后来逐渐加入这个代理商队伍的大多是一些新的商人，而不是原有的全职商人。这些棉花代理商除了为种植园主提供销售服务外，仍然为他们采购各种供应品。在一些交易量巨大的港口，在这一时期出现了一种新的批发商——经纪公司，他们为代理商提供交易服务，并收取佣金。见图1-13。

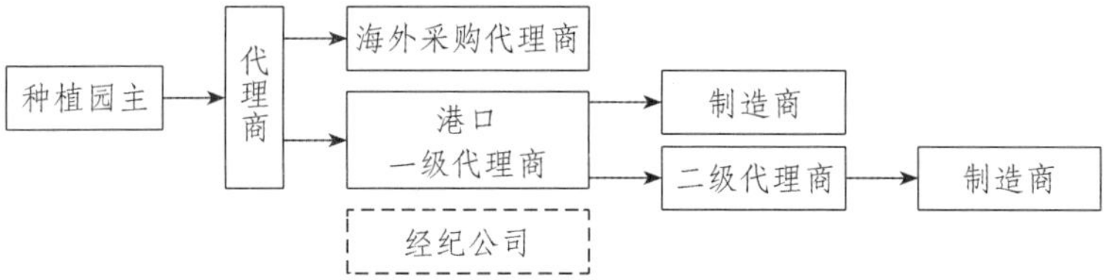

图1-13 工业化前期（1815—1850年）美国农产品流通渠道

这一时期消费品的流通渠道也为这些新兴的代理商所控制。由于美国这一时期的制造业不仅规模小，而且生产方式正处于从传统的手工作坊向工厂的过渡进程中，因而还需要从欧洲进口大量的工业制成品和工业原材料。1815年以前，这些产品的进口是由那些全职能商人完成的，在新的贸易格局和商业分工完成后，这些产品的进口和在国内市场的流通都由一些专业化的公司来进行。批发和零售从全职能商人中独立出来以后，在其内部又进行了按照产品类别进行的专业化，即批发商往往只经营少数几种产品，并且由于受运输和通信基础设施的影响，这些专业化的批发商基本上是采用不拥有商品所有权的代理形式进行经营的；而零售商专业化后的最初形态乃是杂货商，后来随着贸易格局的演进，城市里的杂货商逐渐演变为只经营少数品种商品的专业商店，而农村的零售店仍以杂货店为主。见图1-14。

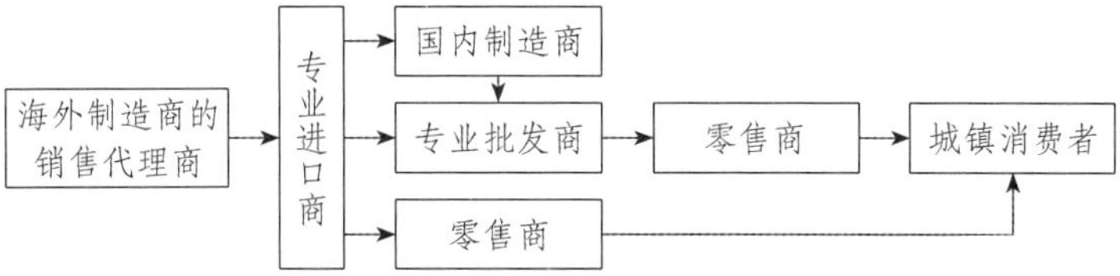

图1-14 工业化前期（1815—1850年）美国消费品流通渠道

1815年以后，在美国东北港口城市还出现了一种新型的专业化中间商，钱德勒教授称之为“包商”。之所以包商引起了我们的注意，是因为它所执行的商品分销是面向西部和南部的农村市场的，它从国内批发商、进口商和拍卖行大批买进货品，然后把大宗商品进行拆零包装，再将其销售给乡下小店主、种植园主的采购代理人以及本地的零售商。见图1-15。

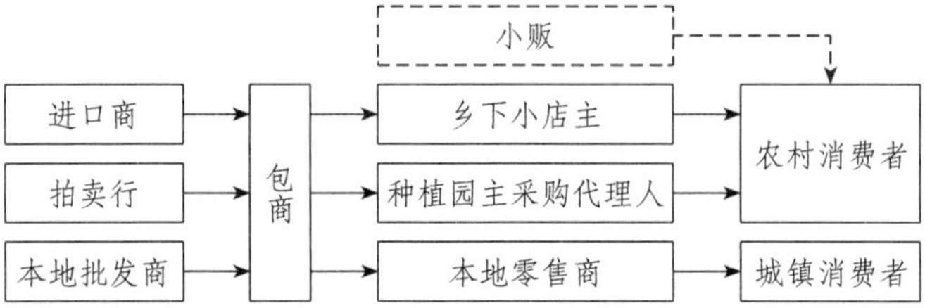

图1-15 工业化前期（1815—1850年）由包商协调的工业制成品流通渠道

那么包商是一个什么样的主体呢？从其执行的功能来看，我们认为包商实际上是一个面向特定市场的二级或三级批发商，但与当时一般的批发商不同，包商一般拥有货物的所有权，因而实际上包商是一个经销商，它连通一级批发商和乡下零售店之间的消费品的流通。

（2）工业化中期（1850—1890年）的商品流通渠道结构

这一时期是美国运输和通信基础设施建设的完成阶段，全国铁路网和电报网的形成不仅疏通了商品流通中的物流和信息流瓶颈，极大地提高了商品流通的效率，降低了商品流通成本，而且也使美国国内统一市场得以形成。这些基础设施的建设导致了商品流通渠道结构的又一次变革。首先在农产品流通渠道中，由于铁路提高了运输的效率和准确性，电报提高了商人应对价格风险的能力，先前农产品流通渠道中的代理商在这一时期开始直接向农场购买农产品，然后再将其销售给国内外的农产品制造商，即该代理商演变成了现代农产品经销商。同时，由于农产品流通渠道的这种变化，这一时期还产生了另一种重要的批发商主体——商品交易所，商品交易所的出现为农产品交易的标准化、农产品经销商市场风险的化解提供了解决机制。见图1-16。

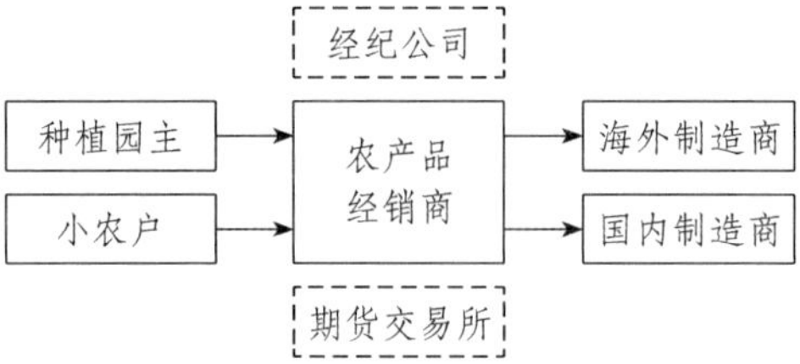

图1-16 工业化中期（1850—1890年）美国农产品流通渠道

在日用消费品流通渠道中，同样的变化也发生了。首先，在19世纪70年代，几乎所有的批发商都已转变为拥有经手货品所有权的经销商；其次，这些经销商开始由东北沿海地区向西部和南部扩展；最后，这些现代经销商建立了庞大的采购网络，直接向国内外的制造商采购，然后通过销售网络为农村地区的杂货店和城市专业零售店供货。由于这种变化，批发业内部的竞争变得激烈起来，一些批发商开始派出大量的推销员，深入农村市场，抢夺市场份额。批发商对农村市场无孔不入的渗透，最终导致了活跃于农村市场的小商贩的绝迹。见图1-17。

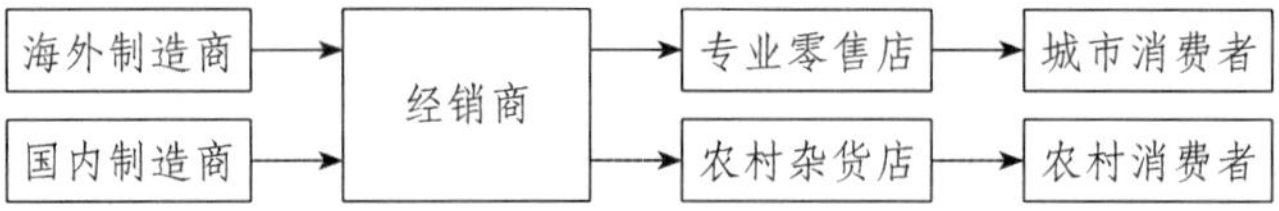

图1-17 工业化中期（1850—1890年）美国消费品流通渠道

（3）工业化后期（1890—1950年）的商品流通渠道结构

19世纪80年代以后，大规模生产的工厂体制已经在美国经济中建立起来，随之而来的是城市化进程的加快和消费者消费水平的提高。在这样的背景下，消费品流通渠道实现了又一次变革。19世纪80年代早期，批发商对美国零售业的支配达到了顶峰，而后首先向批发商的支配地位发起挑战的是兴起于19世纪60年代的百货商店。百货商店建立了与批发商不相上下的采购组织，直接从制造商那里采购商品，然后直接卖给中心城市的消费者。由于百货商店的销售对象是最终消费者，因此它也比批发商更重视广告宣传，从而促使了广告代理行业的出现和成长。但百货商店主要集中在中心城市，所以它并没有对批发商的农村市场——乡村杂货店产生冲击。对批发商这个市场产生巨大冲击的是继百货商店之后兴起的邮购商店。从19世纪末到汽车普及和公路网完善的20世纪20年代，邮购商店对乡村杂货店和批发商的网络产生了巨大的冲击。同时，在那些大零售商还没有占领的行业和地区，另一种新的零售组织——连锁商店，开始显现其巨大的影响力。它们首先进入了那些百货商店没有建立起强大支配力的杂货业、药品业和家具业，并将商店主要开设在小城镇和大城市的郊区。由于在组织方面的革新，到20世纪20年代，连锁商店已经发展成为全国性的零售机构，在数量和销售额上很快超过了百货商店和邮购商店，并日益成为美国具有代表性的大零售机构。在30年代，另一种革命性的新零售业态——超级市场的诞生和发展更加速了连锁商店的发展步伐。到1939年，美国已经有5 000多家超级市场在营业，其销售额占整个食品杂货商店销售总额的20%。这些新兴的大型零售机构由于其组织规模的庞大，基本上都是从制造商那里直接采购，再直接销售给消费者，更有一些大零售商拥有自己的工厂，进入了生产领域。

然而，大型零售商的兴起只是构成了对批发商支配地位挑战力量的一个方面，另一种力量来自某些进行机械化生产的制造商。随着技术创新和技术进步速度的加快，在19世纪90年代以前，现代机械化生产体制已经在一些产业中建立起来，随之出现了制造商向流通领域的延伸。这些制造商进入流通领域的途径主要是纵向一体化和横向合并两种方式，到20世纪20年代，这种合并活动已经基本结束，那些成功的企业开始在其行业中占据支配地位。截止到这个时期，美国商品流通渠道的结构已经基本演进到了其现代形态。第二次世界大战以后，美国商品流通渠道的类型结构、层级结构和宽度结构基本上没有发生本质性的变化，唯一发生变化的领域是流通渠道的主体结构。见图1-18、图1-19。

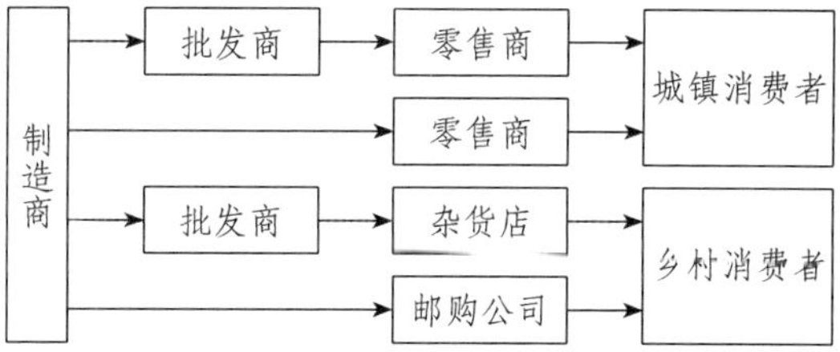

图1-18　工业化后期（1890—1950年）美国消费品流通渠道

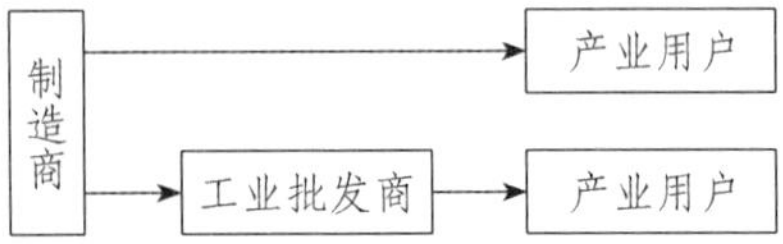

图1-19　工业化后期（1890—1950年）美国工业品流通渠道

3）后工业化时期（1950年以后）的商品流通渠道结构

第二次世界大战以后，尤其是随着20世纪60年代以计算机的应用为特征的信息革命的展开，零售领域首先开始了一系列变革。一方面，随着计算机的广泛应用，传统零售业态纷纷进行信息化改造，连锁店铺网络迅速扩大，零售市场集中度也随之提高；另一方面，信息革命和经济的高速发展也催生了一系列新的零售业态的诞生。这些新的零售业态——自动售货商店、便利店、廉价商店、购物中心、多媒体售货店以及被称作“品类杀手”的大型专业店快速崛起，在对传统业态进行挑战的同时，也迅速壮大了规模。零售领域的这两方面变化都产生了相同的后果，即零售商的大型化、组织化和集团化。零售商的这种变化更加强化了在前一阶段已经出现的排挤传统批发商，直接与制造商进行交易的局面。与此同时，那些受到大型零售商排挤的中小型零售商也纷纷组织起来，通过横向联合的方式组建共同的批发机构，实行自由连锁发展，以对抗大型零售商的竞争。零售领域的这种革命性变化以及从前一阶段开始一直延续的大型制造商纷纷进入流通领域执行批发功能的行为一起导致了这一时期美国批发商业资本的多元化。在这个多元化的批发商阵营中，包括独立的商品批发商、商品代理商、制造商的批发机构以及大型零售商的批发机构四种，批发商继续受到来自渠道上下游成员的排挤。

但值得指出的一种变化是，随着市场供求形势和竞争情况的变化，批发商业资本的多元化客观上为制造商、批发商和零售商展开深度合作提供了基础，这就是所谓的流通渠道的系列化。流通渠道的纵向系列化实际上使整个社会的商品流通渠道呈现出一种多样化的特征，同时在这些渠道的内部，渠道成员之间的结构性联系增强了。这样，流通渠道的系列化实际上增强了整个渠道的商品通过能力和效率。到20世纪70年代中期，通过这种纵向系列化流通渠道销售的产品已经占整个零售总额的70%以上，也有学者认为到90年代中期这一比例可能超过了80%。

复习思考题

1. 什么是营销渠道？营销渠道由哪些成员和参与者构成？
2. 营销渠道与分销渠道、流通渠道有什么区别与联系？
3. 营销渠道与物流管理有什么区别与联系？
4. 营销渠道的功能有哪些？
5. 营销渠道的流程有哪些？渠道流程与渠道功能有什么联系？

6. 中间商渠道为什么会存在？

7. 营销渠道研究的视角有哪些？各个不同的研究视角都有哪些基本研究内容？

案例分析

本土日化公司拉芳拟IPO，7成收入来自经销渠道[①]

在资本市场，拉芳品牌母公司拉芳家化一直在努力。早在2015年4月，拉芳家化就披露了招股说明书，拟登陆上交所，但一直未能如愿。2016年12月底，拉芳家化“卷土重来”。

与许多本土家化品牌类似，经销渠道是拉芳家化最倚重的销售渠道。招股书显示，过去3年，拉芳家化的经销渠道收入占比维持在70%以上。2013年，拉芳家化的经销渠道收入金额为7.08亿元，销售占比为86.37%。此后，拉芳家化的经销渠道销售占比呈现出了缓慢的下降趋势。至2015年，经销渠道的销售占比下降到77.96%。

招股书显示，拉芳家化的经销渠道布局主要是通过经销商覆盖中小型超市、便利店及杂货店等销售网点。本次募得资金所投入项目之一为营销网络建设，拟投资5.5亿元。未来3年，该项目拟每年在华中地区实现乡镇建设目标1 218个，核心A类店数量为170、170和230个；在华南地区每年实现乡镇建设目标630个，核心A类店数量为110、110和150个。

前车之鉴：广东丸美IPO因渠道问题被否

2016年11月6日，日化企业广东丸美IPO首发被否，渠道管理薄弱成为证监会否决的因素之一。证监会发审委要求广东丸美补充披露经销模式及控制、经销商纳税、库存情况、经销模式流程架构、网点分布、生产经营等情况。“广东丸美被否提示更多的企业在结构上增加可掌控的销售渠道。”日化营销专家吴志刚对新京报记者表示，针对过度依赖经销渠道的公司，证监部门对其业绩可预计性和稳定性产生很大的疑议。

有了前车之鉴的广东丸美，倚重经销渠道的拉芳家化，能否通过发审委的审核，还仍然是未知数。

据证监会官网的消息，至2017年1月5日，加上拉芳家化，尚有3家日化企业在IPO排队途中，另2家分别是广东名臣健康用品（蒂花之秀）和浙江珀莱雅化妆品。

除了珀莱雅主要依靠专营店渠道外，拉芳与名臣（蒂花之秀）均缺乏商超竞争力，依赖经销渠道。与拉芳相似，名臣（蒂花之秀）在2015年的经销渠道收入高达5.65亿元，对应的商超渠道仅为422万元。

日化专家冯建军对新京报记者表示，本土日化企业在谋求上市时，首先面临的挑战是本土化妆品行业的法规建设不成熟问题，具体而言，就是税负问题。“受制于本

---

① 张帆. 本土日化公司拉芳拟IPO 7成收入来自经销渠道［N］. 新京报，2017-01-09. 经过改编。

土化妆品市场的环境，很多企业都存在税务遗留问题。”冯建军进一步谈到，本土民营的洗护日化多集中在化妆品店、批发市场等县级市场以下流动渠道。“这样的渠道，往往是厂家给代理商，代理商给零售商，零售商给消费者，都没有发票。现在公司要上市，生态环境要改写，渠道之间的既有利益分配方式将受到冲击。”

“以往简单的生意做惯了，大家都不习惯。”冯建军说。广州日化商会秘书长余雪玲也对新京报记者表示，未来日化企业渠道只有根据消费者的习惯变化而变化，才能保持竞争力。

库存商品攀升，半年增加近500万元

过去3年，拉芳的库存商品金额呈现出了明显的上升态势。从2013年的1 869.36万元上升到2016年上半年的7 457.44万元。其中，拉芳2015年库存商品达6 988.2万元，同比增长125.11%，增幅达3 883.85万元。半年后，至2016年上半年，又增加了近500万元。伴随着库存商品的陡增，原材料和包装物却逐年下跌。

拉芳在招股书中解释，库存商品在2015年大幅增加，系公司拟推出“美多丝”等新品，为此，于2015年年底提前对销售较好的原有品类进行备货。同时，受到宏观经济的影响，未能实现2015年预期增长目标。招股书显示，2015年的库存商品中，主打产品“美多丝”的金额为789.72万元，占当期库存商品比例为11.3%。同时，“拉芳”品牌产品库存为3 747.20万元，较2014年的1 779.15万元增加了近2 000万元，占全部增幅的一半以上。

如上市成功，拉芳是否会着力扩充商超渠道？在库存出现积压的形势下，继续加入生产线，是出于什么考虑？

延伸阅读

［1］罗森布洛姆. 营销渠道：管理的视野［M］. 宋华，等译. 8版. 北京：中国人民大学出版社，2014.

［2］夏春玉. 流通概论［M］. 大连：东北财经大学出版社，2019.

［3］Watson Ⅳ G F，Stefan W，Robert W P，et al. The evolution of marketing channels：Trends and research directions［J］. Journal of Retailing，2015，91（4）：546-568.

［4］Krafft M，Goetz O，Mantrala M，et al. The evolution of marketing channel research domains and methodologies：An integrative review and future directions［J］. Journal of Retailing，2015，91（4）：569-585.

第2章 营销渠道结构设计

学习目标

通过本章的学习，了解营销渠道结构设计的一般过程、营销渠道结构设计的基本维度；掌握影响营销渠道结构的主要因素；了解营销渠道成员选择的重要性、选择原则、选择方法与评价标准，以及在营销渠道成员之间分配渠道任务的基本内容。

营销渠道的管理大体涉及两大领域：一是营销渠道的结构；二是营销渠道的行为。其中，前者主要涉及对营销渠道结构的设计与选择，其基本目标是设计与选择合适的渠道结构，并将渠道任务适当地分配给渠道成员，以提高渠道效率。而渠道行为的管理则是在既定的渠道结构下，对渠道成员之间的互动行为进行管理，其目标也是提高渠道绩效。本书第2~4章将主要围绕渠道结构管理展开，其中本章重点讨论营销渠道结构的设计与选择。

2.1 营销渠道结构设计的一般过程

营销渠道结构设计的一般过程如图2-1所示的6个步骤：确认渠道设计的需要，确定渠道目标，明确渠道任务，设计可行的渠道结构，评估影响渠道结构的因素，选择渠道结构[①]。

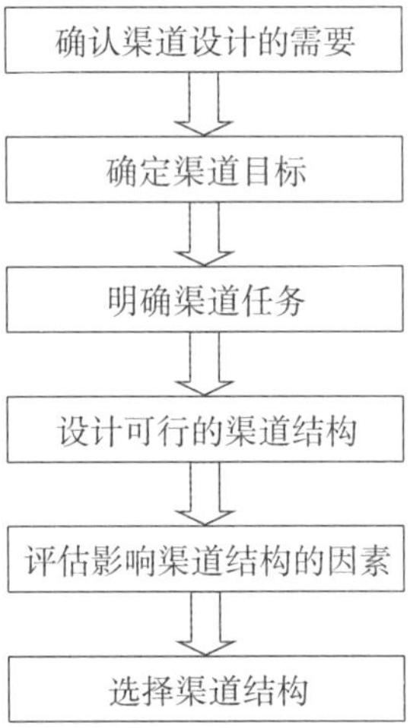

图2-1 营销渠道结构设计的一般过程

2.1.1 确认渠道设计的需要

营销渠道设计的第一步是识别企业进行渠道设计的需要，即考察企业是否需要进行渠道设计。营销渠道设计对企业的成功与否具有全局性和长远性的意义，同时，也承担了巨大的成本与风险。我们不可能列出需要进行渠道设计的所有情况，一般出现以下情况时，企业要考虑进行渠道设计：

（1）建立一个新企业。新企业在产品、价格、渠道和促销方面都没有现成的渠道可用，必须进行渠道设计。

（2）产品与市场的变化。这既包括将现有产品投入新的目标市场，也包括在现有市场中开发一种新产品或一条产品线。如果现有的营销渠道不能适用于新的目标市场或新产品，则需要建立新的渠道或对现有渠道进行调整。

（3）产品生命周期的变化。在不同的生命周期，产品往往需要不同的营销策略来

① 庄贵军. 营销渠道管理［M］. 北京：北京大学出版社，2004：57-58.

更好地完成营销目标，因而产品生命周期的变化也可能产生设计或调整营销渠道的需要。

（4）营销组合的其他组成部分发生巨大变化。如企业产品组合的调整、定价策略和促销策略的调整都可能要求企业的营销渠道进行相应的调整以增加整个营销组合的异质性。

（5）企业渠道政策的变化。企业新的营销目标可能需要新的渠道政策，因而提出渠道设计问题。

（6）现有渠道成员有碍于企业实现目标。有时企业在面临严重渠道冲突的情况下，不得不考虑更换中间商。比如，如果分销商开始强调自己的品牌，那么制造商可以寻找新的分销商，以更好地分销产品。

（7）整个商业格局的变化。如家用电器行业中，原来的主要销售渠道是百货商店和电器城，但是近年来电器专业连锁商店成为家用电器的主要销售渠道。所以，家用电器制造商在设计营销渠道时，必须注意这种变化。

（8）竞争的需要。企业设计渠道结构时，还需要考虑竞争者的渠道结构。如果竞争者的渠道明显优于本企业，可以考虑重新设计本企业的渠道。

（9）宏观营销环境的变化。经济、社会文化、法律及技术的变化，也可能迫使企业考虑变更渠道结构。

2.1.2 确定渠道目标

1）渠道服务需求分析

设计营销渠道首先要考虑的是最终顾客的需求。最终顾客的需求表现在产品、价格、信息沟通等方面。对营销渠道来说，顾客的需求表现为对购买方式的要求，也就是服务需求。服务需求是指顾客在购买产品或服务时所期望得到的服务类型及其水平，主要内容有：购买批量、等候时间、空间便利、选择范围和服务支持。

（1）购买批量。购买批量是指营销渠道允许顾客购买的最小单位。顾客小批量购买商品，则要求企业提供更多的服务，企业所需承担的成本就越高。影响顾客购买批量的因素很多。对工业品来说，企业的性质及规模、产品性质等会影响到用户购买的批量要求。对消费品而言，产品性质、家庭规模、居住条件、收入甚至意外情况都可能影响购买批量。

（2）等候时间。等候时间是指顾客从订货或决定购买到拿到商品的平均等待时间。相比之下，顾客更愿意选择等候时间较短的营销渠道。但是，要缩短顾客的等候时间，企业就需要更多的营业员以及设备为顾客服务。因此，等候时间越短，企业所承担的成本越大。

（3）空间便利。空间便利是指顾客购买产品的容易程度。首先，在其他条件不变的情况下，空间便利与出行距离成正比。出行距离是指顾客到达商店的距离，出行距离越短，空间便利程度越高。其次，除了出行距离之外，交通状况也是决定空间便利的因素。如果出行距离短，但交通不便利，那么空间便利程度也会降低。渠道为顾客提供的空间便利程度越高，服务输出也越大，企业渠道成本越高。最后，顾客对空间便利的要求因产品而异。比如，顾客购买日用品要求有很高的便利性，而购买高价值的产品（如汽车、房子等）对便利性的要求很低。不同的营销渠道类型与空间便利性也有关联，比如，网络营销、电视直销等新兴渠道的等候时间可能长一些，但便利程度很高。

（4）选择范围。选择范围是指营销渠道提供给顾客产品的品种和数量。一般来讲，顾客喜欢有较多的品种和数量供其选择，因为这样更容易挑选到满意的产品。营销渠道提供的商品的品种和数量越多，表明其服务水平越高。

（5）服务支持。服务支持是指渠道为顾客提供的各种附加服务，包括信贷、送货、安装、维修、稳定供货、信息提供等内容。服务支持的范围和力度越大，服务需求输出也越大，进而企业所负担的成本越高。顾客对服务支持范围和程度的要求取决于不同的产品。例如，顾客购买电脑、数码相机等技术含量高的产品或耐用品时，对送货、安装、维修等方面的要求较高，而购买食品等一般消费品时，对服务支持的范围及程度要求则很低。

2）制定渠道目标

营销渠道目标所描述的是渠道成员对营销渠道在实现企业的整体营销目标过程中所起的作用。营销渠道目标要与整体营销目标以及企业的整体战略目标保持一致。首先，营销渠道目标是企业整体营销目标的重要组成部分，必须服从并服务于整体营销目标。企业的整体营销目标是企业整体战略目标的重要组成部分，整体营销目标要服从并服务于企业的整体战略目标。其次，营销渠道目标还要与营销组合的其他方面（价格、产品和促销）保持一致，否则将会降低营销渠道的效率，影响整体目标的实现，甚至破坏企业的整体战略目标。图 2-2 给出了企业的目标层次及其之间的关系。

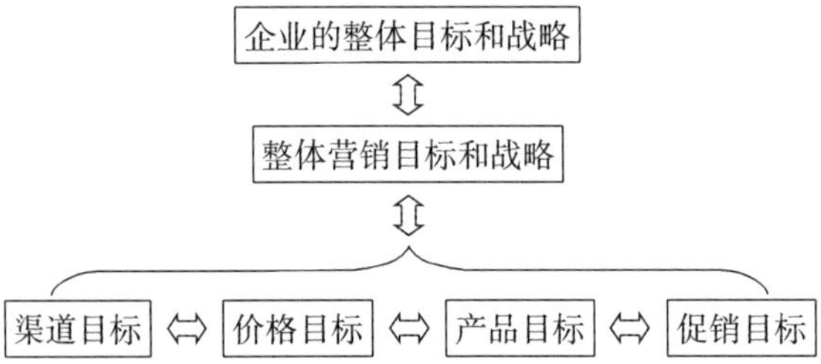

图 2-2 企业的目标层次及其关系

2.1.3 明确渠道任务

要实现既定的渠道目标，必须将渠道目标分解为各种具体的渠道任务，即渠道需要履行的具体渠道功能。所有渠道功能流程都可以特定的渠道产出，因而渠道设计的本质就是对这些功能在渠道成员之间进行分配。渠道任务必须明确、具体而全面，以便可以满足渠道目标的基本要求。营销渠道的主要任务包括推销、渠道支持、物流、产品修正与售后服务以及风险承担等，如表 2-1 所示①。

① 庄贵军. 营销渠道管理［M］. 北京：北京大学出版社，2004：60.

表 2-1 主要渠道任务

推销： 新产品市场推广 现有产品的推广 向最终消费者促销 建立零售展厅 价格谈判与销售形式的确定	产品修正与售后服务： 提供技术服务 调整产品以满足顾客需求 产品维护与修理 处理退货 处理取消订单
渠道支持： 市场调研 地区市场信息共享 向顾客提供市场信息 与最终消费者洽谈 选择经销商 培训经销商的员工	风险承担： 存货融资 向最终消费者提供信用 存货的所有权 产品义务 仓储实施投资
物流： 存货 订单处理 产品运输 与最终消费者的信用交易 向顾客报单 单据处理	其他任务

2.1.4 制定可行的渠道结构

营销渠道的结构维度包括三个方面：渠道的长度、渠道的宽度和渠道的中间商类型。

1）渠道的长度

营销渠道的长度，也称营销渠道的级数，指营销渠道中处于生产制造商和消费者或最终用户之间的中间商的层次数。据此，营销渠道可以分为两大类：一类是直销渠道，这是最短的营销渠道，也称为零级渠道，是指生产制造商使用自己的销售队伍直接把产品销售给顾客或用户；另一类则是中间商渠道，也称间接渠道，是指生产制造商通过中间商（如批发商、代理商和零售商）销售自己的产品。由于影响企业渠道长度决策的因素多而且复杂，同时这些因素之间有时相互冲突，因此，决策者很难得出有关确定渠道长度的决策。渠道长度决策需考虑的因素主要有市场、产品（行业）、中间商、企业自身条件等几类。这些因素以及渠道结构的其他影响因素，将在第2节中说明。

2）渠道的宽度

渠道的宽度也称渠道的密度，指各级渠道上中间商的数量，如批发商、零售商或工业品终端经销商的数量。因为渠道的密度反映了企业渠道战略的主要方面，而且密度决策与企业渠道中实施关系营销密切相关——有些企业遵循少而精的原则，注重与其他渠道成员建立长久的合作伙伴关系，所以渠道密度决策是渠道结构设计的重点。

一般来说，企业设计渠道结构时，有三种渠道密度方案可供选择：密集分销、独家分销和选择性分销（见表2-2）[①]。

表2-2 **渠道覆盖的密度决策**

特征	密集分销	选择性分销	独家分销
目标	大幅市场覆盖 渠道接受 薄利多销	中等市场覆盖 较好的形象 适度渠道控制 适度销量与毛利率	声望及形象 渠道控制及忠诚 价格稳定 较高的毛利率
中间商	数量众多 所有零售类型	数量中等 效率高的零售类型	一家或者数家 声誉高的零售店
顾客	最终顾客： 人数众多 注重便利 组织顾客： 关注所有顾客 期望中间商提供服务	最终顾客： 数量中等 品牌意识 组织顾客： 关注所有顾客 期望生产制造商或中间商提供服务	最终顾客： 数量少 品牌忠诚 组织顾客： 关注主要客户 期望生产制造商提供服务
渠道重点	最终顾客： 大众广告 就近销售 备有存货 组织用户： 可得性 定期沟通 优良服务	最终顾客： 促销组合 愉悦购物环境 良好服务 组织用户： 可得性 定期沟通 优良服务	最终顾客： 人员推销 愉悦购物条件 良好服务 组织用户： 可得性 定期沟通 优质服务
关键缺点	渠道控制差	市场准确定位难	销售潜力小
举例	家用杂货 办公用品 常用服务	家具 服装 机电工具 工业服务	汽车 设计的服装 资本设备 复杂的服务

（1）密集分销。密集分销是指企业尽可能多地使用中间商销售产品，以达到最大的市场覆盖率。企业通常采用这种渠道策略在消费者倾向于经常购买而且购买地点多样化的产品上，如零食、饮料、日用品等。消费者对此类产品最大的要求是便利性。只要市场上有货，消费者就会按照习惯购买。由于市场覆盖面大，因此可以充分发挥企业的销售潜力。

① 庄贵军. 营销渠道管理［M］. 北京：北京大学出版社，2004：76.

密集分销策略不仅取决于企业自身的能力与愿望，还受到中间商的制约。如果中间商不愿经销企业产品，或者提出过高的进入门槛，企业就难以实行密集分销。此外，密集分销策略还需企业有较强的促销力度，以便一方面通过广告刺激需求，另一方面通过各种贸易促进方式促使中间商接纳产品。

（2）独家分销。与密集分销相反，独家分销是指企业在一定的地理范围内只利用一家中间商销售其产品。消费品中的特殊品尤其是奢侈品，常常使用独家分销策略。独家分销对生产制造商来说，企业只与一家中间商建立合作关系，容易进行渠道控制，也易于与中间商建立长期稳定的合作关系，提高渠道运行效率，同时还有助于提高企业及其产品的声望。对中间商来说，在本地没有其他中间商参与该品牌的竞争，因而可以独家享受生产制造商促销行为带来的销售量。如果品牌销售情况好，企业利润就有保障。

然而，独家分销也有其局限性。首先，消费品中的便利品和选购品以及许多工业品，都不适合采用独家分销。其次，对生产制造商来说，如果唯一的中间商出现问题，就会失去对于某一区域市场的覆盖。对中间商来说同样也存在风险，生产制造商可能因为某种原因而更换中间商。

（3）选择性分销。选择性分销是指企业在一定市场范围内选择一家以上而又不是全部的某个层次中间商经销其产品。需要采用选择性分销策略的产品包括消费品中的选购品和特殊品、需要经销商大力推销的工业品等。选择性分销介于密集分销和独家分销之间。企业只与几家中间商进行合作，一方面有助于企业与中间商建立良好的合作关系，另一方面也有助于企业更好地控制渠道。

在利用选择性分销策略时，企业要注意以下两点：首先，企业所选择的中间商要和产品的形象相吻合；其次，当企业的多数销售额是由少数顾客产生的时候，选择性分销就是很好的渠道密度选择。

3）渠道的中间商类型

企业设计渠道结构的第三个维度，就是确定各级渠道的中间商类型。营销渠道结构选择哪种中间商，在不同的行业中有着较大的差异。企业可以根据不同类型的零售商在经营方式、品种、与生产制造商的关系等方面的不同进行选择。

确定渠道结构的长度、密度和中间商类型这三个方面应该以渠道目标为导向。除此之外，后面要讲的其他各种因素也会影响企业在这三个问题上的决策。

2.1.5 评估影响渠道结构的因素

营销渠道结构的各种情况及基本方案确定之后，需要对渠道结构进行评价。评价渠道结构有两个重要的问题：一是评估渠道结构的标准；二是评估影响渠道结构的因素。

1）评估渠道结构的标准[①]

评价渠道结构的主要标准有三种：经济性标准、控制性标准和适应性标准。

---

① 庄贵军．营销渠道管理［M］．北京：北京大学出版社，2004：78.

（1）经济性标准。经济性评价标准是在对不同渠道方案进行评价时应该首先考虑的。经济性标准是以渠道成本、销售量和利润来衡量渠道方案的价值。进行经济性评价有以下三步：

第一步，企业要选择利用直销渠道还是间接渠道销售产品。对这个问题的回答，取决于企业的营销渠道所处的条件与背景。

第二步，评估不同渠道结构在不同销量下的成本。一般来说，当销售量较小时，企业利用直销渠道的成本较高。而随着销售量的增加，直销渠道的成本增加率要低于间接渠道的成本增加率。因此，当销售量增加到一定限度时，直销渠道的成本就会低于间接渠道的成本。

第三步，比较不同渠道结构下的成本与销售量。由上一步可知，直销渠道与间接渠道下不同的销售量存在不同的销售成本，而渠道的设计又不能经常变动，所以企业应该预测产品的销售潜力，然后根据销售潜力的大小确定直销渠道与间接渠道的成本，进而在销售量（潜力）确定的情况下，选择成本最小的渠道结构。

（2）控制性标准。接下来，企业还要考虑渠道控制问题。如果企业倾向于控制营销渠道，评价渠道的标准可以多考虑控制因素。直接的营销渠道最容易控制，长而密的营销渠道很难控制，而长度适中、密度适中（选择性分销）的营销渠道在控制性上则处于二者中间。

（3）适应性标准。在评估渠道时，企业还需要考虑由于渠道环境所引起的渠道成员之间的适应性问题。如果渠道环境相对比较稳定，渠道成员之间就会针对彼此投入较大的交易专有资产，提高相互依赖、信任和承诺的水平；反之，在快速变化的渠道环境下，渠道成员之间就会减少针对彼此的交易专有资产投入，以规避可能发生的风险，降低相互承诺水平。

2）评估影响渠道结构的因素

影响渠道结构的因素包括市场因素、产品因素、厂商因素、中间商因素、环境因素和行为因素，这些因素的具体内容将在第2节详细阐述。

2.1.6 选择渠道结构①

在评估渠道结构之后，我们要对采用何种渠道结构做出选择，也就是选择“最佳”的渠道结构，即在成本最低的情况下能有效地完成渠道目标及各项渠道任务的渠道结构。选择渠道结构的主要方法有：财务方法、交易成本分析法、直接定性判断法和重要因素评价法。

1）财务方法

财务方法认为，营销渠道结构的决策过程就是比较不同渠道结构下的投资成本，以此得出不同渠道结构下的投资收益率。除此之外，还需要比较渠道投资的机会成本。如果在一项渠道功能中的投资收益率较高，高于资本用于生产制造功能或其他功能的投资收益率，那么企业就应该保留该渠道功能；否则，就应该利用中间商来履行

---

① 庄贵军. 营销渠道管理［M］. 北京：北京大学出版社，2004：82-84.

该渠道功能，而把企业的资金投到收益率更大的方面。

这种方法突出了财务变量对营销渠道结构选择的作用，使决策标准客观而严格，但其缺点是可操作性差。不管使用的投资方法如何，要获得准确的未来收入预期和估计机会成本，都是非常困难的。

2）交易成本分析法

交易成本分析法，就是通过分析交易成本来确定生产制造商应该采用垂直一体化渠道完成所有的渠道任务，还是应该采用独立中间商来完成部分渠道任务。交易成本分析法关注的是管理交易的成本，这是企业完成分销任务所必需的。在营销渠道中，渠道成员之间为了达成交易，需要针对彼此进行交易专有资产的投入，包括有形资产与无形资产。如果交易专有资产投入很大，为了防止渠道投机行为的伤害，企业就应该选择垂直一体化的渠道结构。相反，如果交易专有资产的投入不大，制造商面临的资产风险就比较小，因而有较大的选择余地，可以通过中间商来承担渠道功能。

交易成本分析法的主要缺陷是对营销渠道的选择范围局限在一体化与独立中间商二者之内，而不能对其他渠道结构问题进行分析。此外，这种方法所用的渠道投机行为假设与现实中大量的渠道合作与信任现象并不完全吻合。

3）直接定性判断法

直接定性判断法是简单而且最常用的选择渠道结构的方法。使用这种方法时，企业的渠道管理人员往往根据他们认为比较重要的决策因素对不同的渠道结构进行定性的评估、比较。企业短期或长期的成本以及利润、渠道控制的愿望、渠道灵活度、企业发展总体规划等，都是渠道管理人员需要考虑的重要因素。至于什么是重要的因素，什么不是重要的因素，主要由渠道管理人员的认识而定，并没有一个统一的标准。

4）重要因素评价法

重要因素评价法是一种比直接定性判断法更为精确的定性判断方法。这种方法包括以下几个步骤：

（1）明确列出渠道选择的决策因素；

（2）以百分比形式标出每个决策因素的权重，以反映它们的相对重要性；

（3）每种渠道选择以每个决策因素按110的顺序打分；

（4）将权重与因素分数相乘，计算出每种渠道方案的加权总分；

（5）将备选的渠道结构加权总分排序，一般获得最高分的渠道方案即为最适合的选择。

2.2 影响营销渠道结构的因素

2.2.1 市场因素

1）目标市场的规模及分布

如果目标市场的潜在消费者和现实消费者数量较多、空间分布较为分散或者目标市场离制造商的距离较远，则应选择较长、较宽的营销渠道，因为此种情况下采用短渠道往往很难将产品分销给目标顾客，而间接的渠道或较多的中间商，可以降低企业的分销成本，将产品有效送达目标市场。

2）消费者购买行为

（1）购买批量与频率。顾客单次购买批量较大而购买频率较低时，企业可以考虑短而窄的渠道来分销，因为较大的购买批量可以平摊购买成本，较低的购买频率也会降低顾客对购买便利性的要求。与之相反，当对某种产品顾客的购买频率很高，而每次的购买批量很小时，企业就需要考虑使用长而宽的渠道来服务顾客。

（2）购买的季节性。当某些购买行为具有高度季节性特点的时候，企业很难在较短时间内达到较高的铺货率，同时在淡季会造成渠道闲置浪费，因此企业应该在渠道中增加中间商的数量，使用较长的分销渠道，使其履行相应的仓储职能，进而减少生产、库存中的波动。

（3）购买的地点。随着市场环境和人们生活方式的变化，越来越多的消费者倾向于在家中购物，企业则应该考虑减少中间商，推动直销的策略。当然消费者对便利性的要求也越来越高，对于日常消费品，消费者更加看重购买的便利性，这就要求生产此类商品的厂商选择长而宽的销售渠道。相反地，对于购买高档商品，消费者则需要对其精挑细选，所以厂商最好选择少数但信誉高且服务质量好的中间商来销售其产品。

（4）消费者购买时的介入程度。在考虑消费者购买的介入程度时，有两个问题需要注意，由谁实施购买和有哪些人参与购买决策。在消费者市场中，消费者的购买行为可能受到家庭其他成员决策的影响。对于产业市场，购买者本身可能就是决策者，但更多的情况是购买者仅是负责执行决定，而购买决策是在其他职能部门的人员参与的情况下做出的。所以当企业想要对购买者和购买决策参与者具有较强的控制力和影响力时，就应采取较短、较窄的渠道。

2.2.2 产品因素

1）体积和重量

对于体积庞大和笨重的产品，其储藏、搬运和运输成本通常会占其产品价值的较高比例，对于这类产品的制造商，为了使其储运成本降到最小，则应尽量通过大批量运输使其送货次数降至最低，因此最好采用较短的分销渠道。

2）易腐性

像蔬菜、水产品等保质期较短、容易腐烂变质的新鲜食品，在进行渠道结构设计时，厂商应该考虑尽快将产品运送到最终用户手中，以减少腐烂变质的风险和损失，因而应当采用较短的渠道。

3）单位价值

通常情况下，产品的单位价值越低，就越宜采用较长、较宽的渠道结构，因为单位价值较低的产品，如消费品市场的便利品和产业市场的办公用品，其留给分销商的毛利润空间很小，销售这类产品的渠道中间商必须经营多种其他产品，产生规模经济或区域经济来分担分销成本以确保收益。较为典型的例子就是箭牌公司口香糖的分销方式。此外，当产品的单位价值较高时，宜采用较短、较窄的分销渠道，甚至远距离的直销方式也是可行的，因为订货处理和运送成本相对于产品的价值已经很低了，这就是亚马逊网上书店能够直接向消费者销售产品，甚至当单张订单高于一定标准就能免运费的原因。

4）标准化程度

产品越是非标准化，其定制化程度越高，采用的渠道结构就应越短、越窄。这是因为对于接近完全定制化的产品，制造商通常要直接出售给最终用户，其对双方的沟通程度、制造商提供的针对性服务要求也就相对较高。此外，对于已经实现了规格化和标准化的产品，由于其通用性较强，则可考虑选择较长、较宽的营销渠道结构。

5）技术特点

对于高技术产品或者是技术含量较高的产品，无论在消费者市场还是在产业市场，由于制造商需要派销售和服务人员开发市场，提供售前和售后服务，需要技术人员提供专业的技术支持和建议，因此应该通过直接渠道或者较短的渠道进行分销。而对于技术含量较低的产品，由于中间商就可以承担销售和售后服务，因此厂商可以利用较多的中间商进行分销。

6）新颖性

无论在消费者市场还是在产业市场，在新产品投入初期，都需要投入大量的促销费用来迅速铺满市场，如果使用长渠道，那么要取得所有渠道成员的协同促销努力就相对困难，因此在新产品投入初期，短渠道的采用通常被认为是获得产品认可的一种优势。如果厂商能够筛选出少数能够积极提供市场开发初期所需促销努力的中间商，那么将会大大缩短开发周期。对于老产品，则考虑使用中间商来维持较为稳定的销量即可。

此外产品的耐用性和生命周期也会影响营销渠道结构的选择。产品的耐用性越强，越适合选择较短的营销渠道，因为耐用产品通常具有价值高、体积大、分量重的特征。产品生命周期越短，越适合选择较短的窄渠道。

2.2.3 厂商因素

在设计营销渠道时，由于厂商自身一些条件的制约会影响渠道结构的选择，因此考虑企业自身的因素非常重要，主要有以下几个方面：

1）企业规模

一般情况下，不同渠道结构的选择与公司的规模呈正相关关系。规模较大的厂商在渠道选择时拥有更多的权力，因而具有更多的自由度和灵活性，进而可以选择、开发适合于分销任务的最佳渠道，甚至可以建立自己的销售网点。相比之下，规模较小的厂商，由于受到条件和能力的限制，可供选择的渠道结构方案则是非常有限的，只能选择较长的销售渠道以借助中间商的力量销售产品。

2）资金实力

对于资金实力较强的厂商，其对其他渠道成员的依赖性一般较低。在采用直接渠道的情况下，厂商通常需要配备自己的销售人员和服务支持人员，有时需要提供零售服务，同时还要拥有较强的仓储和订单处理能力，而资金实力较强的厂商一般能够承受直接渠道所需的高成本。然而对于无力承担这些费用的资金实力相对薄弱的厂商，就需要依赖其他渠道成员来分担成本。当然，随着互联网的发展，拥有有限资金的小公司利用电子渠道将产品直接销售给最终用户也是可行的。

3）管理专长

很多厂商往往缺少履行分销任务所必需的相关管理技能，因此在这种情况下，在选择渠道结构时，厂商应该考虑借助其他中间商来提供所需的服务，待厂商取得了渠道管理技能和经验后，厂商可以考虑改变渠道结构以减少对过多中间商的依赖。

4）目标和战略

厂商的某些目标和战略往往会对渠道结构的设计具有限制和约束的作用，如果厂商的营销目标是采取保护市场份额的垄断竞争策略，那么其对营销渠道就需要进行高强度的控制，进而采取较窄的渠道结构来限制中间商的数量，直接控制产品营销的全过程，关注产品营销的实时变化，以便做出及时的调整。因此，对于采用积极进取促销战略的厂商来说，其渠道结构的设计是不可能选择过长的或密集型的分销渠道策略的。

2.2.4 中间商因素

在考虑中间商因素对渠道结构设计的影响时，应着重考虑以下几个方面：

1）可获得性

当现有渠道成员中不存在可以经营本企业产品的中间商，或者即使存在但却不能有效地经营本企业产品时，企业都需要考虑组建自己的直接渠道。戴尔公司最初就是发现现有零售商，不论大小，都不能有效地提供其所要求的服务，进而采取直接渠道的。

2）使用成本

渠道成员的使用成本也会直接影响渠道结构的选择，如果采用某类中间商的成本对完成服务来说过高，企业则要考虑尽量少使用这类中间商。但是要注意不能把成本因素看得过重而忽略了渠道目标，如果过分强调低成本，则可能选择到不合适的中间商而导致产品不能有效覆盖市场和提供满意的服务，所以企业应该以渠道效率为标准来权衡成本和渠道目标的关系。

3）服务

渠道成员所提供的服务与厂商渠道结构的选择有密切的关系。厂商在渠道设计时应该通过评价中间商提供的服务，比较中间商提供的服务与顾客对中间商服务要求之间的关系，选择那些可以以最低成本最有效地完成任务的渠道成员来作为自己的中间商。

2.2.5 环境因素

环境中包含营销渠道所赖以存在的所有外部非可控的因素，这些因素会影响渠道结构设计、开发和管理，通过对影响渠道结构的外部环境进行扫描，可以将环境因素划分为五个方面：竞争环境、经济环境、社会文化环境、技术环境、法律环境。

1）竞争环境

企业对渠道结构的选择必然受到竞争对手所使用渠道的影响和制约，因此分析竞争者的渠道状况非常重要。一般来说，存在四种竞争性的市场环境：水平竞争、业内竞争、垂直竞争、渠道系统竞争[①]。水平竞争是在相同渠道层次、相同类型的企业之间的竞争。业内竞争是在相同渠道层次不同类型企业之间的竞争，如折扣店与百货店之间的竞争。垂直竞争是指不同渠道层次成员之间的竞争。渠道系统竞争是指完整渠道系统之间的竞争。企业应该通过对各种渠道竞争类型的理解，分析主要竞争者是如何维持自己的市场份额，运用何种营销手段刺激需求，如何对自己的渠道成员进行服务支持等，分析本企业在现有竞争对手中的市场地位以及市场上的竞争激烈程度，制定渠道结构战略。通常企业可以采用三种渠道设计竞争战略：对抗型渠道战略、共生型渠道战略、规避型渠道战略[②]。

2）经济环境

经济可能是影响渠道结构环境变量中最显著、最普遍的因素，厂商必须对经济变量对分销渠道产生的影响非常敏感。一般来说，可以将经济环境中的各种指标划分为四个总体经济要素：经济基本设施、消费者购买力、通货稳定性、国家贸易政策[③]。渠道成员需要关注经济因素对渠道结构与管理的影响，综合评价，进而选取最优的渠道结构。

3）社会文化环境

社会文化环境作为渠道成员、社会和文化的连接点，是社会上的每个人对信仰、价值观、风俗和生活方式的共同看法，是个人与社会系统之间相互作用和相互影响而形成的，事实上它涉及社会的所有方面，企业的营销渠道结构必然也受到其所处的社会文化环境的影响。例如人口年龄结构、家庭结构、受教育程度以及女性的社会地位等都要求渠道成员细致地考察不断变化的社会文化模式并对此做出反应，进而对现有渠道结构进行相应调整。

4）技术环境

技术是最具持续性且变化最为迅速的环境要素，我们每一个人都可以找到过去十多年来发生并改变我们生活的技术进步的例子，如个人电脑、传真、电子扫描仪、手机、计算机控制的库存管理系统、电子数据交换（EDI）等。技术使营销渠道的世界变得更小，不断地影响着渠道参与者，许多渠道系统的力量平衡也由此从制造商转移到了零售商，零售商现在能够迅速地获得与顾客需要有关的精确信息。面对不断发展的技术，厂商要明确那些能够对自己的营销渠道战略产生影响的技术，有针对性地进行调整和选择与之相适应的渠道结构。

---

① 罗森布罗姆．营销渠道：管理的视野［M］．宋华，等译．7版．北京：中国人民大学出版社，2004：77．
② 常永胜．营销渠道：理论与实务［M］．北京：电子工业出版社，2009：95．
③ 佩尔顿．营销渠道：一种关系管理方法［M］．张永强，等译．北京：机械工业出版社，2004：129．

5）法律环境

法律环境是指对营销渠道产生影响的各种法律，它是由一系列原则和条例构成的管理条款，用来解决不同的问题或争端。相对于经济环境，法律环境对厂商来说要更清晰一些，它能对渠道成员的行为起到约束、指导和控制的作用。法律法规的某些条款的制定和取消都会给渠道成员和整个渠道分销系统带来挑战和机会。厂商应该熟知一些与渠道管理有关的法律知识，提高对渠道管理法律方面的敏感性，这有利于渠道结构的管理，还有助于避免营销渠道管理中潜在的、严重的、成本高昂的法律纠纷。

2.2.6 行为因素

越来越多的学者开始关注营销渠道的一些行为变量对渠道结构的影响。如厂商若想使渠道成员之间形成一种更和谐的关系，最大限度地减少渠道冲突，那么在建立渠道结构时，就要考虑能够引起渠道冲突的因素，进而厂商会更倾向于建立一个更有效沟通的渠道结构以减少冲突的频率。如果厂商能够明确自己所拥有的可利用的权力，那么它就可能选择一种使其能够更容易对渠道成员施加影响的渠道结构。例如一家小型、专业化的制造商，如果拥有的更多的是专家权而不是强制性权力的话，那么它选择使用大型连锁零售店的渠道结构是较为合适的，因为强制性权力不大可能对这些零售商施加影响和控制，而专家权却能取得预期的效果。所以，某些行为变量在特定场合下，可能与渠道结构的选择有关。

2.3 渠道成员的选择

2.3.1 渠道成员选择的重要性与原则

1）渠道成员选择的重要性

生产企业在确定渠道结构之后的首要任务就是选择渠道成员。其实企业在面临以下几种情况时，同样需要选择渠道成员：现有渠道成员流失，需要选择新的渠道成员填补空缺；企业在经过周期性评估时，发现现有某些渠道成员无法胜任分销任务，需要选择新的渠道成员替代现有成员；企业需要扩大现有的市场区域范围或者提高现有的市场覆盖率，即使渠道长度和中间商的类型不变，也有可能考虑物色更多合格的中间商来承担分销任务。

渠道成员的选择，并不是为了单纯一笔生意或者一桩买卖，而是为了长期地、较好地合作并与之共事。现在越来越多的公司重视与渠道成员的关系，有的甚至结成战略合作伙伴关系，这就要求其在选择渠道成员时要非常慎重。渠道成员选择的合适与否关系消费者需要的产品能否及时准确地转移至消费者手中、企业的渠道目标最终能否顺利实现，甚至关系到整个渠道绩效。

渠道成员选择的重要性与公司的分销密度一般呈负相关关系，即生产企业的渠道密度越低，其渠道成员选择的重要性越大；反之，则渠道成员选择的重要性越小。因为，当生产企业的渠道分销密度比较低时，某个成员的被选就意味着其他成员的落选，而生产企业的渠道任务就完全落在这个被选定的渠道成员身上，此时，公司的分销任务是否能有效实施，完全取决于这一分销成员的表现，这样生产企业承担的风险就非常大，所以分销密度比较低的生产企业在选择渠道成员时要持非常谨慎的态度。当生产企业的分销密度较高时，企业会将产品投放到几乎每一个可能的渠道当中去，这样可以获得较高的市场占有率，确保消费者在任何地方都可以购买到它们的产品，因此在选择渠道成员时只要信用度相对较高，对渠道成员的其他方面要求可以不必太苛刻。总之，如果渠道结构强调密集型分销，渠道成员的选择标准可以不很严格，在某种程度上说，考虑选择那些实际上具有合理盈利能力、能够及时支付货款、具有必要的信用度的中间商即可。如果渠道结构强调选择型分销，那么对未来的渠道成员的选择，就应该对潜在分销成员进行更加详细的审查，包括经商的时间、信誉和合作态度、偿付能力、其经营的其他产品等，然后再做出选择，可见此时的选择决策变得至关重要。

2）渠道成员选择的原则

不同的生产企业有不同的渠道目标和策略，因此选择渠道成员的原则也不尽相同，企业应该根据自己的实际情况，确立一些选择渠道成员的更具体的原则。为了保证渠道最终能够完成分销目标，以下是选择渠道成员应遵循的一般原则：

（1）目标市场原则。企业的目标市场是企业设计渠道目标和制定渠道策略的基础，因此生产企业要根据目标市场的需求、购买行为和消费习惯来选择渠道成员，以确保这些渠道成员能够把自己的产品或服务顺利地送达目标市场，方便目标消费群体购买和消费。所以企业在选择渠道成员时，应依据这一原则，充分考虑渠道成员的影响范围（比如该渠道成员是否拥有自己的分销渠道、分店、子公司、会员单位等）、渠道成员的顾客类型，以及这些顾客类型与本企业目标市场的吻合程度等方面。

（2）分工合作原则。分工合作原则，是指企业在选择渠道成员时，应该选择那些在经营方向和专业能力等方面能够发挥企业所希望的渠道功能作用的中间商。很多情况下，某些渠道功能是企业自身无法实现的，所以企业要对具有渠道经营特点并能够承担渠道功能的渠道成员进行甄别。比如，大型百货零售企业一般具有较强的分销能力，比较适宜销售价值高、技术性强、品牌吸引力大、要求较多售后服务的商品；小百货商店、杂货店则更适合经营便利品、中低档产品，它们通常不愿为有关商品做广告，也很难保障售后服务，所以企业应该根据自己的渠道目标和需求选择那些能够履行所期望的渠道功能的渠道成员。

（3）形象匹配原则。企业选择分销渠道的目的并非只是要解决将商品卖出去的问题，同时，渠道成员还能起到树立企业形象、品牌形象的作用。在消费者眼中，分销渠道成员的形象也代表了生产企业的形象，甚至能够让消费者愿意出较高的价格持续购买企业的产品。例如，企业选择在大百货商店和在杂货店销售其产品，其留给消费者的企业形象和品牌形象肯定是完全不同的。所以，厂商在选择渠道成员时必须保证所选的渠道成员的形象符合企业本身形象塑造的要求，如果所选的渠道成员形象与企业想要塑造的形象完全不符，即使短期内可能产生一定的销售量，长期看来，也有可能产生极大的负面影响。

（4）效率提升原则。所谓渠道效率，是指营销渠道运行的投入产出比。一家生产企业的整体渠道效率来自每个渠道成员的高效率，效率最低的渠道成员往往对整个渠道的效率影响非常大。对于间接分销渠道，其运行效率在很大程度上取决于其他渠道成员的经营管理水平。例如，进货管理不善的中间商，可能常常出现脱销或库存积压的现象，这就会使厂商产生错觉，误以为产品供不应求或者供过于求，从而进行错误的产能调整，最终导致产销的脱节。所以企业在选择渠道成员时，要选择有利于提升整个渠道效率的渠道成员，一方面要能够以最快的速度将产品送达消费者手中，另一方面还要确保渠道运行能够以最小的投入换取最大的产出。

（5）互惠互利原则。同一条渠道上的成员实际上组成了一个利益共同体。渠道成员只有互惠互利、密切合作、同舟共济才有可能建立一个高效运转的营销渠道，才能保证渠道的稳定和发展。如果某些分销渠道成员只注重自身利益、过分计较眼前小利，可能转而经销竞争对手的产品或发生窜货、乱价等行为，使得渠道运行充满矛盾和冲突，甚至最终导致渠道关系的终结。所以企业在选择渠道成员时，要更加注重分析渠道成员的价值观、运营理念以及合作精神等，因为这些标准的契合，可以使渠道运行达到最佳的经营效果。

2.3.2 渠道成员的选择过程

渠道成员的选择过程一般包括以下几个步骤：考虑企业目前的渠道目标和渠道策略，确定选择标准来衡量潜在渠道成员是否合适，分析寻找渠道成员的主要途径有哪些，评估渠道成员，对评估后的渠道成员进行筛选确定。

1）企业的渠道目标和渠道策略

企业进行渠道成员选择的第一步就是要重新回顾分析企业的渠道目标和渠道策略，必须要弄清楚四个问题：企业真的需要中间商吗？如果真的需要中间商，那么需要何种类型的中间商呢？企业需要多少不同类型的中间商和相同类型的中间商？是否清楚渠道成员选择需要遵循的原则？其中，不同类型中间商的数目涉及渠道的长度，企业要明确渠道的长短本身并无绝对的好坏之分，关键是要与企业的渠道目标和要实行的渠道策略相符合。相同类型中间商的数量则涉及渠道的宽度问题，同样也需要与企业的营销战略和企业营销渠道的整体布局相协调。

2）渠道成员选择的标准

企业在确定了产品的销售策略，选择以间接渠道进入市场后，下一步就要考虑怎样选择合适的中间商。中间商的选择是否得当，关系着生产企业的渠道目标能否实现。然而大部分企业在实际选择渠道成员时，往往缺乏具体的选择标准，凭借感觉行事，因此为了减少盲目性，降低由于选择失误而造成的渠道成本偏高甚至被迫调整所带来的风险，生产企业在渠道成员选择的原则指导下，确定相应的选择标准是非常必要的，以下是选择渠道成员通用的一些标准。当然，企业还要根据自己的实际情况灵活掌握。

（1）中间商综合实力的大小。这涉及对以下几个方面进行评估：

第一，中间商开业时间的长短。一般来说，长期从事某种商品经营的中间商，其通常会积累较丰富的专业知识和销售经验，并且会拥有较多的忠实顾客，这就会帮助生产企业迅速占领市场，同时也可以减少生产企业在培训方面的成本。

第二，中间商的发展历程和经营表现。如果中间商以往的经营业绩不佳，很可能是因为管理不善或其他方面的内部原因导致的，所以企业若将其纳入营销渠道中，风险将会很大。而那些经营业绩一贯较好的中间商，可以认为其在经营同类产品的时候，没有出现较大的失误，并且还积累了一定的成功经验，所以其能顺利销售生产企业产品的可能性较大。当然中间商的业绩也有可能与其销售竞争对手品牌有关，所以企业还需进一步考察该中间商与竞争对手的交往合作历史。

第三，中间商的资金实力和财务状况。通常情况下，生产企业都倾向于选择资金雄厚、财务状况良好的中间商，因为这样的中间商具备提前预付货款、按时结算的能力。如果中间商资金非常充足，必要时还可能在财务上给生产企业提供一些帮助，比如分担部分销售费用、向顾客提供分期付款等资金融通方式，进而有利于生产企业扩大产品销路；相反，如果中间商的财务状况不佳，那么其拖欠货款的可能性会很大，严重时甚至可能由于破产而使生产企业蒙受损失。

第四，中间商的综合服务能力。选择中间商还要考察其综合服务能力，因为生产企业在通过中间商将不同的商品销售给顾客的过程中，需要很多种类的服务，比如向顾客提供技术指导、售后服务、上门安装调试以及向顾客提供分期付款的服务，这些都要求中间商具备较强的综合服务能力，所以企业在选择中间商时要选择那些综合服务能力和所提供的综合服务项目与企业要求相匹配的中间商。

第五，中间商的产品销售能力。随着卖方市场向买方市场的转变，企业仅靠产品的质量和价格优势是不足以在竞争日益激烈的市场上立足的，良好的产品还必须配有出色的市场推广手段、商品配送水平、销售团队的素质以及技术支持等。生产企业选择具备这些能力的中间商来销售其产品是非常有利的。

第六，中间商的组织管理能力。对制造商来说，如果渠道成员的管理人员素质很差，那么该渠道成员就不值得考虑。当然管理人员素质的评判是非常困难的，所以决定管理能力的一个主要标准是看销售队伍的素质和水平，即高素质的销售人员是优秀管理人员的象征。另外，管理层的连续性对于生产企业来说是至关重要的，管理的连续性是衡量中间商管理层稳定性的指标，如果管理层的人员不断更换，那么管理的连续性就难以保证，这对于生产企业来说是非常不利的。

第七，中间商的产品知识。许多中间商之所以被一些规模较大并且具有较高知名度的名牌产品的生产企业选中，往往是因为他们有销售同种产品的专门经验，这可以使中间商运用已有的行业市场经验对产品进行有针对性的、较为专业的推广，进而使得产品更为顺利地进入目标市场。

（2）中间商的预期合作程度。在合作过程中，中间商必须要认同生产企业的渠道目标、经营理念，以及产品品牌，中间商只有拥有和生产企业相同的价值观以及认同生产企业的企业文化，保持战略目标及经营理念的一致性，才会更积极主动地为企业推销产品，并且在遇到问题时也会共同寻求解决办法，相互理解，从而成为企业长期忠诚的合作伙伴。

（3）中间商的市场及产品覆盖面。

第一，中间商的地理区位优势。生产企业应该根据其选择的不同类型中间商来考虑中间商的区位特点。对零售中间商来说，最理想的区位应该是顾客流量比较大的地点；而对于批发中间商来说，则要考虑其地理位置是否有利于产品的批量储存、分销和运输，因此，周边的交通状况与基础配套设施就显得非常重要，通常以交通枢纽为佳。

第二，中间商的市场范围。选择中间商最关键的因素在于市场，因此考虑中间商的市场范围尤为重要。首先，要分析拟选择的目标中间商经营范围所包括的地区与生产企业销售计划中的地区是否一致。其次，要考虑企业所希望的潜在顾客是否包含在中间商的销售范围内。最后，企业还要考虑未来的渠道成员是否占据了太多的市场区域，因为这有可能导致与现有渠道成员覆盖面的重叠，一般来说，生产企业要力图以最少的重叠获取最大的市场覆盖面。

第三，中间商经营的产品结构。生产企业在选择中间商时，要考虑其承销的产品种类和组合情况，通常从以下四个方面考虑：竞争性产品、相容性产品、补充性产品和产品质量。一般来说，最好避免选择那些经销竞争产品的中间商，因为这会使顾客直接做出比较和选择。同时，生产企业应考虑那些经营与本企业产品有较好相容性的产品的中间商，因为这些产品不直接与本企业产品竞争。此外，渠道成员经营的互补性产品能增加消费者对本企业产品的购买数量。最后，生产企业还可以考虑寻找那些经营产品的质量等同或优于本企业的渠道成员，因为任何企业都不希望自己的产品同劣质的产品放在一起经营。

（4）中间商的信誉。渠道成员的诚实守信是整个渠道健康运行的前提条件，任何一个成员的背信弃义、追逐一己之利的行为都可能使之前的一切努力毁于一旦。因此对中间商信誉的考察是维持渠道稳定和长期发展的重要标准。

第一，中间商的资金信用度。考察中间商的资金信用度，必须对中间商的注册时间、注册资本、有无资本运作的不良记录以及与其他生产企业合作期间有无不良付款、私吞货物等行为进行考察，这是避免合作过程中资金风险的有效途径。

第二，中间商的业界美誉度。声誉对于任何组织来说都是极其重要的无形资产，生产企业也总是期望与那些拥有良好口碑的企业合作，这是因为具有良好声誉的中间商是值得信赖的，并且这些中间商不会因为一点眼前小利而破坏渠道规则进而破坏多年积累的声誉。与此同时，生产企业还可以利用中间商的良好口碑和形象赢得顾客的信任，从而增加产品的销售。

3）渠道成员的寻找途径

前面介绍了渠道成员选择的标准，那么接下来生产企业要通过哪些途径才能找到符合标准的中间商呢？拥有备选的中间商名单越长，挑选渠道成员的余地就越大，因此企业应开辟多种途径，拓宽搜索范围，以下是寻找渠道成员的主要途径：

（1）实地销售组织。对于拥有独立销售队伍的企业来讲，足不出户就可以获得较多的潜在渠道成员的名单的最直接的办法就是利用企业的现场销售团队，因为他们经常活跃于批发商与零售商之间，与他们有较多的业务往来和接触，掌握较多中间商信息，所以是生产企业搜索潜在渠道成员的一条重要途径。

（2）行业与商业渠道。行业协会、行业展销会、行业出版物和行业内企业名录等都是与某个具体行业有关的潜在渠道成员信息的重要来源。商业渠道则主要包括各种贸易组织、贸易展览、各类公开的和内部的出版物、电话簿、工具书、工商企业名录、专业杂志以及咨询机构的调研报告等。这些都是获得中间商信息的有价值的途径。

（3）中间商咨询。很多生产企业对未来潜在渠道成员的寻找，是通过直接咨询对经营其产品感兴趣的渠道成员来实现的，正如所说的那样，往往获得较多潜在渠道成员名单的企业，正是在各自行业中声誉较好、较受中间商青睐的生产企业。

（4）顾客。企业营销活动围绕的中心是顾客需求，顾客是中间商服务的最终体验者，所以顾客会很愿意并开诚布公地就中间商的各方面与生产企业进行沟通，企业可以通过正式或非正式的调查，来获取目标顾客对各类中间商的看法，因此从顾客那里获得未来渠道成员的信息是一个很好的途径。

（5）广告。生产企业可以通过在商业出版物、广播媒体、电视媒体、网络媒体等媒介上刊登广告来寻找潜在中间商，因为在信息时代，媒体的受众数目较大，企业可以通过此种途径发布信息来寻求潜在渠道成员。与此同时，生产企业通过利用以上广告媒介来搜索渠道成员的信息也是可行的。

当然企业还可以通过互联网、朋友、直接邮购请求、企业黄页、从先前的申请者中获取联系方式等途径来发掘未来的渠道成员。

4）渠道成员的评估与确定

在依据渠道成员选择标准，通过各个途径收集到候选渠道成员后，企业就要对这些中间商进行评估，进而从中挑选出一组符合企业需要的渠道成员。评估渠道成员的方法主要有以下几种：

（1）销售量评估法。销售量评估法是指生产企业通过对候选中间商的顾客流量、销售情况等指标进行实地考察，并分析其近年来销售额水平及变化趋势，在此基础上，对候选中间商实际能够承担的分销能力尤其是其可能达到的销售量水平进行估计和判断，进而选择最佳的中间商。该方法是挑选中间商最主要的方法。

（2）评分法。评分法也被称作加权平均法，是指对拟选择的中间商，分别根据他们所具备的分销商品的各项能力和条件进行评分，即生产企业需要列出营销渠道成员选择中所须考虑的因素，再根据不同因素对渠道功能影响的重要程度分别赋予一定的权重，然后计算每个中间商的总加权得分，最后根据总得分的高低进行排序，从中选择得分较高者。

（3）销售成本评估法。渠道的日常管理和运作都需要付出一定的成本和费用，主要包括分担市场开拓费用、让利促销费用、货款延迟支付而带来的收益损失、谈判和监督履约的费用等①，这些费用形成了企业的流通费用，必然会减少生产企业的净收益。因此，企业可以通过控制流通费用来提高渠道效益，增加企业净收益。很多企业

① 吕一林．营销渠道决策与管理［M］．北京：中国人民大学出版社，2005：177.

也通常将销售费用看作选择中间商的一个标准。

①总销售费用比较法。在分析候选中间商的可控性、营销战略、市场声誉、顾客流量、销售记录的基础上，预估各个中间商若作为分销渠道成员在执行分销功能过程中的总费用，最后选择费用最低的中间商为渠道成员①。

②单位商品销售费用比较法。当销售费用一定时，产品的销售量越大，单位产品的销售成本越低，渠道成员的效率也就越高，所以在评估候选中间商时，要综合考虑销售量和销售成本两个因素，选择单位销售成本较低者作为分销渠道成员。

③费用效率分析法。费用效率分析法是以销售费用与销售业绩的比值作为评价依据。与单位商品销售费用比较法不同的是，该方法的比值是用某分销商能够实现的销售业绩（销售量或销售额）除以该分销商总销售费用，称为费用效率②。可以看出，费用效率是单位商品销售费用的倒数。

在对渠道成员进行评估之后，企业就要确定最终的渠道成员，一般有定量和定性两种方法。前者是基于前面对于渠道成员的量化评估，经过排序得出。渠道成员的定性确定方法则比较简单，主要凭相关人员的主观感觉做出选择。二者各有利弊，可以综合使用，比如先用定性方法进行初选，经过一段时间的运作以后，再进行定量的方法终选。这样做，两种方法可以优势互补，最有可能得到合适的渠道成员③。

2.3.3 渠道成员的吸引与赢得

渠道成员的选择过程是一个双向的过程，不仅生产企业需要选择中间商，中间商也会对生产企业进行评估和选择，所以生产企业所选定的潜在渠道成员最终也许并不会真正进入渠道。对于规模较大、产品具有高知名度的生产企业，比较容易获得所选择对象的认可。而没有特别声誉和知名度的中小生产企业就很难被其看中的优秀中间商所接受。因此，生产企业挑选渠道成员是一回事，能否真正获得又是另一回事。所以要想赢得中间商，生产企业可以提供以下具有诱惑力的优厚条件：

1）有获利潜力的产品线

生产企业如果能够提供销售和利润潜力较好的产品线，对于中间商来说，这无疑是最具诱惑力的条件。实际上，若制造商能够保证这一点，则无须再提供其他条件就能赢得他们想要的渠道成员。然而，很多生产企业在与渠道成员沟通时，过分强调产品的高质量却忽视了强调这些高质量产品如何能够保证渠道成员的利润和成功。

2）广告和促销的支持

潜在的渠道成员在未来发展中需要依赖生产企业的支持，若生产企业能够提供一个强有力的全国性广告促销的支持，这将是获得渠道成员非常有效的方法。提供这一计划的生产企业可以非常容易地获得潜在渠道成员对产品销售潜力的信任并促使其进入生产企业的渠道中来。

---

① 苗月新. 营销渠道概论［M］. 北京：清华大学出版社，2007：150.
② 王国才，王希凤. 营销渠道［M］. 北京：清华大学出版社，2007：118.
③ 庄贵军. 企业营销策划［M］. 北京：清华大学出版社，2004：230.

3）管理上的支持

潜在渠道成员同样也非常看重生产企业是否能够提供管理上的支持，包括培训计划、财务分析和计划、市场分析、存货控制程序、促销方法以及其他方面[①]。不过这些支持要根据渠道关系类型的不同而发生变化。比如对于达成特许协议的契约式渠道关系，生产企业通常能够提供比传统的、结合松散的渠道关系更全面的管理支持计划。

4）公平交易和友好关系

渠道关系并不是排除了人的因素的单纯的机械或纯经济的关系。它不仅是一种业务关系，同时也是一种人际关系。在渠道成员之间复杂或正式的协议甚至是法律合同的背后，都隐藏着人与人的因素[②]。渠道成员之间的喜欢或厌恶、尊重或鄙夷、信任或怀疑等都会影响渠道成员之间的合作或敌视、忠诚或背叛。因为渠道成员之间的公平交易和友好关系可以弥补渠道关系中潜在的经济损失，所以在争取渠道成员时，生产企业传达真诚希望同他们建立公平和友好关系的信号是非常重要的。

2.3.4 渠道成员间的任务分配

一般而言，渠道任务在渠道成员间的分配，可以通过价格政策、交易条件和地区划分等渠道功能来明确界定。

1）价格政策

价格政策是指一个渠道成员针对另一个或一些渠道成员所制定的价格方面的规定，它体现着一个渠道成员对另一个或一些渠道成员在产品销售价格方面的要求，如果渠道成员之间能够在产品销售价格方面达成共识，将有利于防止由于价格混乱而导致的渠道冲突，比如中间商之间的价格战和窜货行为。

2）交易条件

交易条件首先包括付款条件，比如中间商支付货款的结算方法、支付时间以及当不能及时支付货款时与供货方的协商途径和程序。此外交易条件还可以是生产企业向中间商做出的商品质量保证、按时供货保证、次品或者积压品处理保证、价格调整保证以及退换货保证等，这样可以解除中间商的后顾之忧以鼓励中间商放手进货。

3）地区划分

地区划分可以用来规定中间商的地区权力，通过明确说明各个中间商的顾客服务范围，可以避免渠道内成员之间的内耗。中间商通常希望自己在某个地区实行独家经营，把自己销售地区的所有交易都归为己有，并希望生产企业肯定其在专属区域内的销售业绩，所以生产企业是否要满足中间商的这些要求，可以在合同中做出明确规定来进行渠道任务的分配[③]。当涉及独家代理、总代理以及特约经营关系时，生产企业更应该就有关中间商的分销地区范围、市场渗透水平和是否发展新渠道成员等问题进行认真考量，并在合同中做出明确规定。

除了以上所讲的责任和规定的义务外，生产企业还要在一些特定内容上，比如促

① 罗森布罗姆. 营销渠道：管理的视野［M］. 宋华，等译. 7版. 北京：中国人民大学出版社，2004：226.
② 胡介埙. 分销渠道管理［M］. 大连：东北财经大学出版社，2009：121.
③ 王国才，王希凤. 营销渠道［M］. 北京：清华大学出版社，2007：123.

销、人员培训、商品陈列等方面明确划分责任界限，要注意权、责、利相适应的原则。当中间商承担了有关的分销任务时，要给予相应的报酬和奖励。

本章小结

营销渠道结构设计的一般过程包括以下步骤：确认渠道设计的需要，确定渠道目标，明确渠道任务，设计可行的渠道结构，评估影响渠道结构的因素，选择渠道结构。

一般出现以下情况时，企业要考虑进行渠道设计：建立一个新企业、产品与市场的变化、产品生命周期的变化、营销组合的其他组成部分发生巨大变化、企业渠道政策的变化、现有渠道成员有碍于企业实现目标、整个商业格局的变化、竞争的需要、宏观营销环境的变化。

渠道设计目标的设定要重点考虑顾客对渠道的服务需求，这些需求主要包括：购买批量、等候时间、空间便利、选择范围和服务支持。营销渠道目标要与整体营销目标以及企业的整体战略目标保持一致。

要实现既定的渠道目标，必须将渠道目标分解为各种具体的渠道任务，即渠道需要履行的具体渠道功能。所有渠道功能流程都可以特定的渠道产出，因而渠道设计的本质就是将这些功能在渠道成员之间进行分配。

营销渠道的结构维度包括三个方面：渠道的长度、渠道的宽度和渠道的中间商类型。营销渠道的长度，也称营销渠道的级数，指营销渠道中处于生产制造商和消费者或最终用户之间的中间商的层次数。渠道的宽度也称渠道的密度，指各级渠道上中间商的数量，如批发商、零售商或工业品终端经销商的数量。一般来说，企业设计渠道结构时，有三种渠道密度方案可供选择：密集分销、独家分销和选择性分销。

营销渠道结构的各种情况及基本方案确定之后，需要对渠道结构进行评价。评价渠道结构有两个重要的问题：一是评估渠道结构的标准；二是评估影响渠道结构的因素。评估渠道结构的标准包括经济性标准、控制性标准、适应性标准。影响渠道结构的因素包括市场因素、产品因素、厂商因素、中间商因素、环境因素和行为因素。

选择渠道结构的主要方法有：财务方法、交易成本分析法、直接定性判断法和重要因素评价法。

渠道成员的选择原则包括：目标市场原则、分工合作原则、形象匹配原则、效率提升原则、互惠互利原则。渠道成员的选择过程一般包括以下几个步骤：考虑企业目前的渠道目标和渠道策略，确定选择标准来衡量潜在渠道成员是否合适，分析寻找渠道成员的主要途径有哪些，评估渠道成员，对评估后的渠道成员进行筛选确定。渠道任务在渠道成员间的分配，可以通过价格政策、交易条件和地区划分等渠道功能来明确界定。

拓展学习

渠道权力与分销密度问题研究[①]

对于制造商而言，在一个确定的市场区域中应该达到何种程度的市场覆盖面是一项非常重要的决策，因为产品或服务在市场中的可获得性程度是决定制造商市场份额和市场地位的一个重要因素。但正如渠道系统理论所指出的那样，制造商与其分销伙伴之间是相互依赖、相互影响的，正是这种相互依赖性使得分销密度问题实际上并不只是制造商单方面的决策问题，我们必须把它放在渠道系统的依赖关系中进行考察，以明确制造商的分销密度乃是制造商与中间商平衡渠道权力的结果。

1）分销密度决策中的两种相对力量

（1）制造商的决策：市场覆盖面。制造商决策的焦点问题是对一个特定的市场区域应当达到一个怎样的覆盖面，这个问题实际上是对在每个渠道环节上使用多少个中间商进行决策。分销密度与市场覆盖状态及中间商数量关系如图2-3所示。

市场覆盖状态

独占性	选择性	饱和性
独家分销	选择性分销	密集性分销
一个	少数	很多

中间商数量

图2-3　分销密度与市场覆盖状态及中间商数量关系示意图

对市场覆盖面的选择，制造商似乎有一种确定的倾向，即应当尽力提高市场的覆盖面。这种倾向来源于两个方面的原因：一个与特定市场中的消费者行为相关；一个与中间商的行为相关。对于一个特定的市场而言，高市场覆盖率会使得某一品牌的销售商增多，会使消费者更容易获得该品牌的商品，销售的机会随着市场覆盖率的提高而增加了。制造商另一个方面的考虑是不同的分销密度下中间商行为的差异。在选择性较高的市场覆盖时，制造商使用了有限数量的中间商，这使得制造商面临一个困境，即当只有少数中间商销售某一特定品牌时，由于品牌内部的竞争程度较低，会导致中间商的销售惰性，这种分销中的“准垄断性”会造成销售业绩不佳。由于市场上一定程度的品牌内部竞争对制造商是有利的，所以从中间商的角度考虑，制造商也倾向于提高市场的覆盖面。分销密度与消费者品牌可获得性程度和品牌内部竞争程度的关系如图2-4所示。

---

① 张闯．渠道权力与分销密度问题研究［J］．经济管理·新管理，2004（12）：70-77.文中删去了原文中的夹注。

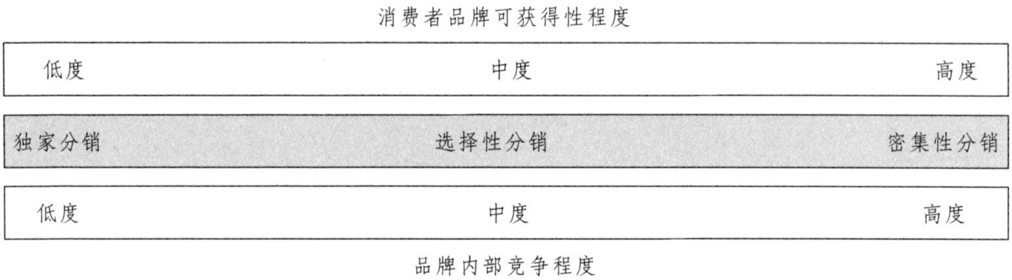

图2-4　分销密度与消费者品牌可获得性程度和品牌内部竞争程度的关系示意图

但是问题的另一方面却并非如此，对于中间商来说，过高的市场覆盖率是一种负面因素，这种不利影响表现在以下几个方面：第一，对于中间商而言，商品组合是其获得差异性的重要因素，密集性分销意味着渠道内的竞争对手们也都销售同样的品牌，这会侵蚀它们的独特性；第二，过分的品牌内部竞争会导致中间商的利润受到侵蚀，造成虽然具有一定的销量，但却无利润可赚的不利局面；第三，对于一些选购品和特殊品来说，密集性分销会导致在中间商之间“搭便车”的问题，这对于那些对渠道关系投入较多的中间商来说是不公平的。从这个角度看，中间商是倾向于独家分销的。制造商与中间商之间这种不一致的目标取向导致了分销密度决策中的第一个冲突：制造商倾向于密集性分销，而中间商则倾向于独家分销。这种冲突的表现如图2-5所示。

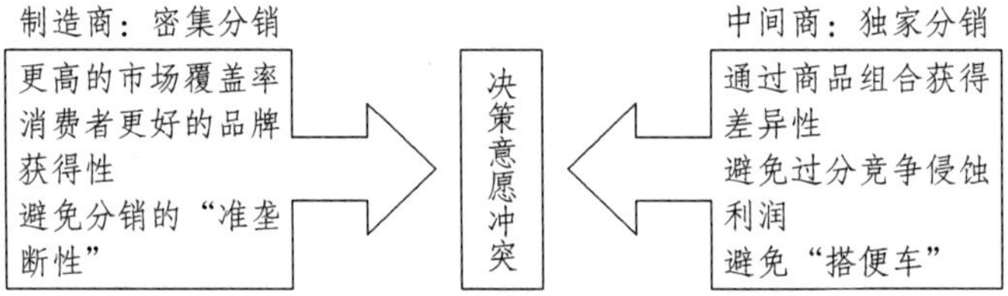

图2-5　分销密度决策冲突示意图

（2）中间商的决策：品牌组合宽度。营销渠道中拥有销售代理人和采购代理人双重角色的中间商的一项重要决策就是应当达到一个怎样的商品组合宽度。为了方便分析问题，我们这里假设中间商只经营某一确定的产品大类，那么它需要解决的问题就是要经营这个产品大类中的多少个相互竞争的品牌。一种极端的情况是中间商只经营一个品牌，这通常被称为独家代理或在该产品类别上的品牌独占性；另一个极端是经营这个产品大类中的所有品牌；处于二者之间的是一个品牌组合的连续带，经营一种以上，但又不是所有的品牌。我们将中间商经营品牌的多少称为在某一产品大类中的品牌选择性程度。

在这个决策中，中间商似乎也有一种确定的倾向，即倾向于经营更多的品牌。这源于中间商的双重角色：一方面，作为采购代理人的中间商加大品牌组合的宽度能够更好地满足用户的需求，增加用户的满意度，这是维持其生存的重要前提；另一方面，作为销售代理人的中间商通过加大品牌组合的宽度能够规避“将鸡蛋放在一个篮子里”的风险，并可以从品牌间的竞争中获得很多好处。中间商品牌组合宽度与品牌数量和品牌间竞争程度的关系如图2-6所示。

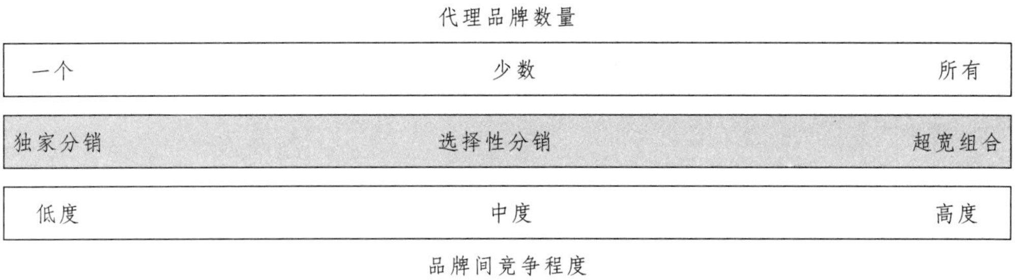

图2-6 中间商品牌组合宽度与品牌数量和品牌间竞争程度的关系示意图

与制造商的决策一样，中间商的这一决策倾向也不是制造商所期望的。中间商拥有较宽的品牌组合意味着在其货架上，制造商将与其竞争品牌正面接触，产生激烈的品牌间竞争。这种直接竞争后果是使该制造商品牌的销售机会受到侵蚀，进而会影响其市场份额和获利能力。更为重要的是，激烈的品牌间竞争将导致制造商品牌的销售要更多地依赖于中间商的品牌倾向性，使制造商丧失分销的主导权和主动权，这是制造商所不愿意的。从这个角度出发，制造商似乎更愿意采用独家代理的方式，以削弱上述不利影响，并夺回分销的自主权。

中间商与制造商之间的这种不一致性导致了分销密度决策中的第二个冲突：中间商倾向于选择较宽的品牌组合，而制造商则倾向于选择独家代理式的品牌组合。这种冲突的表现如图2-7所示。

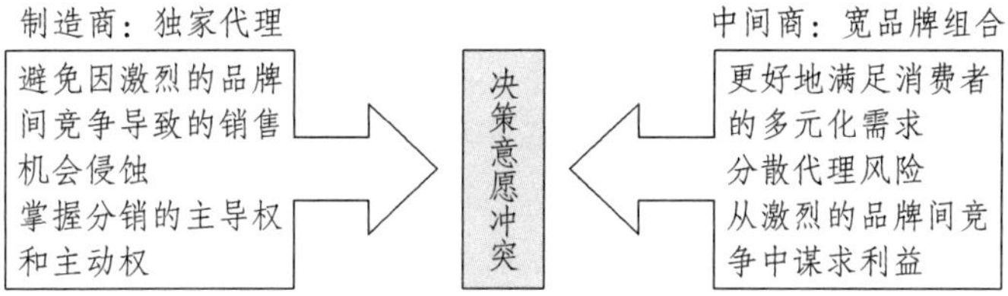

图2-7 分销密度决策冲突示意图

2）内部关联要素：渠道权力

上文所述的分销密度决策中的两种相对力量的各自决策看起来似乎是两个不相关的问题，但从渠道相互依赖性的前提出发，这两者之间实际上存在着非常重要的内部关联，而这个关联的要素就是由相互依赖所产生的渠道权力。

这样，根据渠道依赖性与渠道权力的内在关联，我们可以将制造商的市场分销密度与中间商品牌组合的宽度看作双方获得权力和抵消对方权力的重要手段。我们首先来看制造商有关市场覆盖的决策，制造商之所以倾向于密集性分销，除了上文所述的市场可获得性和避免分销惰性外，更为重要的考虑应当是众多的中间商增加了制造商对分销服务的替代性来源，这减少了它对中间商的依赖，而增加了后者对它的依赖，从而增加了制造商的渠道权力。相反，在存在分销“准垄断性”的情况下，之所以中间商会产生分销惰性，就是因为有限的分销成员导致了制造商分销服务替代性的稀缺，这增加了制造商对中间商的依赖，而使中间商拥有权力优势地位，这也是中间商偏好独家分销的根本原因。

同样的道理，在中间商的决策中，分销商倾向于选择较宽的品牌组合的一个重要原因是较宽的品牌组合增加了中间商供应资源的替代性来源，这样会使其减少对制造商的依赖，而提高其对制造商的影响力。相反，在制造商所倾向的独家代理的情况下，由于中间商缺乏替代来源，导致了中间商对制造商的更大依赖，而使制造商处于权力优势地位。

最后，我们来看渠道权力是如何使两个看似不相关的问题联系起来的。如果我们将制造商的市场分销密度与中间商品牌组合的宽度看作双方获得权力和抵消对方权力的重要手段的话，则渠道权力就在制造商与中间商的合作中将上述两个问题联系在了一起。如果制造商在分销密度的决策中采用了比较密集的市场覆盖，则这种策略将使中间商处于不利的地位。为了抵消制造商在密集性分销中所占有的权力优势，中间商将采用比较宽的品牌组合来与制造商对抗。相反，如果中间商采用了比较宽的品牌组合，则制造商将采用比较密集的分销密度来抵消中间商的权力优势。两个决策的内在关联如图2-8所示。

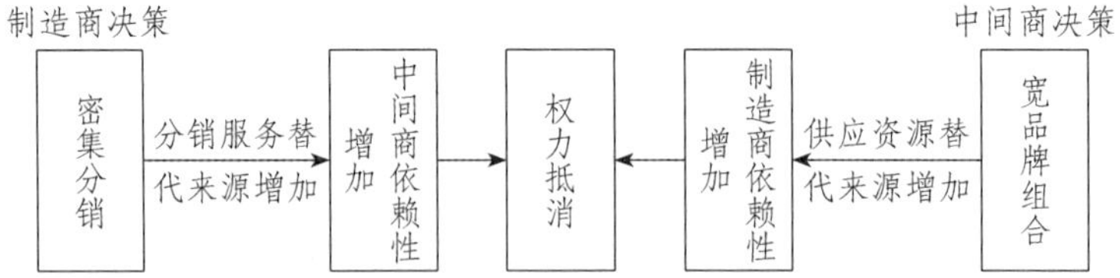

图2-8　制造商和中间商决策的内在关联示意图

3）依赖性平衡：区域独占性与类别独占性之间的交换

如果我们以制造商对分销密度的选择性程度和中间商对品牌宽度的选择性程度为二维坐标，可以得到一个如图2-9所示的在分销密度决策中可能出现的四种权力结构。图中右上角和左下角所显示的权力结构是倾斜的，右上角的权力结构由于中间商对品牌宽度的选择性较高，而制造商却以较低的分销密度选择性而实施较高的市场覆盖而向制造商倾斜；相反，左下角的权力结构则向中间商倾斜。图中左上角和右下角位置的权力结构则呈现出一种相对平衡的状态，一个是在双方做出让步，都以较高的选择性为基础的高度平衡，一个是以双方都不让步，都以较低的选择性为基础的低度平衡。上述四种权力结构将产生不同的渠道产出效率。首先是根据权力的对称性，倾斜的权力结构会引起渠道控制与反控制的争夺，进而对渠道的整体运营效率造成损害；而都以较低的选择性达成的低度平衡将因激烈的品牌内部竞争和品牌间竞争的相互交织而使渠道关系处于无序状态，这同样会对渠道的产出效率造成负面影响。相反双方都做出一定让步的高度平衡状态则由于双方彼此之间的依赖性增加，而会更着眼于渠道关系的维系与建设，从而对渠道的产出效率产生积极影响。

		制造商分销密度的选择性	
		高	低
中间商品牌宽度的选择性	高	高度平衡	结构性倾斜
	低	结构性倾斜	低度平衡

图2-9　分销密度决策中的渠道权力结构

根据上述分析，我们可以得出一个结论：某一特定市场区域内的分销密度实际上是在制造商与中间商之间平衡渠道权力的一种手段，是制造商与中间商权力交易的结果。在极端的情况下，中间商向制造商提供产品类别上的独占性，即采用独家代理的形式，作为回报，制造商则会给予该中间商在其市场区域内的独家分销权。但一般的情况是双方一定程度上的选择性交换，使双方的彼此依赖度增加，进而使渠道权力在分销密度这个决策领域内达到相对的平衡。

复习思考题

1. 营销渠道结构设计的一般过程如何？
2. 企业应如何确认对营销渠道结构设计的需要？
3. 在设定渠道结构设计目标时应该注意哪些问题？
4. 顾客对营销渠道的服务产出需求表现在哪些方面？
5. 营销渠道结构设计主要包括哪三个维度？
6. 什么是营销渠道长度？
7. 什么是营销渠道宽度？渠道宽度一般有哪些典型形态？
8. 评价渠道结构的标准有哪些？
9. 如何选择营销渠道结构？
10. 影响营销渠道长度、宽度的因素主要有哪些？
11. 选择渠道成员时应该遵循哪些原则？
12. 如何评价备选渠道成员？
13. 选择渠道成员的过程如何？
14. 如何在渠道成员之间分配渠道任务？

案例分析

格力的渠道变革①

珠海格力电器股份有限公司是目前中国乃至全球最大的集研发、生产、销售、服务于一体的专业化空调企业。自1991成立以来，格力紧紧围绕“专业化”的核心发展战略，以创新精神促进企业发展壮大，使企业在竞争异常激烈的家电市场中连续多年保持稳步健康发展，奠定了其在国内空调市场的领跑者地位，在广大消费者中享有很高的声誉。格力集团2017年年度报告数据显示，2017年格力电器实现营业收

① 朱国超，刘凤军. 格力打造互联网渠道新格局［J］. 企业管理，2017（2）. 经过改编。

入1 482.86亿元，同比增长36.92%，实现归属上市公司股东的净利润达224亿元，同比增长44.87%。营业收入、净利润均高速增长。并且，格力电器还积极倡导在国际市场上打造“格力”自主品牌，让灿烂的中华文化随着“格力”品牌走向世界。目前，格力电器已经在全球200多个国家和地区建立了销售和服务网络，并将“格力”牌产品成功打入英国、法国、巴西、俄罗斯、澳大利亚等国家。

谈到格力，人们除了会想到格力空调的品牌形象，还会想到格力集团董事长董明珠的一个赌约。在2013年12月12日，也就是第十四届中国经济年度人物颁奖典礼中，小米董事长兼CEO雷军与格力集团董事长董明珠立下10亿元豪赌。当时雷军说道，如果在5年之内小米营业额超过格力，就让格力集团董事长董明珠输1块钱。但董明珠毫不示弱地表示，格力不可能被小米击败，并将赌约增至10亿元。

小米是一家专注于智能硬件和电子产品研发的移动互联网公司，应用互联网开发模式开发产品，用极客精神做产品，利用网络直销销售产品，致力于让全球每个人都能享用来自中国的优质科技产品。从两家公司的发展状况来看，这个赌约实质上是小米和格力分别代表的互联网营销模式和传统营销模式之间的角力。2018年是赌约的最后一年，这5年间，格力在渠道方面采取一系列措施，进行互联网渠道新布局。

渠道演变过程

企业初创期，格力重点经营专卖店和百货店，通过良好的售后服务吸引并维持客户关系。然而，随着销售业务的不断扩大，其销售渠道却变得混乱不堪。1994年，空调市场竞争激烈，商家损失严重，但格力却制定并实施了“淡季贴息返利”和“年终返利”政策，使经销商对其信心大增。1996年，湖北4个经销商的恶性竞争致使多方遭受损害。1997年，格力倡导厂商联合组成区域性品牌销售公司，“湖北格力空调销售公司”随之诞生，这标志着格力区域股份制销售公司模式开始实施。在2001年之前，格力只输出品牌和管理，在销售分公司中占少许股份，销售分公司负责格力在某一区域市场开拓和公司管理的全部工作。2001年，多地区域销售公司与格力发生矛盾，格力认为区域销售公司一些人注册小公司，借自身品牌搞“体外循环”，从中牟取暴利。为此，格力针对渠道管理进行了改革：一方面，吸收小经销商参股和加大总部的持股比例，从而削弱原经销商大股东的地位，达到控股目的；另一方面，总部派遣管理人员到各销售公司管理层任职。与此同时，格力积极与以国美、苏宁为代表的新兴家电连锁企业合作，拓宽营销渠道。2004年，国美开展“空调大战”计划，格力认为国美破坏了其长期稳定统一的价格体系，遂停止向国美供货。而国美则宣称格力违背了其薄利多销的卖场原则，开始在全国卖场清理格力空调。其后，格力转而完善自建渠道体系，联合各省市的经销商全面发展区域销售公司，形成以专卖店为终端的销售体系。

传统渠道模式

在渠道结构的设计上，格力以每个省级区域为一级单元，在各单元内建立股份制区域销售公司模式。各省的销售公司是由格力电器和该省最有实力的家电经销商出资组建的厂商联合体，在法律地位上，虽然销售公司由珠海格力电器控股，但却与后者有着平等的法人地位。也就是说，销售公司相当于格力电器在该省的总代理商，实行的是独家经销制。在各省内进一步构建二级单元，格力采用的是选择性分销。具体操作上，在地级区域范围内，甄选几家比较有实力的家电经销商作为代售商，再由若干分销商作为零售终端。各代售商与指定分销商之间不是随意对应的关系，而是严格意义上的一对一对应关系，即各代售商的批发区域和批发对象（指定经销商）被省销售公司先期指定。

总公司通过股权控股控制区域销售公司，但不对其日常运营实现直接操控，派出管理人员监督销售公司，负责全国范围内的广告和促销活动。销售公司担负培育和管理代售商以及经销商的责任，负责其所辖范围内分销促销以及售后服务方面的工作，不同销售公司的管理范围不会重叠。代售商为指定经销商供应货物，经销商的提货总量算作该代售商的批发量，各代售商只能给被指定的经销商供货。指定经销商是营销渠道的终端，专卖店的设立需要经过格力总部的严格审批。

互联网渠道

格力开始接触互联网，其渠道策略也发生了深刻变化，逐渐从连锁加卖场转型为线上加线下。

入驻天猫是格力渠道触网的第一步。2014年“双11”前，格力电器天猫旗舰店上线。董明珠表示，此前不选择电商的原因是网上销售的空调无法保证高标准的送货、安装及维修服务，而如今格力已经具备服务实力。格力为此专门推出网络专供机型Q铂变频空调，主打性价比。格力触网后的成绩立竿见影，以天猫“双11”为例，销售额从2014年的1.3亿元，到2015年的2.5亿元，再到2016年的7亿元，连续3年基本实现双倍增长。但是，与电商合作存在隐患。首先在于冲击线下传统渠道，多数家电厂商选择在电商网站推出特定型号产品，规避渠道冲击；其次，随着电商话语权的提高，双方可能出现更多的冲突。

自建电商是格力渠道触网的第二步。格力在电商领域进场较晚，在2014年经销商大会上，董明珠首次提出格力要建立自己的电商平台，2015年格力电器官方电商渠道“格力商城”上线，电商平台的订单转到邻近的经销商，当地经销商完成提货、送货、安装和售后。电商定价不会低于格力指导价，高于经销商售价的，双方进行分成，低于经销商售价的，由厂家补足。格力通过全流程信息化建设，打通格力覆盖全国的销售物流、售后等各个环节，融合电子商务与实体店的优势，实现所有环节信息及服务的优势共享，发挥线下线上融合优势，为消费者提供更加便捷、快速的消费体验，同时也提升了公司管理水平和工作效率。更重要的是，产生业绩均依区域划归格力各销售公司享有，消除了区域公司对电商的抵触情绪。

调整线下渠道

2015年，格力电器面临业绩下滑的压力，董明珠表示：“过去3年格力在市场上的增长需要时间消化。”格力自此开始深度改革，尤其是渠道方面，迈入电商的基础是配套机制的完善和体系的支持，因此要对旧渠道模式进行改革。

格力整合区域公司。格力对原有区域销售公司和大型经销商成立的联合股份公司进行改革，由一家独立的名为盛世恒兴格力国际贸易有限公司全资控股，旗下盛世欣兴广泛分布于各地执行具体销售工作，格力电器高层兼任管理者。从联合股份公司到全资控股的转变，意味着格力力求打造标准统一的传统渠道，增强区域间的关联性以及对总部战术的响应性，从而为有效实施电商战略提供支持。此外，格力大力发展旗舰店和体验店，旨在提升品牌形象，实施终端一体化、体验式消费服务的全新策略。

格力联合国美苏宁。随着市场步伐趋缓和格力的战略调整，2014年，格力开始寻求渠道拓展，和国美重修于好，签订150亿元销售规模的战略合作协议。此外，格力和苏宁也重新建立合作关系。这些“冰释前嫌”的举动可以认为是格力寻求渠道多元化的标识，在行业发展趋于平缓，单一渠道无法实现销量突破的情况下，尽可能联合多家渠道，是明智的选择。

渠道变革的启示

在近5年，格力的互联网布局做得如火如荼。相比格力的传统渠道，电商渠道的优势在于流程短平快、引流效果明显、互动性强、随时随地的购买体验等；其劣势是较高的售后成本、损害传统渠道利益、可能造成的平台依赖。总结来说，格力电器基于互联网背景的改革是为了实现如下目标：第一，升级传统渠道，抵御行业风险；第二，多元渠道发展，实现销售增量；第三，线上线下联动，实现服务配套。最终改革的愿景，是建立一个能够提供线上线下一体化，便捷、高效、有保障的整合渠道。

渠道变革包括销路的增加，服务模式的改变，价格策略的调整，品牌塑造方式的建立，和渠道商关系的平衡等等，最终实现整个销售体系的变革和销量的腾飞。格力在以下三个方面进行变革：

第一，升级传统渠道，抵御行业风险。对格力而言，拥抱互联网渠道不代表对传统渠道的摒弃，而是代表着更好地利用技术，基于大数据科学供货，满足顾客需求，体现不同店面的定制化特色。一方面，提高对订单的响应力，作为线上渠道的强力支撑；另一方面，要适应当地的特色。有别于互联网对产品、地域和人文等差异的消弭，传统渠道可以更加人性化，这是因为在整个产品销售的环节中，由于产品和价格的规范性，订单形成环节是可以统一的，但订单一旦形成，之后的售后服务等工作就需要灵活的处理方式。传统渠道不应被淘汰，而需要升级，以更好地消化库存，抵御行业风险。

第二，多元渠道发展，促进销售增量。格力不再单打独斗，而是主张合作，包括线上大型电商，线下大型连锁卖场等，寻求更广泛的渠道发展，从而实现品牌价值的合力，亦能引流顾客。尤其为了实现公司2018年2 000亿元营收的目标，格力无论是产品类别，还是渠道数量等方面都要做到多元化，从而能够有足够通路和体量支撑企业发展。

第三，线上线下联动，实现服务配套。通过大力推进互联网渠道发展，格力形成线上三大电商平台（格力商城、格力京东、格力天猫），结合传统渠道的优势（线下经销商、旗舰店），辅之以合理、有效的区域订单分配策略的线上线下联动的渠道模式。尤其对于家电制造企业来说，线下渠道仍然有着重要作用，产品展示、物流安装、售后维修等各个环节，都不能完全脱离实体而存在。而线上线下渠道间一旦解决好利益分配问题，不存在渠道冲突，就可以最大范围地接触到消费者，且能够提供充分优质的服务。

格力和小米的赌约输赢已经不再重要，格力凭借其在渠道结构上的调整实现了营收和净利润的双增长。期待格力下一次的渠道改革。

延伸阅读

[1] 钱丽萍，杨翩翩，任星耀. 互联网渠道类型与管理机制研究 [J]. 商业经济与管理，2012 (1)：51-57.

[2] 赵晓飞，李崇光. 农产品流通渠道变革：演进规律、动力机制与发展趋势 [J]. 管理世界，2012 (3)：81-95.

[3] 张闯，夏春玉，刘凤芹. 农产品批发市场公益性实现方式研究：以北京新发地市场为案例 [J]. 农业经济问题，2015 (1)：93-100.

第3章

营销渠道纵向一体化决策

学习目标

通过本章的学习，了解交易成本经济学理论范式下的营销渠道纵向一体化决策基本框架，掌握影响营销渠道纵向一体化的主要因素，了解营销渠道纵向一体化决策中，营销渠道控制和营销渠道成本之间平衡的问题。

对于将要进入市场的企业而言，在设计营销渠道结构时，企业面临的一个基本决策就是自己完成分销活动，还是将分销活动外包给市场上独立的中间商。这个问题的本质是企业是否将分销活动完全内部化，即纳入到企业的职能范围内来完成。显然，这是个战略问题。本章将就此问题展开讨论，我们先就渠道纵向一体化决策的理论基础展开阐述，而后论述纵向一体化决策的一些关键影响因素，以及在完全内部化与完全外包之间的一些折中方案。

3.1 渠道纵向一体化的理论框架

3.1.1 渠道纵向一体化的理论基础

渠道纵向一体化问题所涉及的理论基础主要是交易成本经济学（transaction cost economics）。相对于新古典经济学将企业看作一个抽象的生产函数而忽视了企业的内部运作，交易成本经济学将企业看作一种组织交易的治理结构（governance structure）。在交易成本经济学家科斯（Coase）最初的观点中，市场和企业是两种可以相互替代的组织交易的治理结构，其区别在于组织交易的成本，即交易成本的大小。在科斯看来，利用市场机制组织交易是会发生成本的，这些成本既包括交易前谈判和签订合同的成本，也包括合同的监督与执行这些事后交易成本。当利用市场机制交易的成本超过在企业内组织交易的成本时，企业就会将市场交易内部化，即利用企业机制替代市场机制。科斯的交易成本理论构成了交易成本经济学，以及企业一体化与否的一个基本分析框架。

科斯之后，威廉姆森（Williamson）以两组前提假设丰富、完善了交易成本经济学的理论框架。威廉姆森的两组前提假设包括对人类行为的假设（有限理性和投机行为）和对交易特性的假设（专用资产和不确定性），两组假设相互作用为企业的纵向一体化决策提供了更为完备的分析框架[①]。其中，有限理性（bounded rationality）假设指的是决策者的决策总是受制于其有限的认知能力和理性，如决策者获取和处理相关信息，以及进行沟通的有限能力。投机行为（opportunism）假设是指只要存在机会，决策者总是会不惜以损害他人利益的方式追求其自身利益，这包括欺骗、隐瞒事实以及故意违约等行为。专用资产（specific assets）指的是仅能适用于特定交易关系的资产，而在此交易关系以外，这些资产则毫无用途。如批发商在制造商工厂附近专门为其建设的仓库等物流设施就仅适用于与该制造商的交易关系而很难用于其他交易关系。不确定性（uncertainty）包括环境不确定性（environmental uncertainty）和行为不确定性（behavioral uncertainty）。前者指特定交易的环境特征无法在事前确定，即无法准确预测将来可能发生的情况；后者指无法在事后准确地评估交易绩效，如制造商可能很难对某一零售商是否对其顾客提供了充分的售前服务进行评价。

根据交易成本经济学的观点，由于决策者是有限理性的，这种有限理性在面对不

① Aric R，Heide B J.Transaction Cost Analysis：Past，Present，and Future Applications［J］. Journal of Marketing，1997，61（10）：30-54.

确定的环境与行为时就会产生一系列问题。当环境不确定时，由于无法事先对环境的变化进行预测，就会带来适应性问题（adaptation problem），即很难根据环境的变化而对交易合同进行修订。当行为不确定性出现时，由于无法在交易完成之后准确地评价交易伙伴的行为是否达到了交易合同规定的标准，而会产生绩效评价问题（performance evaluation problem）。此外，由于专用资产是仅适用于当前交易的资产，而交易者都具有投机行为的动机与倾向，因此一旦向交易关系中投入了专用资产，就会面临被对方“敲竹杠”的风险，从而带来了对专用资产进行保护的问题（safeguarding problem）。如前面提到的专门为制造商建设仓库等物流设施的批发商可能就会受到该制造商的要挟，一旦制造商了解到该仓库除了服务于它自己以外，批发商很难将该仓库用作他途，该制造商就会以终止交易关系等手段要挟该批发商以获取更好的交易条件。而对于该批发商来说，必须采取相应的手段来保护自己的专用资产。因此，交易成本经济学的基本观点是，当适应性问题、绩效评估问题和保护专用资产的成本不存在或很少时，企业会选择利用市场机制进行交易；相反，当上述问题和成本存在并且超出了利用市场交易所能够带来的收益时，企业就会选择内部化，将经济交易纳入到企业组织内部完成。

对于制造商而言，其渠道纵向一体化决策所涉及的基本问题是将分销活动外包给独立的中间商（批发和零售企业）来完成，还是由企业自己来完成（自营），前者是市场交易，后者则是内部化，从战略管理的角度来看，后者也就是前向一体化问题。根据交易成本经济学的基本观点，企业是否实施纵向一体化将取决于交易的性质，即企业市场环境的特征与对中间商绩效评价的可能性与准确性。除此之外，渠道纵向一体化对于企业而言还是一个非常重要的战略问题，因为这不仅涉及渠道建设与维护的成本与收益问题，还涉及渠道结构的调整与路径依赖，以及企业资金使用的机会成本问题。

3.1.2 渠道纵向一体化的程度、主体与方向

1）渠道纵向一体化是一个“度”的问题

在交易成本经济学最初的分析框架中，纵向一体化是一个自营还是外包的非此即彼的决策（见图3-1）。当制造商将分销活动完全外包给独立的中间商完成时，双方使用传统的市场机制来组织交易，所有分销活动由分销商独立完成，分销活动所发生的成本、收益与损失也都由分销商独立承担。而当制造商将分销活动完全内部化，即由制造商自营分销活动时，所有分销活动由制造商独立完成，分销活动所发生的成本、收益与损失则全部由制造商来承担。

显然，现实世界中制造商的分销决策远非外包或自营这样非此即彼的选择这么简单，在完全市场化与完全内部化之间存在着各种各样的中间形态，即渠道纵向一体化是一个程度的问题，而外包或自营不过是这个连续过程的两个极端。在威廉姆森的理论中，他将市场化与内部化之间的各种组织交易的结构称为中间组织，包括交易双方的合资企业、相互持股、长期协议，以及战略联盟等各种形态。单从产权的角度来看，完全市场化的一端代表了渠道关系双方彼此独立，没有任何的产权联系，而完全

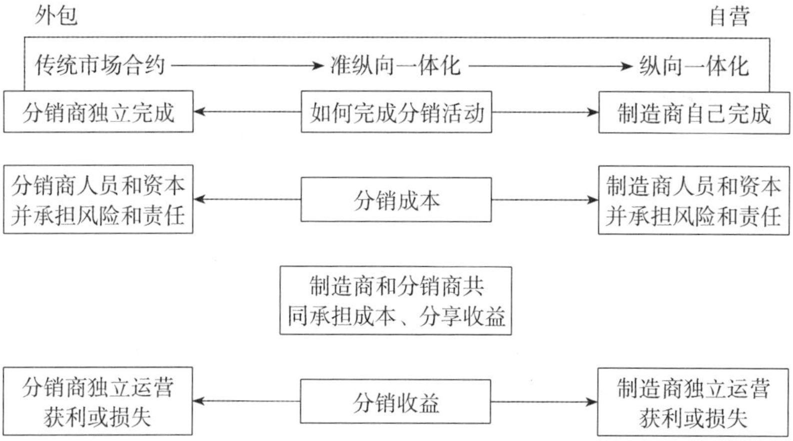

图3-1　渠道纵向一体化程度的连续统一体①

一体化的一端则代表了渠道关系双方在产权关系上成为一个整体。而在两个端点之间，渠道关系双方的产权关系可能处于各种连续状态。单从制造商角度来看可能存在以下产权关系：制造商少量持有分销商的股份（参股）、制造商持有分销商相对大量的股份（相对控股）、制造商持有分销商绝对多数的股份（绝对控股），直到制造商完全持有分销商的股份（一体化）。因而，渠道一体化是个“度”的问题，而不是简单的非此即彼的问题。

2）渠道纵向一体化还是一个方向的问题

如果我们不单站在制造商的角度来考虑问题，渠道纵向一体化还是个方向的问题，当然当我们考虑一体化的方向时，可能会涉及不同的渠道主体。营销渠道是由制造商、批发商和零售商纵向排列构成的一个系统，因而这个链条上的任何一个主体在理论上都具有实施渠道一体化的可能。制造商可以采用前向一体化进入批发和零售环节，批发商也可以通过前向一体化进入零售环节，以及通过后向一体化进入生产制造环节，零售商也可以通过后向一体化进入批发或生产制造环节。

如果同时考虑渠道纵向一体化的程度和方向问题，问题会变得更为复杂。当仅站在渠道成员一方考虑问题时，除了产权联系所体现的一体化程度以外，实施一体化的渠道成员的一体化实施到哪个渠道环节？如制造商向下游实施一体化，是对批发商一体化，还是对包括批发商和零售商在内的全部渠道环节实施了一体化？如果考虑渠道关系双方，则产权联系还可能出现各种交叉情况，如制造商和批发商建立合资企业，或者制造商与批发商相互持股等。

除了上述产权联系以外，在市场化与内部化之间的准纵向一体化还可能涉及一些非股权联系的情况，关于这一点我们将在第8章展开论述。

3.1.3　渠道纵向一体化的成本与收益

1）渠道纵向一体化的成本

正如我们在生活中所观察到的，在消费品市场中实施渠道纵向一体化的制造商为

① 科兰，安德森，斯特恩，等．营销渠道［M］．蒋青云，等译．7版．北京：中国人民大学出版社，2008：283．经过调整。

数并不多。渠道一体化令人生畏之处主要在于企业可能要为之投入的巨大成本，并且有些成本的投入并非一次性的，而需要企业持续不断地进行。一般而言，渠道纵向一体化所涉及的成本主要包括以下几个方面：

（1）建立分销机构的成本。对于专注于生产活动的制造商而言，进入分销领域的前提是必须建立其自己的批发、零售等分销机构。虽然建立这些分销机构所需要的成本投入量取决于企业所服务的市场范围、建立分销机构的数量，但建立这些机构无疑需要企业大量的投入资本。如TCL公司自20世纪90年代初就开始建立自营的渠道系统，TCL将全国划分为7个大区，建立了32家分公司、200多家经营部、400多家分销点、200多个专营连锁店和800多个特约维修专营店，并拥有数千家授权经销商①。可以想象，这样的分销系统建立所投入的成本无疑是非常巨大的。

（2）维护分销机构的成本。分销机构被建立起来以后，其维护与运营则是另一项需要企业持续投入的成本。这些成本除了包括分销机构的人员、办公等运营成本以外，还包括分销系统的维护与升级成本。如TCL公司从1998年开始陆续投资上千万元人民币，在全国范围内建立营销网络计算机管理系统，又在2001年年底实施包括物流运作通道、资金流通道、综合信息通道和服务管理平台、客户资源管理平台在内的“三通道两平台”的计划，用以提升分销机构的运作效率②。

（3）雇用与培训分销机构员工的成本。企业自建分销机构的运转还需要雇用大量的专业管理和从业人员，并且需要对这些人员进行相应的培训以提高分销机构的运转效率，这些显然都需要企业进行持续的投入。如到2000年年初，TCL销售网络的员工有6 000余人，其中约1 500人从事上门服务，约1 500人从事一线导购，约1 200人从事业务及客户管理，约1 200人从事各机构财务管理，其余约500人从事网络内的人事、信息、市场推广等管理工作，并且TCL公司对于各个分公司经理及管理人员的培训费用支出累计超过1亿元③。

（4）了解市场及分销知识的学习成本。为了更好地对企业的分销活动实施管理，企业的管理人员必须对其了解不多的市场及分销知识进行相应的学习，这也构成了实施一体化企业各个管理层级上需要支出的成本。

（5）资本投入的机会成本。对于生产制造企业来说，建设企业自营的渠道需要投入的巨额支出是存在机会成本的。这是由于投入到分销系统中的很多成本会以各种形式沉淀在分销系统内，若企业将这些投入应用于其他方面，则可能会产生更大的收益。

（6）管理者精力与时间的机会成本。除了企业资金投入的机会成本以外，企业各个层级相关管理人员的精力与时间也会发生机会成本。如果企业没有实施渠道纵向一体化，这些管理人员的精力与时间都会集中在原有的职能与工作上，而企业进入了分销领域以后，这些管理人员就必须要将一些精力与时间分配到对分销活动的管理上，

① 王实．TCL的渠道策略［EB/OL］．［2010-12-16］．http://wenku.baidu.com/view/170338781711cc7931b71613.html．经过调整。
② 王实．TCL的渠道策略［EB/OL］．［2010-12-16］．http://wenku.baidu.com/view/170338781711cc7931b71613.html．经过调整。
③ 王实．TCL的渠道策略［EB/OL］．［2010-12-16］．http://wenku.baidu.com/view/170338781711cc7931b71613.html．经过调整。

这会产生相应的机会成本。

（7）渠道冲突的协调成本。如果制造商在实施渠道纵向一体化的同时还采用部分外包的渠道来服务于同一个市场，即企业在某一市场上采用多渠道策略，自营渠道与外包渠道之间就可能产生各种渠道冲突，显然企业对这些冲突进行协调和管理是需要成本的，并且一旦冲突处理不当还会对企业产品的总体市场绩效带来不利影响。

2）渠道纵向一体化的收益

虽然渠道纵向一体化的投入令人生畏，但一体化能够带给企业的收益仍然令其具有吸引力。一般而言，纵向一体化能够给企业带来的收益包括以下几个方面：

（1）自营渠道获取的分销收益。在将分销活动完全外包给独立的分销企业时，由于分销商为完成分销活动投入了相应的成本，制造商必须将部分分销收益让渡给分销商。而在制造商实施一体化渠道的情况下，制造商就可以将这些分销收益完全占据。显然，这些分销收益的来源与形式是高度多元化的，既可能直接来自分销环节的收益，也可能来自由于自营渠道降低了商品的零售价格从而提升了制造商产品竞争力的间接收益。

（2）对分销过程进行控制带来的收益。对于很多制造商而言，对分销过程进行强有力的控制对在市场上塑造品牌形象、建立产品竞争力都是非常关键的。在将分销活动外包的渠道中，当制造商面对的是实力比较强的分销商时，制造商往往无力对分销过程实施相应的控制，在很多情况下，这是制造商所不愿意接受的。此外，拥有渠道的控制权可以更好地贯彻与执行企业的营销战略与策略，更为直接地对分销活动的各个环节实施管理与控制，这会带给生产企业很多间接的收益。

（3）为其他企业提供分销服务获取的收益。虽然一体化的渠道为某个生产企业所拥有，但生产企业仍然可以为其他企业提供分销服务，这可以为制造商带来额外的收益。制造商的一体化渠道就好比制造商自己投资建设的一条“高速公路”，而制造商分销的商品就好比在高速公路上跑的“汽车”，制造商在“公路”上跑自家的“车”固然是其建设“公路”的目的，但该“公路”也可以向其他企业的“汽车”开放，制造商可以收取“过路费”来平摊“高速公路”的建设与运营成本。如TCL公司曾先后与松下、飞利浦 、摩托罗拉等跨国企业签订合作协议，在TCL的渠道网络内销售合作者的产品①。

（4）对顾客与市场的直接了解带来的间接收益。在采用外包渠道的情况下，制造商由于远离终端市场，其对目标顾客及市场信息的获取要么通过市场调研，要么通过分销商的传递。无论哪种情况都无法使制造商获得实时、准确的市场信息，这对于制造商的研发、生产及市场营销活动是不利的。但当制造商采用一体化渠道时，由于是企业的销售与服务人员直接服务于目标顾客，直接参与终端市场的运营，这会令制造商获得更为实时、准确的市场信息。这些信息对于制造商的研发、生产与营销的意义是不言而喻的。

① 王实．TCL的渠道策略［EB / OL］．［2010-12-16］．http：//wenku. baidu. com / view / 170338781711cc7931b71613.html. 经过调整。

3.1.4 渠道外包为什么具有吸引力

正如前文所述，虽然渠道一体化能够为企业带来各种直接、间接的收益，但在消费品市场上多数公司仍然倾向于采用外包渠道。一般而言，外包渠道除了可以为制造商节约大量的渠道建设与维护成本以外，还具有以下吸引力：

（1）分销商具有专业化的业务和知识。无论是批发商还是零售商，分销商是专业化的商业机构，它们的业务不仅专注于商品分销活动，还具有完成相应分销活动的专业知识和技能。这都使得专业的分销机构相对于既从事生产，又从事分销活动的采用渠道一体化策略的制造商而言可能在完成分销活动方面更有效率。

（2）分销商具有分销活动的规模经济性。分销商往往专注于分销活动的某个环节（如批发或零售）或某几项功能（如物流），这使得它们能够将其所有的资源集中于这些分销活动；此外，与只专注于本公司产品分销的制造商所有的分销机构不同，专业化的分销商同时为很多制造商完成很多产品的分销活动，这使得分销商在完成分销活动方面可以获得更大的规模经济效益。

（3）分销商拥有分销活动的协同效应。专业化的分销机构往往可以将来自不同制造商的相关或不相关的商品组合到一起，形成一个可以互补的产品组合，这可以为顾客提供更加多样化的产品选择空间；此外，分销商也可以通过完成多种分销活动，为顾客提供多样化的服务，这两个方面都可以使分销商在分销活动中比制造商的分销机构获得更大的协同效应。

（4）独立的分销商可以更好地了解和服务市场。独立的分销商长期专注于商品的分销，更加直接地服务于消费者，也更加直接地了解市场的动态，这会令这些专业分销商积累丰富的关于市场的信息和知识，从而增强了它们应对市场变化、更好地服务于市场的能力。这一点在一体化的制造商那里是需要慢慢学习和积累的。

（5）分销商具有努力工作的动机。一方面，分销商都是追求利润的独立商业企业，它们为了完成分销活动要垫付相应的成本、承担相应的风险，因而它们必然有更加努力工作的动机；另一方面，相对于许多生产制造行业较高的进入壁垒，批发或零售行业的进入壁垒是相对较小的，这也导致了分销商比制造商面临更大的市场竞争和生存压力，也构成了分销商更加努力工作的驱动力。

3.2 渠道纵向一体化决策的影响因素

本节我们将要讨论的问题是，尽管渠道纵向一体化与外包各有吸引力，在什么样的情况下企业应实施渠道一体化呢？我们仍然以交易成本经济学作为基本的理论基础，仍然站在制造商的角度来考虑问题。

3.2.1 渠道纵向一体化决策：传统经济学标准

如前所述，渠道纵向一体化决策是一个涉及公司大量、长期投入的战略决策，因而我们必须将其纳入公司长期战略的范畴来考虑。一般而言，公司的目标是要实现长期总体投资回报的最大化，因而企业在决定是否要对渠道进行一体化时就必须考虑投入到渠道一体化中的投资是否提高了公司的投资回报，以及这些投资回报的水平是否超过了将这些资源用于其他用途所产生的回报水平，即企业投资的机会成本问题。

我们在这里提供一个基本的决策框架，用以帮助决策者对渠道纵向一体化的投资回报进行估计[①]。这个分析框架涉及收入、直接成本、管理费用及效率等几个概念。其中，效率反映了一体化结果（净效益）与投入资源（管理费用，反映了固定资产的摊销）的比率，而净效益则是实施纵向一体化后产生的收入与一体化导致的直接（变动）成本的差额。显然，实施纵向一体化应该符合的一个基本标准是效率的提升。虽然这个决策分析框架显得非常简单，但它至少提供了一个决策思考的逻辑起点。

$$\frac{\text{收入}-\text{直接成本}}{\text{管理费用}}=\frac{\text{净效益}}{\text{管理费用}}=\text{效率}$$

但是，在一些情况下，即使渠道纵向一体化能够提高效率，但企业可能并不能有效地进行一体化。一种情况是企业不具备或者无法获得进行一体化的资源；另一种情况则是企业虽然具有相应的资源，但将这些资源用于渠道一体化的机会成本过高，即将这些资源用于其他用途可以更大幅度地提高效率。

3.2.2 竞争不足时的纵向一体化

在经济学的视野中，如果市场是充分竞争的，那么市场的运行就是有效的。而如果制造商所面对的分销商市场不是充分竞争的，那么利用市场机制进行分销可能就不是一种有效的方式，企业用自营来取代外包也许就是更为有效的替代方案。

1）针对特定公司的能力与纵向一体化

最为经常出现的分销商竞争不足的情况就是针对特定公司能力（company-specific capabilities）带来的小数谈判地位（small-numbers bargaining）。为了更好地理解这种情况，我们先来看下面的一个例子[②]：经销商A是一个电子元件批发商，它同时经营多家公司的产品，拥有专业化的销售队伍。制造商B是一个电子元件生产企业，但其产品相对于行业内的其他公司产品而言非常的独特，这种独特性往往需要销售人员掌握一些特别的知识和技术才能有效完成销售。为了获得这些特殊的知识和技能，即使是那些拥有丰富行业和相关产品知识、经验的销售人员也至少需要2年的时间在销售活动和制造商提供的培训过程中慢慢学习与积累。经销商A经营制造商B的产品已经有一些年了，并且该经销商的一些销售人员已经掌握了销售该制造商产品的独特知识与技能，从而能够很好地完成该制造商产品的销售。

在这个例子中，经销商A的销售人员掌握了针对制造商B的独特产品进行销售的独特知识与技能，这种知识与技能只是针对制造商B的，并且在销售其产品时具有非常大的价值。我们把经销商A的销售人员的这种知识与技能称为针对制造商B的特有能力，本质上这种能力是该经销商掌握的一项关键的专用资产。对于制造商

① 科兰，安德森，斯特恩，等．营销渠道［M］．蒋青云，等译．7版．北京：中国人民大学出版社，2008：288.

② 科兰，安德森，斯特恩，等．营销渠道［M］．蒋青云，等译．7版．北京：中国人民大学出版社，2008：294.

B而言，由于其产品的独特性，它所面对的分销商市场就是一个竞争不足的市场，因为除了经销商A以外，在市场上制造商B一时很难找到像经销商A一样能够有效完成其产品销售的替代者，即使能够找到替代的经销商，这些新的经销商的销售人员也需要至少2年的时间才能掌握销售制造商B的独特产品所需要的知识和技能。制造商面对的这种竞争不充分的经销商市场使得前者陷入了与后者的小数谈判地位。这种小数谈判地位破坏了竞争性市场的基本前提，由于只有极少数经销商具备这种独特的能力，制造商即使在对现有经销商的服务不满时，也很难进行转换。相反，如果经销商了解到了制造商所面临的这种小数谈判地位，那么前者就很有可能采用各种投机行为来要挟制造商，从而谋取更多的私利。显然，制造商为了避免这种不利的情形，采用前向一体化收购该经销商，或者自己在目标市场中建立销售机构可能就是有效的方案。经销商所持有的这些专用资产对于制造商的价值越大，进行前向一体化的意义也就越大。

2）渠道中专用资产的形式

在交易成本经济学中，企业专用资产的积累形成了纵向一体化经济的一个重要基础。在分销领域，专用资产存在的形态是多样化的，既包括各种有形的资产，也包括各种无形的知识、技能与资产。但这些资产都具备一个基本特征，即针对特定公司的专用性、定制化，并且难以用于其他交易关系，即使可以用于其他交易关系，这些资产的价值也会大打折扣。一般而言，营销渠道中所涉及的专用资产包括以下6种形式，其中前3种形式是无形的，后3种形式是有形的[①]：

第一种形式，专用知识（idiosyncratic knowledge）。如同我们在前面所举的例子中所展现的情形那样，分销商掌握了针对特定制造商产品、销售、顾客服务等相关的专用知识，这些知识对于销售该制造商的产品而言意义重大，但却难以用于其他制造商产品。

第二种形式，关系（relationship）。这是指分销商的员工与制造商的员工或制造商顾客之间的联系，这种关系的存在可以更高效率地完成分销及服务顾客的工作，并且让关系双方更加容易沟通。

第三种形式，品牌资产（brand equity）。这是指对制造商品牌的专用投资。如果制造商品牌的塑造以及品牌战略的执行与分销商的活动没有关系，那么制造商就不必考虑前向一体化的问题，可以根据自己的资源安排和战略目标来经营自己的品牌，并且可以通过品牌来影响消费者的行为，进而提高对分销商的影响力。但在一些情况下，如果制造商品牌战略的实施需要分销商活动的支持与协助，那么分销商就投入了针对制造商品牌的专用投资，这使得制造商会考虑采用前向一体化战略来加强对其品牌运营的控制。如制造商需要销售人员向其顾客解释与阐释其品牌，制造商品牌战略的实施需要独特的品牌陈列、存放与解释说明、制造商品牌战略的实施需要为顾客提供各种售前和售后服务，这些情况下分销商的活动对于制造商品牌资产的获得都非常必要，从而引发制造商对分销渠道一体化的考虑。

① 科兰，安德森，斯特恩，等．营销渠道［M］．6版．北京：清华大学出版社，2001：176.

第四种形式，专用分销能力（dedicated capacity）。这种专用分销能力（如仓储、运输、销售等）是为某个特定的制造商建立的，并且对于该分销商来说，这种能力是一种过剩的能力，即一旦制造商终止了合作关系，这些过剩的分销能力将很难用于其他制造商。显然，具有远见的分销商是很不愿意投入建立这种专用的分销能力的，因为一旦这种能力建立以后，就会将自己置于制造商投机行为的危险之下。如果这种专用的分销能力对于制造商而言是意义重大的，制造商就有必要通过前向一体化来获得这种能力。

第五种形式，地点的专用性（site specificity）。这种专用性指的是制造商需要分销商在特定的地点来完成某些渠道功能（如仓储）。如果分销商在临近该制造商的地点建设了一个专用的仓库，而该仓库都远离其他制造商，那么该分销商投资建设的这个仓库就具有非常强的地点专用性。与专用的分销能力一样，分销商往往不愿意将自己置于不利的地位，如果这种地点专用性对于制造商意义重大，那么通过前向一体化来获得相应的分销功能就成为必要。

第六种形式，定制化的物质资产（customized physical facilities）。这是指分销商专门为某个制造商定制的一些设施和设备。如某个分销商为储存和搬运某一制造商的独特产品而设计了专门的货架、专用的叉车，这些物质资产就具备很强的定制化特征，该分销商难以将这些资产用于其他制造商产品。

可见，无形的专用资产和有形的专用资产在促使制造商前向一体化方面的作用机制存在着一些差异。对于无形的专用资产而言，由于这些资产往往表现为分销商某些独特的知识与能力，制造商为了加强对分销商的控制、避免自己陷入分销商的投机行为陷阱中，往往需要通过纵向一体化来解决问题。而对于有形的专用资产而言，由于这些资产往往需要分销商很多实质性的投入，而一旦投入以后，这些资产往往表现出很强的锁定效应，即分销商会由于这些专用资产的存在而陷入制造商的投机行为陷阱，因而有远见的分销商往往并不愿意对这些专用资产进行单方面的投入，而在这些专用资产对于制造商意义重大时，制造商将不得不前向一体化，自己投资来获取相应的分销能力。

3）专用资产转化为通用资产的可能性

虽然各种形式的专用资产使得制造商面对一个竞争不充分的分销商市场，从而使得渠道纵向一体化成为一种必要的战略，但制造商在实施纵向一体化战略时除了要考虑专用能力的价值这一关键要素以外，还必须要考虑的一个因素就是专用资产转化为通用资产的可能。与专用资产相对应，通用资产是可以用于很多交易关系的一般性资产，如果专用资产会在未来的某个时间转化为通用资产，那么制造商的前向一体化就可能会妨碍其分销效率的提升。如我们前面举的那个电子元件市场的例子。我们假设制造商B的产品之所以独特是由于它拥有一种独特的技术，而这种技术产业内其他制造商都没有。然而，随着时间的推移，独特的技术可能会在产业内慢慢扩散，这使得其他制造商也会拥有这种独特的技术。如果制造商B在只有其拥有这种独特技术时采用了前向一体化，直接控制那些具有独特销售知识与技能的销售人员来完成销售，那么随着这种技术在产业内的扩散，越来越多的分销商及其销售人员都会掌握以往独特的销售知识与技能，在这种情况下，制造商所面临的竞争不足的分销商市场现在变得充分竞争了，制造商可以通过市场机制获得更有效率的分销活动，一体化战略在这样的市场中可能效率并不高。我们这里提出的问题是制造商的前向一体化战略不仅需要考虑到某些专用资产转化为通用资产的可能，还需要考虑从一体化渠道模式转向市场化渠道模式的转换成本。很多时候，这种转换成本是非常高的，因为这不仅涉及许多有形资产的重整问题，也涉及公司员工的转岗、重置，甚至解雇的问题。从某种程度上说，这些成本构成了企业从一体化渠道模式向市场化渠道模式转换的重要壁垒。

3.2.3 应对环境不确定性时的纵向一体化

推动企业进行渠道纵向一体化的第二种情形是环境的不确定性。不确定的环境形成的原因就是由于环境要素非常复杂并且快速变化，使得企业往往难以有效地对环境进行预测。复杂多变的环境构成了企业经营的巨大挑战，这种环境要求企业能够快速对环境的变化做出反应，即要求企业保持高度的灵活性与弹性。

在这样的环境中，市场化的渠道模式使得企业远离终端市场，市场环境的变化等信息往往有赖于中间商来进行传递，而企业做出的一些策略上的调整，也有赖于这些独立的中间商一级一级地向市场传递、实施。因而市场化的渠道模式可能带来的问题有两个方面：一方面，由于信息的传递环节多，并且信息的传递有赖于独立的分销企业，制造商可能很难及时、准确地获得市场环境的变化信息，这种信息传递的滞后性和失真使得制造商难以有效地应对复杂多变的市场环境；另一方面，即使制造商获得了相对准确、及时的市场信息，其做出的策略调整的执行也有赖于那些独立的分销商的配合。这些拥有各自目标的独立中间商往往使得制造商无法对其策略的执行实施有效的控制，这也会极大地削弱企业应对环境变化的能力。上述问题的存在使得面对高度不确定环境的企业会考虑实施渠道一体化，以加强对环境信息的获取，以及对战略与策略调整执行过程的控制。

在这个问题上，有很多学者持有不同的意见。这些不同意见主要是对纵向一体化能否提高企业应对不确定性环境的质疑。在一体化的渠道模式下，制造商为了直接服务终端市场往往需要建立比较庞大的组织体系以在企业内部完成将商品从生产企业向消费者转移的功能。显然，对于绝大多数消费品而言，制造商为了完成分销活动而建立的这个组织体系是很难做到简洁、扁平的。在企业内部往往会形成一个多层级的组织结构，从市场一线获得的信息需要一级一级地通过这个组织结构向决策者传递，虽然这个传递的过程是在企业内部，但也一样会出现信息传递的滞后性与失真。与之类似，企业的战略与策略的执行也需要一级一级地向下传递，虽然执行过程更加可控，但并不能保证执行效率的提高。这种情况往往与一些管理学者提到的“大企业病”类似，即由于企业的组织体系过于庞大而导致企业的反应僵化，从而失去灵活性。

显然，上述两种观点都有其各自的道理，但能否将其整合到一个对企业的决策有参考与借鉴意义的框架中呢？营销学者科兰等提供了一个决策框架（见图3-2），该框架将我们上一节提到的资产专用性整合进来，从而提供了一个更加综合的框架[①]。

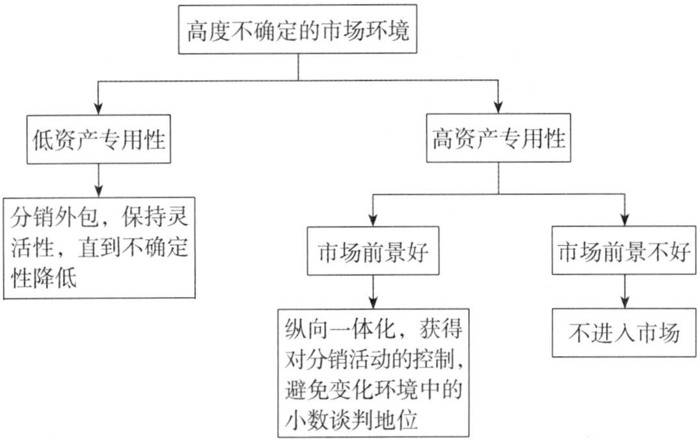

图3-2　环境不确定性对渠道纵向一体化影响的决策框架

在企业面临的市场环境高度不确定时，企业是否实施纵向一体化还应当考虑渠道中资产专用性的高低。当渠道中的资产专用性水平比较低时，企业可以通过市场机制提高分销效率，因而此时企业应当对一体化战略比较谨慎，有效地利用市场机制可以保持企业面对市场的灵活性。而当渠道中的资产专用性水平比较高时，由于这种情况下市场机制可能会导致渠道效率的降低，因而一体化战略可能是比较适合的战略。但即使如此，由于一体化可能存在的问题，企业此时需要考虑的第二个因素是市场的前景如何。好的市场前景意味着在未来一段时间企业面对的市场规模与成长性都比较好，这会为企业绩效的提升提供基础条件。因此，企业可以通过纵向一体化加强对分销过程的控制，从而可以最大限度地避免企业在一个不确定性的环境中陷入小数谈判地位。而当市场前景堪忧时，企业采用一体化战略会令其在不远的将来即面对一体化渠道的调整与退出问题，因为低速成长或者萎缩的市场无疑会增大企业纵向一体化渠道的成本压力。因此，在这种情况下企业的战略可能面对第三种选择，即延缓进入市场，等待环境不确定性降低再做决策。

3.2.4　绩效模糊时的纵向一体化

前面我们已经提到分销商市场的竞争不足和市场环境的不确定性构成了制造商采取渠道纵向一体化的重要驱动力，但在分销商市场竞争比较充分，并且市场环境的不确定性水平也比较低的情况下，制造商是否就可以放心地将分销活动外包呢？答案是否定的。根据交易成本经济学的分析框架，不确定性除了包括环境的不确定性以外，还包括行为的不确定性，即制造商可能无法准确地判断分销商的工作绩效，这也是理论上所称的绩效模糊问题。当存在较高水平的绩效模糊时，制造商也具有进行渠道一体化的动机，这种动机不是来自合格分销商的缺乏，而是来自信息的缺乏。

一般而言，当制造商缺乏有效的标准来评价分销商的工作绩效，或者存在评价的

① 科兰，安德森，斯特恩，等．营销渠道［M］．蒋青云，等译．7版．北京：中国人民大学出版社，2008：306.

标准，但该标准不准确时，绩效模糊问题就出现了。当制造商将销售工作外包给独立的分销商以后，一般情况下，制造商根据该分销商完成的销售额来评价其绩效水平的高低，而分销商及其销售人员一般也是根据销售额来获取报酬的。但如果制造商委托分销商销售的是一种全新的产品，分销商为了完成该产品的销售将不得不花费大量的时间来教育和说服其目标顾客，在这样的情况下，即使分销商的工作很努力，但由于市场的启动往往比较缓慢，其完成的销售额可能处于较低的水平。在这种情况下，制造商能否用销售额来评价分销商的工作绩效呢？显然，销售额在这种情况下不是一个准确的评价指标。那么，制造商也就无从准确地判断到底是市场启动缓慢造成了销售额水平很低，还是由于分销商工作不努力造成了这样的结果。如果没有更好的标准来准确评价分销商的工作绩效，制造商采用纵向一体化，用其自己的销售队伍来替代分销商的销售队伍，而后采用企业内部的管理制度来监督和考核销售人员的工作绩效似乎就是更为可行的办法。在企业内部，制造商可以采用投入指标（如销售人员拜访潜在顾客的数量）来代替诸如销售额这样的产出指标，以更好地评价其销售人员的绩效。

相对于不准确的评价指标而言，另一种情况是制造商很难找到合适的指标来评价分销商的工作绩效。如一些制药公司在将其药品直接销售给药品批发商和零售商（如连锁药店）的同时，也和一些代理商签约，委托代理商的销售人员主攻医院和医生渠道。这些代理商的销售人员的主要任务就是拜访医生，说服他们为病人开某种药品。而在医生开了这些药品以后，一些患者会到药房按照医生的处方去买药。这样由代理商的销售人员带来的销售额最终发生在某些药房。此时，制造商用什么标准来评价代理商的工作绩效呢？如何能够将药房的销售额中由代理商的销售人员带来的那部分分离出来呢？显然这是一项比较困难的任务。而第一种绩效模糊问题同样会发生在药房身上，如果制造商用销售额来评价药房的工作绩效，那么在其实现的销售额中有多少是药房自己的销售工作带来的，又有多少是由代理商拜访了医生，而由医生的处方带来的呢？如果药品制造商很难准确地对这些分销商的绩效进行评价，用纵向一体化的方式，将代理商的销售人员内部化，采用投入指标来监督和评价销售人员的工作也许是一种可行的选择。现实中，另一种解决此类问题的办法就是，制造商将药房和医院两个渠道隔开，即医生开的药品无法在药房买到，只能在医院购买，这样用销售额来评价医院和药房两个渠道的绩效就成为更为有效的评价标准。

3.3 营销渠道控制：渠道纵向一体化的另一个视角

前面两节我们主要从经济学的角度审视了渠道纵向一体化问题，除了企业面对的分销商市场竞争不足、市场环境不确定性以及绩效模糊等因素以外，制造商进行渠道纵向一体化还有一个很强的驱动力，这就是获得渠道的控制权。本节我们将从这一视角来透视渠道纵向一体化的决策问题，希望能够和经济学视角的观点相互补充，深化读者对渠道纵向一体化问题的理解。

3.3.1 在渠道控制与成本之间平衡

在竞争激烈的市场上，拥有渠道的控制权对于制造商来说具有非常重要的意义。一方面，拥有渠道控制权可以令制造商的营销战略与战术方案得到更好的执行，这对于在终端市场上塑造制造商的品牌以及获取市场竞争力都非常关键；另一方面，拥有渠道控制权赋予了制造商制定“游戏规则”的权力，制造商可以制定对其更为有利的渠道政策，从而可以在渠道剩余的分配中获得更多的份额。制造商的分销商规模与实力越来越强大，制造商市场的竞争越来越激烈，协调那些独立的分销商的行为的难度越来越大，这些将对制造商的市场地位带来非常大的影响。最为不利的情况出现在，制造商的营销渠道策略完全被分销商所控制，这相当于制造商将自己的命运交给了分销商，这将是所有制造商不愿意面对的。

虽然获得渠道的控制权对于制造商意义非凡，但渠道控制权的获得显然不是免费的午餐，制造商将需要对这种控制权支付相应的成本。我们已经在第1节中说明，营销渠道的纵向一体化不是一个非此即彼的问题，而是一个程度的问题。与之相应的是，越是趋向完全内部化的一端，制造商对渠道的控制权也就越大。渠道控制水平最高的情况出现在完全一体化时，企业将所有的分销活动纳入到企业组织体系内部。与之相反，越是靠近完全市场化的一端，制造商对渠道的控制水平也就越低，在渠道完全外包的情况下，由于制造商面对的是各自独立的分销商，其对渠道的控制水平也可能处于非常低的水平。如同我们在探讨一体化的成本与收益时所讲到的那样，渠道一体化往往伴随着巨大的渠道建设与维护成本，因而渠道控制权的增加往往伴随着渠道成本的增加。在控制程度最高的完全一体化情况下，企业将为建设和维护一体化的渠道支付巨额的成本。而在另一个极端，企业将分销活动完全外包给那些独立的分销商时，企业建设和维护渠道的成本极大地降低了，但此时企业却失去了对渠道高水平的控制。如图3-3所示，渠道纵向一体化的另一个侧面实际上是制造商在渠道控制权与渠道成本之间进行平衡的一个战略决策。在其他情况不变的情况下，制造商应该寻找这样一个理想的平衡点，即用比较低的渠道建设与维护成本获得比较高水平的渠道控制。

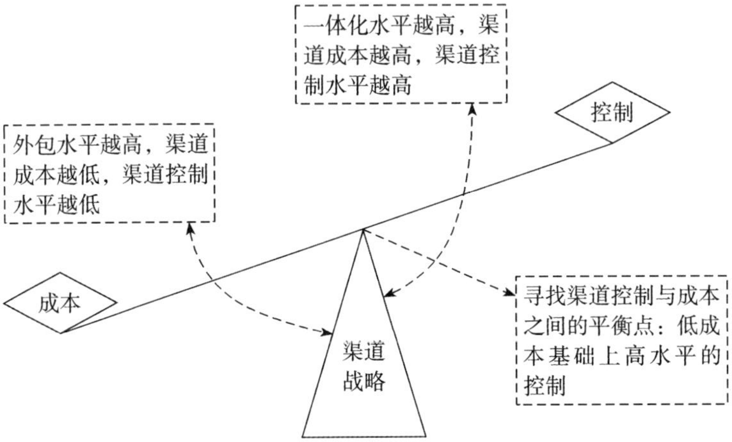

图3-3 渠道成本与渠道控制的平衡关系示意图

3.3.2 市场化与一体化之间组织形态的基本分类框架

如前所述，在完全一体化与完全外包之间，存在着一个广阔的连续分布带，这些不同类型的中间组织形态为企业寻找渠道成本与渠道控制之间的平衡点提供了多样化的选择空间。营销学者们的相关研究为我们了解和分析这个连续分布带的构成提供了较为清晰的框架。

营销学者韦伯斯特（Webster）在一篇题为《公司中市场营销作用的变化》的经典论文中将市场营销的交易关系分为从纯市场交易到垂直整合的连续分布的7种典型形态（见图3-4）[①]，这个连续分布的交易关系图谱中，越靠近纯市场交易关系的一端，交易关系越依赖市场价格机制；越靠近垂直整合的一端，交易关系就越依赖产权机制。显然，这一交易关系的图谱是完全适用于制造商与分销商的交易关系分析的。以纯粹的市场机制为基础的市场交易遵循着新古典经济学关于理性经济人和完全市场竞争的假设，在这样的渠道关系中，制造商的渠道运营成本是很低的，但也很难对渠道成员的行为施加控制。在追求每次交易利润最大化的纯粹市场型交易关系逐渐发展为重复性交易、长期关系、伙伴关系、战略联盟、网络组织，直到垂直整合的过程中，渠道关系会变得越来越紧密，从单一地依靠市场机制到渠道关系中涉及不同的产权安排，制造商运营渠道的成本在逐渐增加，而与之相应的是，渠道控制水平也会逐渐提高。

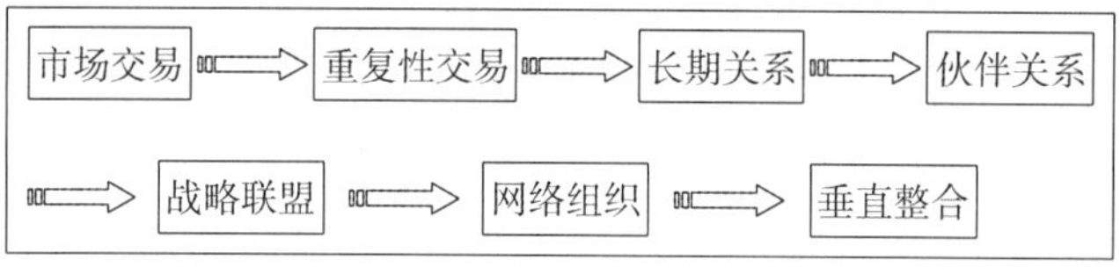

图3-4 市场化与一体化之间的中间组织形态

但是在市场化与一体化的垂直整合之间的中间组织形态可能要比韦伯斯特模型所展示的情况更为多样化，一些关系营销学者将市场化与一体化之间的各种中间组织形态统称为关系交换（relational exchange）。显然，关系交换的连续分布带中既包括了没有产权安排的各种重复性或长期的交易关系，也包括了涉及各种产品安排的交易关系（见图3-5）。在各种不同类型的渠道组织形态中，除了市场机制和产权机制以外，营销学者们还提出了另外两种可以用来控制渠道关系的机制，即契约机制（contract）和关系规范（relational norms）。关于这两种控制机制我们将在第8章营销渠道治理部分予以详细阐述，下面我们重点展开对涉及产权安排的渠道控制机制的说明。

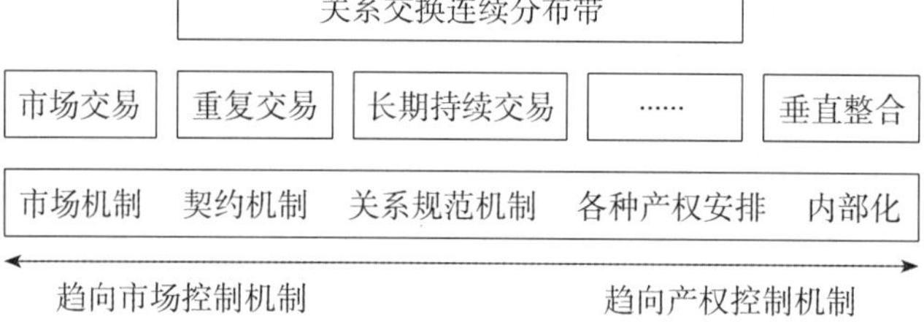

图3-5 各种交易组织形态与渠道控制机制示意图

① Webster F E.The Changing Role of Marketing in the Corporation [J]. Journal of Marketing, 1992, 10 (29): 1-17.

3.3.3 通过准纵向一体化实现渠道控制

在非纵向一体化渠道模式中，制造商之所以很难对分销商的行为施加控制，主要是因为分销商都是各自独立、拥有各自目标的企业，并且在制造商与分销商的交易关系中，二者的目标在很多时候是难以统一的。如制造商可能为了获得市场份额和长期收益而愿意放弃短期的收益，但分销商可能更为关注短期的收益，对利润的追逐使得分销商很难与制造商站在同一个阵营中。虽然纵向一体化可以完全解决这一问题，但我们现在所要寻找的方案恰恰在于能否通过非完全内部化的方式来实现对分销商行为的控制。

下面我们来看一个空调行业的案例[①]。格力空调目前是中国空调市场的领导者，从20世纪80年代末、90年代初开始，格力空调在不断探索与优化其渠道组织模式。20世纪90年代前半期，格力空调的渠道模式经历了一次从主要依靠专卖店的一体化模式向主要依靠经销商的外包模式的转换，这主要是出于公司业务迅速增长的需要。格力以各个省级行政区为单位，在每个省与少数规模较大、实力较强的经销商之间建立合作关系，主要依靠省级市场的经销商来完成市场覆盖。在这一阶段，格力可以充分利用经销商之间的竞争来提高渠道绩效，公司业务也迅速增长。随着市场竞争的加剧，1996年空调市场爆发了价格大战，在空调生产企业的价格大战中，格力发现原来的经销商渠道几乎处于失控状态。如格力原来在湖北有4个经销商，业绩都很好。但在价格大战中，这4家经销商为提升销售额，开始竞相降价、窜货，经销商之间的恶性竞争使得格力空调的市场价格体系和渠道秩序被冲乱了，格力和经销商的利益都受到了严重损害。针对这种情况，格力空调总经理董明珠设想能否通过产权纽带将制造商的利益与经销商利益绑在一起。这一设想与湖北经销商的自觉要求不谋而合，1997年年底，格力与湖北的4家经销商共同出资成立了一家合资企业——“湖北格力空调销售公司”，这个合资企业取代原来的4个经销商成为格力在湖北市场上的唯一省级经销商。在这个合资企业中，4个经销商是大股东，格力空调仅以少量股份参股，并向合资公司输出品牌和管理，但这种产权纽带却很好地将制造商与经销商的利益绑在了一起。在湖北市场试点成功以后，格力迅速将这种模式推广到全国所有省级市场，并在每个省级市场内的地级城市市场上，也推行由省级合资公司和市级经销商合资组建销售公司的模式，但在这一层次的合资公司中，格力不占有股份。格力空调与省级大经销商的这种合资模式很好地统一了制造商和经销商的利益，成为90年代后期格力空调销量高速增长的重要引擎。

在格力的股份制合资企业渠道模式中，格力用少量的资本撬动了经销商渠道的控制权。但就如同理论观点所强调的那样，用产权来控制渠道，产权比例越大，控制力度越大，少量的参股虽然可以在相当大程度上统一格力与经销商的关系，但格力的控制力度还是比较弱的。2000年年末，在作为示范的湖北市场上，格力与4个大经销商的合资企业的运转首先出现了问题。格力认为，湖北合资公司的一些大股东想采用

① 庞亚辉. 在坚持与博弈中探索——解析格力渠道策略的前世与今生［EB/OL］.［2006-03-13］. http://www.chinavalue.. net/Article/Archive/2006/3/13/23144.html.

“移花接木”和“偷梁换柱”的手法，借格力品牌搞“体外循环”，将格力的资源转移到合资公司以外个人注册的小公司中去，从中牟取暴利，从而损害了二、三级经销商的利益。湖北格力销售公司却认为，格力由于迅速发展，“帝王意识”日渐增强，不把各地的销售公司放在眼里。2001年年初，格力在湖北成立了一家“新欣格力公司”取代湖北格力销售公司，随后，年销售额逾5亿的湖北格力销售公司停止运营。类似的事件还在安徽、重庆及东北等地上演，格力空调由此开始了渠道组织模式的调整。这次调整的主要方式有两个：一是格力加大了对合资公司股份的持有，由原来的少量参股变为相对控股；二是吸纳了更多的经销商加入合资销售公司，进一步稀释原来大经销商的股份。经过这轮调整，格力空调加大了对股份制合资销售公司的控制力度。

从格力的渠道模式演化过程中我们可以看出，用产权来控制渠道，其控制水平往往与渠道运行成本正相关，一体化的程度越高，渠道控制权越大，渠道运行成本也就越高。但格力的案例给出的一个重要启示是在从市场化走向一体化的过程中，企业可以通过少量投入产权的准一体化方式加大对渠道的控制权。而要增加产权投入，获得更大渠道控制权时，企业需要权衡的一个重要问题就是，增加的股份所带来的渠道成本能否通过获得更大的渠道控制权而得到补偿，这也就是成本与控制权所带来的收益之间平衡的问题。

本章小结

对于将要进入市场的企业而言，在设计营销渠道结构时，企业面临的一个基本决策就是自己完成分销活动，还是将分销活动外包给市场上独立的中间商。这个问题的本质是企业是否将分销活动完全内部化，即纳入到企业的职能范围内来完成。渠道纵向一体化问题所涉及的理论基础主要是交易成本经济学。

在交易成本经济学最初的分析框架中，纵向一体化是一个自营还是外包的非此即彼的决策。当制造商将分销活动完全外包给独立的中间商完成时，双方使用传统的市场机制来组织交易，所有分销活动由分销商独立完成，分销活动所发生的成本、收益与损失也都由分销商独立承担。而当制造商将分销活动完全内部化，即由制造商自营分销活动时，所有分销活动由制造商独立完成，分销活动所发生的成本、收益与损失则全部由制造商来承担。在完全市场化与完全内部化之间存在着各种各样的中间形态，即渠道纵向一体化是个程度的问题，而外包或自营不过是这个连续过程的两个极端。

渠道纵向一体化还是一个方向的问题，营销渠道是由制造商、批发商和零售商纵向排列构成的一个系统，因而这个链条上的任何一个主体在理论上都具有实施渠道一体化的可能。制造商可以采用前向一体化进入批发和零售环节，批发商也可以通过前向一体化进入零售环节，以及通过后向一体化进入生产制造环节，零售商也可以通过后向一体化进入批发或生产制造环节。

一般而言，渠道纵向一体化所涉及的成本主要包括以下方面：建立分销机构的成本、维护分销机构的成本、雇用与培训分销机构员工的成本、了解市场及分销知识的学习成本、资本投入的机会成本、管理者精力与时间的机会成本、渠道冲突的协调成本。

一般而言，纵向一体化能够给企业带来的收益包括以下几个方面：自营渠道获取的分销收益、对分销过程进行控制带来的收益、为其他企业提供分销服务获取的收益、对顾客与市场的直接了解带来的间接收益。

一般而言，外包渠道除了可以为制造商节约大量的渠道建设与维护成本以外，还具有以下吸引力：分销商具有专业化的业务和知识，分销商具有分销活动的规模经济性，分销商拥有分销活动的协同效应，独立的分销商可以更好地了解和服务市场，分销商具有努力工作的动机。

一般而言，公司的目标是要实现长期总体投资回报的最大化，因而企业在决定是否要对渠道进行一体化时就必须考虑投入到渠道一体化中的投资是否提高了公司的投资回报，以及这些投资回报的水平是否超过了将这些资源用于其他用途所产生的回报水平，即企业投资的机会成本问题。渠道纵向一体化决策的影响因素包括：竞争不足、应对环境不确定性、绩效模糊。制造商进行渠道纵向一体化还有一个很强的驱动力，这就是获得渠道的控制权。

拓展学习

农产品流通渠道变革：演进规律、动力机制与发展趋势①

学者们从不同的角度对渠道变革与创新等相关问题进行了有益的探索，使得这一领域的研究日益丰富，但已有的研究在以下方面仍存在研究缺口：

第一，缺乏对农产品渠道变革、演化过程与特征的分析。目前绝大部分研究都集中在对农产品渠道结构设计、成员关系、组织模式等静态描述上，而对国内外农产品渠道系统的整体演进过程、特征、规律缺乏动态和系统的分析。

第二，缺乏对农产品渠道变革作用机制的研究。在农产品渠道变革研究领域，已有研究大多是分析某单一因素对渠道变革的影响，缺乏一个能够综合反映渠道内外因素变化对渠道变革如何产生影响的农产品流通渠道变革驱动力分析模型和分析框架，且缺少实证检验，导致不能综合、全面、科学地描述农产品流通渠道变革的动因和作用机理。虽然少数研究分析了营销渠道变革的内部和外部作用力，并构建了变革机制模型，但变革机制模型尚无在农产品流通渠道变革研究领域的应用，且缺少实证分析的检验，其内外作用力的强度也没有得到很好的论证。

第三，缺乏对农产品渠道变革内容的完整研究体系。由于农产品渠道变革驱动力

---

① 赵晓飞，李崇光. 农产品流通渠道变革：演进规律、动力机制与发展趋势［J］. 管理世界，2012（3）：81-95.略有删节。

分析模型和分析框架欠缺，已有的研究多是从某个侧面来研究农产品营销渠道变革，呈现出“单维化”的研究特点，缺乏对农产品渠道变革内容、方向的“系统”研究，这不足以全面把握新时期农产品流通渠道变革的应有内涵和发展趋势。

基于此，本文的核心在于：梳理农产品流通渠道的变革历程，分析其变革过程和特征，弄清农产品流通渠道的变革规律，然后在有关渠道变革理论的基础上，通过构建农产品流通渠道变革驱动力模型，从理论和实证角度分析农产品流通渠道变革的影响因素和作用机制，进而提出农产品流通渠道变革的内容和方向。本文试图通过上述研究，一方面丰富和完善我国农产品流通渠道变革的理论成果，另一方面也希望能为新时期优化我国农产品流通渠道的政策取向提供有益的启示。

1）农产品流通渠道变革过程、特征与规律

（1）国外农产品流通渠道变革过程与特征分析

以往研究把农产品渠道系统变革分为5个阶段，即“产品运销阶段→中间商销售为主的阶段→垂直一体化渠道阶段→以顾客为中心的渠道阶段→渠道整合阶段”，并分析了美、日两种典型农产品流通体系发展变革历程、时代背景和典型特征。美、日农产品流通渠道变革过程与特征如表3-1所示。

表3-1 **美、日农产品流通渠道变革过程与特征**

国别	变革历程	时代背景	典型特征
美国	成长阶段：19世纪末—20世纪初	从农业社会步入工业社会 运输和通信设施的发展	车站批发市场发育成长 农业合作社雏形初现 现代经销方式开始兴起
	成熟阶段：20世纪20—40年代	美国城市化的初步形成 运输等配套条件日趋完善 农业现代化成为现实	农民合作社运动蓬勃发展 超级市场和购物中心迅速发展 产销直挂模式逐步建立
	提升阶段：20世纪50年代至今	进入后工业化和知识经济时代 确立以市场为导向的农业政策 经济全球化产生深刻影响	产销直挂的渠道模式成为主导 新兴零售方式取代传统零售商店 农民合作组织成为渠道主体 垂直一体化渠道体系、以顾客为中心的渠道体系、渠道整合体系形成
日本	成长阶段：19世纪中期—20世纪50年代	农业国转变为工业国 工业化带动城市化	批发市场制度形成 农协成为销售主渠道
	成熟阶段：20世纪60—70年代	城市化进程加速 农村工业化和农业现代化的完成 农产品流通开始步入现代化轨道	农产品流通方式开始多元发展（农协、直销所、户对户直送） 批发市场在发展中改造升级，逐渐向农产品物流中心演化 现代物流加速发展
	提升阶段：20世纪70年代至今	日本进入后工业化时代 消费者指向型的“流通革命”	先进的渠道信息网络系统（POS、EOS、EDI、多媒体直销技术）形成 农产品直销方式兴起 农协的渠道服务功能充实加强 批发市场大型化、集团化得以发展

资料来源 陈丽芬．美日农产品流通体系发展变迁及其规律分析［EB/OL］．［2009-11-30］．http://tzswj.mofcom.gov.cn/aartiele/e200911/20091106641756.html.

纵观美、日等世界发达国家农产品流通渠道系统变革过程，虽然在渠道模式选择上呈现出一定的差异，但也表现出一般性的规律。表现在：第一，工业化、城市化和农业现代化推动了农产品渠道变革；第二，渠道结构越来越“扁平化”，渠道流程越来越“非中间化”；第三，渠道运作越来越“信息化”；第四，渠道主体越来越“多元化、规模化”，渠道业态越来越“连锁化、超市化、配送化”；第五，渠道关系越来越“一体化、合作化”，渠道成员越来越“专业化”；第六，渠道运行环境越来越“规范化、完备化”，交易方式越来越“现代化”。

（2）我国农产品流通渠道变革过程与特征分析

我国农产品流通渠道变革是伴随着农产品流通体制的改革而进行的，我国现有农产品流通渠道是计划经济体制下由国家统购统销的流通体系经过诱致性、渐进式制度变迁政策的引导逐步演变而成的。我国农产品流通渠道变革过程与特征如表3-2所示。

表3-2 **我国农产品流通渠道变革过程与特征**

特点 变革过程	渠道模式	渠道结构	渠道关系	渠道主体	终端业态	交易方式
传统计划经济阶段（1953—1978年）	统购统销的流通模式（指令性的直线流通模式）	长而窄（纵向流通、分段流通）	非常松散（购销分离）	国营流通企业、国营商业机构、供销合作社	以国营商业公司、供销合作社为主	指令性交易
市场化改革阶段（1979—2001年）	主辅错位流通模式、多元主体的流通模式并存（“农户＋小规模中间商”渠道）	长而较宽（出现了大量分散的小商小贩等小规模渠道主体）	松散（产销分离）	以小商小贩为主体，多种小规模渠道主体（私营运销商、批发商等）并存	批发市场、农贸市场、普通超市	对手交易
“入世”后的变革阶段（2002年至今）	纵横交错的多渠道模式（一体化、联盟化、直接渠道、电子虚拟渠道模式开始出现）	长而广（多渠道模式并存）	相对紧密	农民专业合作社、龙头企业、终端超市、大型零售集团、配送中心、信息提供商	农贸市场、普通超市、大卖场、连锁超市等多业态并存	以对手交易为主，辅以多种交易形式

（3）中外农产品流通渠道变革的比较分析

对比表3-1和表3-2可以看出，我国农产品流通渠道变革借鉴和吸纳了美、日等世界发达国家农产品渠道变革的经验，但由于我国特殊的国情，农产品流通渠道的演变与美、日之间必然存在较大的差别，考虑这种国情差异，并将其纳入一个分析框架中是进行国际比较的基本前提。具体来说，由于我国与美、日等发达国家在“制度、体制条件，工业化、城市化水平，流通体系发展阶段，流通设施建设水平，流通信息化、标准化程度，流通主体、载体的发育程度”等方面存在较大不同，这些方面及其相互关系是决定农产品流通渠道变革及模式选择的充分条件，它们会通过影响变革的“预期收益和预期成本”进而影响农产品流通渠道模式选择，分析框架如图3-6所示，因此，中外农产品流通渠道变革的演化过程、特征及规律也表现出其内在的不同。

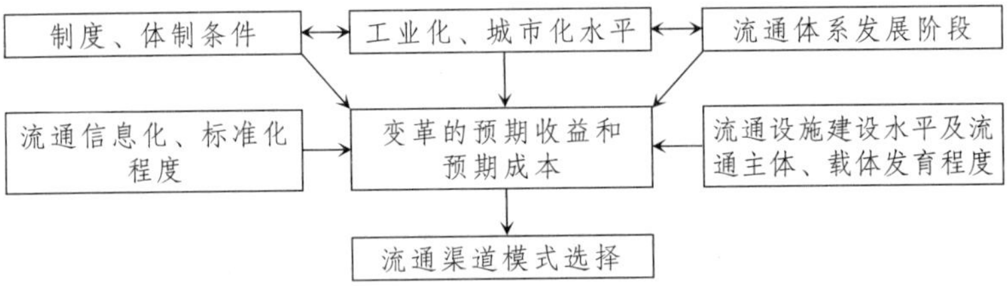

图3-6 中外农产品流通渠道变革比较分析框架

①主要推动力量不同。由于制度、体制及信息化、市场化程度不同，美、日农产品流通渠道变革更多地体现出技术、需求推动，带有较强的市场化色彩（尽管政府的引导、调控和支持也是变革的动力），而我国农产品流通渠道变革更多地体现出制度、体制推动（政府主导的制度、体制的租金溢价推动），带有较强的行政化色彩，体现出制度的变迁诱发和引导流通渠道变革。

②渠道模式选择不同。由于流通体系发展阶段，工业化、城市化水平，流通基础设施建设水平及流通主体、流通载体的发育程度等不同，美国农产品流通渠道模式变革是朝着“哑铃型”方向发展，日本农产品流通渠道模式变革是朝着“中心型”方向发展，而我国农产品流通渠道模式变革却是朝着“混合型”的多元渠道模式方向发展，这种“混合型”的多元渠道模式在一定程度上解决了“小农户”与“大市场”之间的矛盾，它是我国在特定的流通发展阶段、经济发展水平、组织资源约束和体制目标下，各流通主体和渠道系统基于成本收益比较和利益最大化所做出的理性选择。从这个意义上讲，我国农产品流通渠道模式变革不能简单地照搬美日模式，而应根据自身条件和体制改革的政策目标相机抉择。

③演变历程不同。由于美、日等发达国家农产品流通的市场化、信息化、标准化、组织化程度高（有效的农合组织、标准化的农产品、规范化的批发市场、现代化的物流技术和发达的连锁超市），因此，美、日农产品渠道模式变革的过程体现出“直接”向渠道结构“扁平化”、运作“信息化”、主体“多元化、规模化”、业态“连锁化、超市化”、关系“一体化、合作化”、交易方式“现代化”过渡的特点。而我国由于地区发展不平衡，农业生产规模小，信息化、标准化、组织化程度低，存在小生产与大市场不相适应（二元经济结构）的问题，因此，这一过程相较而言要“间接、复杂”得多，表现为渠道结构从“长而窄→长而较宽→长而广”，渠道关系从“非常松散→松散→相对紧密”，渠道主体从“单一→逐渐多元→多元”，终端业态从“单一

业态→多业态→复合业态”，交易方式从“指令性交易→对手交易→多方式交易”的渐进式转变，渠道模式呈现出交叉错位式发展和选择性替代的变革规律，从这个意义上讲，我国农产品渠道模式变革必须考虑经济社会发展的现实，分阶段、分目标、分区域地进行。美、日、中农产品流通渠道变革比较如表3-3所示。

表3-3　**美、日、中农产品流通渠道变革比较**

比较因素 国别	变革背景比较					变革特征比较			变革过程比较
	制度条件	工业化、城市化水平	流通设施建设水平	流通信息化、标准化程度	流通主体、载体发育程度	主要推动力量	渠道主体选择	渠道模式选择	
日本	市场化制度	高	高	较高	较高	需求、技术推动	批发市场	中心型	直接过渡
美国	市场化制度	高	高	高	高	需求、技术推动	超市、连锁店	哑铃型	直接过渡
中国	诱致性制度	较低	较低	低	低	政府推动	多元主体	混合型	渐进式转变

资料来源　作者整理。

2）农产品流通渠道变革的影响因素及作用机制

本文构建了“农产品流通渠道变革驱动力模型（agro-product channel evolution model，A-CEM）”，如图3-7所示。

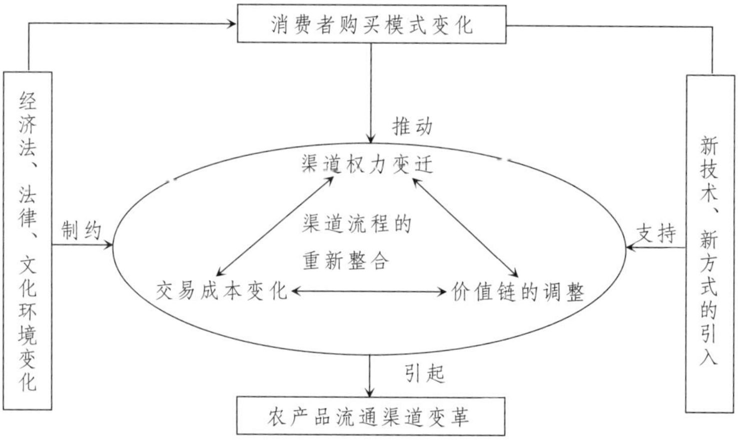

图3-7　农产品流通渠道变革驱动力模型

（1）农产品流通渠道变革的外部影响因素

①消费者购买模式的变化。随着经济的发展，消费水平的提高，市场需求由同质性向异质性转变，消费者对农产品购买从过去的“买得到”转变为“有选择性的购买”。追求质量、安全、绿色、品牌、方便、快捷和个性化的购物服务日益成为消费者的主流选择，这种消费者购买模式的变化促使农产品流通渠道不断进行变革与整

合。如分散的农户通过联合，形成大型标准化生产基地，满足了消费者对质量、安全、绿色的诉求；批发市场通过向大型物流中心方向发展、农产品零售组织通过向连锁超市方向发展，满足了消费者对方便、快捷、品牌的诉求；电话预订、网上购物、农宅对接通过提供“一对一、点对点”的购买服务，满足了消费者个性化的购买诉求。

②经济、法律、文化环境的变化。经济因素对渠道变革的影响体现在诸如宏观经济走势、竞争加剧等方面。良好的宏观经济走势可以促使企业增加销售点，扩大销售网络，选择宽或长的渠道进行产品销售，相反，经济状况不佳，企业为降低成本可能会选择短渠道进行销售。竞争的加剧使得农产品流通渠道越来越强调通过“联盟化、一体化”的模式来降低交易成本、稳定渠道关系、提高渠道竞争力。法律因素的影响体现在农业领域的法律法规越来越强调食品安全性和环境友好性特征，强调食品的可追溯性，这成为渠道成员加强上下游合作、推动农产品渠道关系变革的重要外部力量。文化因素的影响体现为消费的个性化、品牌化和环境意识的改变，使得农产品流通渠道越来越强调“点对点”“定制化”“超市化”和“绿色化”。

③新技术、新方式的引入。新技术的影响主要体现在现代信息技术的应用对农产品渠道变革的影响。比如渠道交易转型的出现、信息型中介的兴起、虚拟化渠道模式的出现、电子商务的应用、商业模式从地角市场到网络市场等，这些现代信息技术的应用奠定了农产品渠道成员间良好的“互动化”基础，有助于进一步巩固成员间的合作关系并创造新的渠道模式（比如电子虚拟渠道模式等新型农产品流通渠道模式的出现）。新方式的影响主要体现在新兴业态、现代物流等新型经营形式和现代交易方式对农产品渠道变革的影响。新兴业态的影响表现为农产品零售终端领域逐渐兴起的经营连锁化和销售超市化趋势；现代物流的影响表现为通过建立农产品物流平台，使各生产基地之间，产地和销售终端之间建立紧密的联系，实现农产品的专业化、信息化流通；现代交易方式的影响表现为期货交易和拍卖交易等新型交易形式的广泛采用使得农产品渠道系统的交易成本降低、交易效率提高。新技术、新方式的引入不断为流通渠道运行注入新的技术手段和经营理念，推动着农产品流通渠道变革。

（2）农产品流通渠道变革的内部影响因素

①渠道权力的变迁。渠道权力对渠道变革的影响主要是通过各种渠道流程的重新整合来实现的。掌握了强大渠道权力的渠道成员将能够通过影响其他渠道成员的行为，对渠道流程进行整合，从而引起渠道模式的变革。从农产品流通渠道的发展历程来看，因为渠道下游，尤其是零售终端，能够及时和大量掌握消费需求信息，而农产品流通要保持有效性需要特别重视消费需求信息，这就导致渠道权力呈现出从上游逐渐向下游对角线转移的趋势，从而引发农产品流通渠道模式从最初的生产者主导，到后来的批发商主导，发展到现在的零售商主导。

②交易成本的变化。交易成本的变化对渠道变革的影响体现在两方面：第一，交易成本对渠道治理模式选择的影响。一般来讲，渠道治理模式包括市场化模式、一体化模式和准市场化模式。究竟选择哪种模式受渠道成员间交易成本的影响。当渠道成

员间交易成本很低时，采取市场化模式是有效率的；渠道成员间交易成本很高，使得通过市场价格机制进行交易的成本大大提高，此时采取一体化模式是理想选择。而准市场化模式通过建立基于长期的关系导向，既能够克服市场化模式交易成本高的缺点，又能够克服一体化模式的管理成本高的缺点，已被越来越多的企业采用。比如“公司+大户+农户”“公司+协会+农户”“公司+合作社+农户”等农产品渠道模式均属此类。总之，当渠道成员间的交易成本发生改变时，渠道治理模式也将随之发生改变，节约交易成本的渠道治理模式将取代原来的渠道治理模式。第二，交易成本对渠道交易完成方式的影响。比如，在传统的农产品渠道模式中，农产品流通往往经过“生产者—产地批发商—运销批发商—销地零售商—消费者”等诸多环节，多次集散，渠道交易成本提高，而“生产基地（农户）—超市或量贩店（配送中心+连锁店）—消费者”这一新的渠道模式，相对于批发市场而言，流通环节少、交易频率低、交易的不确定性（或风险）低，进而交易成本低。由于交易成本的节约，带来了农产品渠道格局的调整，因此传统金字塔式的多层次、长渠道结构正在向扁平化方向发展。另外，电子商务的发展、虚拟化渠道模式的出现也使得交易摆脱了传统交易方式的时空限制，极大地降低了渠道内的交易成本，实现了渠道价值的增值，有效地提高了渠道运行效率。总之，由于农产品流通主体、流通环节、交易环境本身具有独特性质，这些特性所要求的降低交易成本和提高潜在利润空间是农产品流通渠道变革的动因之一。

③价值链的调整。价值链理论认为，企业要保持对某一产品的竞争优势，关键是保持这一产品价值链上战略环节的竞争优势。价值链调整涉及的是单个渠道成员从自身利益最大化的角度出发建立竞争优势。因此，价值链的调整使得农产品渠道成员在选择渠道模式时，必须对自身和关联成员所从事的各项活动进行分解，在分析价值链的基础上寻找自身竞争优势所在，进而对营销渠道模式做出重新安排。比如，中介组织联动模式、第三方带动模式、农企联盟模式、农超对接模式、农产品销售集团模式等新型农产品流通渠道模式的出现都是农产品价值链调整的结果。

（3）农产品流通渠道变革的作用机制

①农产品流通渠道变革的外部作用机制。外部作用机制表现为消费者需求模式的变化推动农产品渠道变革，经济、法律、文化环境的变化制约农产品渠道变革，新技术、新方式的引入支撑农产品渠道变革。

消费者对农产品需求从过去的“买得到”转变为“有选择性的购买”以及购买行为出现消费个性化特征加强、健康和方便日益受到重视等都最终体现为消费者追求顾客让渡价值最大化，这是渠道变革最直接的推动力，农产品流通渠道的变革与发展总是朝着增加顾客让渡价值的方向发展。但是一种渠道模式能否在现实中得以发展和得到广泛的认可，还要受制于经济、法律、文化等环境因素，它们会对渠道战略、渠道模式、渠道结构产生影响。而现代信息技术的引入，新兴业态、现代物流、现代交易方式的采用又会为农产品渠道变革提供技术和手段。另外，新技术、新方式的引入也会对消费者的需求模式产生影响。例如：现代信息技术的应用、现代化交易方式的出现使得人们逐渐习惯了通过互联网来了解产品和服务的信息，并通过互联网进行购买，这大大改变了消费者购买模式。经济、法律、文化环境的变化也会对消费者需求模式产生影响，例如，食品安全意识的增强，消费的个性化、品牌化的购买偏好使得对农产品购买更加注重安全、绿色、品牌。政府对电子商务法规的立法，使得消费者对网上交易更加信赖。

②农产品流通渠道变革的内部作用机制。内部作用机制表现为交易成本的变化、渠道权力的变迁及价值链的调整存在着的互动关系会影响农产品渠道的变革。

首先，单个渠道成员价值链调整，会影响到整个渠道系统中交易成本的变化并导致系统中渠道权力的重新分配。比如，农户放弃采用“农户+中间商+消费者”的渠道模式，而采用“合作社+中间商+消费者”或“合作社+超市+消费者”的渠道模式，即农户为获取自身利益最大化而做出自身价值链调整。它降低了渠道的交易成本，同时削弱了中间商的渠道权力，增强了农户自身的渠道权力。还有些企业通过为最终消费者提供产品的实物流程，在此基础上绕过零售商直接向最终消费者配送产品，从而降低了渠道系统中的交易成本，增强了自身渠道权力，建立了竞争优势。

但同时，这种单个渠道成员价值链的调整，也会受到渠道系统中的交易成本和渠道权力的制约，渠道成员进行自身价值链调整若能降低交易成本，这种调整行为导致的渠道模式变革就有了其经济基础支撑，长远来看，这种新的渠道模式就会被越来越多地采用。除了交易成本外，渠道成员的价值链调整还将受到渠道权力这一上层建筑的制约，我国农产品渠道呈现出的“权力不平衡性”和“结构不对称性”，就是农户渠道权力受到龙头企业制约、零售终端权力受到中间流通环节制约的结果，于是，就有了基于渠道权力再分配的“农户+合作社+龙头企业”和“农户+合作社+超市”等的新型渠道模式。

其次，交易成本和渠道权力存在着的互动关系，也会影响渠道模式的变革。交易成本和渠道权力存在的互动关系可看作渠道系统经济基础和上层建筑之间的关系，经济基础决定上层建筑，上层建筑影响经济基础。比如，“生产基地（农户）—超市或量贩店—消费者”这一新型渠道模式，超市或量贩店通过对渠道流程的重新整合大大降低了渠道系统的交易成本，相对于“生产者—产地批发商—运销批发商—销地零售商—消费者”这一旧渠道模式而言，超市或量贩店的渠道权力不断扩大。但是，由于超市或量贩店掌握了巨大的渠道权力，可能会抑制新渠道模式的发展。例如，B2C电子商务模式，可能出于对超市或量贩店所掌握的巨大渠道权力的恐惧，部分企业不敢涉足B2C模式。世界首家“网上菜场”美国Webvan公司在成立1年多时间里，投入7.1亿美元，却只换得几十万美元的营业额，并迅速走向破产，其原因就在于它在没能超越传统超市所拥有的“价格低廉、信誉保障和个性化服务”优势时，就贸然采用B2C电子商务渠道模式。

③农产品流通渠道变革内外影响因素的互动关系。一方面，消费者购买模式的变化，经济、法律、文化环境的变化及新技术、新方式的引入等外部因素变化会通过影响渠道治理模式、交易完成方式、渠道权力机制及价值链战略优势进而对流通渠道模式变革产生影响。比如：消费者越来越个性化、品牌化的购买诉求及现代信息技术的

应用使得农产品销售越来越强调“点对点”“定制化”“超市化”，它促使企业越来越注重网上购物、电子商务、农宅（超）对接等这种直接、快捷、低成本的渠道模式和交易方式；竞争的加剧使得农产品流通渠道越来越强调通过“联盟化、一体化”的模式来降低交易成本、平衡渠道权力、稳定渠道关系、提高渠道竞争力；买方市场的形成，使得渠道权力呈现出从上游逐渐向下游对角线转移的趋势，它促使企业价值链的战略环节也必须做出向下游转移的调整，从而引发渠道模式从最初的生产者主导，到后来的批发商主导，发展到现在的零售商主导。总之，当前出现的诸多新型农产品渠道模式都是外部环境变化影响的结果，农产品渠道变革是外部环境变化的产物。另一方面，为了适应外部环境的变化，渠道系统内部会主动进行诸如渠道治理模式、交易完成方式、价值链战略环节及渠道权力的重新调整和再分配，表现为单个渠道成员为了降低交易成本、增强渠道权力和保持竞争优势会进行诸如流通模式、交易方式、合作关系等的重新安排，进而促使流通渠道变革。农产品渠道变革是渠道系统不断进行自我调整以适应外部环境变化的过程。

3）研究方法与研究假设

为了定量分析农产品流通渠道变革的影响因素及其影响程度大小，并检验农产品流通渠道变革驱动力模型，本文拟通过设计调查问卷，运用结构方程模型（SEM）对农产品流通渠道变革的影响因素进行实证分析。本书的研究假设模型如图3-8所示。

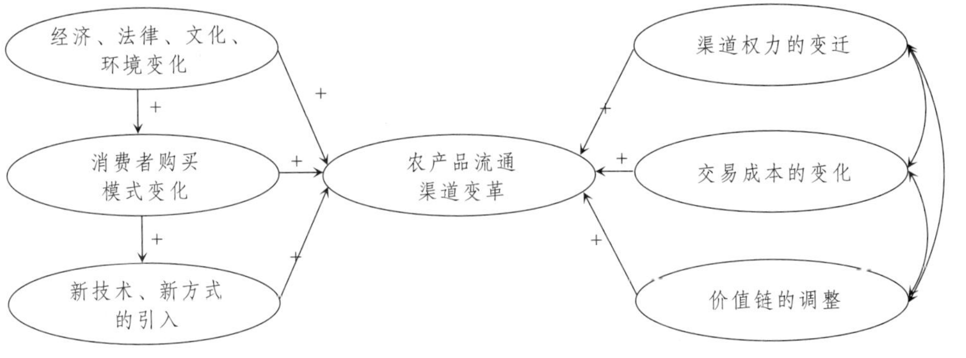

图3-8　研究假设模型

注：“+”号表示假定正向显著影响关系。

4）研究发现与讨论

实证检验结果表明：

（1）6个因素全部显著影响农产品流通渠道变革，这印证了“渠道变革是渠道内外因素，宏观、微观因素等多因素共同作用的结果”这一假设。

（2）内部因素的影响程度要强于外部因素，这说明，渠道权力变迁、交易成本变化和价值链调整是影响农产品流通渠道变革的主要因素。但在上述3个因素中，渠道权力变迁又表现出最强的作用力。渠道权力变迁是推动农产品流通渠道变革的关键内因，可能的原因是渠道权力的下游转移趋势迫使企业为了“权力回归”和“权力再平衡”，重获渠道话语权，进而推动产品流通渠道变革。另外，交易成本变化和价值链调整也显著影响农产品流通渠道变革，这说明降低渠道交易成本，占有价值链的中高端和战略环节、获取价值链上的竞争优势也是推动企业进行农产品渠道变革的重要原因。

（3）外部影响因素当中，消费者购买模式的变化影响程度最强，其次是新技术和新方式的引入，最后是经济、法律、文化环境的变化。这说明，顾客购买模式变化，现代信息技术的应用，新兴业态、现代交易方式的引入是推动农产品流通渠道变革的重要外因，且顾客购买模式变化起到了新技术、新方式引入对农产品流通渠道变革影响的部分中介效应，而经济、法律、文化环境变化的影响程度相对较弱，其推动农产品流通渠道变革的力量也较小。

（4）经济、法律、文化环境的变化对消费者购买模式变化的影响不显著，而新技术、新方式的引入对消费者购买模式变化的影响显著，可能的原因是新技术、新方式的引入使人们有更加快捷的渠道和手段来了解、购买所需产品，更能改变消费者购买模式；而经济、法律、文化环境的变化更多的是影响企业行为，即使影响消费者行为，也是一个长期的过程，因此，其对消费者购买模式变化的影响不显著。

5）农产品流通渠道变革的内容与方向

由上述理论与实证分析可知，本文认为，我国农产品流通渠道变革可从以下几个方面展开：

（1）渠道战略的变革。农产品流通渠道战略变革的目标模式应该是树立“消费者、农民双重导向”的渠道战略，进而建立“圆柱形”的渠道结构，以完成对我国现行“两端小中间大”的渠道结构的纠正。

（2）渠道结构的变革。农产品渠道结构变革的方向应是建立“扁平化、多元化”的渠道结构。渠道扁平化克服了传统渠道结构模式中的环节过多、效率较低、反应不够灵敏的弊端，能够提高农产品渠道效率。同时，随着销售市场的不同和营销方式的变化，农产品流通渠道也呈现出了多元化特点，农产品流通渠道形式多元化满足了农产品的个性化需求，开拓了农产品的销路。

（3）渠道关系的变革。农产品渠道关系的变革方向应是建立“联盟化、一体化”的渠道系统。“联盟化、一体化”的渠道系统能够使农产品流通渠道各节点成员（组织）突破传统组织的有形界限，建立深度合作关系，实现信息和资源的共享，它是构建具有“大流通、大市场、大集团”特点的农产品流通格局的基础。

（4）渠道职能的变革。农产品渠道职能变革的方向是职能的“专业化”。以商品为中心的农产品批发职能通过向以配送为中心、以信息为中心的批发职能转换，为农产品在流通过程中的价值增值做贡献。农产品渠道职能的“专业化”是有效降低农产品流通费用，分散农产品渠道风险，提高农产品流通效率的重要手段。

（5）渠道主体的变革。农产品渠道主体的变革主要通过发展农民专业合作组织、专业协会以及更符合我国实际的社区性合作经济组织等方式提高农民组织化程度；通过对农业龙头企业内部的改组改制和进行跨地区、跨行业、跨部门、跨环节的联合重组构建大型农产品综合商社或企业集团；通过支持大型农产品经销商采用兼并、联合、控股、特许经营等方式，帮助其实现规模扩张，使之尽快成为竞争力强、带动作用大的大型农产品分销集团；通过发展销售型的农产品经营公司，创新传统的农产品销售渠道，实现农产品经营公司化。

(6) 渠道运行的变革。农产品渠道运行的变革方向是建立“信息化”的渠道运作体系、“连锁化、超市化”的终端销售体系和发展“现代化”的交易方式。信息化的渠道运作表现为通过网络信息技术对渠道内部架构进行重塑，它包括构建信息型中介、建立渠道电子信息处理与传递中心、建立基于物联网的农产品流通数字平台、建立虚拟化渠道模式、开展农产品电子商务等。“连锁化、超市化”的终端销售体系表现为大力发展农产品“经营连锁化”和“销售超市化”，积极探索“农超对接”的有效模式。

(7) 渠道环境的变革。农产品渠道环境变革的方向是完善农产品流通基础设施，完善农产品流通渠道相应的配套服务体系，完善相关法律制度。为此，一是政府要发挥投资主体的作用，加大对诸如信息平台、物流平台、市场平台、质量安全平台、促销平台等的建设力度。二是政府要积极完善诸如金融结算、物流配送、信息服务等配套服务体系的建设，积极培育多元化的农产品流通社会化服务组织，大力扶持农产品流通综合服务中心和基层农产品流通公共服务机构建设。三是政府应在市场准入、市场行为、市场价格等方面加强立法，健全农产品流通的法律法规，保证农产品“依法”流通、“安全”流通和“有序”流通。

复习思考题

1. 营销渠道纵向一体化的理论基础是什么？
2. 营销渠道纵向一体化决策的理论框架是什么？
3. 营销渠道纵向一体化是一个在市场化与一体化之间简单选择的问题吗？为什么？
4. 影响营销渠道纵向一体化的因素主要有哪些？
5. 如何理解营销渠道纵向一体化与渠道控制之间的关系？
6. 营销渠道纵向一体化决策中，如何平衡渠道一体化成本与渠道控制水平？

案例分析

天创时尚：全产业链纵向一体化运营的时尚品牌[①]

广州天创时尚鞋业股份有限公司（以下简称天创时尚）主要从事时尚女皮鞋的研发、生产、分销及零售业务，自创立以来一直致力于为女性消费者提供时尚、舒适的鞋履产品和服务。经过多年发展，天创时尚已成长为业内中高端市场的多品牌运营商，旗下各品牌通过有差别的市场定位从而形成互补，以适应消费者的差异化需求。近年来，随着国内女性收入的提高和购买力的增强，以及女性追求时尚性的消费特征，女皮鞋消费水平提升，细分产品的定位更加明确，鉴于我国女皮鞋市场集中度趋于提高，市场份额逐步向拥有多品牌和完整产业链的企业集中，多品牌女鞋企业的优势将会进一步体现。

多品牌、全产业链纵向一体化运营

天创时尚采用多品牌、全产业链纵向一体化的运营模式，通过聚焦企业战略、聚焦目标细分市场、聚焦女性消费核心价值的三重聚焦来实现公司多品牌战略。在“最具时尚与健康消费创新价值的多品牌运营商”的战略定位和发展目标下，公司持续推出了体现女性不同体验价值的互补性品牌。与此同时，公司通过品牌事业部制的混合矩阵管理模式为全产业链运营搭建了有效的运营平台。为实现品牌消费价值，公司以市场终端为起点，整合关键的商业消费价值链，从需求研究、商品企划、设计开发、生产供应、营销推广、分销零售到顾客服务，再到品牌战略与营运决策，实行端对端的自有品牌一体化运营，有效地整合及优化资源，保证运营模式在不同阶段都能满足品牌战略和市场竞争的要求。

天创时尚针对不同生活阅历和价值追求的女性消费者的差异化消费特点，对女皮鞋市场进行消费细分，实施多品牌经营策略，“Kisscat”作为公司创始品牌，已在市场上具备较高知名度。根据CIIIC（中国行业企业信息发布中心）对我国消费品市场重点调查报告数据，2014年“Kisscat”品牌销售收入位于国内女皮鞋类产品第6名，市场份额为3.57%。近几年，公司相继推出“ZsaZsaZsu”、“Tigrisso”和“KissKitty”3个自有品牌，并代理西班牙“Patricia”品牌。构建多品牌组合，不但有利于共同积累和发展常客消费群体，而且有利于适应不断发展的消费升级和商业进化。上述品牌推向市场后成长性良好，对公司业绩贡献日趋显著。

基于核心客户层的多渠道布局

在渠道建设方面，天创时尚坚持以市场为导向，采用“直营店和经销商为主，电子商务为辅”的销售模式，积极拓展营销网络，其中，通过商场店中店渠道进行直营销售为公司主要销售模式。公司以接触主体消费市场核心客层为原则，凭借对城市女

---

① 网易财经．天创时尚：全产业链纵向一体化运营的时尚品牌［EB/OL］．［2016-02-21］．http：//money.163.com/16/0221/15/BGBUII3I002543BG.html．经过改编。

性鞋履消费特征、区域女性脚型规律、零售购物行为变化等方面的研究成果，围绕国内中心城市和重点片区开展门店布局，直营店主要布局于一、二线城市核心商圈的优质百货渠道，建立了以中心城市为核心的营销网络。公司已在全国布局2 148个营销网点，其中直营店1 436间。随着公司对品牌推广投入的加强以及营销网点的扩增，天创时尚旗下各品牌知名度的提升将持续带来良好的经济效益。

未来天创时尚将进一步扩张、完善营销网络，并通过线上线下渠道互补互通的O2O模式，优化公司营销终端组织及销售模式，从而加强公司的市场竞争力，提升品牌的知名度，提高市场占有率；推动实施亚太产品设计中心建设项目，升级公司产品研发体系，不断增强公司的可持续发展能力，提高公司核心竞争力。

延伸阅读

[1] Aric R, Heide B J. Transaction cost analysis: Past, present, and future applications [J]. Journal of Marketing, 1997, 61 (10): 30-54.

[2] Geyskens I, Steenkamp J B E M, Kumar N. Make, Buy, or Ally: A Transaction Cost Theory Meta-analysis [J]. Academy of Management Journal, 2006, 49 (3): 519-543.

[3] Poppo L, Zenger T. Testing Alternative Theories of the Firm: Transaction Cost, Knowledge-based, and Measurement Explanations for Make-or-Buy Decisions in Information Services [J]. Strategic Management Journal, 2015, 19 (9): 853-877.

第4章 营销渠道系统

学习目标

通过本章的学习，了解营销渠道系统的基本类型，重点掌握垂直渠道系统的类型，以及每种垂直渠道系统中渠道协调的机制；了解水平渠道系统的基本形态及其构建方式；了解多渠道系统的优缺点，以及多渠道系统中渠道整合的要点。

建立在分工基础上的渠道成员在功能上是专业化的，正是这种专业化使渠道成员在功能上是相互依赖的，它们必须相互协作才能完成商品从生产领域向消费领域的转移。正是这种相互依赖，使得营销渠道可以被看作一个由若干成员及其相互之间的关系构成的系统。传统渠道系统是由生产商、批发商和零售商组成的，每个成员作为一个独立的企业实体追求自己利润的最大化，甚至不惜损害整个渠道系统的利益。渠道成员之间这种松散的合作关系，以及各自追求自己利润最大化的特征，使得传统渠道系统既缺乏合作基础，也缺乏整体协调，渠道关系的解体与建立比较频繁，因此，难以形成长期稳定的营销渠道关系，最终也会使整个营销渠道的效率变得十分低下。本章我们将重点就几种协调水平较高的渠道系统展开讨论。本章涉及的渠道系统类型主要包括垂直渠道系统、水平渠道系统和多渠道系统。

4.1　垂直渠道系统

4.1.1　垂直渠道系统的概念与类型

垂直渠道系统（vertical marketing system，VMS）是由生产商、批发商和零售商纵向整合组成的统一的联合体，它与传统营销渠道不同，在此渠道系统中，每个渠道成员都把自己看作渠道系统中的一部分，密切关注着整个渠道系统的成功。通常表现为某个渠道成员对其他成员拥有产权，或者是一种特许经营关系，或者这个渠道成员拥有相当实力，其他成员愿意与之合作。我们把在渠道系统中处于支配地位的渠道成员，称之为渠道领袖。渠道领袖可能是生产商，也可能是批发商或者零售商。渠道领袖通过产权关系、契约或管理能力，在垂直渠道系统中实施协调功能，更好地对渠道进行组织、领导、管理和控制，在一定程度上限制了渠道成员在追求各自利益时造成的冲突，保证了渠道系统有序、高效的运行。垂直渠道系统与传统营销渠道的比较参见表4-1。

表4-1　**传统营销渠道和垂直渠道系统的对比**[①]

传统营销渠道	垂直渠道系统
渠道成员相互独立	渠道成员是相互联合的
单独的自由成员	作为一个竞争单位连接在一起
对立性谈判	根据法律或合同协议明确的领导
冲突无法控制	冲突可控制，拥有稳定的结构和成员关系
缺乏共同的目标与愿景	拥有整个渠道的愿景

垂直渠道系统根据渠道成员间关系从松散到紧密的不同程度，可以分为三种形式：管理式垂直渠道系统、合同式垂直渠道系统和公司式垂直渠道系统。

① 佩尔顿. 营销渠道：一种关系管理方法［M］. 张永强，等译. 北京：机械工业出版社，2004：267.

1）管理式垂直渠道系统（administered VMS）

管理式垂直渠道系统是指通过渠道中某个有实力的成员（即渠道领袖）来协调整个产销过程的渠道系统。这种渠道模式最接近传统渠道，是垂直渠道系统中最松散的一种结构形式。渠道领袖作为系统核心，凭借其规模、权力和技术专长等优势，吸引众多渠道成员参与合作，并对整个系统实行管理和协调，包括促销、库存管理、定价和商品陈列等方面；而其他渠道成员围绕着这个核心企业从事各种各样的渠道活动，自然而然地构成一个运行良好的渠道系统。通常情况下，名牌产品生产企业有能力而且会很容易从其他渠道成员那里得到强有力的渠道合作和支持。例如，吉列、宝洁等制造商凭借其品牌、规模、技术和管理经验等优势会经常出面协调批发商、零售商的经营业务和政策，采取一致行动。

管理式垂直渠道系统有其自身的优点，具体表现在以下两个方面：

（1）稳定但不失灵活。渠道领袖往往在整个行业中具有一定的影响力和号召力，能够聚集一批渠道成员参与合作，而这些渠道成员出于自身利益的考虑，如资源共享和品牌效应等，通常会乐于依附于实力强大的渠道领袖。渠道领袖在渠道系统中的核心地位和它所发挥的协调和管理职能，使得渠道领袖与其他渠道成员之间的关系具有相对稳定性。与此同时，渠道成员产权的独立性使得这种渠道体系的调整和变革更加容易，因而不失灵活性。

（2）独立但不失整体有效。渠道成员的实力虽然有大有小，但都作为一个独立的企业实体，有自己的经营目标和经营原则，这就给渠道成员提供了谋求自身利益的机会和积极性，而渠道领袖在渠道系统中的核心作用又确保了渠道整体效率的有效性。

管理式垂直渠道系统同样存在着缺点，那就是过分依赖渠道领袖的核心作用。管理式垂直渠道系统是围绕着渠道领袖来构建的，渠道领袖的稳定性是垂直渠道系统稳定的前提条件。当环境发生变化时，渠道领袖的地位受到威胁，一方面会破坏现任渠道领袖的权力实施的权威性，影响协调管理的有效性，另一方面也可能引发渠道成员对渠道领袖的争夺，从而造成冲突甚至导致渠道关系的结束。即使渠道领袖的地位没有受到威胁，渠道系统的有效性也要看其具体指挥协调能力，当渠道领袖这种能力不足时，会影响渠道整体效率，最终不利于渠道关系的稳定发展。

2）合同式垂直渠道系统（contractual VMS）

合同式垂直渠道系统又称契约式垂直渠道系统，是指处于渠道体系中不同层次的独立的制造商和经销商，通过法律合同确定它们之间的分销权利和义务，从而形成的一个联合渠道系统。合同式垂直渠道系统能够实现某个渠道成员单独经营所难以达到的经营效果，这是因为它将力量相对弱小、独立的渠道成员组织起来，统一行动，能够实现规模经济和协同效应。约翰斯顿（Johnston）和劳伦斯（Lawrence）称这种渠道体系中渠道成员是“增加价值的合伙人”[①]。在当前竞争日益激烈的市场环境下，单个企业尤其是实力弱小的企业利用合同式垂直渠道系统这个平台，通过渠道资源整合形成强大的整体力量，也不失为一种提高竞争力的有效措施。

---

① 科特勒．营销管理［M］．梅清豪，译．11版．上海：上海人民出版社，2003：588．

合同式垂直渠道系统仅仅是通过合同或协议来组建的，而不涉及产权和资金的投入，渠道体系的建设成本比较低。此外，合同或者协议是由渠道成员共同制定和认可的，而且是自觉意志的体现，因此渠道成员有明确的分工和合作，渠道效率较高。但同时也需要指出，合同式垂直渠道系统完全利用法律合同来规范和约束各渠道成员的行为也存在一定的风险，交易成本理论认为只要有获利可能就会有投机主义行为的存在，因此一旦个别渠道成员为了追求自身利益不惜违反合同或协议，那么这种渠道体系也就名存实亡了。此外，合同的有效性在很大程度上还取决于一国法律体系的健全性以及法律执行的效率，这一点我们将在第8章中进行论述。

合同式垂直渠道系统近年来获得了较大的发展，一般包括3种主要形式：批发商倡办的自愿连锁、零售商合作组织和特许经营组织①。

（1）批发商倡办的自愿连锁。这种渠道模式是由批发商发起，由独立的零售商自愿参加而组成的连锁组织。随着大型零售商的出现，批发商举步维艰，不仅要承受来自大型制造商的压力，而且还要应对新的竞争者。为了维护自身的利益，与这些大型制造商和大型连锁零售商相抗衡，批发商帮助与其有业务往来的一群独立中小零售商实行自愿连锁，统一订货，分销批发商所经营的产品。而这些独立的中小零售商也能从自愿连锁中获得好处：一方面可以通过连锁统一订货，降低采购成本；另一方面能够得到批发商的销售支持。

值得注意的是，批发商倡办的自愿连锁组织与零售业中的一般连锁商店存在几个方面的差异：首先，批发商倡办的这种连锁模式完全建立在自愿的基础上，通常参与连锁的中小零售商并没有发生产权的变动，仍然保持自己的独立性；而零售业中的一般连锁通常涉及资金和产权的问题，下属连锁商店要受总部管辖。其次，这种自愿连锁模式是由批发商发起的，采取的是“联购分销”的方式，即由批发商统一进货，然后交由独立的零售商分别销售；而一般连锁商店本身就是一个零售机构，采取的是“联购统销”的方式，即由连锁商店总部统一进货，各连锁店在总部的统一管理下进行销售。

（2）零售商合作组织。零售商合作组织是由一批独立的中小零售企业以入股的方式组建一个新的企业实体，以此实现联合经营的合同式垂直渠道系统。通常组织机构由本部、分店和配送中心三部分组成，三者之间有着明确的专业分工，承担不同的功能，目的是更好地参与市场竞争，与其他大型零售商相抗衡。参与合作组织的零售商以集体的名义直接向制造商统一采购产品，联合进行广告促销，共同进行销售培训。

当然，零售商合作组织的业务并不局限在零售业务，其他像批发、生产等业务同样可以涉及。目前国际上也有许多零售商合作组织经营比较成功的例子。例如：荷兰的“采购联营组织”其实就是一个中小零售商联合经营的进口批发机构，它们直接从国外采购货物，建立自己的仓库，进而分销各地；瑞典的ICA则是由500多家零售商联合经营的批发机构；美国联合食品杂货商公司实际上也是一个零售商合作商。

（3）特许经营组织。特许经营是一种以转让特许经营权为核心的经营方式。特许

① 庄贵军. 营销渠道管理［M］. 北京：北京大学出版社，2004：97-98.

方以特许经营合同的形式将自己拥有的商标、商号、产品、经营模式、专利和专有技术授予受许方使用，受许方按照合同约定在统一经营体系下从事经营活动，并向特许方支付相应的特许费或加盟费。通常情况下，一个特许经营系统由一个特许方和若干个受许方组成，特许方和受许方一对一地签订合同形成纵向关系，而各受许方之间没有横向联系。

特许经营是近年来发展最快的渠道形式，根据特许方和受许方身份的不同，又可以分为三种不同的形式：

第一种形式是制造商倡办的零售商特许经营体系，即生产制造商将经营自己产品的特许经营权授予独立的零售商，由此建立的特许经营体系。生产制造商为了规范零售商的行为，利于产品销售，通常在授权的同时，要求零售商必须接受其制定的有关销售和服务的规定。国外知名的大型汽车制造商大多采用这种零售商特许经营体系。比如，美国的通用和福特，日本的丰田等公司对经营自己产品的代理商、经销商给予买断权，它们把整个市场划分为不同区域后，在每个区域只跟一家经销商签订销售合约，同时也要求该经销商只能经营本公司的产品，这样既维护了经销商的利益，也保证了本公司产品的销售。

第二种形式是制造商倡办的批发商特许经营体系，即生产制造商将特许经营权授予批发商而建立的特许经营体系。可口可乐公司和百事公司就是典型的批发商特许经营体系，它们同各地的装瓶商签订合同，授予其分销的特许权，特许装瓶商支付费用购买他们的浓缩饮料，然后由装瓶商填充碳酸气、装瓶并附可口可乐或百事可乐的商标出售给零售商。这种形式中，这些装瓶商实际上扮演的就是被授权的批发商角色。

第三种形式是服务公司倡办的特许经营体系，即由服务公司授权其他服务零售商，以便将其服务有效地提供给更多的消费者。此种模式一般出现在快餐业、汽车租赁业、洗衣业和旅馆业等。快餐业巨头麦当劳和肯德基就是通过这种服务特许加盟的模式迅速在全球扩张，它们提供一整套的经营服务方式和标准化的快餐食品，要求加盟方在店面装潢、原料采购、食品制作、销售环节等各个方面都必须遵守一定的操作规范，以保证提供的产品优质、环境幽雅和服务迅捷。

3）公司式垂直渠道系统（corporate VMS）[①]

公司式垂直渠道系统是由同一个所有者名下的相关企业或部门所组成的一种渠道体系，它是所有垂直渠道系统类型中渠道成员关系最为紧密的一种形式。公司式垂直渠道系统的构建方式通常有两种：一种是一家公司直接投资建立独立的销售分支机构；另一种是一家公司对其他渠道成员控股或是参股，以控制对方公司。无论采取哪种方式，拥有所有权的公司都能对渠道实现高水平的控制。这种垂直渠道系统中的领袖往往拥有和统一管理若干个制造商、批发商和零售机构，控制产品的生产，甚至是全部的分销渠道，按照公司统一的计划目标和管理要求开展生产、批发和零售业务。

---

① 胡介埙．分销渠道管理［M］．大连：东北财经大学出版社，2009：29．

公司式垂直渠道系统被众多公司所青睐正是因为它能对渠道实现高水平的控制，能够按照本公司的意愿进行经营。这种渠道体系的主导可以是制造商，也可以是中间商或零售商，通常是那些实力较为雄厚的一方。国外许多大型制造商常常会设立自己的销售公司，控制着自己整个销售渠道，如希尔温-威廉姆斯（Sherwin-Wiliams）公司不仅制造油漆，而且还拥有2 000多家零售网点，这是典型的制造商主导的垂直渠道系统。国内企业像格力电器也是通过和各地大经销商合资建立区域销售公司来销售自己的产品。而美国的西尔斯（Sears）公司则是中间商主导型垂直渠道系统的典型例子，这家公司在世界各地拥有3 000多家零售商店，但其所出售的商品中，约有50%来自它部分或全部控股的生产制造企业。

公司式垂直渠道系统的优点包括以下几点：首先，公司型垂直渠道体系中渠道成员之间存在产权联系，渠道成员关系紧密，便于统一协调，简化交易程序，提高渠道运行效率，渠道结构也相对较为稳定。其次，公司型渠道实现产销结合，实质上是将外部的市场交易转化为企业内部的分工协作，从而大大降低了分销成本，调高了盈利水平。再次，公司式渠道系统加强了与最终用户之间的接触，便于渠道成员获取有效的市场信息。最后，公司式渠道系统实行强有力的渠道控制，便于公司长期战略的实施，也有利于公司和品牌形象的塑造。

公司式垂直渠道系统同样也存在一些弊端。首先，先前投入的成本巨大，公司无论是通过自建还是控股或参股，都需要投入巨大的资金，这就会给准备组建这种渠道模式的公司带来较大的资金压力。其次，公司式渠道需要对整个渠道的生产和销售进行指挥、协调和控制，管理难度大，管理成本高。最后，公司式渠道的组织结构缺乏灵活性，一旦市场发生变化或者整个渠道效率出现低迷，很难针对渠道结构进行及时调整，就会给公司造成一定的损失。

4.1.2 垂直渠道系统的营销策略①

垂直渠道系统的构建总是通过渠道纵向一体化来实施的，尤其是公司式垂直渠道系统。有关渠道纵向一体化的内容具体可以参照上一章，我们这里主要就规划垂直渠道系统的营销策略展开讨论。前面提到垂直渠道系统分为三种形式，即管理式、合同式和公司式。无论哪一种类型，垂直渠道系统都应当规划好自己的营销策略，以便同其他类型的垂直渠道系统以及传统渠道或其他渠道系统进行竞争。据统计，在美国60%的消费品是由相同类型的垂直渠道系统销售出去的，因此一套出色的营销策略就显得尤为重要。管理一个垂直渠道系统往往比管理一个独立的公司复杂得多，这涉及各渠道资源的整合。在进行垂直渠道系统营销策略规划时，一般涉及战略层面和战术层面的决策，其中战略层面是为了达成渠道营销组合和渠道成员的功能协同效果而制定的长期规划，而战术层面则是为了逐步实现战略规划的短期计划。垂直渠道系统中的每个成员都应为渠道系统的目标贡献自己的力量，图4-1是垂直渠道系统中各渠道成员的营销组合协作情况。

---

① 杨政．营销渠道成员行为的整合模型［J］．南开管理评论，2000（4）：69．

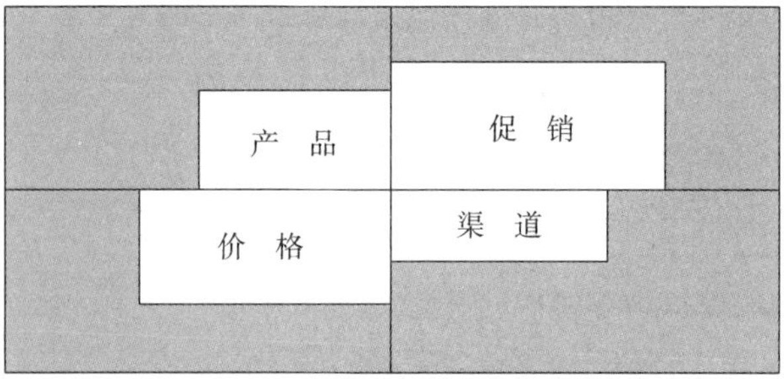

□ 制造商承担的渠道职能与任务 ■ 中间商承担的渠道职能与任务

图4-1 垂直渠道系统的营销策略

每个渠道成员都有自己的营销策略，因此整体规划必须小心谨慎，否则就会造成营销功能的重复执行以及稀缺资源的浪费。图4-1中的阴影部分代表中间商所要承担的功能，白色部分代表制造商所要承担的功能。不同渠道层次在产品、价格、渠道和促销上的营销功能和任务应有所不同，但是，不同渠道层次的渠道成员被分派到不同的任务中时，它们可能会执行相同的营销功能。渠道成员所要发挥的作用关键取决于产品、价格、渠道和促销与战略目标的相关程度。例如，假设渠道系统的战略目标是要在市场上推出新产品，那么就需要制造商设计和生产该产品，而中间商则担负起部分市场调研的任务，协作制造商进行新产品试销和促销活动。在垂直渠道系统中，每个渠道成员在制定营销策略时应当注意和其他成员的策略相融合，只有当渠道成员的经营策略高度协调时，垂直渠道系统的目标才能顺利实现。

图4-1中的白色部分和阴影部分的大小取决于垂直渠道系统的整合程度。在高度整合的渠道系统中，某个渠道成员能够以低成本、高效率完成较多的营销功能和任务，所以只需要较少的其他渠道成员就能完成其余较少的营销功能和任务；如果渠道系统的整合程度较低，那么就需要较多的渠道成员来分担营销功能和任务。我们可以通过以下4种情况加以理解：首先，部分前向整合，即某个渠道成员承担起下游成员的部分营销功能。例如，制造商可能会承担起批发商的部分批发功能，那么相应的批发商承担的功能就会因此而减少。其次，彻底的前向整合，即某个渠道成员承担起下游成员的全部功能。例如，制造商可能会承担起批发商的全部批发功能或零售商的全部零售功能，这就意味着制造商自建渠道，负责产品的分销。再次，部分后向整合，即某个渠道成员承担起上游成员的部分功能。例如，大型批发商或零售商可能承担起供应商的部分功能，零售商自行设计产品和制定产品的质量标准，然后由供应商负责生产，这也就是零售商自有品牌。最后，彻底的后向整合，即某个渠道成员承担起上游成员的全部功能。该渠道成员的目的通常是控制原材料的供应。例如，大型的超级市场可能开办牧场为其奶产品提供生奶。

从以上分析中可以看到，除非是在垂直渠道系统中发生彻底的整合行为，否则每个渠道成员或多或少都会参与到渠道系统的产品、价格、渠道和促销决策中。每个渠道成员围绕渠道系统总体目标和规划，进一步明确自己的目标和任务，并注意妥善解决渠道成员之间的利益冲突，进行紧密合作才能发挥出整体优势。当然，渠道领袖要善于运用权力杠杆对渠道系统的经营政策和活动进行富有成效的控制，这样渠道系统才能达成协同效果，在竞争中立于不败之地。

4.2 水平渠道系统

4.2.1 水平渠道系统的概念与分类

水平渠道系统（horizontal marketing system，HMS）又称共生型渠道系统，是指由两个或两个以上没有关联的企业，为了充分利用各自的优势和资源，共同开发一个营销机会所进行的横向联合。通常这些企业因资金、生产技术或是营销资源不足，无力单独开发市场机会和承担风险，通过横向联合，既可以共同分担风险，也能够实现协同效应，提高渠道效率。

水平渠道系统的渠道成员可以是同行业的，也可以是不同行业的。同行业企业间横向联合通常发生在同行业但不同细分市场的产品、品牌中。比如，同在食品行业中，面包生产企业和饼干生产企业，保健食品企业和休闲食品企业，饮料企业和冰淇淋企业之间就可以构建水平渠道系统，实现资源共享。生产同类型产品的企业之间也可以进行合作。许多企业已经意识到与其在现有产品市场上争得你死我活，不如建立双赢的合作关系，共同把市场做大，这样大家都能获得更多的利益，这样的案例在这几年彩电联盟、空调联盟中表现得比较明显。可见，"同行不再只是冤家"，一家企业单独举办产品产销会，很难吸引较多客户，若是整合同行业的多家企业共同展示各自的产品，就能吸引更多的客户前来看样订货。在同行业企业众多的情况下，企业单打独斗只会遍体鳞伤，相反联合其他企业，实现资源共享，以求共赢，也不失为一条提高企业生存能力的重要途径。

在不同行业企业间同样可以构建水平渠道系统。通常在生产、销售等环节上，由具有上、中、下游或互补关系的不同产品的企业组成。例如，纺纱与织布及服装生产企业、水产养殖和食品加工企业与食品机械制造企业等之类的企业之间在生产及销售环节存在一定的相关性，构建水平渠道系统可以起到良好的效果。小天鹅联手碧浪就是一个典型的例子。小天鹅和保洁公司在许多大专院校开办了小天鹅－碧浪洗衣房。碧浪洗衣粉的包装上写着：推荐一流产品小天鹅洗衣机；而小天鹅在销售时赠送碧浪洗衣粉给顾客试用。这种不同行业企业间水平式渠道联合能产生名牌叠加效应，达到双赢目的。

根据横向联合企业在营销渠道中出现的层次不同，水平渠道系统可以分为三种形式：生产制造商水平渠道系统、中间商水平渠道系统和促销联盟①。

1）生产制造商水平渠道系统

同一层次的生产制造商共同组建和利用分销渠道，或者共同利用服务及网络、物流系统、订货程序系统、销售人员和场地等，就构成了一个生产制造商水平渠道体

① 庄贵军．营销渠道管理［M］．北京：北京大学出版社，2004：99-100．

系。典型的例子就是皮尔斯伯里公司和克拉夫特食品公司的合作。皮尔斯伯里公司开发了一种为生产饼干、甜饼和卷饼所需要的冷冻面团，但是它缺少进入市场的途径，因为这种产品的储存需要一种特殊的冷冻陈列箱。而克拉夫特食品公司正好是这方面的专家，因为它销售它的乳酪就是采用这种方法。于是两家公司采取联合行动，由皮尔斯伯里公司生产面团产品并负责广告，克拉夫特食品公司则负责销售和分销。这就是典型的制造商水平渠道系统。

2）中间商水平渠道系统

中间商水平渠道系统其实与前面提到的合同式垂直渠道系统并没有什么差异，都是指连锁模式中的特许连锁、自愿连锁和零售商合作组织等，只是研究视角不同而已。合同式垂直渠道系统中的特许经营组织，强调的是特许方和受许方之间的关系，而中间商水平渠道系统中的特许连锁和自愿连锁，强调的是各受许方之间的关系。同样的，合同式渠道系统中的零售商合作组织，强调的是生产制造商、采购联营组织和零售商之间的关系；而中间商水平渠道系统中的零售商合作组织，强调的就是零售商和零售商之间的关系。

3）促销联盟

促销联盟是指产品或业务相关联的多个企业，共同实施促销活动或其他有助于扩大促销的活动。参与促销联盟的企业可以通过共同做广告，共享品牌、销售队伍和场所，交叉向对方的顾客销售产品，相互购买产品，共同开展营业推广和公关活动等方式展开合作。这样各企业就能充分地利用彼此的资源，提高渠道运行效率。根据联盟企业提供的产品和服务之间的关联关系的不同，促销联盟又可以分为四种类型：同类产品的促销联盟、互补产品的促销联盟、替代产品的促销联盟和非直接相关产品的促销联盟。

4.2.2 水平渠道系统的构建与实施

1）水平渠道系统参与者的合作动机①

水平渠道系统是无关联的渠道成员进行的横向联合，这些渠道成员之所以愿意进行合作，其动机可以概括为以下几种：

（1）希望实现资源共享、优势互补，发挥协同作用。例如，各类网站与拥有强大渠道网络和配送能力的传统产业合作，可以解决电子商务中的配送问题，而某些传统产业也可以发展自己的电子商务，利用网络的快捷和迅速传播的优势，扩大销量和影响力。

（2）避免渠道重复建设，节省成本。构建一个新的渠道需要投资很高的成本，通过横向联合，某些渠道成员可以利用其他渠道成员已经建立的渠道，从而节省这部分投资用于其他环节，创造更高的收益。

（3）分享市场，规避风险。水平渠道系统就是要发挥协同作用，发现市场机会，分享市场，但这也意味着所有渠道成员必须承担相应的风险，通过风险分摊，使风险

① 胡介埙．分销渠道管理［M］．大连：东北财经大学出版社，2009：36．

最小化，减轻公司独自经营的压力。

尽管渠道成员有愿意进行合作的动机，但水平渠道系统要想建立还必须有一定的前提条件。首先，参与合作的双方都应该拥有对方不具备的优势，可以实现优势互补。其次，参与合作的双方应该是地位平等的，以保证双方参与合作的积极性。此外，还要看外部环境是否确实存在共同开发新市场的机会，而且双方也确实存在共同开发市场的需求。当这些条件都符合之后，我们接下来就考虑如何构建水平渠道系统。

2）水平渠道系统的构建①

（1）明确战略目标。每个规范的企业都有自己的战略目标，企业运作与管理中的每一步行动都是为了实现企业的战略目标而付诸实施的。水平渠道系统的确存在某些优势，但企业不可能为了水平渠道系统的某一优势而盲目地追求，而是首先考虑它与其总体战略的匹配性。只有在明确构建水平渠道系统是符合企业的经营战略之后，企业才会采取行动，进而把总体战略目标进行分解并转换为具体的水平渠道系统的经营目标，用以指导渠道的运作与管理。明确构建水平渠道系统的目标，便可以指引企业选择合适的渠道方式和合作伙伴，并更有针对性地进行制度、组织方面的建设和运作管理，集中优势资源使渠道效率最大化。同时，作为水平渠道系统的发起者，还应将渠道目标传递给其他合作者，进而转化成能被所有成员都认同的联盟目标，为以后的合作提供良好的基础。

（2）渠道模式选择。水平渠道系统按照发起人的不同，可以分为制造商水平渠道系统、中间商水平渠道系统和促销联盟。当然按照不同的划分标准会存在不同的渠道模式。企业究竟该选择何种模式的水平渠道系统，这要基于企业的战略目的和具体情况才能做出决定。渠道成员只有选择合适的水平渠道模式，才能保证渠道效率的有效发挥，确保预定的战略目标的实现。

（3）选择合作伙伴。合作伙伴的选择关键取决于渠道模式的选择。选择合作伙伴是决定水平渠道系统成败的一个关键性因素，这一环节成功与否在很大程度上决定了后续环节能否顺利进行。在选择合作者时，企业要根据自己的战略目标，同时结合水平渠道系统的特点，选择一个具备实现目标所需资源，并且愿意共同实现这一目标，能够为双方创造利益的合作伙伴。

（4）组织与制度设计。组织形式与制度安排对于水平渠道系统的高效运作至关重要。在此环节，企业首先应该考虑与合作伙伴建立何种组织形式支持水平渠道系统，然后据此进行相应的制度设计与实施，包括设计高效协调的管理机制、沟通协商机制、业绩评价和利益分配机制以及合作的具体进程表及监督机制。有了这些机制，就可以将其作为管理规范和冲突解决的处理方案，从而提高渠道运行的稳定性与高效性。

（5）渠道运作管理。水平渠道系统正常运作后，渠道领袖（通常就是发起者）还要肩负起渠道系统的管理和维护职责。水平渠道系统要想最大限度地发挥整体优势，

① 吴冠之，刘阳．基于共生模式下的渠道合作与联盟［J］．北京工业大学学报（社会科学版），2006（2）：16-20．

首先需要对渠道所有资源进行有效的整合，小到人员和工作的衔接，大到品牌和企业文化的融合。其次要根据水平渠道系统的情况和外部市场的变化，适时调整营销策略，提高渠道系统的灵活性。最后，水平渠道系统整体效率的发挥需要全体渠道成员的努力，这就需要培养良好的合作氛围。良好的合作氛围一方面是基于信任，水平渠道系统的各渠道成员应将信任作为合作的重要影响因素加以重视，同时要有计划、有步骤地建立起能够促进相互信任的信任产生机制，从而逐渐培养良好的合作氛围，确保水平联合的协同效应。仅仅将信任作为水平渠道系统的渠道因素显然是不够的，还需要依赖利益驱动因素。从对水平渠道系统的积极推动作用来看，利益驱动的作用显然更直接有效。利益驱动因素侧重于使合作产生的价值更快地传递并展示于合作方面前，从而坚定对未来前景的信心，提高合作方的积极性。企业在利用水平渠道系统时，要结合自身的特点，同时兼顾信任驱动和利益驱动两个重要的因素，通过调整和修正共生渠道管理框架，以渠道合作和联盟的方式充分发挥水平渠道系统的作用。

3）水平渠道系统的应用①

不同行业、不同地区、不同所有制的企业均可通过构建水平渠道系统共享渠道资源，为彼此在市场进入、风险分担以及销售增长等方面提供机会，通过合作将企业间彼此的优势结合起来，使合作双方通过联盟产生巨大的协同作用。渠道关系是可以协调的，企业在考虑与其他企业合作时，可通过对合作方式的不同选择来开发和拓展新的渠道。需要注意，水平渠道系统与其他渠道结构并不是非此即彼的对立关系，而是相辅相成的，水平渠道系统可以与其他任何一种渠道形式结合使用。企业须根据具体情况选择适合自己的水平渠道系统。根据渠道的形成方式不同，水平渠道系统主要有以下3种应用模式：

（1）合作方中一方借助另一方渠道。这种模式主要是一方以另一方现有的渠道为主，借助该渠道来销售自己的产品，这往往是渠道资源有限的企业构建水平渠道系统最直接的初衷。这些企业为了使自己的产品更直接地面向潜在顾客，增加向潜在顾客展示产品的机会，它们往往很乐意同渠道网络比较完善的企业进行横向联合，以期能够在短时间内更多地推出自己的产品。这种模式下双方都能得到好处，寻求渠道资源的一方可以借助他人渠道迅速进入新市场，这样既可以降低涉入新渠道的成本和风险，还能充分利用渠道资源，拓展渠道的宽度和深度；而另一方则可以通过水平渠道系统进一步提高渠道分销效率，同时还能分享对方在其他领域的优势资源。例如，中国邮政有着覆盖全国、深入乡村的渠道网络，一直以来就是很多企业青睐的合作对象。中国邮政或其分公司与移动通信运营商、固定电话运营商、保险公司、印刷品企业等都建立了水平渠道系统，利用自己的网店分销这些企业的产品和服务，这样既带动了合作伙伴业务的蓬勃发展，也提高了自己的获利能力。这种渠道模式不仅可以应用到销售层面，在其他层面像采购、新产品研发及技术创新等也可以进行广泛的合作。

（2）合作方分别利用对方渠道。这种模式的渠道合作比上一种更加紧密。渠道双

---

① 吴冠之，刘阳．基于共生模式下的渠道合作与联盟［J］．北京工业大学学报（社会科学版），2006（2）：16-20．

方首先立足于自身的现有渠道，然后通过组建水平渠道系统，借助对方的渠道使自己的产品和服务分别向对方市场延伸，从而达到自身渠道所不能涵盖的细分市场。采用这种模式不需要支付额外的营销费用，就可以使各自的潜在用户数量得到显著的增加。尤其是具有相关用户需求特点的企业间应用此种模式，其效果会更加明显。例如，美国的微波通信公司、微软公司、数字设备公司就结成了销售联盟，它们通过水平渠道系统在各自的销售点上联合销售其他合作公司的产品，从而大大地提高了市场覆盖率。

（3）合作方共同开发新渠道。这种模式在中小型企业间应用的比较广泛。通常，企业限于自身渠道资源，无力建立一个较大的渠道网络，此时便会产生与其他企业进行渠道联盟的想法，通过整合双方资源共同构建新的渠道系统作为双方的销售平台，实现联合销售。例如，新加坡航空公司、瑞士航空公司和美国三角洲航空公司三家联合统筹时刻表，建立统一的订票系统、维护系统和行李运送系统，一方面大大降低了各航空公司的运营成本，提高了工作效率，另一方面也为乘客提供了更好的航空服务，增强了市场竞争力。此外，企业在进入不确定性市场时，尤其是进入外国市场时，为了降低风险，企业通常也会选择共建渠道模式，合作开发新的市场。现购自运零售巨头麦德龙在进入中国市场时，并没有选择单打独斗，而是选择同上海锦江集团合作，成立锦江麦德龙现购自运有限公司，共同开启中国的现购自运零售模式。

4.3 多渠道系统

4.3.1 多渠道系统的概念

近年来，信息技术迅猛发展，新技术层出不穷，各行各业竞争日益激烈，消费者需求也越来越多样化，企业依靠单一渠道打天下的时代已经不复存在。由于企业所面临的细分市场客户消费行为之间存在着差异性，只采用任何单一的渠道模式很难覆盖全部的目标市场，无法实现预期的市场覆盖率，为此企业不得不改变原先单一的渠道模式。与此同时，伴随商业的发展，不断涌现的新渠道形式恰好给企业提供了更多的渠道选择方案。企业可以利用批发商、代理商和零售商等专业分销机构来间接销售产品，也可以选择区域销售队伍、直邮销售、电话营销或互联网营销等直接销售渠道分销产品。那什么是多渠道系统？顾名思义，多渠道系统就是指一家公司利用多条营销渠道或路径向现有和潜在的顾客销售、推广企业产品或服务的渠道体系，又称复合渠道系统。大多数的家电产品、电子类产品、食品和服装制造商等都会同时使用超市、百货公司、便利店和专业商店，甚至是互联网渠道来销售本公司的产品。

每一种渠道形式在附加价值、交易成本、市场覆盖面和客户忠诚度等方面都有着自己的优势和劣势（见图4-2），明智的企业会整合不同渠道的优势，利用多渠道来销售自己的产品。例如，贵州茅台之前一直是依靠传统的国营糖酒公司进行销售的，凭借国营老字号的优势，有着良好的信誉，但随着市场的不断变化，国营老字号也存在着许多问题，如无法对市场环境的变化迅速做出反应，以及在开发市场方面力不从心等，造成茅台酒在众多地区出现覆盖空白。后来，贵州茅台调整了渠道战略，构建多渠道系统，除保留原来的国营糖酒公司供销渠道之外，还采取了区域分销、特许经营、品牌买断等不同的营销渠道。同时，公司对这些经销商按经营能力和经营忠诚度实行分级管理，这样就迅速扩大了贵州茅台的市场覆盖面，取得了良好的销售业绩。实际上，一个忠诚的顾客通常也会使用至少两种以上的渠道来满足其对产品的购买需求。因此，构建多渠道系统是各行业获得竞争优势，更好地满足顾客需求的一种重要手段。

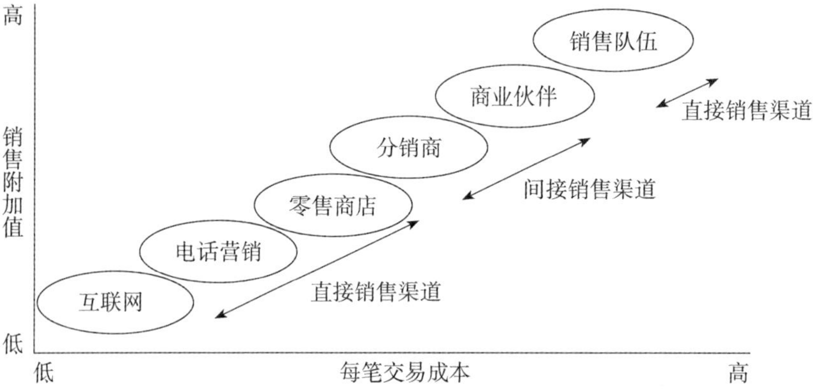

图4-2　不同渠道间的优势比较[①]

企业构建多渠道系统进行分销通常能获得以下几个好处：第一，从某种程度上可以降低销售成本。例如，对于目前正采用人员推销方式进行销售的企业来说，对一般顾客利用电话销售就会大幅降低销售成本。通常情况下，互联网渠道和其他无店铺渠道的构建成本也会远远低于金字塔式的传统分销渠道。第二，可以加强市场渗透，提高市场覆盖面。顾客的需求越来越趋向于多样化，企业有时单凭一条营销渠道不能有效地覆盖整个目标市场，这时就需要利用第二条或多条营销渠道来弥补，这样有利于提高市场覆盖面，提高潜在竞争者的进入壁垒。第三，提供市场信息，开创更多的销售机会。多条营销渠道能够为企业提供多个观察市场的窗口，能够及时了解市场信息，从而能够对市场环境的变化迅速做出反应，创造更多的销售机会。第四，提高定制化营销的程度，增强市场竞争力。企业针对不同客户采用不同的渠道提供有差别的服务，能够更好地实现定制化营销，比如针对复杂设备的销售，为了能够满足顾客对产品信息的了解，可以增加一条技术人员推销渠道。

多渠道系统能够给企业带来上述好处的同时，我们也应看到传统渠道和新型渠道以及各种潜在渠道组合也给企业带来了巨大的挑战。麦肯锡曾说过，引导顾客使用新渠道，无论是对顾客、商家还是对渠道合作方都会是艰难的过程。在构建多渠道系统的过程中，如果决策不当，就可能引发一系列的问题[②]。

（1）渠道冲突加剧。构建多条渠道系统之后，不同渠道间可能会出现争夺客户的情况，或由于价格差异而引发窜货等问题，增加了渠道冲突的可能性，一些渠道成员

① 科特勒．营销管理［M］．王永贵，等译．上海：格致出版社，上海人民出版社，2000：483.
② 刘林陇，唐鸿，史文俊．多渠道战略下的渠道整合研究［J］．技术与市场，2007（11）：85-87.

可能会失去动力并撤销支持，甚至报复或退出企业的渠道网络。

（2）出现搭便车的现象。顾客从一条营销渠道中获得服务，同时却把业务投向了另外一条渠道，这样就使原先渠道成员的积极性受挫。对于企业而言，构建多渠道并没有增加市场份额而是逐渐减少了其广度和活力。

（3）顾客关系维护力度的减弱。许多企业在构建多渠道系统之后，牵扯到资源分配以及管理难度的加大，在某种程度上对客户的控制逐渐减弱甚至消失，而此时如果企业放弃多渠道营销策略，很有可能就会失去这一部分客户。

（4）构建的成本超过了销售额的增幅。尽管构建多渠道能在一定程度上降低销售成本，但是以构建多渠道带来销售额的增长大于成本的投资为前提的。盲目地构建多渠道系统而忽视成本与销售额只会加重企业的负担。

4.3.2 多渠道系统的构建

1）多渠道系统构建的基本原则

多渠道系统的构建实际上就是对所有营销渠道的整合。从理论上来说，多渠道系统是充满吸引力的，它可以给企业争取更多的顾客，带来更大的市场覆盖面等，但如果实施不当也会存在一系列的问题，如渠道之间冲突严重，构建成本过高等，给企业带来巨大的损失。渠道整合就是要营造一种渠道系统的良性平衡，即在确保适宜的市场覆盖面，控制渠道冲突的前提下，取得最佳的服务产出和渠道收益，达到渠道最优。渠道整合不可能一步到位，而是一项长期的工作，尽管如此，企业在进行渠道整合时要遵循以下原则[①]：

（1）提高渠道综合收益率。企业希望每一条渠道都能实现最大的投资回报率，这是不现实的。多渠道系统整合的首要目的是渠道综合效率的最大化。利用渠道成本、销售额及相应的获利能力等指标对每条渠道进行评估，以便理清主要渠道和辅助渠道。对于那些辅助渠道，即使渠道的收益率偏低，甚至不能弥补构建的成本，但只要对渠道系统的整体效率有利，就有存在的必要。

（2）保持渠道的长期灵活性。企业所面临的外部环境、竞争状况和顾客需求总是在不断地变化，今天累积起来的优势可能在明天就会消失殆尽。企业整合后的渠道也要不断创新，密切关注着效率、成本和价格等竞争敏感因素，保持较高的长期灵活性。渠道失去灵活性，企业就毫无竞争可言，这在IT行业尤为明显。

（3）为渠道成员创造更多的价值。企业在构建多渠道系统时，完全依靠自身实力有时并不是明智之举，巧妙地借助外部渠道成员的力量往往会事半功倍。要想发挥渠道整合的高效率和高效益，就要为渠道成员创造更多的价值，调动渠道所有成员的积极性。这样企业既分享了市场机会，同时也分担了渠道整合失败的高风险。

（4）塑造渠道难以被模仿的独特性。如今的市场已经进入了多元化的时代，多元化的消费特征催生出多元化的渠道模式。但是如果采用一种渠道模式很容易就被竞争对手模仿和超越，它就不能给企业提供一种实质性的优势。多渠道系统必须要

---

① 刘林陇，唐鸿，史文俊．多渠道战略下的渠道整合研究［J］．技术与市场，2007（11）：85-87．

修炼“内功”，把企业的品牌和文化密切整合起来，这样才不能轻易地被竞争对手模仿。

（5）树立客户导向的理念。多渠道系统的实施就是为了更好地满足不同消费需求的顾客，扩大市场覆盖面。因此，企业整合渠道时必须分析所有目标群体的购买偏好，以及不同目标顾客所需要的服务产出，从而决定采用何种渠道或渠道组合。需要注意的是，即使是相同特征的消费群体也可以在不同的销售阶段采用不同的渠道服务。

2）多渠道系统整合设计

营销渠道整合是指将企业所有的营销渠道作为一个系统，运用系统理论和方法加以整合，以此打造企业的核心能力和竞争优势的过程。它以整合为中心，注重规模化和现代化，力求渠道管理的系统化和协调的统一性。营销渠道整合具体包括两个方面，即营销渠道间整合与营销渠道内整合。营销渠道间整合是指多渠道系统中的每条营销渠道都独立地承担营销功能，各自独立形成销售通道实现产品销售。营销渠道内整合是指将营销过程中的各销售任务分配给在较低成本下能较好完成该任务的其他营销渠道，各种营销渠道组合起来形成最优销售通道，实现产品销售的目标。

（1）营销渠道间整合[①]

① 营销渠道选择。营销渠道间整合并不是基于企业整体市场进行的，而是企业的各个细分市场。选定某一细分市场之后，首先要对目标顾客的购买偏好进行分析，并与企业不同营销渠道的绩效相比较，选出所有与目标顾客购买偏好相适应的渠道。然后要在这些渠道中进行产品－渠道适应性分析，找出能够满足要求的渠道。最后对保留下来的渠道进行经济性评估。构建一条新的营销渠道需要投入大量的资金，因为企业需要充分衡量其成本和收益之后，才能做出最后的决策。通常，只有满足企业经济标准的渠道才最终保留下来。

首先，分析顾客购买偏好。多渠道系统构建的基本原则之一就是要以客户为导向，所以必须先从顾客入手，要充分考虑顾客的购买行为。不同的顾客通常会具有不同的购买偏好，比如，购买办公用品的小公司一般倾向于获得低廉的价格和快速、便捷的服务；而大客户更倾向于长期合作伙伴的建立和培养，期望得到特殊的专门服务。同时，不同的营销渠道也具有满足顾客不同购买准则的能力。例如，面对面推销能够提供各方面的现场的技术支持，拉近与顾客的距离，但实施的成本通常也比较高。因此企业只有选择与目标顾客的购买偏好相适应的营销渠道，才能发挥出渠道优势。

其次，产品－渠道适应性分析。产品－渠道适应性是营销渠道选择中需要考虑的一个重要因素。衡量产品－渠道适应性的一种有效的方法就是要看产品的复杂性和渠道的接触性是否匹配。通常情况下，对于那些需要大量服务、培训和支持的复杂产品，只有能够使买卖双方相互充分接触的渠道才能发挥作用。反之，简单的产品用低接触性的渠道销售会更有效率。营销渠道接触性的差别在于其与顾客的相互作用、

---

① 张庚森，陈宝胜，陈金贤．营销渠道整合研究［J］．西安交通大学学报（社会科学版），2002（12）：45-48．

服务及提供的支持。高接触性渠道（如面对面推销）成本很高，但能在销售过程中提供更多的服务，产生更多的价值，而低接触性渠道（如网络营销）运行成本比较低，但在销售过程中可以提供的服务相对较少。值得注意的是，企业产品通常不会只适用于某一单一渠道，而是常常适用于某一类型的渠道。

最后，渠道绩效评估。任何一条渠道的构建必然会增加企业的成本负担，那么如何衡量一条营销渠道是否值得构建，这就要对其渠道绩效进行评估。渠道的盈利能力就是要考虑的一个关键因素，通常用费用收益比例来衡量。关于渠道绩效评估的有关问题，我们将在第10章中进行详细阐述。

② 营销渠道选择的结果。通过以上渠道选择过程，渠道选择的结果会出现以下三种情况：第一，没有保留任何一条营销渠道。这表明企业在该细分市场上，或许是没有能力满足目标顾客需求，或许是虽有能力满足目标顾客的需求但是没有利润空间。此时企业最好的选择就是放弃这一目标市场。第二，仅保留一种营销渠道。这表明企业正好应用这一条营销渠道就能满足该细分市场目标顾客的需求，其结果是没有建立多渠道系统。第三，保留多种营销渠道。此时，企业必须对该细分市场进行进一步分析，充分考虑目标顾客和企业两方面因素，以便决定企业选择哪种渠道战略来满足该细分市场顾客的需求。

渠道间整合战略通常能给企业带来更高的销售额，同时也会引发各营销渠道之间的冲突，主要表现在各间接营销渠道间冲突、各直接营销渠道间冲突、直接营销渠道与间接营销渠道间冲突三种类型。企业需要根据具体环境加强对渠道冲突的控制。有关渠道冲突问题我们将在第6章中具体阐述。此外，还需要迫切解决的问题就是各营销渠道间资源应该如何分配。针对这一问题，企业可以利用利润方程和销售方程，建立利润模型和销售模型，以分析营销渠道间的最优资源分配问题。

（2）营销渠道内整合①

对应于消费者的购买决策过程，企业的销售过程相应地可以分解为五个相互衔接的销售任务，即寻找潜在顾客、顾客确认、销售、售后服务及顾客管理。

在营销渠道未进行整合之时，每一个渠道完成销售过程中的所有五项销售任务（如表4-2所示）。

表4-2 **单一渠道的销售任务**

营销渠道	寻找潜在顾客	顾客确认	销售	售后服务	顾客管理
面对面推销	√	√	√	√	√
间接营销	√	√	√	√	√
直邮营销	√	√	√	√	√
电话营销	√	√	√	√	√
网络营销	√	√	√	√	√

① 张庚淼，陈宝胜，陈金贤．营销渠道整合研究［J］．西安交通大学学报（社会科学版），2002（12）：45-48．

不同的营销渠道具有不同的销售成本和特性，企业完全可以将各营销渠道与销售任务相组合，利用不同的营销渠道完成不同的销售任务，以实现产品销售成本的最小化和顾客需求满足的最大化。比如，企业可以采用直邮营销、电话营销或网络营销寻找潜在顾客和进行顾客确认，然后将潜在顾客转移给面对面推销渠道或其他间接营销渠道，而售后服务主要由中间商提供，最后顾客管理也就交给企业的销售人员。这样，昂贵的人员推销主要用于销售和顾客管理工作，而其他的销售任务利用其他渠道分担，明显降低了产品销售成本，也能更有效地满足顾客需求（如表4-3所示）。

表4-3 **多渠道的销售任务**

营销渠道	寻找潜在顾客	顾客确认	销售	售后服务	顾客管理
面对面推销			√		√
间接营销			√	√	
直邮营销	√	√			
电话营销	√	√			
网络营销	√	√			

综上可见，营销渠道内整合设计思想十分简单。它以销售任务的划分为基础，将不同环节的销售任务分配给在较低成本下能较好完成该任务的营销渠道，这样就避免了传统渠道销售任务的重合所造成的资源浪费。因此，企业营销渠道内整合设计的关键就在于分析出哪些营销渠道在较低成本下能较好完成销售任务。针对各个销售任务选择合适的营销渠道并不是一件容易的事，这就要对营销渠道－销售任务的匹配性进行分析。营销渠道和销售任务的匹配性，并不总是绝对的，具体可以参照渠道间整合设计中的渠道选择分析过程，但也要看具体的实际情况。

由于在销售过程中，销售和售后服务这两项销售任务会随产品特征、顾客购买偏好等因素发生较大的变化，因此我们假定销售和售后服务都具有较高的复杂性，在此基础上，有学者给出了一般意义上的营销渠道－销售任务匹配表（如表4-4所示）。

表4-4 **营销渠道－销售任务匹配表**

营销渠道	寻找潜在顾客	顾客确认	销售	售后服务	顾客管理
面对面推销	不适合	不适合	适合	较适合	适合
间接营销	较适合	较适合	适合	适合	不适合
直邮营销	适合	较适合	不适合	不适合	较适合
电话营销	适合	适合	不适合	不适合	较适合
网络营销	适合	较适合	不适合	不适合	较适合

本章小结

垂直渠道系统是由生产商、批发商和零售商纵向整合组成的统一的联合体，它与传统营销渠道不同，在此渠道系统中，每个渠道成员都把自己看作渠道系统中的一部分，密切关注着整个渠道系统的成功。垂直渠道系统根据渠道成员间关系从松散到紧密的不同程度，可以分为三种形式：管理式垂直渠道系统、合同式垂直渠道系统和公司式垂直渠道系统。其中，管理式垂直渠道系统是指通过渠道中某个有实力的成员（即渠道领袖）来协调整个产销过程的渠道系统。合同式垂直渠道系统又称契约式垂直渠道系统，是指处于渠道体系中不同层次的独立的制造商和经销商，通过法律合同确定它们之间的分销权利和义务，从而形成的一个联合渠道系统。公司式垂直渠道系统是由同一个所有者名下的相关企业或部门所组成的一种渠道体系，它是所有垂直渠道系统类型中渠道成员关系最为紧密的一种形式。

水平渠道系统又称共生型渠道系统，是指由两个或两个以上没有关联的企业，为了充分利用各自的优势和资源，共同开发一个营销机会所进行的横向联合。水平渠道系统的渠道成员可以是同行业的，也可以是不同行业的。根据横向联合企业在营销渠道中出现的层次不同，水平渠道系统可以分为三种形式：生产制造商水平渠道系统、中间商水平渠道系统和促销联盟。

多渠道系统就是指一家公司利用多条营销渠道或路径向现有和潜在的顾客销售、推广企业产品或服务的渠道体系，又称为复合渠道系统。企业构建多渠道系统进行分销通常能获得以下几个好处：从某种程度上可以降低销售成本；可以加强市场渗透，提高市场覆盖面；提供市场信息，开创更多的销售机会；提高定制化营销的程度，增强市场竞争力。多渠道系统容易导致以下问题：渠道冲突加剧，出现搭便车的现象，顾客关系维护力度减弱，构建成本超过了销售额的增幅。

拓展学习

基于渠道组织形式的渠道治理策略选择：渠道治理的一个新视角[①]

长期以来，由于误将交易治理看作一个单一维度的、从层级治理到市场治理的连续变量，因此相关研究一直不讨论渠道治理的所谓“中间模式”或“混合模式”的具体内涵或构成成分，也无法给出渠道治理的规范化模式。这一方面使学术界关于渠道治理的讨论局限于正式治理和非正式（关系型）治理的优劣以及它们之间的互补或替

① 庄贵军．基于渠道组织形式的渠道治理策略选择：渠道治理的一个新视角［J］．南开管理评论，2012，15（6），72-84．删去了文中的脚注和文后参考文献。

代关系，另一方面也使企业无所适从，限制了渠道治理理论的应用。本文以交易治理的产权、权威和激励三个维度为纽带，将渠道治理策略与渠道组织形式相联系，探讨了二者的关系，构建了一个基于渠道组织形式进行渠道治理策略选择的模型。研究发现，现实中企业经常使用的公司型、契约型、管理型和关系型等垂直营销系统不仅仅是渠道组织形式的不同，而且还是渠道治理策略的不同，因此企业可以基于渠道的组织形式来设计和选择渠道的治理策略。

1）渠道治理的内涵

“治理”（governance）最早源于古拉丁文和古希腊语中的“掌舵”一词，意指控制、引导和操纵等行为或行为方式，主要用于与国家公共事务相关的宪法或法律的执行问题。渠道治理与管理学中的公司治理意义相近，因此为了认清渠道治理的本质，用表4-5对公司治理与渠道治理做一简单比较。

表4-5　**公司治理与渠道治理的比较**

涉及的问题	公司治理	渠道治理
治理性质	组织内部治理	跨组织治理
约束者	产权所有者和董事会	渠道成员之间互为约束者
被约束者	经理和董事会	渠道成员之间互为被约束者
约束内容	经理人和董事会人员的投机行为	渠道合作者针对本企业的投机行为
投机行为的原因	利益不一致且产权所有者授予了经理人控制权；信息不对称所造成的监督困难	利益不一致且渠道成员之间相互授权和投入交易专有资产；信息不对称所造成的监督困难
约束机制	经理报酬（利益相容）；董事会（代表股东把握公司的大政方针）；股东大会（股东表决权或控制权争夺）；购并和接管；监管机构；社会舆论监督	权力及其使用；合同；关系规范。约束机制不如公司治理那样成熟，表现为无专门的监管机构监管；社会舆论监督也很弱，表现为小团体内的舆论
约束机制发挥作用的环境	监管机构制定的游戏规则；信息透明；出现争议后的法律追索机制	国家和公司文化；人们习惯的行为方式；法律体系的完善程度（这会影响出现争议后的法律追索机制）

2）交易治理的三个维度

交易成本理论有这样一个基本信念：企业可以通过对交易活动的内部化防止投机行为，保护自己的利益和保证交易专有资产安全。其极端形式是企业将所有交易活动内化于企业，使企业对交易活动的治理或控制建立在公司权力分层的基础上，即所谓的“层级（hierarchy）治理结构”。在这种治理结构中，因为施控者与被控者同属一个组织，不涉及不同组织之间的利益问题，所以也就不存在跨组织治理问题。此时，只涉及同一组织不同成员之间的利益问题，需要的是企业内部的治理与控制，包括产权所有者对经理人的控制（即公司治理）。

相反，另一种极端形式是企业将交易活动外部化，交给市场来完成，即所谓的“市场（market）治理结构”。在这种治理结构中，从企业的角度看，企业不针对交易活动进行任何治理，治理是由政府机构通过法律、法规对交易双方的行为进行规范而完成的。换言之，市场治理是第三方治理——交易双方必须遵守法律、法规进行交易，任何一方进行投机而违反了法律和法规的规定，都会受到法律部门或政府机构的制裁。此时，交易双方都无意与对方保持持续的交换关系，因此没有必要针对对方投入交易专有资产。在交换利益有法律和法规保护、自己又没有交易专有资产投入的情况下，交易双方除了遵守法律、法规进行交易以外，既不需要、也无权力针对对方的行为实施任何形式的约束、规范或控制。换言之，当我们讨论企业的治理策略时，市场治理策略等于是一种企业不治理的策略。

基于这一信念，渠道治理理论预言：在其他条件相同时，企业投入的交易专有资产越大，转移越困难，它就越倾向于通过使交易活动内部化的方式构建自己的营销渠道，采用层级治理结构。相反，企业投入的交易专有资产越少，转移越容易，企业就越倾向通过市场完成交易活动，采用市场治理结构。不过，在现实的渠道管理活动中，纯粹的层级治理和市场治理都很少，大多数渠道治理介于层级治理和市场治理之间，呈现出二者的中间模式或混合模式——交易者虽然属于不同的组织，但是它们之间又不是一次性的市场交易，有着层级治理的某些成分。企业在选择渠道治理策略时，根据自己的需要和可能性，决定采用多少层级治理或市场治理的成分。

然而，长期以来，交易成本理论一直误将交易治理看作从层级治理到市场治理这样一个单一维度的连续变量。受限于此，学术界一直未讨论渠道治理中间模式或混合模式的具体内涵或构成成分。相关学术研究大多也是局限于讨论正式的治理机制（formal governance mechanism）和非正式的或关系型治理机制（informal or relational governance mechanism）在跨组织治理中的优劣以及它们之间的互补或替代关系。正式治理机制通过签订和执行非个人化（depersonalized）的合同实施，更多地偏向于市场治理的成分——如果一方违反合同而投机，另一方可以通过法律途径讨回公道；关系型治理机制则通过那些能够增进交易双方沟通、互信、互依和合作的个人化或社会机制实施，更多地偏向于层级治理的成分——大家共同遵守某些规范的约束，一旦出现摩擦，更多地通过协商机制解决问题，不会诉诸法律。

交易治理是一个多维度的（multidimensional）变量。以往学者们通过对交易成本理论的重新解读，根据层级治理和市场治理存在的重要区别，区分出交易治理的三个关键维度：①产权（ownership），即谁拥有用于工作的重要资源；②权威（authority），即谁有权决定怎么完成工作和参与什么活动；③激励（incentives），即工作者是根据产出还是投入获得报酬，以及是否因此而承担业绩表现不佳的风险。

这三个维度是相互独立的，可以单独变化，从而形成丰富多彩的混合（hybrid）治理模式——在一个维度上与市场治理相似，而在另一个维度上与层级治理相似。比如，很多企业针对自己的销售队伍使用的按比例分成（piece-rate employment）模式，在权威和产权的维度上与层级治理相同，而在激励维度上则与市场治理更接近；特许经营（franchising）模型，在产权和激励的维度上是市场治理，而在权威维度上则与层级治理更接近。

3）渠道的组织形式与渠道治理策略

大多数企业的营销渠道都是由许多企业参与而构建的相对稳定的垂直营销系统。

根据构成方式的不同，分为公司型、契约型、管理型和关系型的垂直营销系统。然而，这些垂直营销系统不仅仅渠道组织构成的方式不同，更重要的是交易治理方式不同。表4-6显示了它们在交易治理三个维度上的区别。为了便于比较，我们将纯粹的层级治理和纯粹的市场治理作为两种极端的治理形式列在表的上下两端。

表4-6 **渠道的组织形式与交易治理的三个维度**

渠道的组织形式	治理维度		
	产权（全资——独资）	权威（强——弱）	激励（高——低）
层级治理	全资：委托人拥有全部产权，代理人只是为委托人工作并因此获得报酬	极强：工作和其他活动的类型、方法和时间都由委托人决定，代理人没有任何自主权	极低：根据投入获得报酬，不承担业绩表现不佳的风险，也不会因为超额完成任务而获得奖励
公司型	全资到参股	极强到较强	中到极高
契约型	独资	极强	较高
管理型	独资	较强	极高
关系型	独资	弱	极高
市场治理	独资：代理人的产权独立于委托人，代理人为自己工作，不从委托人那里获得报酬	极弱：工作和其他活动的类型、方法和时间自主决定，代理人拥有完全的自主权	极高：根据产出获得报酬，并因此而承担业绩表现不佳的风险

（1）公司型渠道组织

公司型渠道组织也称公司型垂直营销系统（corporate vertical marketing system）。它的最大特点是主导企业全资拥有或通过控股或参股的方式实际拥有一条营销渠道。主导企业全资拥有的渠道，主要指制造商设立的直销渠道，比如制造商通过自己的推销人员、外设销售机构或自设的专卖店进行销售。通过控股或参股的方式实际拥有的渠道，一个典型是格力的营销渠道。格力将其称为“工商股份合作制”。它的最大特点就是格力公司在每个省和当地经销商合资建立以格力为大股东的销售公司，“以控价为主线，坚持区域自治原则，确保各级经销商得到合理利润”。

对于全资拥有的渠道而言，在权威方面，企业有很大的控制权，与层级治理相同；在激励方面，则较多地采用市场治理的激励方法，即根据销售业绩来支付报酬。

对于通过控股和参股方式实际拥有的渠道，在激励方面，主导企业采用类似于市场治理的激励方法，允许各个参与者追求自己的利益，通过自己的努力和销售业绩获得报酬，主导企业则参与最终的分配。而在权威方面，由于参与者股权相互交叉，利益彼此渗透，又有很多公司治理的机制可以使用，因此主导企业也有比较大的控制权，类似于层级治理。

（2）契约型渠道组织

契约型渠道组织也称契约型垂直营销系统（contractual vertical marketing system）。它以正式的合同为基础将不同层次的企业联合起来，组成一个超级组织。它的特点是：产权独立，权威机制极强，激励机制较高。典型形式是特许经营组织。特许经营是一种以转让特许经营权为核心业务的经营方式。特许商（franchisor）将自己所拥有的商标、商号、产品、专利、专有技术或经营模式等以特许经营合同的形式授予授许商（franchisee）使用，授许商则按照合同的规定，在特许商统一的业务模式下从事经营活动，接受特许商的管理，并向特许商支付特许费或加盟费。

因为是不同的法人，所以在契约型垂直营销系统中，各个参与者各有自己的利益追求，会为了自己的利益而努力工作，并根据销售业绩获得报酬。但是，因为要接受主导企业的领导，所以它们不承担全部的经营风险。当经营出现困难时，主导企业有责任帮助它们摆脱困境。因此，虽然契约型垂直营销系统有较高的激励机制，但不是最高的。

尽管产权独立，但是主导企业对其他合作者有极高的控制权。比如，在特许加盟的连锁系统中，加盟合同要求加盟店接受总店的管理，在店铺标识、名称、经营标准、产品和服务质量标准、经营方式等方面都要严格遵守总店的规定。总店对加盟店的管理像对直营店的管理一样，没有差异。从外表以及企业员工的行为上，外人很难看出加盟店与直营店的区别。因此，在权威机制上，契约型垂直营销系统采用的是层级治理的方式——主导企业决定和安排合作企业的主要工作和活动，合作企业的自主权很小。

（3）管理型渠道组织

管理型渠道组织也称管理型垂直营销系统（administrative vertical marketing system）。它由处于渠道不同层次的企业自愿参与而构成，在一家核心企业的控制下运行。核心企业被称为“渠道领袖”，具有较大的权力，承担领导和管理职责。管理型垂直营销系统的特点可以简述为：产权独立，权威机制较强，激励机制极高。在管理型垂直营销系统中，合作者之间没有产权或股权关系，甚至没有契约型垂直营销系统中那种合同规定的依附关系。合作者之间在法人地位上是平等的，一家企业之所以被认作“渠道领袖”，是因为它承担和执行最重要的渠道功能，具有较大的控制权（权威机制较强），可以在很大程度上影响或改变其他企业的相关决策，而其他企业之所以愿意接受它的领导，是因为它们在力量上无法与“渠道领袖”抗衡，在经济上通过“被领导”可以得到更大的利益——接受核心企业的领导是一种更稳妥和更节省的运作方式。但是，它们需要自己努力工作，根据自己的产出获得报酬，承担全部的经营风险。那些工作业绩不佳的企业，常常会被淘汰出系统。

（4）关系型渠道组织

关系型渠道组织也称关系型垂直营销系统（relational vertical marketing system）。它是指由处于渠道不同层次的企业基于共同的利益、依关系规范而构建的渠道组织。它与管理型垂直营销系统的区别仅在于：它没有一个被称为“渠道领袖”的核心企业。它的特点可以简述为：产权独立，权威机制弱，激励机制极高。

在现代市场经济中，企业一般都在功能上进行专业化，因此被分为制造商、批发商、零售商或其他类型的企业。因为业有专攻，所以每一个企业在它所执行的功能上比其他类型的企业更有效率，不过也因此不得不依赖于其他类型的企业帮助它执行其他的功能，否则就无法生存。这就为营销渠道中不同层次的企业提供了合作的基础，即企业之间在渠道功能上相互依赖。除了直销渠道以外，其他各种类型的渠道组织都建立在这种企业之间的相互依赖上，只是互依的结构和程度不同罢了。关系型垂直营销系统一般建立在合作者之间互依程度较高且互依结构比较对称的基础之上。

因为合作者之间不存在产权或股权关系，而且在渠道中的地位是相对平等的，所以任何一家企业都不能像管理型垂直营销系统中的“渠道领袖”那样对其他企业有很强的控制力。因此，企业一般很少用权威机制进行治理，权威机制很弱。企业主要通过互依、互信、彼此承诺和合作等关系规范来实现对彼此的控制，从而形成关系型治理机制。通过关系型垂直营销系统，各个参与者都能够获得单个企业难以获得的竞争优势。当然，它们各自的利益大小主要取决于自己的努力和工作业绩，经营风险也需要自己承担。

4）基于渠道组织形式的渠道治理策略选择模型

渠道治理的主体是生产制造商或各种类型的中间商。它们各自为了自己的利益和渠道共同的利益设计、选择或参与渠道治理。不过，采用何种渠道组织形式或使用何种渠道治理策略，不是一家企业一厢情愿的，不是一家企业通过简单的指挥、命令就可以实现的。它需要其他企业的认可、接受与配合，是在众多因素的相互作用下合作者之间合作与博弈的结果。因此，很多因素会限制或影响企业的选择。图4-3是一个基于渠道组织形式的渠道治理策略选择模型，显示了企业选择渠道组织形式或渠道治理策略的前因、后果以及其他重要的影响因素。

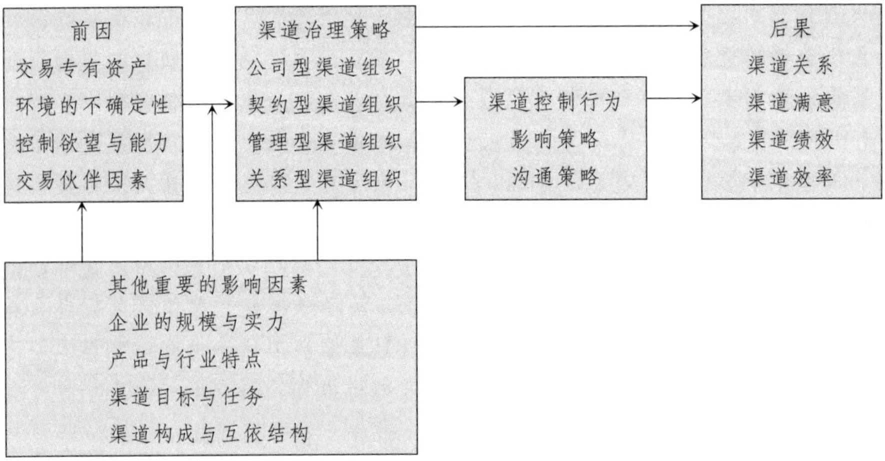

图4-3 基于渠道组织形式的渠道治理策略选择模型

（1）前因。

交易专有资产。根据交易成本理论，一家企业要与渠道中的其他企业保持持续的交换关系，获取更高的渠道效率，就必须投入一定的交易专有资产。企业交易专有资产不能毫无成本地转移，这使渠道中其他企业的投机行为很容易伤害自己，所以一家企业在交易资产上的投入越大、专有程度越高，就越需要加强渠道治理和对渠道的控制。其极端形式就是企业全资拥有一条渠道，即企业全资拥有的公司型渠道组织。此时，企业对渠道的治理与企业对公司内部销售队伍的层级治理完全相同，只是在激励机制上更多地采用市场治理的激励方法，与纯粹的层级治理有所不同。相反，一家企业在交易资产上的投入越小、专有程度越低，交易伙伴的投机行为对其伤害就越小，控制渠道的必要性则越低。此时，为了节省渠道控制的成本，企业会将较多的渠道功能活动外部化，通过市场交易来完成，因而采用其他的渠道组织形式。企业可以通过与参与者签订不同形式的正式合同而组建不同形式的渠道组织，从而实现对渠道不同程度的控制。其极端形式是完全市场化的交易，即企业不针对交易活动进行任何形式的治理，交易治理由政府机构通过法律、法规的规范来完成。

环境的不确定性。环境的不确定性分为外部不确定性和内部不确定性。前者指决策环境的预测难度，后者指对交易伙伴绩效评估的难度。不确定性对渠道治理的影响有两个相反的方向：不确定性越高，一方面，企业越需要加强对营销渠道的控制，以便保护自己交易专有资产的安全；另一方面，企业也越需要通过交易的市场化来化解不确定性带来的风险，这意味着减少交易专有资产的投入，降低对营销渠道的控制。因此，环境的不确定性对渠道治理的影响难以确定，它可能导致企业采用各种形式的渠道组织或渠道治理策略。

渠道控制的欲望与能力。这一因素本身受很多其他因素的影响，如企业的规模与实力、产品与行业特点、渠道目标与任务、渠道构成与互依结构等。因为控制是有成本的，所以一个企业并不是任何情况下都愿意控制渠道。当渠道控制的成本大于收益时，企业就失去了控制的动力。另外，渠道控制还有能力问题，一家企业不是想控制就能够控制的。渠道控制的欲望与能力，会影响企业对渠道治理策略的选择。比如，控制欲望较强、能力较大的企业，倾向于选择权威机制较强的渠道组织形式，通过领导、指挥和权力的使用来实施较严格的渠道治理；控制欲望较弱、能力较小的企业，则偏向于权威机制较弱的渠道组织形式，通过关系与合作来实施较平和的渠道治理。渠道控制欲望与能力的各种组合，使企业对渠道治理策略的选择有很多变化。

交易伙伴因素。这包括交易伙伴的信誉、独立倾向、相对权力以及此前的投机行为表现等。比如，独立倾向较强、相对权力较大的交易伙伴可能不会接受公司型渠道组织的治理安排；而对于信誉欠佳、此前的投机行为严重的交易伙伴，企业既不愿意让它们加入管理型渠道组织，也不愿意与它们一同构建关系型渠道组织。对于后者，企业更倾向于不与其建立持续的交易关系，只在市场治理的结构下进行间断性交易，即采用不治理的渠道治理策略。

以上这些因素本身还可能互有关联。比如，需要投入的交易资产数量和专有程度、环境的不确定性和交易伙伴因素等，都可能影响企业对渠道控制的欲望和能力；企业对渠道控制的欲望和能力也可能反过来使企业的交易资产投入和交易伙伴的独立倾向、相对权力等因素发生变化。

（2）渠道控制行为。

渠道治理策略的直接影响，是企业的跨组织渠道控制行为。相对而言，治理是比控制含义更广泛的一个词汇。在营销渠道的背景下，治理指的是渠道交易关系的制度安排，包括渠道关系建立、维持和结束的约定及其监督和执行过程。在一家企业基于渠道的组织形式选定了渠道治理策略以后，它实际上就与渠道合作伙伴约定了它们彼此之间关系的性质，包括产权形式、权力结构（权威机制）和激励方式。然而，要把某种约定或制度安排落到实处，各个渠道参与者需要按约行事，发挥自己的渠道功能，履行自己的义务和承诺。在这一过程中，一些渠道的参与者可能会或主动或被动地从事各种各样的投机行为，"见好处就上，见困难就让"。因此，一个企业要想建立稳定的渠道组织，就必须将渠道治理策略转变为行动，根据治理的约定或制度安排，行使自己的权力，对渠道合作伙伴进行跨组织的监督和控制。此时，控制行为就是治理行为。

在营销渠道中，企业实施跨组织控制的行为方式有权威（authority）、合同（contract）和规范（norms）三种基本类型，简称为三种控制机制。使用权威机制，意味着一家企业通过权力和权力的使用来控制其他渠道成员，比如使用奖励、强迫、法定、认同、专家或信息权力施加影响力；使用合同机制，意味着一家企业通过签订合同和监督合同的执行来进行控制；使用规范机制，意味着一家企业通过与合作伙伴达成的默契以及互依、互信、相互承诺以及沟通和协商等关系规范来进行控制。虽然三者不相互排斥，但是受渠道治理策略的约束或影响，企业会侧重于选择其中的一种。表4-7是一个简单的归纳。表中，三个"√"表示"适宜于或侧重于使用的机制"，一个"√"表示"虽不一定合适但可以辅助使用的机制"。

表4-7 **渠道的跨组织控制行为**

渠道的组织形式	跨组织治理行为		
	权威	合同	规范
公司型：公司治理	√根据股权的大小，企业有不同的权力，可以进行程度不同的奖励或惩罚	√根据公司法的规定，行使监督职能	√股东之间的沟通与良性互动
契约型	√使用加盟合同赋予企业的权力，对合作者进行奖励或惩罚	√√√根据加盟合同的条款，监督合同的执行情况，发现问题及时解决	√在制订计划时倾听合作者的意见，对合作者的日常运作进行指导，在出现问题时与合作者协商解决
管理型	√√√利用企业的"渠道领袖"地位和渠道权力，通过奖励或惩罚进行控制	√签订购销合同，监督购销合同的执行情况，发现问题及时解决	√倾听合作者的意见，公平处理渠道中的矛盾，增强渠道的跨组织凝聚力
关系型	√合作企业之间地位平等，渠道权力相当，有时会通过奖励或惩罚的方式解决双边的矛盾	√签订购销合同，监督购销合同的执行情况，发现问题及时解决	√√√长期的合作关系，通过与合作伙伴达成的默契和各种关系规范来进行控制

(3) 后果

渠道治理的后果或产出，是渠道关系、渠道满意、渠道绩效和渠道效率。前两者是定性产出，后两者是定量产出。渠道关系是指在渠道组织中一家企业与其他参与者的合作状态，包括合作水平、冲突水平、互信程度、互依程度以及彼此承诺的水平等内容。恰当的渠道治理策略和行为有助于促进企业与其他参与者之间的合作，抑制渠道投机和冲突，提高互信和互依程度，强化彼此之间的承诺；相反，不适当的渠道治理策略和行为则会破坏渠道合作，导致恶性冲突的发生，降低互信程度和彼此承诺的水平。

渠道满意包括消费者或用户对渠道的满意度、本企业对渠道的满意度和其他参与者对渠道的满意度。消费者或用户对企业的渠道系统是否满意，很大程度上决定企业的未来。渠道满意是企业所有渠道管理和治理活动的终极目的。本企业和其他参与者对渠道的满意度体现于他们对渠道组织的整体运行、渠道氛围和彼此承担功能的认可程度或态度，既是渠道组织运行的一个结果，又是决定其未来运行状态的一个因素。渠道治理策略和行为得当，本企业和其他参与者会对渠道有较高的满意度，渠道组织的整体运行状态会比较好，渠道中则充满着相互认可和相互支持的气氛，消费者或用户的满意度也会比较高；反之，渠道治理策略和行为不当，本企业和其他参与者对渠道的满意度较低，渠道组织的整体运行不畅，渠道中则充满着互不买账和相互拆台的气氛，消费者或用户的满意度也会比较低。

渠道绩效和渠道效率密切相关。渠道绩效是渠道的产出；渠道效率是渠道的投入产出比，在投入（或产出）一定时，产出越大（或投入越小），渠道效率就越高。渠道绩效和渠道效率主要用渠道的定量产出计算，包括销售额、费用额、利润额、利润率和投资回报率等。企业对渠道的治理成果，最终体现在渠道绩效和渠道效率上；企业也会根据渠道绩效和渠道效率，对自己的渠道治理策略、渠道组织形式和渠道治理行为进行调整。

(4) 其他重要的影响因素

除了上面讲到的前因以外，还有一些重要的因素会直接或间接地影响渠道治理策略的选择，包括企业的规模与实力、产品与行业特点、渠道目标与任务、渠道构成与互依结构等。

5）结论与应用

本文以交易治理三个维度（权威、产权和激励）的观点为依据，将渠道的组织形式与渠道的治理策略相联系，探讨了二者的关系，提出了渠道组织形式是渠道治理策略模式化的观点，并构建了一个基于渠道组织形式进行渠道治理策略选择的模型。具体而言，有如下几点主要结论：第一，现实中企业经常使用的公司型、契约型、管理型和关系型等垂直营销系统不仅仅在渠道组织形式上不同，而且在渠道治理方式上不同，可以用它们在交易治理三个维度上的程度差异来描述；第二，这些渠道组织形式是渠道治理策略的模式化，因此企业可以基于渠道的组织形式来设计和选择其渠道治理策略；第三，影响企业设计和选择渠道组织形式或渠道治理策略的因素主要有企业需要投入的交易资产数量和专有程度（交易专有资产）、环境的不确定性、企业对于营销渠道控制的欲望、渠道伙伴因素以及企业的规模与实力、产品与行业特点、渠道目标与任务、渠道构成与互依结构等，其后果则是对渠道控制行为以及渠道关系、渠道满意、渠道绩效和渠道效率的影响。本文的讨论及其结论不仅在营销渠道管理和治理理论的发展上有重要的意义，而且对企业的营销渠道管理实践有重要的实际应用价值。

复习思考题

1. 营销渠道系统包括哪三种主要形态？
2. 什么是垂直渠道系统？它包括哪些主要形态？
3. 三种垂直渠道系统中，协调渠道成员行为的机制各是什么？
4. 什么是水平渠道系统？它包括哪些主要形态？
5. 如何构建水平渠道系统？
6. 什么是多渠道系统？它的优势与劣势是什么？
7. 如何在多渠道系统中整合渠道流程？

案例分析

苏宁的线上线下渠道协同[①]

苏宁是中国连锁零售企业的领军者，是国内第一家IPO上市的家电连锁企业，市场价值位居全球家电连锁行业的前列，是中国最大的商业连锁企业，曾获“中国最佳企业管治奖”“中国最具投资价值上市公司奖”“中国最具竞争力上市公司”等多项荣誉。苏宁的品牌价值连续6年蝉联中国商业零售第一，在零售行业一直处于领跑地位。苏宁的线下渠道主要以销售家用电器为主，截至2012年12月末，苏宁拥有的线下连锁店达到1 705家，其中在中国内地已进入271个地级以上城市，拥有连锁店1 664家，在中国香港拥有连锁店30家，在日本市场拥有连锁店11家，位居中国连锁百强排行榜前列。2009年，苏宁全线升级网上商城并更名为苏宁易购，正式拉开了向多渠道零售模式转变的序幕。截至2012年，苏宁易购经营商品涵盖了传统家电、消费电子、百货、日用品、图书、虚拟产品等综合品类，在自主销售式B2C市场的占有率仅次于京东商城。苏宁线上线下的协同发展引领零售业发展的新趋势。

1）苏宁线上线下营销协同策略

（1）产品协同策略。苏宁易购上线之初，公司高层关于实体店与在线商店是否售

---

① 汪旭晖，张其林.多渠道零售商线上线下营销协同研究——以苏宁为例[J].商业经济与管理，2013（9）：37-47.

卖相同的产品品类就进行过激烈的讨论，也产生了一定的内部分歧：一部分人认为应该采取品类差异化策略以有效区隔渠道，避免渠道之间的相互竞争；另一部分人则认为应该采取品类同质化策略，以便于充分发挥苏宁在多年经营过程中积累的产品及品牌优势。关于差异化还是同质化的讨论贯穿了营销协同策略实施的全过程。

在线上商城试水时期，苏宁率先引入了传统家电领域的品牌商品，主要考虑到苏宁作为我国最大的家电连锁零售企业，已经在空调、冰箱、洗衣机、电视、3C数码、小家电、通信等十多个电器品类方面积累了良好的产品优势与品牌优势。虽然一些LAOX门店和2万平方米以上的超级旗舰店开始尝试将商品品类由电器扩展到其他领域，如图书、体育用品、生活用品等，但这并未得到大面积推广，苏宁在这些领域的优势并不明显，大家对于苏宁的定位仍然是家电连锁零售企业。初期采取的策略主要考虑如何充分利用苏宁的品牌效应，利用线下积累的良好口碑争取线上消费者的青睐。但是鉴于网上消费群体需求的多样性以及网购市场渐趋繁荣，苏宁易购在后来发展过程中不断扩充自己的产品品类，先后上线了图书频道、商旅频道、酒类频道、金融产品频道、百货频道、彩票频道等，经营的商品涵盖了电器、家居、美妆个护、母婴用品、百货、图书以及一些虚拟产品等17个大商品品类，全品类综合服务平台逐步成型。

苏宁实体店已经与苹果、摩托罗拉、三星、飞利浦、LG、诺基亚、海尔、联想、宏碁等诸多国内外知名品牌建立了良好的合作关系，并且还不断推出自有品牌产品，如生活电器品牌“松桥”、智能家居品牌“私享家”等。尽管线上线下商品品牌差异化可以有效区隔渠道以避免可能的冲突，但是为了充分利用集团在采购与物流配送领域的优势，苏宁果断选择了与原有供应商在线上渠道扩大合作，并没有因为渠道的增加而刻意扩大供应商数量。同时，苏宁易购也成为其推广自有品牌产品的重要领域，并且积极谋划在网上销售自有品牌服装。

苏宁实体店对于店铺的商品出样数量都有一定的标准，普通门店的商品出样数量一般在1万件左右，大型旗舰店的商品出样数量能够达到4万～5万件，采用超大型shoppingmall门店模式的“Expo”超级旗舰店在10万件以上，尽可能为消费者提供更多的产品选择机会。而网上店铺货架资源的廉价性使得苏宁易购的产品展示数量远远高于苏宁实体店。仅以笔记本电脑为例，普通门店的笔记本出样数量一般控制在30台左右，大型旗舰店的出样数量维持在100台左右，远远低于苏宁易购1 000多台的展示数量。尽管在商品展示数量上苏宁高层达成了一致意见，但对商品展示型号的同质化与差异化问题尚存在分歧。经过内部讨论，最终决定将线上线下相同商品重叠率控制在较低的水平。由于苏宁对于特定的产品，特别是一些热销产品并不具备独家代理权，这导致很大一部分客户流入京东、天猫、国美，因此苏宁在此后的经营过程中应进一步提升热销商品的重叠率，并且根据“云商”模式[①]改革思路，在未来的发展中在两种渠道中实现商品的共享，即苏宁实体店所售产品在苏宁易购均可买到。

苏宁实体店一直以高质量的商品广受消费者青睐，苏宁易购成立之初秉承了实体

① “云商”模式是指“店商+电商+零售服务商”相结合的新型零售业模式。苏宁于2013年正式推出云商模式，全力打造连锁店面和电子商务两大开放平台，全面整合内容产品和服务产品，开启零售业新的革命征程。

店的宗旨，坚持线上线下同等质量，坚决避免因产品质量不一致导致某一渠道的商店形象受损从而对集团整体的品牌形象造成损害的问题。

（2）价格协同策略。苏宁易购上线之初，高层管理人员就是否坚持线上线下同种商品价格一致的问题进行了内部讨论：价格一致不利于推广线上业务，价格不一致又容易导致渠道冲突。关键点仍然聚焦在发挥协同优势与实现渠道区隔的冲突。

为了吸引网上消费者群体并有效应对其他网络竞争对手，苏宁易购采取了线上渠道低价策略，所售商品的价格与实体店的同种商品相较而言要低，具体来说，大家电一般低3～5个百分点，小家电则控制在1～3个百分点，价格差距得到明显的控制。尽管苏宁宣称推出线上线下同价以应对京东的挑战，但是调查结果并不尽如人意，线上线下同价确实存在，但并不是所有的产品都是线上线下同价，而且声称的卖场专门比价台也并不存在，当消费者对于不同价的商品提出质疑时，促销员并不会像声明的那样现场调价，而是需要经过层层审批等一套烦琐的程序。同时，在我们的调研中，苏宁高层管理人员也认为，由于苏宁易购还处于培育阶段，在一定时期，价格方面会给予一定扶持。由此可见，线上价格低于线下价格的现象长期内并不会发生实质性改变。

苏宁实体店的成功在很大程度上得益于其采取的优于竞争对手的低价策略，与其他电子商务企业相比较而言，苏宁易购也拥有明显的比较优势。课题组在2012年11月初对苏宁易购、京东商城、亚马逊三家电子商务网站进行了抽样调查，抽样结果显示：在大家电比较中，我们选择洗衣机与电视机作为调查对象，在13款相同的洗衣机中，苏宁易购30.77%价格最低、61.54%处于居中位置、7.69%三者一致；在21款相同的电视机中，苏宁易购19.05%价格最低、38.10%处于居中位置、19.05%最高、23.80%三者一致。在小家电比较中，我们选择吸尘器、豆浆机与电磁炉作为调查对象，在28款相同的吸尘器中，苏宁易购3.57%价格最低、3.57%处于居中位置、21.43%最高、71.43%三者一致；在11款相同的豆浆机中，苏宁易购36.36%价格最低、9.10%处于居中位置、36.36%最高、18.18%三者一致；在29款相同的电磁炉中，苏宁易购27.59%价格最低、20.69%处于居中位置、13.79%最高、37.94%三者一致。由此不难发现，苏宁易购大家电相对于京东商城和亚马逊而言，具有明显的价格优势，而小家电与它们相比稍占优势，但优势不明显。就家电类商品整体而言，与京东商城和亚马逊相比，苏宁易购21%的家电产品价格最低，24%居中，18%最高，37%三者一致。

由此可知，苏宁一方面确保线上线下两种渠道与直接竞争对手在价格领域的竞争优势，另一方面也尽可能将价格差距控制在合理的区间范围内，特别是根据“云商”模式改革思路，线下商品价格将会逐渐下降，渐渐向线上看齐。

（3）促销协同策略。促销策略作为一种吸引消费者的短期策略，并不能作为整合渠道的手段。但是促销的产品品类、促销时间、促销力度实施不当可能会导致消费者在渠道间进行无序的转移，而且过度的促销往往会对品牌形象产生一定的负面影响。苏宁高层在促销协同策略制定上主要考虑如何通过促销策略的合理安排实现不同渠道的各自发展，同时避免恶性的销售掠夺以及品牌权益的受损。

苏宁实体店的促销策略顾客导向性较强，促销目标更具针对性，因而促销时间与促销期限往往比较固定，“五一”“十一”等传统节假日，通常不会有大的变动。而苏宁易购的促销策略竞争导向性较强，促销时间与期限往往随着竞争对手的变化而随时更改，呈现出波动性的特征。

为了更好地吸引网上消费者的关注，培育网上商城竞争力，苏宁易购的促销频率明显高于实体门店。除了传统节假日，苏宁易购每天都会选取几款商品参与“热门团购”或者“最新抢购”等促销活动，并且还有其他一些诸如会员积分等促销活动，可以说，苏宁易购的促销活动天天都有，这不仅迎合了网络消费者随时购物的新型消费理念，而且也有效应对了竞争对手的竞争。

考虑到不同渠道之间的互补性，苏宁在同一地域的不同店铺以及线上与线下渠道开展促销活动时，通常会选取不同的商品作为促销对象。即便是在“五一”“十一”等消费者购物比较集中的时段，苏宁也仅仅是对非常畅销的商品开展多重渠道的促销活动，并且严格控制促销商品的重叠率。这不仅避免了渠道之间的左右互搏对于促销活动有效性的弱化效应，而且为更多的商品提供了促销机会，大大提高了商品的销售量，促销效率获得大幅度提升。

苏宁易购的产品成本远远低于苏宁实体店，但是为了避免线上线下价格体系的紊乱，苏宁易购的产品价格与苏宁实体店的差距一直控制在相对合理的区间内。苏宁易购的促销成本也远低于苏宁实体店，除了促销的商品折让损失均由供应商承担之外，苏宁实体店的促销成本包含了大量额外的雇用临时工费用、广告宣传费用等，相似的促销活动，二者的成本差距竟能达到从几千元到十几万元不等。为了充分调动网络零售群体给予苏宁易购更高的关注，帮助苏宁易购在激烈竞争的网络零售环境中占得一席之地，苏宁易购的产品促销力度一般高于线下渠道，使线上渠道的成本优势得到进一步凸显，苏宁易购也得到更多的消费者认同。

与苏宁实体店不同，信息技术催生的苏宁易购拥有更多的促销方式。苏宁实体店与苏宁易购采取了在各自领域内占据优势的促销方式：苏宁实体店的促销方式主要包括优惠券/卡、现金折让、产品示范、赠品等传统促销手段；苏宁易购的促销方式则囊括了团购、抢购、特色商品推荐、特价热卖、返券/送积分等更具互联网特色的促销手段。

2）营销协同策略的影响因素

苏宁的营销协同策略主要受到以下几个因素的影响：

（1）消费者特性。在消费者调研过程中我们发现，在苏宁易购购物的消费者年龄集中在18～30岁，呈现出年轻化的特征；苏宁实体店消费者的年龄分布比较分散，主要集中在30～50岁。通过深度访谈得知，线上与线下的消费者在消费需求、购物习惯、购物时间等方面存在很大的差异，依据消费者特性有效细分市场成为制定营销协同策略的重中之重。

在消费者需求调研中我们发现，实体店的区位限制决定了线下渠道面对的消费者群体比较有限，而且该消费群体已经通过多种零售业态得到有效细分，消费者更乐意通过不同的业态满足自己的不同需求，因此，线下渠道的消费者需求比较单一。与之相对的是，线上渠道突破了地域限制，面对的消费者群体比较庞大，而且该消费群体更乐意通过某一家零售商满足一站式购齐的需求。尽管苏宁在传统家电领域经营多年，已经树立了良好的口碑，甚至很多消费者将苏宁视为家电业的代名词，但是大部分消费者对于苏宁易购提供的其他品类产品如图书、机票、酒类、母婴用品等也表现出极大的兴趣。苏宁倾力打造的全品类综合服务平台已经逐步得到消费者的认可，取得了不错的市场绩效。

通过与消费者的深度访谈，笔者发现线上与线下的消费者购物习惯存在很大的不同。线下的消费者比较注重产品的质量以及从购物过程中获得的良好体验，对于商品的价格敏感度相对较低，更乐意通过自己熟悉的零售商获得所需商品；而线上的消费者更加看重商品的价格，更乐意购买自己信任的品牌商品，对于商品的价格敏感度远远高于线下消费者。苏宁实体店的良好购物体验一直饱受消费者青睐，而苏宁易购采取的低价策略亦为其赢得了大量忠诚顾客。

在对消费者购物时间的调研中发现，线下消费者往往受到闲暇时间的限制，因而购物时间集中在传统节假日以及周末；而线上的消费者完全摆脱了时间的限制，特别是移动互联网的发展，使得消费者随时随地网上购物的梦想成为现实，因此线上消费者的购物时间比较分散。特别值得关注的是，很大一部分线上消费者的购物活动发生在工作时间，“工作间隙逛易购”已经成为线上购物者的常态。因此，苏宁易购每天选出一定产品参与的“热门团购”“热销产品”专区，让天天逛苏宁易购的消费者惊喜连连。

（2）成本因素。随着租赁成本、人工成本、仓储成本、广告成本的逐年上升，实体店的开店成本越来越高，而线上渠道却由于自身的特性不需要为此负担过重成本，其商品成本远远低于线下渠道。也正是在成本上升的行业背景下，苏宁实体店成本优势被一步步蚕食，苏宁被迫向线上延伸。

实体店的开店成本分摊到每个货架，导致单位货架的盈利压力越来越大，为此实体店不得不尽可能压缩产品展示的数量，优化产品结构，典型的如苏宁2009年提出并着手规划建设的苏宁精品店（SUNINGELITE），将商品出样数量限制在6 000件左右，提高了高端精品电器与畅销品牌的比重。相比之下，网络零售商货架增加的边际成本几近为零，因而可以大规模增加自己的产品展示数量与更多的产品品牌，尽可能发挥网络零售的长尾效应，满足更多的消费者需求。

线上商品成本远远低于实体店，因而线上商品更具降价空间。苏宁易购采取的低价策略并非为了赢得消费者青睐而恶意打击竞争对手，而是建立在产品低成本基础上的。

线上商品的促销成本也远远低于线下的促销成本。实体店的促销活动往往伴随着大量的人工费、宣传费，但是网上商城的促销活动仅仅是更改一下页面设置而已，并没有实际的成本产生。正因为如此，苏宁易购才可以频繁地进行促销活动，并且采取力度更大的促销活动。

（3）生命周期。中国零售业经过30余载的发展历程，开始进入变革期。实体零售业的高速发展已经告一段落，各大零售商之间的区域竞争将会越来越激烈，实体零售业即将迎来行业洗牌，市场集中度将呈现持续上升态势，行业细分化和经营特色化将成为实体零售业进一步发展的必然趋势。以家电业为例，2012年线下零售的营业收入开始出现下滑，这成为家电业的一个重大拐点。种种迹象表明，实体零售业已经步入成熟期，北京、上海等一线城市的线下渠道甚至已经开始走向衰退期，差异化经营、精细化发展成为线下渠道进一步发展的方向。苏宁在2012年的门店数量净减少17家，出现了7年来首次减少，并且开始优化部分门店，如将部分旗舰店升级为“Expo”超级店，商品拓展至家居百货等。

作为互联网技术催生的新兴产业，线上渠道在我国仍处于快速发展的成长期，这从网络市场交易规模的逐年上升可见一斑。面对偌大的市场，跑马圈地仍然是电子商务企业主要的战略发展方向，价格战将会持续成为下一步竞争的主要手段。因此，苏宁在战略规划中一再提升电商的地位，由最早的“线上是线下的补充”，后来发展为“线上线下相互融合”，再到现在的“重点培育电商”。同时，苏宁采取的一系列措施如线上商品丰富化，线上商品价格低于线下，线上采取频率更高、力度更大、方式更多、更灵活的促销活动等，也证明苏宁并不想在互联网时代被边缘化。

(4) 竞争强度。实体零售业的行业集中度较高，具备区域垄断性，而且合理的店铺选址、优雅的店铺环境以及良好的人员服务也容易形成顾客忠诚，消费者的转换成本相对较高；线上消费者便于在不同零售商之间进行价格的比较，而且顾客的转换成本较低，顾客对于线上零售商的忠诚度远不如实体零售商。因此，线上渠道的竞争强度远远高于线下。作为后起之秀，苏宁易购的发展一开始便强敌环伺，遭到天猫、淘宝、京东、当当等先发企业的围堵，不得不通过低价、高强度的促销策略等占得一席之地。

(5) 互补性。线上与线下存在功能层面与市场层面的互补性。在功能层面，线上商城可以作为商品展示、宣传与下订单的渠道，而线下门店则可以作为商品体验店与物流配送据点。顾客可以在线上搜寻相关产品信息再到实体店购买，或者先到实体店试用，再到网上订货并通过实体门店取货。在我们的调研中，苏宁易购已经开始显示线下实体店的商品信息，苏宁实体店也开通了网上商品展示区以及自提服务，渠道协同雏形初现。

但是由于多渠道零售商的资源需要分散到两个渠道，因而难免存在某条渠道的用户体验不及直接竞争对手的情况。特别是在国内大部分传统实体零售业的线上业务的起步阶段，线上服务质量远不及其他单纯的网络竞争对手，因此，不同渠道的功能性互补效应更多地体现在传统实体店与单纯的电子商务网站之间，特别是当线上线下价格差距过大，抑或线上促销策略的诱惑力远远大于线下时，传统实体店不得不面临沦为单纯电商“体验店”的窘境。苏宁实体店为了避免沦为天猫商城、京东商城等电商的“体验店”，已经着手降低线下商品的价格，线下商品价格开始向线上看齐，将线上线下价格差距控制在合理范围内，同时不断提升实体店促销策略的竞争力，如试水线上线下同价促销模式等。

随着网购市场的完善、电子商务企业的成熟，线上消费者与线下消费者将会逐渐分离，最终分化为两个不同的市场。两种渠道覆盖的是不同的消费者群体，存在市场上的互补性。因此，苏宁易购在发展过程中，无论是商品品类、商品展示、商品品牌抑或促销产品的种类、促销时间等并没有采取与实体店完全一致的策略。但是，在网购市场的初级阶段，线上市场与线下市场并不能进行完全意义上的分割，因此在某些产品特别是畅销产品的展示与促销上，苏宁易购与实体店均采取了较为一致的策略，以便通过更多的渠道销售畅销产品，更快地占领市场，取得更高的市场绩效，赢得更多消费者的青睐，如iPhone5发售期间，苏宁在线下实体店与网上商城同步推广这款热销产品，取得了不错的市场反响。

（6）规模经济。零售商可以通过集中大批量采购提高集团整体讨价还价的能力从而获得更好的采购条件，也可以通过物流配送系统与仓储系统的共享规模经济，从而有效降低运输成本与仓储成本，同时还可以共享零售商的售后服务资源，这为建立与其他竞争对手的价格优势创造了有利条件。苏宁易购不仅将电器类商品作为自己的主打品类，而且延续了与原有家电供应商的合作，通过线上线下产品的共享实现了规模经济，有效提升了自己在家电市场的话语权。

3）营销协同对企业经营绩效的影响

虽然苏宁网上商城自2009年开始就更名为苏宁易购，但一直处于内测当中，直到2010年2月才正式上线。尽管如此，苏宁易购当年的销售额就突破了20亿元，同比上年增长400%以上，日订单增长率300%～500%，拿下中国家电网购市场8%的份额。进入2011年，苏宁易购销售额为59亿元，增长率高达195%。苏宁易购2012年完成销售183.36亿元，市场份额达到13.6%，位居自主销售为主B2C市场第二的位置。但是，苏宁易购的增长并没有妨碍实体店的发展，苏宁实体店无论是销售额还是门店数量都保持了高速增长。可见，苏宁易购的发展并非仅仅将线下销售额转移到线上，而是通过线上线下的协同发展实现了渠道效益与集团利益的同步提升。

延伸阅读

［1］Aric R，Heide B J.Transaction Cost Analysis：Past，Present，and Future Applications［J］. Journal of Marketing，1997，61（10）：30-54.

［2］夏春玉，张闯.城乡互动的双向流通系统：互动机制与建立路径［J］. 财贸经济，2009（10）：106-112.

［3］庄贵军.基于渠道组织形式的渠道治理策略选择：渠道治理的一个新视角［J］. 南开管理评论，2012，15（6）：72-84.

第5章

营销渠道权力与依赖

学习目标

通过本章的学习，了解渠道权力与渠道依赖的基本含义，理解渠道权力与依赖的关系；理解渠道权力的来源、渠道权力的应用方式及其结果；理解渠道关系中渠道权力结构的平衡及其演化机制；了解渠道成员寻求平衡渠道权力的基本策略。

前面几章内容主要集中在营销渠道的基础知识和渠道结构理论两个方面，从本章开始我们将进入营销渠道行为理论部分。在众多的渠道行为中，渠道成员之间的相互依赖，以及与之密切相关的渠道关系中的权力结构、渠道成员的权力基础及其应用等问题是影响其他众多渠道行为的基础变量，本章将就渠道依赖与权力理论的基本内容展开论述。

5.1 渠道权力是渠道依赖的反映

5.1.1 渠道依赖的确定、衡量与结构

在渠道系统中，依赖是一个渠道成员为了实现其所期望的目标而需要与其他成员保持合作关系的程度。由于渠道成员在功能上的专业化，渠道成员之间是相互依赖的。渠道成员之间之所以相互依赖，是因为任何一个渠道成员都不拥有执行全部渠道功能所需要的资源，因而渠道成员之间相互依赖的本质是对彼此所拥有的资源的依赖。对于渠道系统而言，相互依赖是渠道关系的本质特征，不仅整个渠道功能的完成有赖于渠道成员之间的相互依赖与配合，并且每一个渠道成员要想实现其自身的目标也必须依赖其他渠道成员的配合，即每一个渠道成员都在一定程度上依赖于其他渠道成员提供的资源实现既定的目标。

既然渠道成员之间依赖的本质是对渠道伙伴资源的依赖，那么对于某个渠道成员（如制造商）而言，它对渠道伙伴（如零售商）的依赖水平就取决于两个方面的因素。首先，渠道伙伴所拥有的资源对于渠道成本实现目标的价值越大，它对渠道伙伴的依赖水平就越高。如零售商的货架是很稀缺的资源，如果该零售商是一个拥有巨大市场影响力的零售商（如像沃尔玛那样的大型超市），那么获得该零售商的货架空间对于实现制造商产品的销售而言就非常重要。零售商的市场影响力越大，它的货架对于制造商来说就越重要，这就会带来制造商对零售商的较高水平的依赖。但正如我们在第3章关于渠道纵向一体化中讨论的那样，当制造商面对的零售商市场是一个竞争比较充分的市场时，也就是说虽然零售商所拥有的资源非常重要，但制造商可以很容易地在市场中找到其替代者，那么制造商对零售商的依赖水平就会降低。因此，决定制造商对零售商依赖水平的第二个重要因素就是制造商可以从其他零售商那里获得替代资源的程度，可替代资源的提供者越少，或者存在替代来源但转向替代者的成本过于高昂，则制造商对零售商的依赖水平就越高。如前面我们提到的例子，如果制造商能够在某个目标市场上找到可以有效替代沃尔玛的其他大型超市（如家乐福），并且不存在太高的转换成本，那么该制造商对沃尔玛的依赖就会有所降低。综上所述，渠道伙伴拥有非常重要的资源，并且难以获得替代来源，或者存在替代来源但转换成本过高，是决定一个渠道成员对另一个渠道成员依赖水平的两个重要因素。

在现实的渠道管理过程中，根据以上两个条件，制造商可以从以下两个方面来衡量和判断其对分销商（如零售商）的依赖水平。首先，在某个市场上，制造商全部销售额（或利润）中，由某个零售商实现的销售额（或利润）所占的比重越高，制造商

对零售商的依赖水平越高。其次，相对于其他零售商而言，该零售商执行渠道功能（如促销和销售）的绩效水平也很重要，该零售商执行一些对于制造商而言非常重要的渠道功能的绩效水平越高，该零售商就越难以替换，从而使得制造商对零售商的依赖水平就越高。反过来，站在零售商的角度，道理也是一样的，在某个商品品类中，零售商完成的全部销售中，某个制造商的产品所占的比重越高，零售商对该制造商的依赖水平就越高，以及制造商在执行一些对于零售商而言非常重要的渠道功能方面相对于其他制造商的绩效水平越高，零售商对该制造商的依赖水平就越高。

在企业的运营过程中，无论是制造商还是分销商，过多地依赖渠道伙伴会令其陷入被动的地位，因而企业必须对渠道依赖水平实施相应的管理。如沃尔玛的很多门店都会定期对一些商品品类销售额的构成进行分析，以及时确定其对该品类中各个制造商的依赖水平。例如，在食用油这个品类中，在某个季度的销售额中，金龙鱼这个品牌的销售额占到了该门店此类产品销售额的50%，剩下的其他品牌总共占另50%。这意味着在食用油这个品类中，金龙鱼对于该沃尔玛门店销售额的重要性已经非常高了，并且在现有的食用油品牌中一时很难将其替代。为了避免陷入被动，在下一个季度的销售中，该门店就会选择一个食用油品牌（如鲁花）给予其一些额外的支持，如开展大型促销活动，沃尔玛这样做的目的是提升鲁花的销售额在食用油品类中所占的比例，提高鲁花对金龙鱼的替代性。如果在这个季度末，金龙鱼和鲁花的销售额在食用油品类中的比例各占30%，则沃尔玛门店对金龙鱼的依赖水平就降低了，沃尔玛就可以重新利用金龙鱼和鲁花之间的竞争来获得主动地位。

对于渠道系统而言，相互依赖是渠道关系的本质特征。由于渠道成员所占有和能够支配的资源的差异，渠道成员之间的相互依赖会呈现出不同的水平，即渠道关系中相互依赖的结构是存在差异的。相互依赖的结构可以从两个层面进行考察，即相互依赖的程度或关系中依赖的总量（magnitude of interdependence）和相对依赖水平或关系中依赖的不平衡程度（relative asymmetry of interdependence）。相互依赖的程度，或称相互依赖的强度是指渠道关系中依赖的总量，即渠道成员A对渠道成员B的依赖与渠道成员B对渠道成员A的依赖之和。较高水平的相互依赖将渠道成员的利益与其渠道伙伴的利益紧密地联系了起来，这使得关系双方都致力于维系良好的合作关系以提高双方共同的绩效。相对依赖或依赖关系的不平衡是指交换关系双方彼此依赖的差异，拥有较多依赖的一方在关系中就处于优势地位。关系中的相对依赖可能处于不同的水平，即优势一方可以是关系中的任何一方，也可能关系双方都不具有优势，即双方的彼此依赖度相当。相互依赖关系的平衡是相对依赖的一个特例，对于渠道关系而言，依赖的不平衡则是一种常态。另一个方面，相对依赖可能出现在不同水平的相互依赖的层面上，即两个特定的渠道关系中可能存在相同的相对依赖水平，但两个关系中的总依赖水平可能存在较大的差异。这表明渠道相互依赖的两个维度是可以独立发生变化的，因而这两个维度对于全面理解渠道关系与渠道行为都是非常重要的。

5.1.2 渠道权力与渠道依赖：不同视角的渠道权力定义

渠道行为理论中，渠道权力的概念来自政治学和社会学理论，两个不同的理论视角展现了渠道权力的不同理论基础与作用机制。

1）政治学视角的权力

以政治学者达尔（Dahl）对权力的定义为基础，埃尔－安萨里（El-Ansary）和斯特恩（Stern）将渠道权力定义为一个渠道成员对渠道内处于不同层次上的另一个渠道成员的营销战略决策变量施加控制的能力①。而这种控制可以称为权力的前提是它与被影响者原来对其自身营销战略施加控制的水平之间存在区别。在此概念中权力是一种改变其他渠道成员行为的能力，而这种能力是一种潜在状态，即拥有权力的渠道成员可能并不使用这种能力。因而，有学者认为应当区分实际应用的权力与没有应用的权力，没有应有的权力就是一种潜在的影响力，而实际应用的权力则指权力所指向行为的实际改变。将渠道权力视为一种潜在状态的另一个重要问题是，当渠道成员A应用权力去对另一个渠道成员B的行为进行影响时，并不能保证A所期望的B的行为发生相应的改变，这是因为B可能拥有对A的影响进行抵制的能力，即B拥有抵消性权力。当B的抵消性权力足够强大时，B的行为也许永远都不会发生A所期望的改变。而达尔认为对A的权力的分析应当将B的反应意愿考虑进来，A对B的权力可以通过一种概率的方式来表达，即如果A以一种特定的方式使用权力，B会对A的要求做出反应的概率。这样，如果A对B的权力仅仅提高了B愿意做出反应的意愿，就说明权力的存在与作用，而与B是否产生公开行为的改变无关。

与上述定义相关的另一个重要方面是权力知觉（power perception）。一个渠道成员的权力是一种潜在的能力，即使观察不到权力的应用，它也依然存在。由于渠道权力的这种潜在状态，因而其有效性就取决于其他渠道成员对其所拥有的权力是如何感知的，一个渠道成员所感知到的另一个渠道成员所拥有的权力已经足够影响其行为，而不必实际应用权力。可见，渠道权力的这种潜在状态及其被感知的效果对于渠道成员之间的互动是非常关键的。

2）社会学视角的权力

对于权力的社会学视角的定义主要来自埃莫森（Emerson）的权力－依赖理论，在该理论框架中，权力被视为是依赖的函数，简言之，权力存在于他人的依赖之中，A对B的权力等于B对A的依赖，并且以这种依赖为基础②。以此为基础，斯特恩等学者认为，可以把权力理解为一个渠道成员对另一个渠道成员的依赖程度，因为如果对A有所依赖，B就会改变它通常的行为以适应A的需求。B对A的依赖性赋予A潜在的影响力，影响力的大小取决于B对A的依赖程度③。对于渠道权力的研究而言，埃莫森的理论框架的重要价值在于它明确地强调对权力的分析不能不考虑两个渠道成员之间的依赖关系，权力不是某一个渠道成员所拥有的东西，而是渠道关系的一个属性，在相互依赖的关系中，权力是交互的。因此，研究权力问题必须将其放在渠道关系背景中来考察。如前面所述，由于渠道关系中相互依赖会呈现出不同的结构，作为

---

① Adel I E，Stern W L. Power Measurement in the Distribution Channel ［J］. Journal of Marketing Research，1972，9（2）：47-52.

② Richard M E. Power-Dependence Relations ［J］. American Sociological Review，1963，27（1）：31-41.

③ 科兰，安德森，斯特恩，等. 营销渠道 ［M］. 蒋青云，等译. 7版. 北京：中国人民大学出版社，2008：171.

依赖关系的反映，渠道关系中的权力也会呈现出不同的结构，而这些不同的渠道权力结构则对诸多渠道行为产生了直接的影响。我们将在本章第3节中展开对渠道权力结构与策略的论述，下面我们对渠道权力的几个基本维度进行阐述。

5.1.3 渠道权力的基本维度

对渠道权力的分析通常涉及以下几个基本的维度，我们将在一个渠道关系中使用渠道权力影响渠道伙伴的一方称为权力主体，而将被影响的一方称为权力客体。

（1）权力的领域。这是指权力主体能够施加影响的权力客体的范围或数量，该范围或数量越大，权力主体的权力领域越大。如制造商在某一地区拥有多家经销商，如果制造商能够对该地区的所有经销商施加影响，那么该制造商在该地区的针对其经销商群体的权力领域是很大的。

（2）权力的范围。这是指权力主体能够对权力客体施加影响的问题（渠道功能或流程）领域。如我们在第1章中所阐述的，功能专业化的渠道成员将自己的功能集中在某个或某些渠道功能或流程上，如一些批发商主要执行物流功能，零售商主要执行促销功能等。如果一个制造商能够对其某个分销商的所有渠道功能施加影响，则该制造商对该分销商的权力范围是非常大的。但事实是，功能专业化的渠道成员往往是执行某些渠道流程的专家，如批发商是渠道中的物流专家，那么制造商可能对该批发商的物流活动就没有多大影响力，但却可以对其促销、信息收集与传递等渠道流程施加影响。渠道成员功能的专业化决定了渠道成员之间的相互依赖，而这种相互依赖又决定了渠道成员各自都会对渠道伙伴拥有一些渠道权力，而这些渠道权力的范围则主要与其专业化执行的渠道功能与流程有关。因此，现实中即使是实力很弱的渠道成员也会对一些渠道功能或流程拥有一定的影响力，很少有某个渠道成员对所有的渠道流程都拥有同样的影响力。

（3）权力的强度。这是指一个渠道成员影响另一个渠道成员行为的力度与程度。由于渠道成员之间的相互依赖，任何一个渠道成员都拥有一些针对渠道伙伴使用的权力，在权力主体使用权力时，被影响的权力客体则可以使用它所拥有的权力来抵消一些影响。这意味着权力主体对权力客体行为的影响实际上是个程度的问题，这个程度的大小很可能取决于双方权力的对比。如面对一个实力相差悬殊的经销商，制造商提出的要其多进货20%的要求很可能会全部照办，即该经销商按照制造商的要求多进货20%；而如果受到影响的经销商实力与制造商相差没那么悬殊，则该经销商可能只部分接受制造商的影响，如多进货10%，而不是20%。

（4）相对权力。相对权力是当渠道关系中双方的依赖存在差异时出现的权力差异，较少依赖对方的渠道成员拥有权力优势地位，而较多依赖对方的渠道成员则拥有相对依赖，并处于权力弱势地位。在渠道关系中，相对权力的均衡，即双方对等的相互依赖几乎是不存在的，由于企业资源禀赋等方面的差异，渠道关系总是存在着或多或少的相对权力，即一方处于相对优势地位。在学术研究中，为了衡量某一渠道关系中的相对权力，可以用渠道关系双方各自的依赖水平相减，差额越大，关系中的相对权力也就越大。

（5）权力的总量。渠道关系中权力的总量是关系双方所拥有的权力之和。根据权力与依赖之间的关系，权力总量是渠道关系中相互依赖的总和，在学术研究中，一般可以用渠道关系双方各自依赖水平相加之和来衡量关系中的权力总量。正如我们前文在依赖结构中所论述的那样，相对权力和权力总量是各自变化的，如相同的相对权力可以意味着不同的权力总量，而相同的权力总量也可以同时伴随着不同的相对权力。

5.1.4 渠道权力的性质

渠道权力的性质涉及对权力这一渠道关系要素的价值判断，即它对于渠道系统的运行与绩效而言是好的、坏的，还是在价值方面是中立的。一种观点认为权力是其所有者对其他对象进行剥削的手段，这是因为在一个特定的社会关系中权力水平的较大差异往往会导致拥有权力优势地位的一方对权力弱势地位一方进行剥削以从交换中获取更多的收益。因此在这种观点看来，权力优势地位往往意味着不公平地使用权力或剥削。这种观点已经得到了包括社会心理学、经济学等学科在内的很多实证研究的证实，交换关系中的权力优势一方往往比处于权力弱势地位的一方使用更多的强制性权力，对权力弱势地位一方要求更多。在营销渠道研究领域，也有很多学者持有类似的观点，如马伦（Mallen）认为渠道权力是一种经济剥削的手段，那些实力雄厚的大型企业依靠其权力优势对那些小型企业进行经济剥削，在交易中谋求更多的收益，而这种剥削行为对于消费者福利的提升也是具有负面影响的[①]。斯特恩（Stern）等认为渠道成员拥有的权力越多，那么该成员在渠道剩余分配中比其他成员获得的份额就会越多，相对权力优势在渠道剩余分配中显然具有更多的优势[②]。杨（Young）和威尔金森（Wilkinson）甚至认为权力是"病态"的渠道关系所有的要素，在渠道关系中经常使用权力将会有损关系中的信任与承诺，从而降低渠道的合作水平并有碍于关系的长期成功[③]。

与上述观点相反，另一种观点认为权力对于提高交换关系中的协作程度具有积极作用，并且拥有权力优势并不必然导致不公平地使用权力。社会学家布劳认为，一个人所拥有的权力基础越多，他就越会抑制自己通过使用剥削的方式来要求更多，其结果是该交换关系中处于权力弱势地位的一方会对权力主体公平的交换方式给予赞同。在渠道研究领域，希利（Celly）和弗雷泽（Frazier）认为渠道成员之所以需要进行协调的重要原因在于它们都是拥有各自不同目标和有限资源的独立企业，因此，对渠道系统进行控制的必要性在于仅仅依靠市场机制去协调渠道成员的行为往往会产生次优的结果，而这种结果对渠道系统的运行及其所服务的消费者而言都是有不良影响的。对于相互依赖的渠道系统而言，寻求利益最大化的某个渠道成员有益的事情可能对于提升整个渠道的绩效并没有直接的益处，对这种根植于相互依赖的系统进行协调与管

① Mallen B. Channel Power: A Form of Economic Exploitation [J]. European Journal of Marketing, 1978, 12 (2): 194-202.

② Stern L W, Torger R. Distribution Channels as Political Economics: A Framework for Comparative Analysis [J]. Journal of Marketing, 1980, 44 (3): 52-64.

③ Young L C, Wilkinson I F. The Role of Trust and Co-operation in Marketing Channels: A Preliminary Study [J]. European Journal of Marketing, 1989, 23 (2): 109-122.

理的途径之一就是权力的应用[1]。如果在一个相对长的时期内来考察渠道关系的话，渠道成员会考虑渠道权力的应用方式对渠道关系质量及权力地位的影响，为了获得较好的渠道合作关系以及渠道绩效，渠道成员往往在非强制性影响战略失效的情况下才考虑使用强制性战略，而并非总是采用强制的剥削手段来使用权力。因此，对渠道成员的行为进行控制的方式与方法就成为渠道管理的一个重要方面，渠道系统中渠道成员实现的控制程度对于整个渠道的绩效具有非常关键的影响。

第三种观点将渠道权力视为没有价值内涵的中立性工具。由于权力是所有社会关系的一个基本层面，所以本质上是相互依赖的渠道系统中的每一个要素与行为都包含着权力的影响。如前所述，为了对相互依赖的系统进行管理，渠道成员必须获得一定水平的权力，并且要理智地使用权力。对于使用权力的渠道成员而言，权力的应用首先是为了与其他渠道成员共同创造渠道价值，其次是为每个渠道参与者分配其应得的份额。在渠道系统中，权力只是渠道成员用来协调其他渠道成员的行为以及获得自己应得的渠道剩余份额的一种工具，而工具本身是不涉及价值判断的。在渠道互动过程中，权力这种工具既可以用来创造价值，也可以被用来破坏价值，也可以用来分配和重新分配价值。因此，要判断权力的性质首先需要考察权力的拥有者是如何使用权力这种工具的，在此基础上才能判断这种使用方法的价值属性。建立在依赖基础上的权力在本质上是中性的，它可以用来协调渠道行为，也可能被用来对渠道伙伴进行剥削和伤害。因此，由于渠道成员使用权力的目的与方式不同，即使拥有相同的依赖结构的渠道关系，其成员对权力的使用也可能存在较大的差异。因此，权力的应用方式取决于权力的拥有者。对于渠道成员而言，无论权力应用的方式与目的如何，权力都是渠道系统中无法回避的一个重要行为要素，每一个渠道成员在任何时候都必须参与到权力的获得、运用与保持等活动中去，同时为了促进渠道绩效的提升以及对自己利益的保护，渠道成员也必须学会理智地应用权力。

5.2 渠道权力的来源与应用

5.2.1 来源于依赖的权力：社会学观点

渠道权力的来源是指渠道权力赖以产生的源泉或基础。营销学者关于渠道权力的来源目前存在两种观点：一种观点认为渠道权力来自渠道成员的依赖；另一种观点则认为渠道权力来源于社会权力的基础——奖赏、强制、专长、合法性、认同与信息。前一种观点建立在社会交换理论的基础上，后一种观点建立在社会心理学理论的基础上，而这两种观点在企业资源这一更深层次上实际上是统一的。

根据埃莫森的经典研究，权力存在于他人的依赖之中[2]。如果A期望达到某个目标或获得某种满足，而这种目标或满足的实现有赖于B的适当行为，则A就对B有所

---

① Sawhney C K, Frazier G L. Outcome-Based and Behavior-Based Coordination Efforts in Channel Relationships [J]. Journal of Marketing Research, 1996, 33 (5): 200-210.

② Richard M E. Power-Dependence Relations [J]. American Sociological Review, 1962, 27 (1): 31-41.

依赖，而A对B的依赖赋予了后者对前者的影响力。在社会关系中，A对B的依赖主要原因在于B拥有A实现目标所必需的而A又没有的重要资源。显然，这里资源的含义是广泛的，既包括各种有形资源，也包括诸如社会地位、声望等无形资产。埃莫森认为A对B的依赖程度与B所占有的资源对A的目标实现的重要程度成正比，而与A从A-B关系以外获取该重要资源的可能性成反比。而当存在替代来源时，A转向资源替代者可能发生的成本也是必须要考虑的内容。在存在替代来源的情况下，依赖关系得以维系的关键条件是A无法转向替代者，或者转向替代者的成本过于高昂，从而迫使A仍然留在原来的交换关系中。显然，资源的重要性和替代来源的稀缺是构成依赖关系，进而构成权力关系的两个重要条件。需要强调的一点是，社会交换关系中的依赖从来都不是单方面的。如果占有有价值的资源是获得依赖的基础的话，那么每个参与交换的社会主体都会拥有或多或少的不同类型的资源，这就决定了任何交换关系中的依赖都是相互的，只是由于参与交换的主体所占有的资源的差异，这种相互依赖在更多的时候是不平衡的，即一方更加依赖于对方。在相互依赖不平衡的情况下，一方面交换关系双方都拥有一定水平的权力；另一方面则依赖水平的差异使得双方所拥有的可以用来影响对方行为的权力水平产生了差异，拥有较多依赖的一方将拥有权力优势。这样，交换关系中的依赖关系实际上决定了该关系中权力的结构——权力是在何种水平上相对平衡，或者哪一方拥有权力优势。

从企业间的交换关系来看，依赖存在的重要原因是资源的稀缺性，任何一个企业都不可能自给其正常运转所需要的全部资源。对不能自给的关键资源的需要导致了企业对能够提供这种资源的企业的依赖，当这种稀缺资源缺少替代来源时，埃莫森所称的依赖关系就确定了。在渠道系统中，由于功能的专业化，渠道成员之间在本质上是相互依赖的，但不同企业资源禀赋等方面的差异，使得这种相互依赖的水平也是存在巨大差异的，从而决定了特定渠道关系中权力的结构。实际上依赖与权力的关系已经成为所有渠道权力研究者所共同接受的“公理”。

5.2.2 来源于权力基础的权力：社会心理学观点

这种观点认为渠道成员的权力来自在特定的时点上该渠道成员所拥有的权力基础，而这种权力基础则反映了渠道成员自身及其所处环境的特质。虽然渠道成员可以产生权力的基础是多元化的，但来自社会心理学者弗伦奇（French）和雷文（Raven）的对社会权力基础的经典研究成为营销学者们普遍接受的分析框架[①]。

1）奖赏（reward）

来自奖赏的权力是指某个渠道成员通过向其他渠道成员提供某种利益而对其产生的权力。奖赏权的有效行使取决于渠道权力主体拥有权力客体认可的资源，以及权力客体的一种信念，即它如果遵从权力主体的要求，就会获得某些报酬。但值得注意的一点是，奖赏权的实际效果并不会随着奖赏力度的增加而无限度地增加，因为对于特定的权力客体而言，某一种特定的奖赏会产生边际效用递减，即其获得的某种奖赏越

① French J R, Raven B. The Bases of Social Power [M]. Ann Arbor: University of Michigan Press, 1959: 150-167.

多，该奖赏对其的价值就越小，从而权力客体也就越不愿意遵从奖赏权力所要求的行为。

2）强制（coercion）

来源于强制的权力是指某个渠道成员通过行使某种强制性的措施而对其他渠道成员产生影响的权力。强制权行使的前提是渠道权力客体如果没有遵从权力主体的要求就会遭受某种惩罚的心理预期。强制与奖赏有着相似的基础，它们都是来源于权力客体的主观感受。权力主体给予奖赏与惩罚的能力并不要求一定是客观的，关键在于权力客体的感受与认知。从这个角度来看，撤销原来给予的奖赏，或者取消权力客体正常期望获得的东西也是具有一定强制性的。

3）专长（expertness）

来自专长的权力是某个渠道成员通过某种专业知识而产生的对其他渠道成员的影响力，而这种专业知识的存在方式同样在于权力客体的感知。在特定的专业领域内，权力主体专长权力的强度是由权力客体感受到的前者拥有的专业知识的程度所决定的，但这种判断有时并不是客观的标准，只是后者的主观感受而已。基于专业知识的专长权在渠道组织中居于劳动分工、专业化和比较优势的核心地位，正是这种专业分工使得渠道系统内的每一个成员都具有一定的专长权。专长权力的持久性是区别于其他权力的一个重要特征，基于某种专业知识的权力的存在有时可能只存在于渠道成员互动行为的有限期间内，也可能持久地存在，这主要取决于专业知识的性质。如果通过互动行为，权力客体通过学习能够自我提供原来依靠权力主体提供的专业知识，那么后者的专长权力在互动以后就失效了。因此，权力主体的专长权是与专业知识的可转移性和可替换性直接相关的。

4）合法性（legitimacy）

来自合法性的权力是某个渠道成员通过渠道系统中的权利与义务关系而产生的对其他渠道成员的影响力。合法权力的重要特点是渠道权力客体感到从道德、社会或者法律的角度出发它都应该同权力主体保持一致，或者它有义务去遵从权力主体的要求。这种责任感和职责感有两种来源：法律和规范或者价值观，前者产生了法律上的合法权，后者产生了传统的合法权。前者如商法体系赋予特许经营系统中特许权的拥有者对受许者的权力；后者如传统上一般认为制造商拥有管理整个渠道系统的权利，但随着渠道系统的演化，这种传统的规范或价值观也在发生变化。

5）认同（identification）

来源于认同的权力是某个渠道成员作为其他渠道成员参照与认同的对象而对它们产生的影响力。来源于参照与认同的感召权本质上是渠道权力客体对权力主体的一种心理认同，这种权力的深层来源是权力主体的声望与地位。在渠道系统中，很难将这种认同权力从其他权力中区分出来，它往往是伴随着其他权力的行使而存在的。

此外，拥有某种对于其他渠道成员非常关键的信息也是产生权力的重要基础。一个渠道成员可以通过为其他渠道成员收集、解释与传递有价值的市场信息而获得相当的权力，有学者将其独立为权力的信息来源①。对于某个渠道成员而言，关键信息的缺失和不完全是一种非常不利的不确定性状态，而拥有收集、解释与传递这些关键信息能力的渠道成员实际上是在扮演一个前者所面临的不确定性的吸收者的角色，这使得前者对后者的依赖有所增加，从而会强化后者的影响力。

5.2.3 来自资源的权力：两种观点的融合

从企业资源基础理论（resource based view，RBV）的视角来看，企业不过是在一个管理框架下联结在一起的各种生产性资源的组合，这些资源既包括有形资源（厂房、设备、土地等）和无形资源（品牌、企业声誉、专业知识、信息等），也包括运营各种资源的能力。这里的能力应当是难以模仿、能够持续发展的核心能力。从发展的角度来看，这种能力不仅包括有效运营各种资源的能力，还应当包括如何识别关键资源和获取关键资源的能力。从这个视角来看，上述两种渠道权力的基础实际上是统一的：从静态视角来看，两种观点统一于企业所拥有的资源；从动态的视角来看，两种观点则统一于企业获取资源和运营资源的能力。

首先，从静态的视角来看，根据资源依赖理论的观点，任何一个企业都不能自给其所需的全部资源，因而一个渠道成员对某种资源的依赖实际上反映了该成员对拥有这种资源的渠道成员的依赖，而渠道成员所拥有的资源则可能被整合和生成各种不同的能力——对渠道成员进行奖赏、惩罚的能力，为其提供专业知识的能力，形成并向其展示该成员所拥有的声誉与形象的能力等。因此，权力实际上是通过占有和掌握渠道伙伴认为重要的资源所获得的。这些资源是在渠道关系中能够产生和代表每个渠道成员的依赖、信任和对渠道伙伴忠诚的那些资产、特性和条件。正是企业所占有的资源的量与质的差异导致了渠道成员之间不同水平的依赖，从而产生了不同的权力关系。

对资源占有量的差异既有企业先天禀赋差异的原因，也有企业获取和运营资源能力差异方面的原因，对于这一点我们稍后将进行详细论述。占有资源的质的差异对权力关系的决定作用也非常关键。一方面，不同的资源对于产生权力的效力是存在差异的。资源可以分为具有“普遍性”和“特定性”的特征两类，其中：普遍性资源是可以与任何人进行交换的资源；而特定性资源的交换则比较容易受到限制，因为它需要提供给特定的对象。所以，一些资源（如社会经济类资源）几乎可以在任何关系中使用，而另一些资源则可能只能针对特定的关系（如我们在第3章中所提到的专用资产）。从这种区分中，我们可以看到拥有替代选择的多少对权力多寡的影响是非常直接的。另一方面，在既定的情境下对于各种资源需求的程度也影响着不同资源产生权力的能力。一般而言，那些需求最为迫切并且难以替代（缺少替代者或者存在替代者但转换成本过高）的资源价值是最高的，因而占有这些资源的渠道成员就拥有较大的权力。

从动态的视角和发展的角度来看，渠道成员积累他们认为重要的资源是形成权力

---

① Raven B. H. The Base of Power: Origins and Recent Developments [J]. Journal of Social Issues, 1993, 49 (4): 227-251.

的基础，因此，渠道成员可以对特定的资源进行投资，以获得产生渠道权力的源泉。但由于不同类型的资源产生权力的基础与能力是存在差异的，因此，企业需要具备的第一种能力就是识别关键资源和获取关键资源的能力。然而，并不是占有资源就能够产生有效的渠道权力，渠道成员必须将这些资源有效地转化为自己的核心能力，才能对其他渠道成员产生持续的影响力。因此，企业需要具有的第二种能力是将获取的资源转化成具有持续性和难于模仿的核心能力的能力。显然，这一点对于企业权力优势的持续性更为关键[①]。

5.2.4 渠道权力的应用方式

如前所述，渠道权力是一种潜在的影响力，即拥有渠道权力的渠道成员可能实际应用权力，也可能不应用权力。营销学者们的研究发现，渠道成员拥有的权力越多，它就越倾向于使用权力，即将潜在的影响力转化为实际应用的权力，而不会将权力弃置不用或者留待以后再用。那么，根据渠道权力的来源，我们看出渠道权力实际上存在着多种多样的形式和内容，渠道成员如何将这些潜在的权力转化成为能够被渠道伙伴感知到的应用的权力，并实现其权力应用的目标呢？在营销渠道理论中，有两种被学者们广泛采用的概念化方法：一种方法将权力的应用视同为企业所拥有的权力基础的应用；另一种方法则认为渠道权力的应用是渠道成员对其渠道伙伴实施的影响战略（influence strategy）。两种方法都与渠道权力的基础有关。

1）渠道权力的应用方式——应用权力基础

根据社会心理学理论关于权力基础的观点，渠道权力可以分为奖赏权、强制权、专长权、合法权和认同权，应用权力基础的观点等同于企业应用这些来自不同基础的权力。根据前面我们对这五种渠道权力的定义，我们会发现这五种权力之间的界限并不总是清晰的，换言之，无论是应用权力的企业，还是对渠道权力进行研究的学者，恐怕都难以清晰地将五种渠道权力分开，它们总是相互交叉、混同在一起。当然，无论是企业管理者，还是营销学者，他们都没有试图去做这种区分，而是依靠比较宽泛的类别将五种权力分成两组。我们下面介绍两种非常典型的分类方法[②]。

一种分类方法是将强制权作为一类，而将其余四种权力作为另一类，这样的分类方法将五种权力区分为强制性（coercive）权力和非强制性（noncoercive）权力两类。其中强制性权力的应用往往伴随着惩罚、威胁、命令等较为强制的方式，而非强制性权力的应用则往往表现为提供各种支持、报酬和信息等协助。如制造商加快对其经销商的供货速度以减少后者缺货的可能，制造商是在使用非强制性权力；而如果制造商降低了对其供货商的供货速度，该制造商则是在使用强制性权力。因为前者是制造商为其经销商提供了更多的支持，而后者则是制造商撤销了原本属于经销商的权益，这会令经销商遭受损失。

另一种分类方法是将强制权、奖赏权和法律的合法权归为一类，将专长权、认同

① 张闯，夏春玉．渠道权力：依赖、结构与策略［J］．经济管理·新管理，2005（2）：64-70．
② 科兰，安德森，斯特恩，等．营销渠道［M］．蒋青云，等译．7版．北京：中国人民大学出版社，2008：184．

权和传统的合法权归为另一类，这样的分类方法将五种权力区分为调解性（mediated）权力和非调解性（unmediated）权力。两种权力的差异在于，调解性权力是权力主体通过向权力客体展示权力令后者感知到并承认权力的存在；而非调解性权力则是很难被权力客体所感知到的权力。这种分类与前一种分类的差别在于，这种分类认为奖赏权和法律的合法权也具有一些强制性的特征。如推出新产品的制造商为了让其经销商接纳该产品，会采用这样的措施，经销商如果接纳了该新产品，制造商会给予其额外的促销支持，这是制造商在应用奖赏权。虽然奖赏权的应用并没有令经销商损失应有的利益，但其作用的机制却在于经销商接纳该新产品并非出自自愿，受到影响的经销商可能会感到其自主权受到了一定的侵犯。从这个角度来看，奖赏权的应用确实具有某些强制性特征。而法律的合法权是以商法体系为保障的，制造商会要求其经销商接纳新产品，因为在双方签订的经销合同中已经这样规定了，经销商接纳新产品的行为同样是受到了某种程度的胁迫，因而法律的合法权也具有很强的强制性特征。与之相比，专长权、认同权和传统的合法权的作用机制也是向权力客体提供各种各样的协助与支持，其影响是潜移默化的，权力客体不会感觉到其自主性受到了侵犯，其行为的改变完全是出于自愿。

最后需要指出的一点是，虽然五种权力之间的界线并不倾斜，但这些权力基础之间是相互作用的，而非相互独立的。一种权力基础的应用会增强，也可能削弱另一种权力的基础。如有学者的研究发现奖赏权力的应用会增强专长权、合法权以及认同权的基础，而强制权力的应用则会削弱其余三种权力基础①。

2）渠道权力的应用方式——影响战略

将潜在的影响力转化为现实应用的权力需要与渠道伙伴进行相应的沟通，而这些沟通的性质则影响着渠道关系中的各种互动行为。代表企业与渠道伙伴进行沟通的人往往被称为企业的边界人员（boundary person），包括企业的销售人员、区域经理、总经理等，这些边界人员采用各种各样的影响战略来影响渠道伙伴的行为。在渠道行为理论中，学者们提出了以下六种影响战略②：

许诺战略：如果你按照我说的做，我就会奖励你。如制造商在影响经销商的行为时会采用如下策略：如果经销商接受了制造商的新产品，制造商将给予其额外的促销费用支持。

威胁战略：如果你不照我说的做，我就会惩罚你。同样是在上例中，制造商的策略为：如果经销商不接受制造商的新产品，制造商将取消其在特定市场内的经销资格。

法律战略：你必须按照我说的做，因为按照合同条款你已经同意这么做了。制造商的策略为：经销商必须接受制造商的新产品，因为双方的经销合同中已经这样规定了（其潜台词是如果经销商不同意这样做，制造商可以到法院起诉它）。

---

① Gaski J F. Interrelations among a Channel Entity's Power Sources: Impact of the Exercise of Reward and Coercion on Expert, Referent, and Legitimate Power Sources [J]. Journal of Marketing Research, 1986, 23 (2): 62-77.

② Frazier G L, Summers J O. Perceptions of Interfirm Power and Its Use Within a Franchise Channel of Distribution [J]. Journal of Marketing Research, 1986, 23 (5): 169-176.

请求战略：请按照我希望的去做（没有进一步的说明）。制造商只是简单地向经销商提出希望其接纳新产品的要求，没有任何附带的条件。

信息交换战略：无须说明我想要的是什么，我们来探讨什么方式对合作伙伴更有利。制造商并不直接、明确地向经销商提出与新产品相关的任何要求，而是与经销商一起商讨采用什么样的合作方式会对经销商更有利。

建议战略：如果你按照我说的做，你就会盈利。制造商向经销商提出采纳其新产品的建议，并说明如果经销商采纳了该新产品，其一定会盈利。

显然，上述六种影响战略都是建立在一种或几种权力基础之上的，其对应关系如图5-1所示[①]。通过这一对应关系，我们可以看出不同的影响战略的性质，其中威胁战略和法律战略具有很强的强制性特征，而许诺战略相对应的奖赏也具有一定的强制性特征。请求战略、信息交换战略和建议战略的作用机制可能会更加微妙一些，因为它们涉及更多的权力基础。在实际的应用过程中，不同类型的影响战略的作用结果可能还取决于渠道关系内的依赖结构，以及影响的长期与短期考虑等。下面我们就转向渠道权力应用的几种一般的结果。

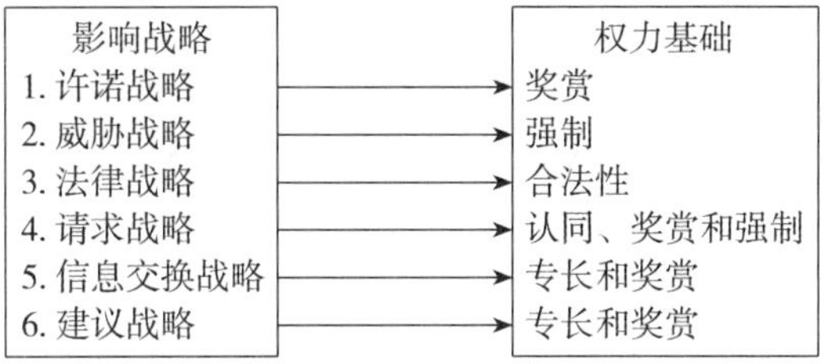

图5-1　影响战略与渠道权力基础的对应关系

5.2.5　渠道权力应用的结果

对于渠道权力主体而言，应用渠道权力的目的在于对权力客体的行为与决策施加影响。显然，应用不同的渠道权力所能产生的结果可能是存在较大的差异的：有些结果是直接的，有些是间接的；有些是短期的，有些是长期的。这些差异同样会作用于短期或长期的渠道关系质量与绩效。一般而言，渠道权力应用会产生以下三种一般的结果[②]：

（1）服从。权力客体对权力主体的要求直接做出反应，按照后者的要求改变了其原来的行为，显然这种结果是直接的。此时权力客体的服从只是因为其期望从权力主体那里获得一种合适的反应，如获得报酬或规避惩罚。因此，这种服从是短期的，并且是不稳定的，权力客体对主体的权力的反应只有在后者的监管之下才能实现，但当驱使权力客体行为的诱因（如报酬或惩罚）不存在时，其服从行为也就消失了。然而，问题的另一面却使得这种服从行为可能成为影响渠道关系长期绩效的重要因素。面对权力主体的奖赏或惩罚的威胁，权力客体的服从行为显然是身不由己的，即权力

---

① 科兰，安德森，斯特恩，等．营销渠道［M］．蒋青云，等译．7版．北京：中国人民大学出版社，2008：193．

② Kasulis J J，Spekman R E．A Framework for the Use of Power［J］．European Journal of Marketing，1980，14（4）：180-190．

客体并非出自自觉自愿而改变行为。这种被迫改变行为的背后很可能是受到影响的权力客体在态度与价值观念等方面走向权力主体的对立面，即虽然表面上服从，但心理上不仅难以接受，还可能埋下冲突的种子，这显然是不利于长期渠道绩效的提升的。

（2）认同。当这种结果发生时，受到影响的权力客体不仅会对权力主体的要求直接做出响应，并且还会内在地认同权力主体的做法与行为。权力客体对主体的认同显然不是建立在直接的报酬或惩罚等诱因的基础之上，而是建立在权力客体认为应该按照权力主体的要求去做，前者更为自觉自愿地做出相应的反应。显然，这种认同所产生的反应相对于基于服从的反应而言是可以持续的，因为这种权力客体的反应中体现了其更多的自主决策，而不是基于权力主体的胁迫。尽管如此，认同这一结果并非什么情况下都会出现，权力客体对权力主体的认同显然是存在前提和基础的，如一个拥有卓越品牌的制造商在品牌营销方面对其经销商施加影响比其在物流流程方面对其经销商施加影响更可能获得经销商的认同，因为在品牌营销方面该制造商是为经销商所认可的专家。因此，权力客体的认同行为仅仅限于其对权力主体产生认同的基础的范围内。

（3）内化。权力客体对权力主体的内化是由于后者的要求与前者的价值观念是一致的，受到影响的权力客体从内在的价值观念上与权力主体的影响一致。显然，这种结果是建立在渠道关系双方共同或相似的价值观念与目标的基础上的。由于外在目标与内在价值观念的统一，这种反应相对于上述两种反应而言是可以长期持续的，因而这种结果会在长期内塑造紧密的渠道关系，从而有助于长期渠道绩效的提升。

从前述五种渠道权力来看，强制、奖赏和法律合法权的应用会导致服从行为，认同与专长权力的应用会产生认同行为，而传统合法权的运用则会产生内化行为。而上述三种渠道权力应用的结果对渠道绩效的影响也各不相同，服从行为是短期内最为直接的结果，应用权力的渠道成员可以获得直接的短期收益，但却可能对长期绩效的改善埋下隐患；而认同与内化行为并不必然地伴随直接、快速的服从行为，但却可以内在地影响受到影响的渠道成员的态度与价值观念，而这些对于渠道长期绩效的改善显然更为重要。既然如此，渠道成员在应用渠道权力时实际上就需要在短期收益与长期绩效之间进行平衡，不要为了获得短期的收益而损失长期的绩效。

5.3 渠道权力结构的平衡与演化机制

5.3.1 渠道权力的结构及其维度

如前所述，由于一个渠道成员对另一个渠道成员的依赖是后者权力的来源，因此渠道关系中相互依赖的总量以及相互依赖的不平衡程度与关系中权力的总量以及权力的不平衡程度是对等的，因此，渠道关系中依赖的结构分析为我们分析关系中的权力结构提供了一个基本的视角。当我们只考虑由两个渠道成员A和B构成的渠道关系时，该关系中的权力结构就可以从这两个成员之间相互依赖的程度来进行考察（见图5-2）。

		A对B的依赖程度：高	A对B的依赖程度：低
B对A的依赖程度	高	高度权力均衡	权力向A倾斜
B对A的依赖程度	低	权力向B倾斜	低度权力均衡

图5-2 二元渠道关系中的权力结构

根据关系双方对彼此的依赖水平，我们可以得到四种比较典型的渠道权力结构：

（1）高度权力均衡。在图的左上角，A与B之间处于彼此高度依赖的状态，这意味着双方彼此拥有高度的权力，双方任何一方对另一方的净依赖程度均很小。这种状态的形成或是由于双方都在占有对方认为“有价值的资源”的基础上，为对方提供高效用；或是由于双方各自“有价值的资源”的替代来源具有很高的稀缺性；或是即使存在替代来源，但双方之间由于专用资产的投入导致了共同的高转换成本。这种高度均衡的依赖关系使双方都能够将注意力集中于关系的建设，这会促使渠道产出效率提高。值得指出的是，渠道关系的高度相互依赖，并且相对依赖为零时，并不意味着关系内权力的抵消，关系双方仍然都保持着对对方的巨大影响。从功能依赖的角度来看，这种相互影响可能是指向不同的渠道问题领域的。如在某市的电冰箱市场上，海尔冰箱通过国美电器完成的销售额占其在该市全部销售额的比例接近50%；而在国美电器电冰箱产品的销售额中，海尔冰箱所占的比例也超过30%，这使得国美电器和海尔冰箱之间形成彼此依赖度都很高的接近高度均衡的权力结构[①]。

（2）低度权力均衡。渠道依赖关系结构的另一种极端情况是处于图中右下方的状态，A与B之间彼此低度依赖，这意味着双方彼此都缺乏对对方的权力，双方彼此的净依赖程度均很小。这种状态的形成最重要的原因或许在于二者处于一个竞争比较充分的市场环境当中，关系中任何一方所占有的资源对于另一方而言或是没有吸引力的，或是能够轻易地从替代来源处获得的，关系的解散与重建的成本均很低。这种状态的渠道关系倾向于按照古典经济关系的路径运行，关系双方都不着眼于双方关系的建设，合作伙伴在一个竞争充分的市场中频繁转换，因而这种渠道权力结构使渠道的产出效率维持在一个较低的水平上。

（3）权力向A倾斜。处于图中右上角和左下角的权力关系与前面两种状态不同，在这两种权力关系中，渠道权力处于不均衡的倾斜状态。在右上角所示的依赖结构中，B对A的依赖程度高于后者对前者的依赖，或者说B对A的净依赖程度较高，这导致了渠道权力向A倾斜，A对B的影响较大。这种权力结构产生的原因在于A掌握了更多在B看来“有价值的资源”，而B则从A那里获得这些资源产生的效用，并且这些资源的可替代性来源较少，或是存在替代来源，B的转换成本较高。如在前述的冰箱市场上，国美电器经营的除海尔以外的其他品牌在其冰箱销售额中所占的比例低于这些品牌通过国美实现的销售额占其全市销售额的比例，这些品牌如美菱、新飞和容声等，因而在国美与这些品牌供应商的渠道关系中，后者对前者的依赖度高于国美

① 董春艳，张闯．渠道权力结构与进场费的作用关系——基于中国家电渠道的案例研究［J］．中国工业经济，2007（10）：119-126．

对后者的依赖度，因而国美在渠道关系中拥有权力优势地位[①]。

（4）权力向B倾斜。与上一种情况完全相反，处于图中左下角的权力关系则向B倾斜，B对A的影响较大。这种权力结构的产生是由于B占有了更多A所认为“有价值的资源”，并且依靠这些资源向A提供较高的效用，而A或是难以寻找替代者，或是存在替代来源但难以转换。

可见，在渠道关系中，可能呈现出来的权力结构分为两大类，即平衡的权力（balance power）和不平衡的权力（imbalance power）。根据相互依赖的两个分析维度，平衡的权力可能出现在不同的总依赖水平上，两种比较极端的情形是：渠道关系双方彼此低度依赖，即关系中依赖的总量接近于零；渠道关系双方彼此高度依赖，即关系中依赖的总量处于较高的水平。对渠道系统而言，渠道成员在一定水平上拥有平衡的相互依赖关系比相互依赖不平衡的渠道关系更稳定并呈现出更高的绩效水平。但正是由于渠道权力的特质，这种绝对的高度相互依赖并不是渠道中的普遍现象，相反，渠道权力的不平衡才是常态。不平衡的权力结构也可以从两个方面来考察：一是渠道关系中哪个成员处于权力优势地位；二是既定水平的权力不平衡是在何种相互依赖总量的水平上出现的。对于前者，拥有权力优势的渠道成员将作为渠道领导主导渠道关系的运作，而渠道权力结构的变化则可能导致拥有权力优势的渠道成员的变化，如渠道系统从制造商主宰演化为由零售商领导，这种权力结构的演化过程及其结果应当成为渠道权力研究的重要问题。对于后者而言，影响渠道成员行为以及渠道绩效的变量不仅体现为渠道中权力结构的不平衡，这种既定的权力不平衡所依托的渠道关系中权力（依赖）的总量同样也会对渠道成员的行为和渠道绩效产生重要影响。

关于渠道权力的应用，依赖结构的两个维度也会产生不同的影响。在相互依赖的总水平很低的情况下，由于关系双方对对方的依赖水平均很低，双方之间的互动竞争性非常强，每一个寻求利益最大化的渠道成员都会为了达到自己所期望的目标而不惜动用强硬的手段。正是这种关系的即时性使得强制影响战略的实施不会令其使用者付出更多的成本，因而在这种渠道关系中渠道权力的应用通常是以强制影响战略的形式出现的。与之相反，当关系中相互依赖的总量达到一定高度时，无论关系双方之间的依赖结构是否平衡，关系中的每一方对于对方目标的实现都具有重要影响，因而此时渠道成员如果使用强制性影响战略的话，会对渠道关系的质量产生严重的负面影响，从而影响渠道关系双方的绩效。问题的另一面是，当关系中的权力不平衡水平保持不变时，依赖总量的增加实际上是增加了关系中权力的总量。此时一方使用强制性影响战略对另一方施加影响的结果很可能是招致对方使用相同的影响战略对其进行报复，因为双方手中的权力水平都很高。在这种情况下，关系双方都具有一种惧怕对方报复，从而影响其绩效的心理，因而都会避免使用强制性影响战略。因此，在这种渠道关系中，非强制影响战略是渠道权力应用的主要方式。在一个渠道成员使用非强制性影响战略的情况下，渠道关系对方也会使用非强制性战略，从而会促进渠道关系双方形成更高的一致性，并提高渠道关系的协作水平。

---

① 董春艳，张闯．渠道权力结构与进场费的作用关系——基于中国家电渠道的案例研究［J］．中国工业经济，2007（10）：119-126．

可见，由于渠道成员之间的相互依赖，不仅渠道系统中总是存在着一定水平的权力，并且每一个渠道成员也都拥有一定水平的权力，每个渠道成员都可以根据自己在渠道关系中的地位和想要达到的目标来选择应用权力的方式，而权力关系的平衡与否以及渠道关系中权力的总量都会对渠道成员应用权力及其结果产生重要影响。

5.3.2 渠道权力结构的演化机制

渠道关系中的权力结构不是一成不变的，而是一直处于运动变化的过程中。推动渠道权力结构不断变化的重要因素是权力的两个关键属性——工具性和对称性。权力的工具性是指权力可以被其拥有者用来牟取利益，这一点我们已经在前面有所述及。而权力的对称性则与权力的工具性直接相关，它是指任何权力的应用都会导致一个相反的权力的应用来抵消其影响。在这两个要素影响下的渠道权力作用的机理如图5-3所示。由于渠道权力的工具性，渠道权力主体总是倾向于使用权力，用以获取渠道收益。这种权力应用的结果是渠道权力结构趋向于分化，而不是平衡，这是由于拥有权力优势地位能够为权力主体带来超额的收益，所以它将努力保持或进一步拉大关系中的权力差距。问题的另一面是，权力主体使用权力的结果总会导致权力客体应用抵消性权力来抵消其影响。权力客体的抵消性权力可能来自其所拥有的对于权力主体而言重要的资源而产生的权力主体对客体的依赖，而当这种依赖不足以产生有效的抵消性权力时，权力客体将会寻求其他权力来源，增强其所拥有的抵消性权力。实际上，权力客体抵消性权力增加的结果是在一定程度上改变了渠道关系中双方权力差距的对比，从而促使权力结构向平衡方向运动。并且，由于权力的工具性，渠道权力客体也同样拥有寻求更大的权力以改善其不利地位的动机。这样，权力的工具性与对称性实际上对渠道权力结构施加了两种相反的影响，而渠道权力的结构就是在这两种力量的影响下不断地运动变化的。从这个角度来看，渠道关系中权力结构的平衡是一种例外情况，而渠道权力的不平衡才是一种常态，前者不过是后者运动变化中暂时出现的均衡点，权力的工具性使得这种均衡状态无法持续。

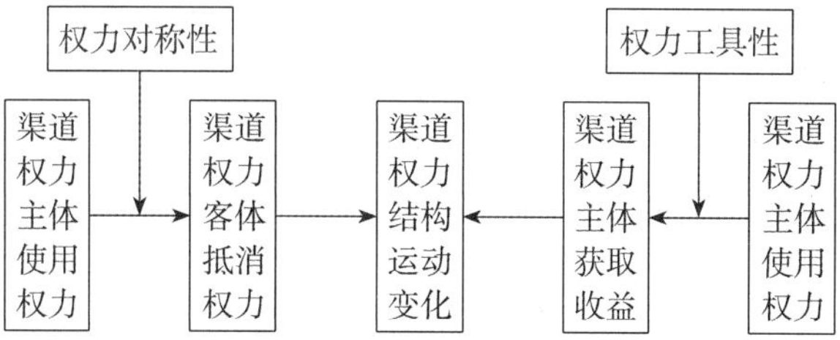

图5-3　渠道权力的使用与权力结构演化机制

5.3.3 渠道权力结构与企业的权力平衡策略

由于权力的工具性，拥有权力优势地位意味着主导渠道关系以及获取更多渠道收益的能力。因此，渠道关系中的双方根据自己的权力地位都会选择相应的权力策略——权力优势一方会努力保持或增加权力差距，而权力弱势一方则会努力增加权力，尽量平衡倾斜的权力结构，并在可能的情况下改变权力倾斜的方向，即变成主导交换关系的权力优势方。

1）不平衡的依赖：渠道权力客体的策略

结合渠道权力产生的基础与渠道关系中的依赖关系，处于相对弱势地位的渠道权力的客体可以采取以下策略来抵消权力主体的影响，并改善其权力地位[①]：

（1）发展战略性资源。渠道权力的倾斜主要是因为权力关系双方所占有资源的不平衡，因此，在渠道权力关系中处于弱势地位的一方首先应当发展战略性资源，增加权力赖以产生的基础。增加这种战略性资源的意义是：一方面在于改变关系双方力量的对比，抵消更多的影响力；另一方面则在于发展这种战略性的资源能够向对方提供更多的效用，增加对方对自己的依赖。如2004年国美电器和格力空调爆发了激烈的渠道冲突，结果造成了格力空调全部从国美电器销售体系撤出。为了应对大型电器连锁店的影响，格力空调加大了专卖店的建设力度，此举在于发展其自己的销售网络，减少对大型专业店的依赖。

（2）组织联盟对抗。如果在倾斜的权力关系中双方力量的差距过大，处于弱势的一方单凭自身的力量无法更多地抵消权力主体的影响，那么权力客体的另一种有效的对策就是在渠道系统内组织一个联盟，以集体的力量增加对权力主体的影响。在垂直营销系统中发展起来的由批发商主导的自愿连锁组织和零售商合作组织就是中小型中间商通过结成联盟的方式来对抗大型制造商权力影响的典型形式。如2004年上海家乐福与其炒货产品供应商由于进场费问题爆发了激烈的渠道冲突，由于家乐福在渠道关系中居于权力优势地位，所以拒绝任何炒货供应商的要求。无奈之下，炒货供应商通过上海炒货行业协会达成了联盟，联盟声称如果家乐福不做出让步的话，那么所有炒货供应商将集体从家乐福撤出。迫于炒货供应商联盟的压力，家乐福不得不做出了相应的让步。

（3）寻求替代者。倾斜权力关系中的客体的另外一种增强自身权力的选择是寻求一个能够向自己提供类似服务的替代者，从而减少对权力主体的依赖程度。在竞争性较强的市场中，找到一个替代者是相对容易的，问题在于在渠道权力结构形成以后，即使存在众多替代者，但权力客体却可能由于较高的转换成本而无法轻易转向替代者。这就要求实力较弱的渠道成员在与实力雄厚的企业建立渠道关系时，要未雨绸缪，做好这方面的准备。制造商在分销宽度上选择密集分销或选择性分销而不是独家分销即是增加这种替代性的方案，中间商对经销品牌的多元化选择也是这种替代性方案的具体策略[②]。

（4）减少专用资产的投资。在存在效用的替代性来源，而权力客体却不能轻易转换效用提供者的情况下，大多是由于权力客体对特定关系的专用投资过多而导致了较高的转换成本。这种针对特定关系的投资所形成的专用资产是针对特定渠道伙伴的，一旦转换渠道伙伴，这些专用性资产都将成为沉没成本，无法用作他途。因此，要减少对权力主体的依赖，就要减少这种类型的投资，降低转换壁垒，在能够转换渠道关系时，增加自己的自主性。

---

① 张闯，夏春玉．渠道权力：依赖、结构与策略［J］．经济管理·新管理，2005（2）：64-70．
② 张闯．渠道权力与分销密度问题研究［J］．经济管理·新管理，2004（12）：70-77．

（5）双边锁定。一旦渠道权力客体发觉自己由于专用资产的投入已经被权力关系对方“单边锁定”了，则权力客体除了忍痛中止渠道关系外，还有一种更佳的选择，那就是争取将自己的“单边锁定”转变成相互依赖的“双边锁定”。显然这种“双边锁定”的形成需要权力主体也向关系内投入专用资产。一种可能的途径是争取渠道权力主导方的投资，如中间商与其大型制造商合资建立新的分销机构，或制造商与大型中间商合资建立新的生产机构都是将“单边锁定”转向“双边锁定”的实例。

（6）发展自身的稀缺性。这是一种更加富有创造性的策略，通过使自己变得更加稀缺来增加渠道权力主体对自己的依赖，从而在更大程度上抵消其影响力。发展自身稀缺性的一个有效途径是增强自己在某一领域的专业能力，使自己具备其他竞争者（自己的替代者）所不具备的专长。

2）不平衡的依赖：渠道权力主体的策略

对于倾斜权力关系中的权力主体而言，由其主导的渠道系统将使渠道资源和利益按照有利于自己的方式进行分配，因而权力主体有一种继续维持或增强这种不平衡状态的动机。权力主体可以选择的策略有以下几种①：

（1）增加资源的占有。在倾斜的渠道权力关系中，权力主体维持或继续增强渠道权力倾斜性的一个首要做法就是继续获得并占有更多的战略性资源，继续增加与权力客体的实力差距。制造商寻求纵向或横向的一体化战略、投资于“拉引战略”、建立品牌偏好等策略均是增强自身实力的典型方式。

（2）隔离替代资源。权力主体继续维持或增加权力客体对自己依赖的另一种重要策略是尽量减少权力客体寻求并转向替代者的可能性。一种典型的做法是将替代来源与权力客体隔离。如制造商要求中间商独家代理其品牌产品，中间商要求独家分销或高度选择性分销都是这种将替代来源隔离的策略②。

（3）阻止联盟的形成。阻止权力客体形成反抗联盟也是维持权力倾斜状态的一种重要策略。正如社会学家布劳所指出的那样，如果权力客体群体共同感受到了权力主体的影响和“剥削”时，他们将结成联盟进行反抗③。因此，阻止联盟形成的一个重要途径就是为每个权力客体提供不同的利益和义务方式，以在它们之间形成差异化的感受。大型制造商分别向不同的中间商提供不同标记、包装、款式但却是标准化生产的同质产品，就是这种创造感受差异的重要策略。

（4）单边锁定。维持或增加权力客体的依赖的另一种有效策略即是将其“单边锁定”在特定的渠道关系中，增加其转换的壁垒。这种“单边锁定”的主要形式就是吸引权力客体向特定关系进行专用投资。这通常需要权力主体提供一些“补偿性依赖”，如制造商提高市场覆盖的选择性，中间商减少经营竞争性品牌的种类来换取权力客体对关系的投入。

（5）发展自身的稀缺性。如同权力客体发展自己的稀缺性以增加权力主体对自己的依赖一样，权力主体也可以诉诸这种策略，以使权力客体更难寻求替代者。对于渠

---

① 张闯，夏春玉．渠道权力：依赖、结构与策略［J］．经济管理·新管理，2005（2）：64-70．
② 张闯．渠道权力与分销密度问题研究［J］．经济管理·新管理，2004（12）：70-77．
③ 布劳．社会生活中的交换与权力［M］．孙非，等译．北京：华夏出版社，1988．

道权力的主体而言，要发展自己的稀缺性除了要发展一种具有差异化的专业能力之外，还应当致力于减缓横向竞争的程度，因为过度的横向竞争意味着为权力客体提供更多的替代来源。

（6）减少需求。从另一个角度思考权力主体的意图，则可以得出一个更富有创意的方法，即通过减少对权力客体的依赖程度，从而增加客体对自己的净依赖程度。这个目的的达到是通过权力主体减少对权力客体所提供效用的需求来实现的，这种减少的需求可能是真正的减少，也可能是一种类似于扬言投资于自己提供某种服务的象征性减少。如制造商投资开设网络渠道以减少对实体分销商渠道的依赖。

最后必须指出的是，上述各种策略在相互依赖的渠道关系中的运用远没有我们叙述的这样简单，特定渠道关系中的任何一方都不愿意使自己处于过度依赖对方的被动地位，因而渠道关系中的依赖关系以及由此体现出来的渠道权力结构往往是关系双方在不断控制与反控制以及不断讨价还价中形成并发展变化的。

本章小结

在渠道系统中，依赖是一个渠道成员为了实现其所期望的目标而需要与其他成员保持合作关系的程度。由于渠道成员在功能上的专业化，渠道成员之间是相互依赖的。渠道成员之间之所以相互依赖，是因为任何一个渠道成员都不拥有执行全部渠道功能所需要的资源，因而渠道成员之间相互依赖的本质是对彼此所拥有的资源的依赖。对于渠道系统而言，相互依赖是渠道关系的本质特征，不仅整个渠道功能的完成有赖于渠道成员之间的相互依赖与配合，并且每一个渠道成员要想实现其自身的目标也必须依赖其他渠道成员的配合，即每一个渠道成员都在一定程度上依赖于其他渠道成员提供的资源实现既定的目标。

渠道成员对其渠道伙伴的依赖水平取决于两个方面的因素。首先，渠道伙伴所拥有的资源对于渠道成本实现目标的价值越大，它对渠道伙伴的依赖水平就越高。其次，渠道成员从其他渠道伙伴那里获得替代资源的程度，可替代资源的提供者越少，或者存在替代来源但转向替代者的成本过于高昂，则依赖水平就越高。

渠道权力是一个渠道成员对渠道内处于不同层次上的另一个渠道成员的营销战略决策变量施加控制的能力。在社会交换理论中，权力来源于他人的依赖。对渠道权力的分析通常涉及以下几个基本的维度：权力的领域、权力的范围、权力的强度、相对权力、权力的总量。

渠道权力的性质涉及对权力这一渠道关系要素的价值判断，即它对于渠道系统的运行与绩效而言是好的、坏的，还是在价值方面是中立的。一种观点认为权力是其所有者对其他对象进行剥削的手段。另一种观点认为权力对于提高交换关系中的协作程度具有积极作用，并且拥有权力优势并不必然导致不公平地使用权力。第三种观点将渠道权力视为没有价值内涵的中立性工具。

营销学者关于渠道权力的来源目前存在两种观点：一种观点认为渠道权力来自渠道成员的依赖；另一种观点则认为渠道权力来源于社会权力的基础——奖赏、强制、专长、合法性、认同与信息。前一种观点建立在社会交换理论的基础上，后一种观点建立在社会心理学理论的基础上，这两种观点在企业资源这一更深层次上实际上是统一的。

在营销渠道理论中，有两种被学者们广泛采用的概念化方法：一种方法将权力的应用视同企业所拥有的权力基础的应用；另一种方法则认为渠道权力的应用是渠道成员对其渠道伙伴实施的影响战略。渠道权力应用会产生以下三种一般的结果：服从、认同和内化。

根据关系双方对彼此的依赖水平，渠道关系中可能出现四种比较典型的渠道权力结构：高度权力均衡、低度权力均衡、权力向A倾斜、权力向B倾斜。渠道关系中的权力结构不是一成不变的，而是一直处于运动变化的过程中。推动渠道权力结构不断变化的重要因素是权力的两个关键属性——工具性和对称性。

处于相对弱势地位的渠道权力的客体可以采取以下策略来抵消权力主体的影响，并改善其权力地位：发展战略性资源，组织联盟对抗，寻求替代者，减少专用资产的投资，双边锁定，发展自身的稀缺性。

处于权力优势地位的渠道权力主体可以采取以下策略：增加资源的占有，隔离替代资源，阻止联盟的形成，单边锁定，发展自身的稀缺性，减少需求。

拓展学习

渠道权力的使用效果研究——基于元分析技术①

1）文献综述与研究思路

（1）渠道权力的概念与分类

权力是一个渠道成员对另一个处于不同层面上的渠道成员的影响决策变量施加影响与控制的能力。

渠道权力有不同的分类方法，其中最重要的是将其分为强制性权力和非强制性权力。一些学者将社会学中的“五种权力基础”引入渠道权力的研究中，并首次按照“是否带有强制性”的标准，将惩罚权归为强制性权力，而奖赏权、专长权、认同权、合法权则归类于非强制性权力，之后被学者们广泛关注的“信息权”也加入了非强制性权力一类。另一些学者认为，权力来源基础更偏重权力的拥有，而非权力的使用，在他们提出六种影响策略（influence strategies）——威胁、诉诸法律、许诺、奖赏、请求和信息交换中，将前三个归为强制性权力，后三个归为非强制性权力。无论是权力来源基础还是影响策略，都是被学者们广泛认可的表述渠道权力的概念，且都认为

① 赖弘毅，晁钢令. 渠道权力的使用效果研究——基于元分析技术［J］. 南开管理评论，2014（1）：95-104. 删去了文中夹注和参考文献。

按照强制性与否的区分是最重要的分类方式。

（2）渠道权力的使用效果

渠道权力是渠道行为的基础变量，研究它与后置变量的关系，其实也就是在研究使用渠道权力的效果问题。与渠道权力存在关系的多个后置变量，并非在一个水平结构上的，但长久以来学术界对此并没有足够的关注。由于渠道成员之间的交换属于一种特定的社会交换，因此我们尝试从社会交换理论去为渠道权力的使用效果做出时间维度上的分类。个体由于期待报酬而发生交换，然而报酬又分为内在性报酬和外在性报酬。前者从社会交往关系中取得，比如乐趣、赞同、爱、热心、感激等，是在社会交往关系确定之后的长远目的；后者则从社会交往关系之外获取，是实现长远目标的手段，比如金钱、邀请、帮助、服从。为了让外在性报酬顺利向内在性报酬过渡，个体需要处理一系列两难问题（利益、支援、赞同、独立性等），因此会选择一种与交换伙伴的“亲密水平”，也就是合作的频率与深度。根据上述理论，笔者将渠道权力使用效果中的经济绩效和屈从划为“短期效果”，因为它们是使用权力时所期待的外在性报酬；将满意、信任、承诺划为“长期效果”，因为它们是渠道伙伴在一定的相互理解之后形成关系才可获取的内在性报酬；冲突与合作则是渠道伙伴在兼顾内在性报酬和外在性报酬时所选择的“亲密水平”，因此相对于前两者属于“中期效果”。从态度理论的角度看，经济绩效和屈从属于使用权力的最直接目的，更具有一次性的意味；冲突与合作是一种行为状态，有一定的时间延展性；而满意、信任、承诺则是一种心理状态，相对于行为状态则更加稳定。综合社会交换理论和态度理论，各种效果变量可以分为短期、中期、长期三类。

①短期效果——经济绩效、屈从

在交易营销的观念下，使用渠道权力正是为了获得即期效果，如让渠道伙伴屈从或者获得经济绩效。以往研究发现：企业使用非强制性权力更容易让渠道伙伴屈从自己，获得经济绩效，然而使用强制性权力则没有效果。

学者们的普遍观点是，因为经济绩效和屈从容易受到当前环境因素的限制，要将环境因素剥离掉而单独探析渠道权力对它们的影响并不容易，因此本文对短期效果的研究结论持保留意见。

②中期效果——合作、冲突

合作是指渠道成员为了达到共同目标采取的互利性行为；冲突是指一个渠道成员意识到另一个渠道成员正在损害自己利益以获取稀缺资源。它们也是渠道问题中的重要变量。目前，关于渠道权力与合作、冲突关系的研究存在较大的争议。一部分学者认为，使用强制性权力不利于合作而增加冲突，而非强制性权力则有相反的效果；但也有不少学者认为，强制性、非强制性权力的使用与渠道成员间的合作、冲突水平的关系并不是那么简单，他们的研究确实发现了不同的结论，比如强制性权力与合作的关系并非线性，非强制性权力与冲突水平也有正向的关系等。

③长期效果——满意、信任、承诺

随着关系营销理念的推广，满意、信任、承诺成了渠道问题中的重要变量。多数学者认为，强制性权力包含了诸多非善意的因素，不利于渠道成员间的关系，而非强制性权力则体现了关系的友好。因此学者们普遍认为，强制性权力与满意、信任、承诺呈负向关系，而非强制性权力则与它们呈正向关系。但与“普遍意见”相左的研究也不在少数，不仅有研究发现非强制性权力对渠道间的信任水平没有显著影响，强制性权力与满意的关系不显著，甚至有研究显示强制性权力与满意正相关的结论。

（3）研究现状的缺陷

已有关于强制性权力、非强制性权力的各个使用效果的实证研究结论显示，几乎在每个使用效果上都存在争议，因此对这些研究的结论做一个有效的总结和澄清是必要的，尤其需要对各个使用效果做一个时间维度上的纵向比较（见图5-4）。除此之外，对文化背景因素、行业因素、权力使用方、权力测量方式这四个造成研究结论不一致的因素做比较分析，这对完善渠道理论、缝合交易营销与关系营销两种理念下的理论裂缝、指导实践都有重要的意义。

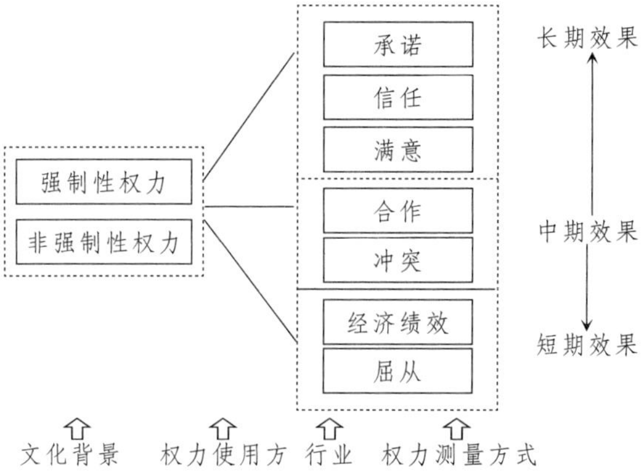

图5-4　渠道权力的使用效果整体研究框架

2）研究方法

本文采用了国际上近来较为流行的基于已有实证研究的量化综述研究方法——元分析（meta analysis），对渠道权力的使用效果做一个整体研究。元分析是一种通过前人的定量研究发现新问题并解决的研究方法，主要思路来源于“合并统计量”。元分析将“同一主题、特定问题”的定量研究进行整合之后做再次的分析，得到更普适性的统计结论，并能找到各研究间差异的原因。

3）研究结论

（1）无论是强制性权力还是非强制性权力，其短期效果都不明显

经济绩效的效应值不显著。由于受到外界环境因素的制约，经济绩效未必与渠道权力的使用有直接关系。但令人意外的是，渠道权力与屈从之间的关系不显著。按照常理，行使渠道权力正是为了让渠道伙伴屈从，但元分析却否定了这一常规理解。或许渠道权力是让渠道伙伴屈从的一个办法，但是其效果非常依赖于具体的实践，让渠道伙伴屈从并不依赖强制性权力或非强制性权力的简单运用，而是它们之间的巧妙搭配。虽然元分析的结论否定了渠道权力在短期效果上的有效性，但需注意的是，由于失安全系数较低，该结论较容易被遗漏的或者被新发表的文献否定，短期效果的问题

仍值得学者做进一步关注。

(2) 渠道权力的绝大部分中长期效果明显

多数研究认为，强制性权力具有消极作用，而非强制性权力则有积极作用。元分析的结果显示，强制性权力与承诺、信任、满意、合作有显著的负向关系，而与冲突有正向关系；非强制性权力与承诺、信任、满意、合作则有显著的正向关系。这个结论大致符合了学术界的主流意见，但本文发现：首先，强制性权力的中期效果最佳，之后才是长期效果；其次，在非强制性权力的所有效果中，信任的效应值最大。元分析本身不能回答这些发现是何原因，但指引了一些新的研究方向：渠道权力在中期效果与长期效果之间是怎样的一个扩散机制？信任在所有的效果变量中处在何种特殊位置？该如何对待使用渠道权力所带来的行为状态和心理状态的关系？

(3) 非强制性权力与冲突水平的关系不显著

依据常理，非强制性权力能促进合作，增加满意、信任与承诺，依理其也能降低冲突水平，但在对多篇文献结论的合并统计量后，却发现这一说法得不到支持。笔者再次仔细阅读已有的相关文献，从 Brown 等的论述中得到了一种可能的解释：学者们往往搞混了权力使用和冲突水平的因果关系，未必是权力的使用造成了冲突水平的变化，也可能是冲突水平本身决定了渠道成员采取何种权力，如果基于因果关系倒置而设计的研究，往往得不到正确的结论。除此之外，笔者还推测了另一个原因：已有的研究多是以争执发生的频率来测量冲突水平，而不区分冲突的性质，但是如信息交换这样的非强制性策略，交换意见必然使渠道成员争执，可这同时也是对渠道关系有利的，冲突性质的混淆会掩盖非强制性权力与冲突水平之间的真正关系。该结论对今后的研究有一个重要的提醒：研究者不能只是笼统地以发生频率测量冲突水平，对冲突做出性质上的区分是一个不容忽视的问题。

4）渠道权力使用效果的影响因素

(1) 文化背景因素

元分析在对样本来源地的分组研究中发现，文化因素对渠道权力的多种使用效果（承诺、信任、满意、合作、冲突）都有影响。研究结论显示，无论是强制性权力还是非强制性权力，东方文化背景下的中长期效果普遍好于西方文化背景下的中长期效果。这些结论留下了如下疑问：这是因为东方文化更讲究人际的相互感应，还是因为东方文化对于承诺、信任、满意的内涵理解与西方不一致，或者是在行使权力的过程中西方文化更具工具性而东方文化更具关系性？这都是元分析的发现所留下的进一步研究空间。

(2) 权力使用方

目前几乎还没有专门关于权力使用方的研究文献，但元分析发现，当效应值按照权力使用方是来自制造商或分销商时是有差别的，虽然渠道权力在冲突、合作、信任等方面的效果受到了权力使用方的影响，但我们却无法总结出效应值的分布规律。权力使用方对渠道权力使用效果的影响根源是什么、是不是体现在其他的隐性因素上（如依赖的不对称、管理行为的差异、经营理念的不同等），这些问题只能期待进一步的研究去回答。

（3）行业

与权力使用方一样，在行业对渠道权力使用效果的影响作用上也有类似发现。为了分析的可行性，我们需要各类别样本数量平衡，因此将效应值的行业背景按照生产资料部门和消费资料部门分开。可惜的是，研究结论仍然无法显示出效应值的分布规律。行业对渠道权力效果的影响也是一个值得深入谈论的话题，比如行业的风险性、垄断特性等。

（4）权力的测量方式

除了文化背景、权力使用方、行业这些客观的因素之外，不能忽略的是，造成渠道权力使用效果研究结论的冲突是否有可能来自学者们自身的偏颇？权力来源基础和影响策略及其概念下的量表开发无疑是对测量渠道权力的最大贡献之一，从而我们见到这两种测量方式在渠道行为理论研究中的最广泛使用，但两者在理论和研究思路上的不一致也成了渠道理论研究和方法论统一的桎梏。元分析发现，当分别使用权力来源基础和影响策略测量渠道权力时，强制性权力和非强制性权力在承诺、满意、信任、合作效果上有均有差异。由此可见，渠道权力的测量方式问题是一个重要又基础的问题，迫切需要学者们在这方面做出新的思考与改善。

（5）非强制性权力比强制性权力更稳定

综合以上研究结论，我们得到一个有趣的发现，强制性权力的效果更容易受到各种因素的影响，相比之下非强制性权力的效果受到较少的影响。为何非强制性权力比强制性权力的效果更稳定？是否应归结为另一个因果关系：并非强制性权力效果更不稳定，而是当环境不稳定时企业倾向于使用强制性权力，反之则倾向于使用非强制性权力？元分析的发现确实给我们留下了诸多亟待解决的疑问。

5）研究贡献与不足

目前关于渠道权力使用效果的理解是基于时效理论和态度理论的推断，认为使用强制性权力是为了在短期中达到目的，但会因为包含强迫感并缺乏尊重而与承诺、信任、满意、合作水平负相关，与冲突水平正相关；非强制权力则正好相反。本文用元分析技术整合了已有的42项实证研究，发现两种渠道权力的使用效果并不简单地符合直观的理解。短期作用的失效、与冲突水平关系的不定、与信任的高联系性，以及多种使用效果的各不相同的稳定性，都是新的重要发现。元分析的结论在一定程度上澄清了渠道权力理论领域的意见分歧，并首次建立了渠道权力的不同时期使用效果之间的定量关系，更为重要的是，它还提出了一系列新的问题，这对将来的研究有一定启发。

本研究对企业的渠道管理实践活动也有一定的指导意义。由于竞争压力大、环境变化快，中国企业一直有寿命短、渠道伙伴变动频繁的特点，企业在做渠道决策时往往得不到充分的信息。文化背景、行业、权力使用方是渠道中的显性因素，企业可以将它们作为快速决策的依据。

与所有元分析的局限性相同，本文的元分析也存在着诸多局限。比如仅对几个疑似影响因素进行了分析，但是并不能明晰是否存在其他更重要的影响因素（因为不能将其编码而被笔者忽略）。此外，已有的所有实证研究蕴含着学者们对渠道权力以及各种渠道变量的各自理解，而由于编码的需要不得不被我们做了概念上的简化合并，这不但损失了学者们的智慧，同时也使本研究的结论可能有失偏颇。元分析给了研究者们一个重要的提醒：渠道权力理论的问题仍是非常复杂的，我们远没有接近能将它完善的彼岸，这不仅是因为该问题涉及太多的因素，还有来自学术界对它的研究思路和方法的不足，因此对渠道权力的研究仍需要学者们投注更多的精力和开创更新的研究思路。

复习思考题

1.什么是渠道权力？
2.什么是渠道依赖？它与渠道权力之间的关系是什么？
3.渠道权力的来源有哪些？
4.渠道成员如何应用渠道权力？
5.渠道权力应用的结果有哪些？
6.如何理解渠道权力的性质？
7.渠道关系中，渠道权力的结构包括哪些形态？
8.渠道关系中的权力结构演化的动力机制是什么？
9.渠道关系中的优势方可以利用的权力策略有哪些？
10.渠道关系中的劣势方可以利用的权力策略有哪些？

案例分析

爱施德：依赖与平衡①

曾几何时，爱施德等国包商与诸多省包商一起定义了“渠道为王”。除诺基亚早早放弃国包分销模式外，爱施德几乎可以获得任何一个手机品牌的代理权。然而，在互联网时代“去中介化”的大势之下，这家业内规模庞大的中间商活得并不容易：2014年公司实现营业总收入484亿元，较上年同期增长20%；实现营业利润-5 358万元、利润总额3 276万元、归属于上市公司股东的净利润2 927万元，分别较上年同期减少105%、97%、96%。面对供应商的渠道削弱、线上渠道的冲击，爱施德的策略与发展充分展示出渠道中依赖与权力的变幻莫测。

行业发展变迁，渠道话语权旁落

2009—2013年是3G时代的5年，由功能机向智能机更新换代，3家运营商竞争空

① 梅花园.小米们起来了，曾经吃渠道利润的爱施德们怎么办[EB/OL]. [2015-03-02]. https：//www.huxiu.com/article/109276.html. 经过改编。

前激烈，国内市场手机品牌商的份额此起彼伏，国包商的话语权逐渐旁落。爱施德核心供应商的份额占到其采购成本的80%左右，这些合作品牌的选择决定着爱施德的发展甚至生死。透过与爱施德的合作关系变化，也能看出这些品牌的势力变化以及手机行业的快速变迁。

(1) 三星、苹果共占高端市场。三星是爱施德最大的合作伙伴，这与三星在国内市场第一的地位也是相称的。自从2009年中国联通引入苹果后，爱施德就开始成为苹果重要的合作伙伴。爱施德在高端品牌产品上的布局，逐步形成了三星和苹果两个重心、互相权衡的局面。

(2) 海外品牌逐步衰落。在高端市场上，索尼爱立信、摩托罗拉逐步淡出。2011年，索尼出资独占索爱并成立索尼移动，索爱正式退出手机市场。也是在2011年，谷歌收购摩托罗拉，摩托罗拉在国内的业务愈加惨淡。

(3) 运营商话语权加强。2011年，中国移动成立终端公司，加强产业链话语权。对于一些优质产品，爱施德无法直接拿到，只好从移动终端公司那里进行二次代理，毛利大大降低。2011年和2012年移动终端公司都是爱施德的核心供应商。2012年爱施德出现了成立14年来的首次巨亏，运营商话语权的加强是重要因素。

(4) 国产品牌强势崛起。在诺基亚、摩托罗拉、索爱等海外品牌退出市场的同时，国产手机品牌强势崛起。自2012年开始，华为、小米成为爱施德核心供应商，两年时间，二者合作份额从13%提升到25%。

三星渠道改革，爱施德受冲击

2010年年底，三星在中国市场上进行第一次渠道改革，将之前一直坚持的国包商“分销”模式改为“分销+直供+平台直供”模式，促进渠道扁平化，也是在一定程度上“去中介化”。具体执行策略是，自2010年12月开始，减少国包商数量和合作机型数量，同时，对苏宁、国美等主要连锁零售商、部分手机专业连锁零售商和部分区域手机零售商进行直供或者通过平台进行直供。这直接导致了爱施德2011年采购三星产品份额从2010年的62%降到41%，份额占比下降了1/3。也是在这种背景下，出于补充国包产品的诉求，爱施德加大了与苹果产品的合作力度，也开始大量引入移动终端公司的产品，进行二次代理。从这次三星改革开始，爱施德的利润逐步下滑。

2014年年底，三星在中国市场上进行第二次渠道改革。这次改革是将国包商“分销”模式下沉到FD模式。FD模式是省包和直供模式的折中，即手机厂商在省级设代理商，代理商只负责搭建资金、物流平台，不负责开发下一级客户，由三星直接与零售商对接。通过这种方式，进一步压缩渠道层级，缩减中间利润空间，加大对末梢的控制力度。具体执行是，将中国内地市场分为31个省（自治区、直辖市）、65大区域，面向全国招标FD平台商，11月底开始正式竞标。从招标结果来看，65个平台大多是本省的地方代理商中标，几个国包商各拿了几个省份，爱施德只拿到5个左右。

这意味着，可能从2015年起，三星不再是爱施德的核心供应商，对很多三星产品，爱施德不得不从平台商手中获取，可以获得的利润空间更小。2015年1月，爱施德总裁乐嘉明辞职，他在2012年进入爱施德之前，曾担任过三星电子中国区移动通信事业部销售总经理。这一系列举动标志着爱施德彻底走出最甜蜜的“三星时代”，需要更大的转型。商业上没有永恒的朋友，三星的改革让爱施德受影响最大；也没有永恒的敌人，同是国包商的移动终端公司，也能成为重要的合作伙伴。

借互联网风口，爱施德受青睐

2011年小米手机推出时，爱施德成为第一个与其合作的线下代理商。在合作之初，爱施德还和小米因为价保的事情闹得有点僵。一般情况下，手机厂商都对渠道商承诺一定的价格保护政策，两周、四周、八周或者全程价保。如果手机价格站不住脚或者突然调价，要向渠道商提供一定的促销资源，这一点足见渠道商的话语权。而小米的很多产品是不提供价保的，而且调价的过程也是神神秘秘的，初次合作的线下渠道商都吃过亏。但因为小米手机在线下具有较高的溢价能力，也给渠道商带来了切实的好处。

从小米开始，渠道商与互联网品牌合作基本上都是跟着互联网品牌手机的操作节奏，正像前华为荣耀业务总裁刘江峰所说的，在互联网品牌上，手机厂商“携用户以令渠道”，获得了话语权。因为爱施德在操作互联网品牌上积累了一定的经验，而且渠道覆盖T1-T6，资金、物流、售后等各方面能力都比较强，这也是互联网品牌线下操作所看重的。所以，2014年互联网手机品牌大爆发之际，爱施德成为互联网品牌看重的线下渠道商：

2014年，魅族“千店计划”中，爱施德是重要的线下合作伙伴。

2014年3月，爱施德与华为荣耀进行战略合作。

2014年8月，爱施德与锤子合作，成为其线下独家分销商

2014年9月，爱施德与小米一同进入印度，拓展国际市场。

2014年11月，爱施德与酷派大神进行战略合作，以50亿元共建线下渠道。

2015年刚刚开始，爱施德操盘的互联网品牌开始向乡镇进军。小米乡镇墙体广告“小米手机就是快”覆盖10个省100个区县国道、省道周边1 000面墙。酷派大神首批墙体广告覆盖8省56县区560余面墙。同时，爱施德与酷派大神合作建设终端阵地，专区专柜进驻一线百家门店。

中间商谋发展，打通线上线下

如果从销量规模来看，近4 000万部的销量已经让爱施德在业内占据重要地位。然而，自2010年上市以来，爱施德销售毛利率一路下滑，从2010年6月的16.64%下降到2014年9月的3.43%。如果仍然依赖传统的简单分销模式，必然走向死胡同，想继续存活下去就要寻找新的价值点，增强自身在渠道中的竞争力和黏性。对此，爱施德的主要渠道策略有两点：

(1) 打造B2B电商平台，压缩中间流通环节，提高存货周转率和销售毛利率。2014年6月，爱施德出资3亿元分阶段收购天猫卖家山东三际90%股权。山东三际是天猫商城及淘宝最大的手机卖家，集B2B与B2C于一体，经营品牌手机、合约机及运营商号卡。2014年10月，爱施德自有电商B2B平台“1号机”上线，整合了爱施德在线和酷人在线，依托近4万家的销售渠道终端，尤其是抓住中小渠道客户市场，逐步改善分销业务的作业流程和运营管理体系，深入开展O2O分销业务模式。平台搭建

是基础，提升平台服务是关键。2014年12月，爱施德牵手互联网网贷平台盈联网，结合B2B电商平台，开展供应链金融服务。继续代理优质产品，有效结合移动转售业务，加强物流、大数据等相关服务，是爱施德要继续发力的地方。

（2）以终端为载体，布局移动互联网，谋求更多的增值方式。手机厂商在向“免费”模式发展，作为渠道商，获得直接利润会越来越少，结合硬件载体，寻找更多的增值方式是大方向。爱施德的布局是：以移动转售业务为桥梁和抓手，以终端为载体，以应用服务为核心，整合公司内外部资源，推进公司整体移动互联网战略布局。在移动转售业务上，爱施德获得了三家运营商的移动转售资格，推出虚拟运营商品牌“U.友”，面向消费者推行C2B自由定制套餐，将逐步与手机终端进行结合；也探索面向垂直行业的合作，如与货车帮成立合资公司，将移动转售与货车帮平台信息、物流渠道等资源结合，欲打造“货运物流综合服务第一平台”。在应用服务上，收购迈奔灵动和彩梦科技，加强游戏产品研发及推广；收购整合机锋科技与磨盘时代，增强应用分发业务与移动广告业务；入股全彩时代，布局互联网彩票业务。

截至2017年，爱施德公司业务发展规模持续扩大，运营效率持续提升，公司实现营业收入5 673 587.05万元，较上年同期增长17.38%；公司实现营业利润45 008.56万元，利润总额46 974.08万元，归属上市公司股东的净利润37 896.76万元，较上年同期分别增长88.68%、68.98%、101.84%，呈现了收入和利润持续增长的良好经营态势。①

延伸阅读

［1］张闯.社会网络嵌入与营销渠道行为［M］. 北京：北京大学出版社，2014.

［2］张闯，张涛，庄贵军.渠道关系强度对渠道权力应用的影响——关系嵌入的视角［J］. 管理科学，2012，25（3）：56-68.

［3］Scheer L K，Fred M，Robert W P. Dependence and interdependence in marketing relationships: meta-analytic insights［J］. Journal of the Academy of Marketing Science，2015，43（6）：694-712.

［4］Hunt S D. The bases of power approach to channel relationships: Has marketing's scholarship been misguided［J］. Journal of Marketing Management，2015，31（7-8）：747-764.

① 来自爱施德2017年年度报告。

第6章

营销渠道冲突、合作与联盟

学习目标

通过本章的学习，理解渠道冲突、合作、信任、承诺及渠道联盟等核心概念；理解渠道冲突的原因、类型及解决方法；了解渠道合作的基本方式、渠道信任与渠道承诺的基本类型，以及渠道信任与承诺之间的关系；了解渠道联盟的基本形式，渠道成员建立渠道联盟的动机。

6.1 渠道冲突

6.1.1 渠道冲突的概念

冲突（conflict）一词来源于拉丁语“configere”，意为“碰撞”。从这个名词的本义来看，冲突几乎经常与诸如争夺、分裂、分歧、争论、摩擦、敌意、对抗等具有负面影响的意义联系在一起。但在渠道系统中，冲突的含义却并非只是上述消极的一面，渠道成员之间的冲突应该以一种更加中立的观点来看待。因为在渠道系统中，有些冲突不仅不是消极的，而且还具有一定的建设性，它会提高渠道的运行效率[①]。

在渠道行为理论中，渠道冲突（channel conflict）一般被定义为渠道成员之间相互对立的不和谐状态。当一个渠道成员的行为或目标与它的合作伙伴相反时，渠道冲突就产生了。渠道冲突以对手为中心，并且其目标也由渠道合作伙伴所控制。渠道冲突是渠道关系中的一种常态，其根源在于渠道成员之间既相互独立，又相互依赖的关系。渠道冲突主要表现为，一个渠道成员正在阻挠或干扰另一个渠道成员实现自己的目标或有效运作；或一个渠道成员正在从事某种会伤害、威胁另一个渠道成员的利益，或者以损害另一个渠道成员的利益为代价而获取稀缺资源的活动[②]。

虽然营销渠道中的冲突与发生在渠道中的竞争的概念意思相近，但二者是有区别的，不要相互混淆[③]。冲突是一种直接的、个人的、以对抗为中心的行为，竞争是一种以目标为中心的间接和非个人的行为。渠道冲突是一个渠道成员试图妨碍另一个渠道成员去实现目标，而竞争则是渠道成员为由第三方（如顾客、管理者或竞争者）控制的目标展开，竞争的各方与环境阻碍争斗，而冲突的各方则互相争斗。

6.1.2 渠道冲突的类型

渠道冲突随着其产生的主体、背景、原因等不同而呈现出多种多样的表现形式。

1）按照渠道冲突产生的主体分

（1）水平渠道冲突。水平渠道冲突是指同一渠道中，同一层次中间商之间的冲突。比如，某制造商的一些批发商可能指控同地区的另一些批发商随意降低价格，扰乱市场。营销渠道中的水平冲突，当发生在不同企业之间时，实际上是竞争对手之间的冲突，冲突的解决就是看谁在竞争中能够胜出或者被淘汰。

（2）垂直渠道冲突。垂直渠道冲突，也称为渠道上下游冲突，是指在同一渠道中不同层次中间商之间的冲突。例如，零售商抱怨制造商的产品品质不良，或者批发商不遵守制造商制定的价格政策。

渠道冲突理论更多关注的是垂直渠道冲突，这主要是基于以下两点原因：一方面，垂直冲突不仅经常发生，而且通过调节垂直渠道冲突能够更好地满足消费者需

---

① 科兰，等．营销渠道［M］．蒋青云，孙一民，等译．6版．北京：电子工业出版社，2003：196．
② 庄贵军，等．营销渠道管理［M］．北京：北京大学出版社，2004：304．
③ 罗森布罗姆．营销渠道——管理的视野［M］．李乃和，等译．7版．北京：中国人民大学出版社，2006：106．

求，从而提高企业的竞争实力；另一方面，良好的纵向渠道关系是一个渠道顺利且有效运行的前提条件，而关系的好坏取决于双方的行为（包括冲突与冲突的解决）。垂直渠道冲突也是营销渠道中最具特色的冲突，因为垂直渠道冲突是相互依赖的渠道成员之间产生的冲突，也就是说，渠道成员之间要先建立合作关系才能产生冲突①。

（3）多渠道冲突。多渠道冲突是指一个制造商建立了两条或两条以上的分销渠道，而这些分销渠道在向同一市场销售其产品时所产生的冲突。随着市场的细分和可利用渠道的不断增加，越来越多的企业开始采用多渠道营销系统，即运用渠道组合覆盖目标市场。比如，某制造商决定通过大型综合商店销售其产品，这会招致该制造商原有的独立专业店的不满。营销渠道中的多渠道冲突，很像一个企业内部不同业务单位之间的冲突，可以参考企业内部冲突的解决方法进行处理。

2）按照渠道冲突的发展程度分②

冲突意味着渠道成员之间互不相容的程度，据此，渠道冲突可以分为潜在冲突（latent conflict）、可觉察冲突（perceived conflict）、感觉冲突（felt conflict）和显性冲突（manifest conflict）等。

（1）潜在冲突。潜在冲突是由于各方利益分配不一致的情形引起的，常常以低水平存在，以至于渠道成员不能完全觉察到。在营销渠道中，潜在冲突最为典型。当所有各方都追求自己单独的目标，尽力保持其自主权，并且争夺有限的资源时，渠道成员的利益不可避免地发生冲突。

（2）可觉察冲突。当一个渠道成员意识到某种对立存在时可觉察的冲突才发生，如观点、感觉、情感、兴趣和意图等的对立。它是一种认知上的对立状态，可以察觉到渠道成员表现出的明显不满和敌意。

（3）感觉冲突。当情绪（感情）因素介入时，渠道将体验到感觉冲突或情感冲突。在这一阶段，渠道参与者把他们的渠道描绘成冲突的，因为组织成员体验到了负面的情感：紧张、焦虑、愤怒、沮丧和敌意。

（4）显性冲突。显性冲突是看得见的，因为它是用行动来表达的。在两个组织之间，显性冲突通常表现为相互阻止对方的发展并撤销支持。最坏的情形是，一方企图对另一方采取破坏或复仇性行为，从根本上阻止另一方达到其目的。

渠道冲突既是一种静态的渠道行为，也是一个动态发展的过程。从静态来看，渠道冲突的水平是可以被评估的。从动态过程来看，渠道冲突表现为一个过程，渠道成员对待冲突的态度及解决冲突的方式取决于渠道成员间过去的关系。大量感觉性冲突和显性冲突在同一个渠道关系中反复发生时，渠道成员对新的冲突事件也会充满敌意，夸大其危害，而不是采取积极的态度去解决冲突，建设良好的渠道关系。反之，如果渠道成员之间有过愉快的合作经历，当新的冲突事件发生时，渠道成员会本着维持良好的渠道关系的态度，忽略冲突，或者用积极的态度解决冲突。

3）按照渠道冲突的作用结果分

在渠道系统中，渠道冲突的功能并不都是坏的，只有那些高水平的恶性冲突才对

---

① 庄贵军，等. 营销渠道管理［M］. 北京：北京大学出版社，2004：305.
② 科兰，等. 营销渠道［M］. 蒋青云，孙一民，等译. 6版. 北京：电子工业出版社，2003：197.

渠道关系产生破坏作用，而很多低水平的冲突对于提升渠道绩效是有益处的。因此，按照渠道冲突的作用结果（或功能）来分类，可以将渠道冲突分为恶性冲突和良性冲突两种。

（1）恶性冲突。恶性冲突指冲突的结果对渠道关系造成了破坏，甚至造成了渠道关系破裂的冲突。这种类型的渠道冲突往往表现为显性的高水平冲突，渠道成员为了达到维护自身利益，或者打击报复渠道伙伴的目的而不再将渠道关系维护或渠道绩效提升作为主要目标。显然，这种冲突是应该尽量避免的。

（2）良性冲突。这种冲突也被称为功能性冲突，指对渠道关系的提升具有建设性的低水平冲突。这种冲突的建设性主要作用机理在于，渠道成员通过解决冲突会消除误解、加深对渠道伙伴目标的理解、促使双方进行深度沟通，这显然对于提升渠道关系质量和渠道绩效都是有好处的。对于渠道系统来说，渠道冲突水平过高会对渠道绩效带来破坏性，但渠道冲突水平过低，对于渠道绩效同样也没有益处，因而渠道冲突管理的目标应该是将渠道冲突控制在一个合理的水平上，以发挥其功能性作用。

6.1.3 渠道冲突的原因

渠道冲突产生的原因是多方面的，但可以归纳为角色对立、资源稀缺、感知差异、期望差异、决策领域分歧、目标不一致、沟通障碍等七个方面[①]。

（1）角色对立。角色是对各个渠道成员在渠道中应该发挥的功能和行为范围的界定。由于渠道是由功能专业化的渠道成员构成的，每一个渠道成员都必须承担它所应该执行的任务，任何一个渠道成员偏离了自己的角色范围，都可能造成渠道成员之间的对立，从而产生渠道冲突。

（2）资源稀缺。在渠道运行过程中，渠道成员为了实现各自的目标，往往会在一些稀缺资源的分配问题上产生分歧，从而导致渠道冲突。如对于特许经营者而言，其所服务的市场就是一种稀缺资源，如果特许者在该市场上又增加了一个新的特许经营者，就造成了市场资源的重新分配。原有的特许经营者会认为新进入者抢了它的生意，因而会在特许者与受许者之间产生冲突。

（3）感知差异。感知是指人对外部刺激进行选择和解释的过程，但由于背景、知识、个性等方面的差异，人们在对相同刺激物的感知方面存在着差异。在渠道系统中，不同的渠道成员在面对同一事物时，它们的解释与态度却大相径庭。如制造商认为卖场POP广告是一种有效的促销方式，而零售商却认为现场宣传材料对销售并没有多大影响，反而占用了卖场空间。这种感知差异无疑会导致渠道冲突。

（4）期望差异。渠道成员往往会对其他成员的行为有所预期，并根据这种预期采取相应的行动。而当这种预期存在偏差，或者是错误的时候，该渠道成员就可能采取了错误的行动，而这种行动则会导致其他渠道成员采取相应的行动，从而引发渠道冲突。如国美电器根据自己在竞争激烈的家电零售业中的龙头地位，预期只要向格力提出价格问题，后者就一定会屈服。但现实的情况是格力认为自己在国美的销售额占其

① 罗森布罗姆．营销渠道管理［M］．李乃和，奚俊芳，等译．6版．北京：机械工业出版社，2003：100-102.

总销售额的比例很小，况且还有其他渠道伙伴可以依靠，就没有屈从于国美的要求，从而引发了激烈的渠道冲突。

（5）决策领域分歧。由于在渠道系统中都承担着特定的职能，因而每一个渠道成员都有一个属于自己的决策领域，而当渠道成员认为其他渠道成员侵犯了本来应该由它进行决策的领域时就会发生冲突。如就渠道中的商品价格而言，零售商可能认为价格决策属于它们的决策领域，而制造商则认为它们才有对商品的定价权，这种分歧将导致渠道冲突。

（6）目标不一致。虽然渠道系统使渠道成员有一个共同的目标（如满足共同的最终顾客的需求），但是，在渠道系统内各渠道成员都是独立的经济组织，因而都有自己相对独立的组织目标，并企图实现这些目标。因此，当各渠道成员的组织目标出现不一致甚至矛盾时就会产生冲突。目标不一致是渠道冲突产生的重要原因，表6-1给出了由于目标不一致而导致渠道冲突的常见原因。

表6-1 **目标不一致与渠道冲突**①

项目	供应商观点	经销商观点	冲突的表现
财务目标	通过以下方式使供应商的利润最大化： • 更高的出厂或批发价 • 更多的销售额 • 经销商更大的帮助 • 减少经销商的津贴	通过以下方式使经销商的利润最大化： • 更大的购销差价 • 更少的费用，包括给供应商提供更少的支持 • 更快的商品和资金周转 • 供应商更高的补贴或更大的支持	• 供应商：经销商没有付出足够的努力销售供应商的品牌。经销商定价太高，影响了产品销售 • 经销商：供应商没有给经销商足够的支持。供应商的批发价太高，经销商无利可图
客户与市场目标	• 多个细分市场 • 跨区域市场 • 一个区域市场，多个渠道 • 所有愿意使用供应商产品的客户	• 特定的细分市场 • 常常是区域市场 • 一个区域，独家经营 • 有获利潜力的客户	• 供应商：供应商需要更大的市场覆盖面，经销商的销售努力不够 • 经销商：供应商只顾自己赚钱，不关心经销商的利益
产品和客户政策	• 集中精力做产品和品牌 • 根据市场机会对产品线做出调整，向传统优势以外的领域扩张	• 范围经济 • 多种品牌，多种选择 • 不经销直销产品	• 供应商：经销商经营了太多的产品线，对供应商的品牌关注不够，不忠诚 • 经销商：顾客是上帝，供应商应该考虑淘汰那些不好销的产品或产品线

（7）沟通障碍。沟通是渠道成员之间相互了解、化解误解的重要手段。当某个渠道成员不向其他渠道成员及时传递重要信息，或在信息传递过程中出现失误或偏差，从而不能准确地传递、理解信息时就会发生渠道冲突。

① 庄贵军，等. 营销渠道管理［M］. 北京：北京大学出版社，2004：308-309.

6.1.4 渠道冲突的过程与结果

渠道冲突并不是突然发生的，而是逐渐发生的，也就是说冲突的发生要经过一个过程。渠道冲突过程一般包括以下几个发展阶段①：

第一阶段：冲突的酝酿阶段。只要建立渠道系统就会产生渠道冲突的根源，这种根源产生于渠道成员之间为进行交易而相互发生作用，以及渠道系统所固有的垂直关系（管理与被管理）。当然，渠道成员有时能够直接意识到冲突根源的存在，有时则不能意识到冲突根源的存在。

第二阶段：渠道冲突契机的出现，即意识到冲突的存在或即将发生。发生冲突的主要契机就是前面所说的引起冲突的具体原因。在渠道成员之间一旦感觉到上述任何一种情况已经存在，那么就会使潜在的冲突状态转向具体的冲突状态。在该阶段，渠道成员只是意识到了冲突即将发生或已经存在，但还没有出现具体的冲突行为。

第三阶段：渠道冲突行为。在意识到冲突将要发生以后，就会出现具体的冲突行为。这时，冲突行为一般有两种：一是某个渠道成员对采取敌对行为或破坏行为的其他渠道成员直接采取冲突行为，从而使冲突表面化；二是某个渠道成员对采取敌对行为或破坏行为的其他渠道成员不直接采取冲突行为，从而使冲突潜在化。之所以会有两种不同的冲突行为，是因为每个渠道成员的能力存在差异，或者每个渠道成员对渠道系统的依赖程度不同。采取第一种冲突行为的渠道成员一般对渠道系统的依赖程度较低，或者具有较强的能力，从而能够承受其他渠道成员的敌对行为或破坏行为所产生的副作用（冲击）；相反，采取第二种冲突行为的渠道成员一般对渠道系统的依赖程度较高，或者能力较弱，从而不能承受其他渠道成员的敌对行为或破坏行为所产生的副作用（冲击），或者担心直接采取冲突行为会损害与其他渠道成员的关系并导致报复，从而不得不采取避免冲突表面化的行为。显然，第一种冲突行为是显性冲突行为，第二种冲突行为是潜在性冲突行为。

第四阶段：渠道冲突的结果。渠道成员采取以上冲突行为后，可能会产生如下结果：

（1）进一步强化渠道系统的统一性或渠道成员对系统的凝聚力。在这种情形中冲突能改善关系，这种冲突是功能性冲突（functional conflict）。这种冲突使渠道成员更经常、更有效地交流；设置表达不满的途径；批判地评价渠道成员过去的行动；设计与实施更公平的系统资源分配方案；在渠道关系中建立更平衡的权力分配方案；开发出应付未来冲突并使其不超出一定限度的标准方法②。功能性冲突使渠道成员之间能够相互理解，那么，渠道系统的统一性或一体化程度就会更高，渠道成员对系统的凝聚力也会更强。

（2）渠道系统的解体。除上述结果以外，渠道成员的冲突行为还有可能使渠道成员之间的关系进一步恶化，同时也可能因找不到解决渠道成员之间矛盾的满意办法，从而导致一部分渠道成员脱离系统，或使渠道系统解体。

---

① 夏春玉. 营销渠道的冲突与管理［J］. 当代经济科学，2004（6）：75-76.
② 科兰，等. 营销渠道［M］. 蒋青云，孙一民，等译. 6版. 北京：电子工业出版社，2003：199.

（3）渠道冲突的潜在化。如前所述，一些意识到发生渠道冲突的渠道成员往往不直接采取与敌对的渠道成员相对抗的冲突行为，从而使渠道冲突潜在化。这时，虽然在表面上看不到明显的渠道冲突行为，而且渠道系统也可以正常运转，但是，这并不意味着渠道成员之间的矛盾已经解决了，或冲突已经不存在了。事实上渠道成员之间的冲突仍然存在，只是因为一些渠道成员没有直接采取与敌对的渠道成员相对立的冲突行为，从而使冲突没有表面化而已。当然，这种潜在的冲突也可能一直持续下去。但是，将冲突行为潜在化的渠道成员往往通过其他替代行为适当化解与其他渠道成员的矛盾，或者按照渠道系统的要求采取相应的行为。当导致冲突发生的原因反复出现或持续存在时，那些将冲突行为长期潜在化的渠道成员的不满程度会逐渐增强，最终也可能使破坏性的冲突行为表面化，而这种长期潜在化的冲突行为一旦转化为表面化的现实性冲突行为，其激烈程度往往会超过直接发生现实性冲突的激烈程度，从而导致渠道系统解体的可能性也会高于因直接发生现实性冲突而导致渠道系统解体的可能性。

对于渠道冲突的结果，还可以从渠道冲突水平对渠道效率的影响来考察。图6-1是一条渠道冲突与渠道效率关系的曲线[①]，图中我们可以看出，当渠道冲突水平不超过C_1点时，冲突不会对渠道效率产生影响，冲突水平处于可以承受的区间内；在C_1C_2这一区域内，冲突对渠道效率的影响是积极的，而当冲突水平继续增加，则会对渠道效率产生负面影响。从冲突的功能来看，C_1C_2区间的冲突是功能性冲突，而超出C_2水平的冲突就变成了恶性冲突，因此，应该将渠道冲突水平控制在C_1C_2区间内才能发挥其功能性作用。

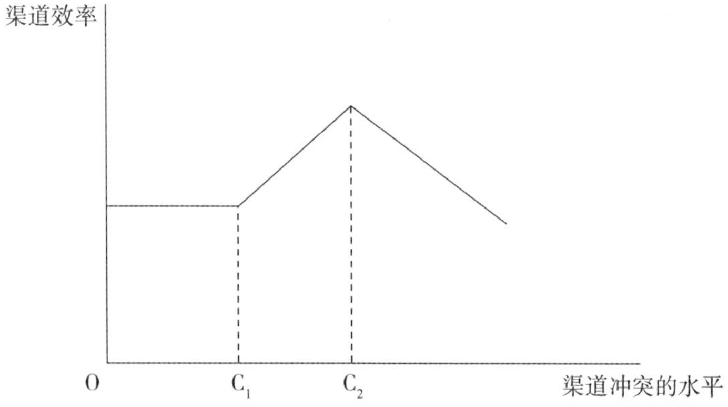

图6-1 渠道冲突与渠道效率曲线

6.1.5 渠道冲突的解决机制

渠道冲突是不可避免的行为，因此，渠道冲突解决机制的目的在于将渠道冲突控制在对渠道系统无害的水平上，从而抑制高水平渠道冲突的发生。解决渠道冲突的方法主要有以下一些方面[②]：

① Rosenbloom B. Conflict and Channel Efficiency: Some Conceptual Models for the Decision Maker [J]. Journal of Marketing, 1973, 37 (7): 29.

② 夏春玉. 营销渠道的冲突与管理 [J]. 当代经济科学, 2004 (6): 78-79.

（1）说服。通过说服不仅可以实现各冲突方的沟通，而且还可以影响各冲突方的行为。说服对避免、减少或解决渠道成员之间因职能分工及其履行而发生的冲突是比较有效的。

（2）宣传与教育活动。通过宣传、教育活动可以使渠道成员之间的观念或认识相互渗透，从而有利于减少或解除冲突。

（3）融合。融合是指为了防止对组织稳定性的威胁或破坏，在组织领导成员或决策机构中吸收新要素的过程。例如，在生产者支配的渠道系统中，当生产者受到中间商的威胁时，前者可以将后者的管理人员吸收到自己的决策机构中，让其参与制造商的决策，从而可以避免该中间商对组织稳定性的威胁或破坏，进而解决渠道冲突。

（4）制定高级目标。所谓高级目标，是指冲突各方都希望实现的，但每个冲突方又无法独立完成的，而需要冲突各方的共同努力与协调才能实现的目标。因此，通过制定这样的目标，从而使冲突各方超越各自的立场，围绕该目标的实现来共同解决问题，这样便可以将渠道成员统一到渠道系统中来，并使冲突得以解决。

（5）提高信息准确度。提高信息准确度是指处于系统中心地位的渠道成员通过向其他渠道成员传递正确的信息以减少或纠正其他渠道成员的信息失真或信息错误。显然，提高信息准确度有利于解决因渠道成员对现实的认识不同而产生的冲突。

（6）游说。通过游说活动可以影响政府、立法机构及其立法过程，从而可以解决一些渠道冲突问题。

（7）等待。等待是指对渠道冲突状况进行观察、监视，直到渠道冲突水平（程度）达到严重影响或破坏渠道绩效时为止，因此，等待也是为制订冲突解决方案准备时间的过程。

（8）谈判。通过渠道成员之间的谈判可以发现或找到渠道冲突的具体解决方案。

（9）人员交换。通过渠道成员之间相互派遣人员可以加深渠道成员之间的相互了解，从而有利于解决冲突。

（10）共同加盟同业合作组织。通过生产者加盟中间商的同业合作组织，或中间商加盟生产者的同业合作组织，可以加深二者的相互了解与合作，从而有利于解决或减轻渠道冲突。

（11）外交。设立“渠道外交官”，并与其共同制定有关工作规则，进而授权该外交官与渠道成员进行谈判，并让外交官对有关企业进行考察，提出考察报告。通过该途径也可以解决部分冲突问题。

（12）调解与仲裁。所谓调解，是指通过调解者的介入来增强冲突各方之间的协调或协调意识。仲裁是指比调解更积极的第三方干预，即担当仲裁任务的第三者对冲突各方是继续进行谈判，还是采纳仲裁者的意见进行说服，从而结束冲突各方的争论。

（13）法律诉讼。通过法律诉讼途径来解决渠道冲突。该手段主要由渠道领导者以外的其他渠道成员使用。

（14）联合。一些实力弱小的渠道成员没有能力单独与有实力的渠道成员抗衡，从而通过联合与有实力的渠道成员抗衡。因此，联合是实力弱小的渠道成员解决冲突问题的重要手段。

(15) 退让。即某些渠道成员通过退让来结束冲突。

如前所述，渠道冲突是不能完全避免的，因此，上述解决渠道冲突的各种手段自然也不能杜绝渠道冲突，但是，通过使用上述各种手段却可以在一定程度上减轻或消除部分渠道冲突，从而将渠道冲突控制在系统可承受的范围内。

6.2 渠道合作、信任与承诺

6.2.1 渠道合作

1）渠道合作的概念

渠道合作（channel cooperation）是指渠道成员之间为了共同目标而采取的互利行为和行为意愿。渠道合作根源于渠道成员之间的相互依赖性，而相互依赖性则是渠道成员功能专业化的结果。渠道功能专业化是通过专业化充分发挥自己的优势，获得在某一个功能上的规模经济。但是，功能专业化也将再生产过程割裂开来，任何一个企业都难以高效率地完成再生产所要求的每一个环节。这就产生了一个企业对于其他企业的依赖。而且，它所依赖的企业处境与它相似，也要依赖别的企业才能完成再生产过程。所以，渠道中企业之间的依赖是相互的。因此，相互依赖性成为渠道中企业之间合作的基础或根源。一般而言，互依性越强，合作的基础就越扎实，在其他情况相同时，合作的程度也就越高。互依性消失了，合作的基础就没有了，合作也会随之消失。

渠道冲突与合作都源于渠道成员之间的相互依赖性，并且共存于渠道关系之中，但二者并不在同一维度上，不是简单意义上的此消彼长的关系。合作是冲突的前提，没有合作往往意味着没有冲突，高水平的渠道合作往往意味着渠道成员之间低水平的冲突，但合作并不是冲突的原因，因为渠道成员不是为了渠道冲突才进行合作的，冲突是由前面所述的诸多原因造成的。同时，低水平的渠道冲突并不一定意味着渠道成员之间高水平的合作，因为没有交集的人或组织之间是不存在直接冲突的，但也没有合作。但是，冲突一旦被渠道成员感觉到，就会降低渠道成员之间的合作意愿。

2）渠道合作的形式

渠道合作的内容和形式很多，主要有联合促销、联合储运、提供专卖产品、信息共享、联合培训和地区保护等[①]。

（1）联合促销，包括联合广告活动、联合产品展示活动、联合销售活动、联合调研活动、联合担保活动等。

（2）联合储运，包括制造商和中间商联合加入即时管理系统（just-in-time，简称JIT系统）、联合加入电子数据交换系统（简称EDI系统），制造商或批发商发起或参与对中间商的紧急货运活动，以及制造商帮助批发商和零售商筹措存货资金等。

---

① 庄贵军，等. 营销渠道管理［M］. 北京：北京大学出版社，2004：283.

（3）提供专卖产品，指制造商向自己的渠道成员提供专门为它们设计的产品，以应对或减轻价格竞争对它们的影响。这是因为专卖产品设计独特，且只在专门指定的范围内销售，使消费者不太容易与类似的产品在价格上进行比较，从而降低价格竞争的效应。

（4）信息共享，包括：制造商、批发商和零售商共同加入电子数据交换系统，方便、快捷地交换信息；制造商和中间商共同发起或加入销售商联合会，增加同业交流与沟通；渠道内成员分享渠道调研成果。

（5）联合培训，包括批发商和零售商联合加入制造商的销售培训及产品培训项目。比如，一些制造商利用自己的教育基地，对中间商的业务骨干进行教育培训。

（6）地区保护，即生产制造商特许中间商的地区独家代理权，渠道合作会因为这种地区保护政策得到加强。

6.2.2 渠道信任

在渠道关系中，信任一般被定义为一个企业相信另外一个企业会做出有利于其利益的行为，而不会做出有损于其利益行为的状态①。信任一个渠道成员就是信任另一方的真诚和其对共同利益的关心。因而，这种信任既与渠道成员的诚实守信有关，如一个企业相信其渠道伙伴遵守诺言、完成义务、真诚可信，同时也与渠道成员的仁爱有关，如一个企业相信其渠道伙伴真诚地关心其利益，并愿意追求共同的收获，而不是通过操纵别人来牟取私利。合理的信任程度对任何渠道关系的运行都是必要的，它是长期渠道合作关系的基础。

渠道成员可以通过以下三个方面的努力来建立渠道信任②：

（1）提高渠道满意水平。渠道满意（channel satisfaction）一般是指一个渠道成员在对其与另一个渠道成员的合作关系进行全面评价后所产生的肯定的心理状态。渠道满意分为经济满意（economic satisfaction）和非经济满意（noneconomic satisfaction）两种③。经济满意是指渠道成员对从合作关系中得到的财务报酬或经济上的满足而产生的情绪上的积极反应。经济满意在建立和维持信任方面具有最基本的作用。渠道成员并不会对结果本身产生反应，他们会对将结果与一些基准的比较产生反应，如：与他们认为可能的、平等的结果比较；与他们的期望或者他们将资源用作其他最佳途径的期望收益等的比较。因此，经济满足感，不仅仅是经济收入，也是增加信任的主要因素。

非经济满意是渠道成员对从合作关系中得到的社会心理方面或非财务因素的满足产生情绪上的积极反应。非经济满意是与信任紧密相关的。渠道成员之间积极地交流信息、相互提供帮助，以及提出请求等，可以有效地提高非经济满意度，进而增加渠道成员之间的相互信任。非经济满意与渠道公平（channel fairness）也是相关的。渠

---

① Anderson J C, Narus J A.A Model of Distributor Firm and Manufacturer Firm Working Partnerships [J]. Journal of Marketing, 1990, 54 (2): 42-58.

② 科兰，等. 营销渠道 [M]. 蒋青云，孙一民，等译. 6版. 北京：电子工业出版社，2003：276.

③ Geyskens I, Kumar N.A Meta-Analysis of Satisfaction in Marketing Channel Relationships [J]. Journal of Marketing Research, 1990, 36 (2): 223-238.

道公平分为分配公平（distributive fairness）和程序公平（procedural fairness）两方面。其中：分配公平是指渠道成员对从渠道关系中所获得的收益及其他结果的公平的感知，是从渠道关系中得到平等回报的感觉，也就是渠道成员对其实际产出与应得产出相比较的结果；程序公平是指渠道成员对渠道关系的程序和过程的公平的感知，这主要在于渠道成员在日常渠道行为中被对待的感觉，而不在于从渠道关系中得到的回报。分配公平和程序公平强化了渠道成员的经济满意度，进而提升了渠道成员双方的信任水平。

（2）选择并确定合适的合作伙伴。能力互补、目标相似、声誉良好的企业是合适的合作对象。首先，渠道成员如果拥有互补能力，那么它们就能够通过建立联盟的方式充分发挥创造竞争优势的能力。信任是需要渠道成员通过时间和努力去建立的，因此渠道成员需要对已有关系进行建设。其次，在建立信任的过程中，选择有相似目标的公司非常重要。目标的一致性有助于消除渠道冲突，使渠道成员建立起合作关系。最后，一些环境因素也是有助于建立信任的。比如，信任能在提供资源、成长和充分的机会这样宽松的氛围中得以发展。这种环境通过对每一方产生回报而提供共同工作的所有激励。反过来，相互信任会在不稳定、复杂的、无法预知的环境中日益消失。类似环境因素有风险、背信弃义和困难，需要持续的监控和快速的调整，这种情况能制约任何关系的发展并且带来许多误解和争吵。

（3）建立有利于信任的决策机构。营销渠道中制定决策取决于决策结构。决策结构中一个非常重要的因素是权力在组织高层的集中程度。无论是供应商还是分销商，集权（centralization）对信任都是有害的。组织高层集中性决策权破坏了有助于信任发展的参与性、合作性和日常的交流互动。但是，集权并不应该被否定，因为集权是组织调配自身资源以完成任务的一种方式。只是集权决策在建立信任方面意味着一定的成本。

渠道决策结构的另一方面是正式化（formalization），即决策简化为规则和外在程序的程度。一般认为，正式化有损信任，原因有以下两方面：一是正式化的互动交流方式剥夺了渠道成员的自主性，进而使渠道成员产生不满；二是正式化被看作一方对提出互惠要求的另一方不信任的信号。因此，非正式化的决策结构能使渠道成员之间充分沟通，进而建立起相互合作的关系。渠道成员之间越是合作，就越能够相互信任。

6.2.3 渠道承诺

1）渠道承诺的概念及类型

承诺（channel commitment）是渠道关系中的一方认为与另一方的合作关系非常重要，以至于愿意付出最大的努力而将关系保持下去的意愿，对关系的承诺实际上是对维持一个有价值的合作关系的期望。不过，承诺愿望只是承诺人心中的一种意愿或态度，虽然很真实，但是如果不表达出来，对方往往不知道；而表达出来的承诺，则是承诺人通过语言或行为让对方能够实实在在感觉到的愿望。我们把单纯的承诺愿望称为承诺意愿，而把表达出来的承诺称为承诺表达。承诺表达又分为语言的和行为的表达两种。一般而言，行为表达出来的承诺比口头表达的承诺更可信，因此也更有效。

渠道承诺按其动机可以分为算计性承诺（calculative commitment）和忠诚性承诺（loyalty commitment）[①]。算计性承诺是渠道成员意识到如果终止与渠道伙伴的关系会使经济利益遭受损失而形成对其渠道伙伴的依附状态。算计性承诺的目的是通过与渠道伙伴形成联盟以应对外界环境的挑战，实现企业的目标。算计性承诺是受外部目标驱动而做出的承诺，是短期的。忠诚性承诺是渠道成员意识到渠道伙伴的忠诚与可信，进而形成对渠道伙伴的依附状态。忠诚性承诺体现了渠道成员对渠道伙伴的情感与责任，表明了渠道成员之间的联系不仅仅是建立在经济动机之上的。因此，忠诚性承诺是渠道成员发自内心的承诺，具有长期导向。

以上两种承诺之间是相互替代，此消彼长的关系，即渠道成员的算计性承诺越多，其忠诚性承诺就越少，反之亦然[②]。一方面，渠道成员的算计性承诺越多，意味着其越重视从渠道关系中可能得到的收益或可能面临的风险。因此，一旦渠道成员发现与其他渠道伙伴合作能够带来更为丰厚的经济收益，或者能减少自己所面对的风险的时候，就会终止与当前伙伴的合作关系，选择新的渠道伙伴。对于渠道成员基于算计性承诺建立并维持的渠道合作关系，关系双方往往缺乏情感与责任。所以，渠道成员终止与渠道伙伴的合作关系，并不会考虑对渠道伙伴的情感伤害，这说明忠诚性承诺被削弱了。另一方面，当渠道成员的忠诚性承诺较多时，意味着渠道成员有不惜代价维持当前关系的坚定意愿。一旦与渠道伙伴在合作中出现争端，渠道成员会以积极、主动的态度来解决，而不是简单地终止合作关系。这种承诺意味着，即使与新的伙伴建立合作关系会获得更多收益，或者能够降低风险，渠道成员还会考虑终止合作关系对制造商所带来的情感伤害，进而继续维持与当前伙伴的合作关系。也就是说，当渠道成员的忠诚性承诺越多时，它越将维持合作关系的经济动机放在次要位置，从而降低了算计性承诺。

2）渠道承诺的识别

（1）渠道伙伴是否在你的竞争者面前给予你更多的保护？供应商若要判断分销商的承诺，就要看该分销商在其他供应商面前是否维护自己的利益。分销商越是维护供应商的利益，供应商越是相信分销商的承诺。反之，如果分销商只是注重自身的利益得失，则供应商就越不相信分销商的承诺。比如，如果有其他供应商想“挖走”其有合作关系的分销商，该分销商能否不被经济利益所诱惑，并主动把有关情况通报给供应商。

同样，分销商若要判断供应商的承诺，就要看该供应商在同样销售供应商品牌的竞争者面前是否能提供一定程度的保护。当供应商在分销商所在的市场上给予很高的选择性，分销商就能相信该供应商是真正对其做出了承诺。如果供应商给予分销商区

---

① Gilliland D I, Bello D C. Two Sides to Attitudinal Commitment: The Effect of Calculative and Loyalty Commitment on Enforcement Mechanisms in Distribution Channels [J]. Journal of the Academy of Marketing Science, 2002, 30 (1): 24-43.

② 刘益，等. 算计性承诺与忠诚性承诺的互动——作为关系长度与机会主义行为的中介 [J]. 管理工程学报，2008 (2): 69-73.

域独家销售权，则说明该供应商是高度承诺的。反之，如果分销商在市场中看到很多销售同一品牌的竞争者，则它就不会相信供应商对它做出的承诺。

（2）渠道伙伴是否向合作关系中投入了较高水平的专有资产？另一个判断承诺的指标是供应商或分销商对对方的专有资产投入。因为专有资产是针对一个特定的供应商或分销商进行的投资，当被移作他用时，就会由于不适用而贬值，所以投入专有资产的多少可以表明供应商对分销商或者分销商对供应商承诺的水平以及可信度。这些专用性投资被称作可靠承诺（credible commitment）。

从供应商的视角来看，对分销商进行的专有资产投资包括以下方面[①]：

①提供给分销商的人员和设施；

②供应商积累起的关于分销商的信息，如分销商的经营方法、人员及其个性、分销商的优势和劣势分析；

③与分销商系统能够衔接或兼容的信息传输系统和物流系统（特别是当供应商的系统为专有系统时）；

④有助于业务展开而对中间商进行的培训；

⑤为宣传产品专门针对一个特定中间商而设计的方案；

⑥与分销商建立联盟关系所花费的费用和时间。

从分销商的视角来看，对供应商进行的专有资产投资包括[②]：

①专为销售供应商的产品而建立的信息传输系统和物流系统；

②为销售供应商的产品而专门定做的货柜；

③与供应商建立联盟关系所花费的费用和时间；

④为宣传供应商的产品而设计的方案；

⑤分销商积累起来的关于供应商的信息，如供应商的经营方法、人员及其个性、供应商的优势和劣势分析。

3）渠道信任与承诺的关系

渠道信任与承诺关系密切。首先，信任是承诺的基础，一个渠道成员越是相信另外一个渠道成员，它就越愿意与其保持高水平的合作关系，也越愿意在交易专有资产上进行投入。其次，承诺与信任的关系也可能反过来，承诺在先，信任在后。一个渠道成员会针对其渠道伙伴进行专有资产投资，这是营销渠道中一种重要而有效的承诺表达行为。当渠道伙伴感到该渠道成员对它们之间关系的承诺水平较高时，渠道伙伴将相信该渠道成员会自觉地抑制自己的投机行为。这样，进行承诺的渠道成员就取得了其渠道伙伴的信任。一旦渠道伙伴发现了投机行为，断绝关系就是可以采用的最好的报复手段。

事实上，在信任与承诺之间会出现一个因果互动的链条：一个企业对另一个企业的信任导致前者对后者产生承诺意愿；承诺意愿导致承诺表达；为使承诺表达可信而有效，一方需要针对另一方在交易专有资产上进行投入；交易专有资产的投入把自己置于不利的地位，一方面，使自己不得不控制自己的行为，以免合作关系受到损害；

① 庄贵军，等. 营销渠道管理［M］. 北京：北京大学出版社，2004：296.
② 庄贵军，等. 营销渠道管理［M］. 北京：北京大学出版社，2004：295.

另一方面，也使合作伙伴更加信任自己，提高针对自己的承诺意愿，进而增大针对自己的承诺表达和专有资产的投入。企业间的合作关系由此得以发展和增强，信任与承诺之间的相互作用关系如图6-2所示①。

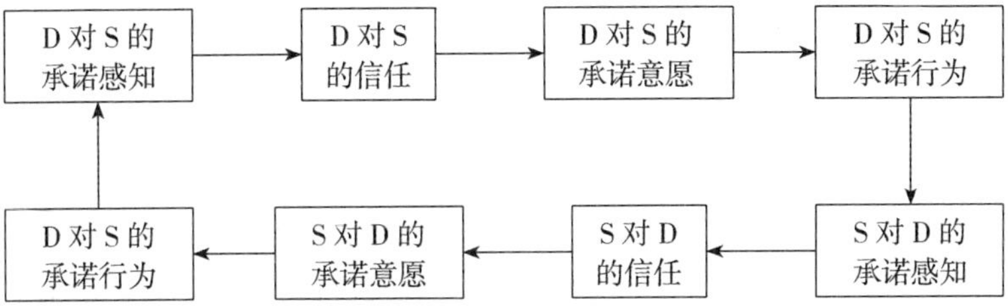

图6-2 企业间信任与承诺的循环模型

6.3 营销渠道联盟

6.3.1 渠道联盟的概念及其主要形式

营销渠道中的战略联盟（channel alliance，简称渠道联盟）是渠道关系发展到一定阶段的产物，是处于同一渠道中的两方或多方成员通过协议形成的长期利益共同体。在渠道联盟中，渠道联盟的身份会促使渠道关系各方改变自己的行为以适应联盟的目标。渠道成员按照联盟商定的渠道策略和游戏规则，共同开发市场，共同承担市场责任和风险，共同管理和规范销售行为，公平地分享经济利益和合作成果。

渠道联盟有很多不同的形式，在我国的实践中，常见的有会员制、销售代理制、特许专营、联营公司等形式②。

（1）会员制。会员制渠道联盟，指渠道成员通过协议方式成立一个类似于俱乐部的组织，组织内成员之间有较高的信任度，大家互相协调，互相帮助，共同遵守游戏规则，共同发展。这是渠道联盟的一种初级形式，约束力不是特别强。会员制渠道联盟又可以根据参与者的不同，分为四种形式：制造商与经销商（批发商）之间的联盟、批发商与零售商之间的联盟、制造商与零售商之间的联盟及零售商之间的联盟。

会员制渠道联盟的核心企业可以根据自己的地位和其他渠道成员的接受程度，向会员收取一定的保证金或签订具有较强的约束力的保证协议书。在中国，目前由于声誉好的生产制造企业实力较强，有自己的品牌，所以它们都是会员制渠道联盟的核心，它们既是会员制渠道联盟的组织者，也是游戏规则的制定者和渠道领导者。

（2）销售代理制。渠道联盟销售代理制，一方面要求销售代理商签订销售代理合同，另一方面要求生产制造商签订制造承包制合同。因此，渠道联盟销售代理制，从生产制造商的角度看是销售代理制度，而从销售代理商的角度看则是制造承包制。它是一种比会员制更紧密的渠道联盟——生产制造商要利用和依赖销售代理商的销售能力和渠道优势，而销售代理商要利用和依赖生产制造商的生产制造能力和优势。

① 庄贵军，铁冰洁. 营销渠道中企业间信任与承诺的循环模型：基于双边数据的实证检验［J］. 营销科学学报，2010（3）：1-20.

② 庄贵军，等. 营销渠道管理［M］. 北京：北京大学出版社，2004：297.

渠道联盟销售代理制有如下几个方面的特点：第一，渠道联盟销售代理制一般采用独家总代理或某地区的独家代理形式。生产制造商只能委托一家代理商从事其产品销售工作，获得独家代理权的经销商在同类产品中也只能代理委托人一家的产品。第二，渠道联盟销售代理制一般采用的是佣金代理形式，即销售代理商一般不拥有产品所有权，只是帮助生产制造商销售产品，获取佣金。第三，代理商与生产制造商之间的代理协议约束力较强，双方在权利义务方面的约定比较广泛，牵扯的内容也较多，两家的联合通常由销售代理和制造承包两个效益构成，一个协议的履行为另一个协议有效的前提。最后，渠道联盟销售代理制的合作期限较长，有时可长达10年以上。

（3）特许专营。特许经营指特许方（授权方）将自己的运作技术、经营管理方式以及教育培训方式等无形资产特许传授给授许方，准许授许方按照双方协议规定从事经营活动的一种联盟方式。常见的一些特许专营有以下几种具体形式：

①零售商与零售商之间的特许经营。特许方向受许方提供产品、商标、包装、服务训练、经营技巧等，受许方需要向特许方交纳一定的特许费，并按照特许协议从事实际的经营活动。

②批发商与零售商之间的特许经营。此类特许经营在批发商与零售商之间不存在二级批发，批发商一般为某类或某种商品的总代理或总经销，向零售商特许代理或经销商品的经营权。这种形式多发生在国外进口商品上，如专用设备、建筑材料、服装、化妆品、药品、计算机等。

③生产制造商与零售商之间的特许经营。这是较早的一种特许专营形式，汽车的生产制造商经常采用这种形式。目前，其他行业的制造商（品牌服装制造商）为减少中间的批发环节，也可以采用特许专营方式与零售企业进行战略联盟。

④生产制造商与批发商之间的特许经营。在这种渠道联盟中被授权的批发商不但要发挥销售功能，而且要发挥商品的加工功能，如可口可乐和百事可乐在中国各地建立的以装瓶厂为受许商的特许专营体系。这些装瓶厂（通常称为分公司、分厂）一方面在指定地区全权负责产品的销售工作，另一方面使用特许商提供的饮料浓缩原汁进行稀释、生产和装瓶工作。

（4）联营公司。联营公司是指合作双方为充分发挥各自的优势，通过法律程序而建立的联合经营体。一般而言，联营公司要求联盟各方在利益上有更高的一致性，风险共担、利益共享，所以只有当渠道合作发展到较高水平时，联营公司才能出现。联营公司的主要形式包括合资经营和相互持股两种。

合资经营由联盟双方共同出资、共同经营、共同管理、共担风险、共享利润，一般按照双方的股份分担风险和享受利益。由于联盟双方以各自的优势资源投入到合资企业中，这样就能使这些资源发挥更大的作用，更好地为联盟双方服务。相互持股是指联盟各方为加强联系和合作而相互持有对方一定数量的股份，双方资产和人员不必进行合并的一种联盟方式。在这种渠道联盟中，因为你中有我，我中有你，所以联盟关系更加紧密，有利于渠道成员进行长期合作。

6.3.2 渠道联盟形成的原因①

1）上游动机：制造商视角

渠道联盟源于制造商认识到自己能得益于下游渠道成员所提供的诸多价值。第一，最主要的原因是，制造商通过渠道联盟可以以较低的成本达到更高的覆盖率。第二，制造商希望通过建立渠道联盟以更紧密地协调与分销商的营销努力，从而更好地把产品传递到最终顾客手中。制造商可以通过渠道联盟与分销商实现市场信息共享，如果没有建立渠道联盟，分销商可能会保留市场信息以防止制造商针对他们在谈判中利用这些信息。通过建立渠道联盟，提高了供应商与分销商的信息共享程度，供应商可以更好地了解市场和顾客的需求。第三，制造商希望通过建立渠道联盟重新平衡渠道权力结构。由于分销商在竞争中优胜劣汰，这使制造商的潜在分销商伙伴的数量正在减少，只有实力强大的渠道组织才能生存下来。因此，制造商会与分销商形成特许经营的关系，以平衡自身在渠道系统中的权力结构。第四，从长远来看，制造商通过建立渠道联盟提高未来竞争者的进入壁垒。最可能的壁垒之一就是良好的分销网络，因为渠道作为价值极高的壁垒非常难以模仿，这与价格和产品特性大不相同。一条通过渠道成员彼此信任和承诺建立起来的渠道联盟可以拒绝经营或推广一个新进入者的产品。

2）下游动机：分销商视角

分销商建立联盟的主要动机是保证其所需产品有保障的和稳定的供应。第一，分销商通过与一家供应商的协同努力，不仅可以实现分销商自身的目标，还可以协助渠道伙伴为最终客户提供更好的服务，进而最终实现了更大的销量和更高的利润。第二，分销商也希望通过渠道联盟降低运营成本。比如，通过与物流的协作，分销商可以提高存货周转率，保持较低的库存水平，而又使其渠道伙伴不至于面临缺货的局面。第三，分销商通过建立联盟与其他分销商区分开来。通过将自己定位为制造商所偏爱的某一品牌的商家，分销商对其产品种类和相关服务进行了差异化，同时通过自身的差异化，也阻止了新竞争者的进入。分销商差异化通常建立在提供增值服务战略基础上，如预防性或校正性的维护、应用援助、现场产品培训、工程化与设计、技术专家电话服务、特别包装和搬运以及提供加急服务和免费电话支持等。分销商追求这一战略的目的是和供应商更为密切地合作，以避开激烈的竞争，同时也有助于制造商为其产品开辟市场。

上游和下游渠道成员从根本上是为了利润最大化和持久的竞争优势而建立渠道联盟的。渠道成员双方在渠道内均寻求改善协作，以更好地为顾客服务，减少财务成本和机会成本。他们寻求建立难以模仿的牢固的关系，用这样的方式来达到组织竞争者进入其各自业务领域的目的。从根本上讲，联盟双方的动机是战略性的和经济性的。

---

① 科兰，等. 营销渠道［M］. 蒋青云，孙一民，等译. 6版. 北京：电子工业出版社，2003：262-264.

6.3.3 渠道联盟的特点

渠道联盟的一个重要特点是长期性。当渠道成员之间的联系是持久的和广泛的，并涉及各方业务的许多方面时，这种联系才是战略性的。如果渠道成员只是为了交易方便或谋求一时之利而建立联系，则只能称之为战术联盟或普通的商业伙伴关系。

渠道联盟的第二个重要特点是参与各方的自愿。在一个渠道联盟中，权力应该是高度平衡的：每一方对另一方都有足够的影响力。只有在这种权力结构上建立的联盟，才是自愿的、平等的，并且能够长久地存在下去。如果渠道联盟建立在一种不平等的权力结构之上，权力强势的一方对权力弱势的一方进行控制，甚至剥削，虽然运作起来如同一个整体，但弱势的一方对强势一方的依附往往是被迫的，而不是自愿的，因此，这样的渠道联盟是不能长久存在下去的。

渠道联盟的第三个，也是最重要的特点，就是渠道成员之间彼此的高水平信任与承诺。渠道联盟对每一个参与者，都须努力维持并增进联盟关系，这意味着要增加对其渠道伙伴的依赖性。依赖性的增加也就意味着风险的增加。为了有效降低这种风险，渠道联盟各方要进行较高水平的承诺。承诺是双向的，任何一方的退出都会给自己带来损失。而承诺的前提则是对渠道伙伴高水平的信任。因此，信任是渠道联盟的基础，没有高水平的信任，就没有渠道伙伴之间的高水平承诺，而没有彼此的承诺，也就无法建立渠道联盟。所以，渠道成员之间的信任和承诺是渠道联盟的核心变量。

本章小结

在渠道行为理论中，渠道冲突一般被定义为渠道成员之间相互对立的不和谐状态。当一个渠道成员的行为或目标与它的合作伙伴相反时，渠道冲突就产生了。

按照渠道冲突产生的主体，渠道冲突可以分为水平渠道冲突、垂直渠道冲突和多渠道冲突。按照渠道冲突的发展程度，渠道冲突可以分为潜在冲突、可觉察冲突、感觉冲突和显性冲突。按照渠道冲突的作用结果（或功能），可以将渠道冲突分为恶性冲突和良性冲突两种。

渠道冲突产生的原因是多方面的，但可以归纳为角色对立、资源稀缺、感知差异、期望差异、决策领域分歧、目标不一致、沟通障碍等七个方面。

渠道冲突并不是突然发生的，而是逐渐发生的，也就是说冲突的发生要经过一个过程。渠道冲突过程一般包括以下几个发展阶段：冲突的酝酿阶段；渠道冲突契机的出现，即意识到冲突的存在或即将发生；渠道冲突行为；渠道冲突的结果。

解决渠道冲突的方法主要有以下一些方面：说服、宣传与教育活动、融合、制定高级目标、提高信息准确度、游说、等待、谈判、人员交换、共同加盟同业合作组织、外交、调解与仲裁、法律诉讼、联合、退让。

渠道合作是指渠道成员之间为了共同目标而采取的互利行为和行为意愿。渠道合作根源于渠道成员之间的相互依赖性，而相互依赖性则是渠道成员功能专业化的结果。渠道合作的内容和形式很多，主要有联合促销、联合储运、提供专卖产品、信息共享、联合培训和地区保护等。

在渠道关系中，信任一般被定义为一个企业相信另外一个企业会做出有利于其利益的行为，而不会做出有损于其利益行为的状态。渠道成员可以通过以下三个方面的努力来建立渠道信任：提高渠道满意水平，选择并确定合适的合作伙伴，建立有利于信任的决策机构。

承诺是渠道关系中的一方认为与另一方的合作关系非常重要，以至于愿意付出最大的努力而将关系保持下去的意愿，对关系的承诺实际上是对维持一个有价值的合作关系的期望。渠道承诺按其动机可以分为算计性承诺和忠诚性承诺。渠道信任与承诺之间是循环强化的关系。

营销渠道中的战略联盟是渠道关系发展到一定阶段的产物，是处于同一渠道中的两方或多方成员通过协议形成的长期利益共同体。渠道联盟有很多不同的形式，在我国的实践中，常见的有会员制、销售代理制、特许专营、联营公司等形式。

拓展学习

政治经济框架下的进场费问题研究：理论模型与研究命题①

1）问题的提出

由于进场费（slotting allowances or slotting fees）的发展历程相对较短，所以相关的理论文献并不多，而且已有的文献多是以经济学为切入点，这在一定程度上导致了研究视角与理论基础的单一，从而不利于深入理解进场费问题。事实上，进场费诞生于营销渠道内部，这就决定了其不仅受到渠道成员间交易形式等经济因素的影响，还会受到渠道成员交易关系中内生的诸如渠道权力等社会因素的影响。与此同时，营销渠道作为社会政治-经济系统的一个子系统，还不可避免地会受到渠道外部经济、社会因素的影响，这些渠道外部因素通过影响渠道成员在交易关系中的地位，会间接地作用于进场费这一渠道内部要素。所以，为了全面深入地研究进场费问题，应对渠道内外部要素所涉及的经济与社会政治因素进行综合分析。基于以上认识，本文以Stern和Reve的政治经济框架（the political economy framework）为基础，提出了一个有关进场费问题的综合性分析框架。进场费的政治经济研究模型在经济学视角的基础上融入了渠道行为理论，该模型不仅关注经济因素对进场费问题的影响，而且还从渠道行为理论的视角出发，研究社会因素对进场费问题的影响，而这一点一直被以往学者所忽视。

① 董春艳，张闯．政治经济框架下的进场费问题研究：理论模型与研究命题［J］．财贸经济，2007（7）：113-120．文中删去了原文中的夹注和文后参考文献。

2）进场费研究的政治经济框架

（1）进场费的界定与本质

对进场费的界定，西方学者与我国学者存在较大的分歧。西方学者认为进场费仅适用于新研发的产品，而我国学者则认为进场费的收费对象应包括进入营销渠道的任何产品。事实上，进场费概念的分歧源于地区间实践的差异。所以，研究我国的进场费问题，应根据我国的具体实践，将进场费的收费范围界定为进入零售商卖场的任何产品，而非将其限定为新产品。所以，本文对进场费的界定是大型零售商向使用其分销渠道的制造商收取的各种费用。

关于进场费的本质，学术界一直没有形成统一的观点。Bloom，Gundlach与Cannon在回顾大量相关文献的基础上，整理出多达10种关于进场费的描述方式。这10种表述进一步可分为两类：一类强调进场费是大型零售商行使市场势力的结果，所以进场费实质上是渠道利润的垂直转移；另一类则强调进场费是在信息不对称的环境下，对市场调节机制的补充，并认为进场费的本质是渠道成员间流通成本的分摊。事实上，利润转移或成本分摊只是同一事物的不同表现形式，并未触及进场费的核心，进场费的本质应该是渠道成员间资源再分配的一种方式。

（2）进场费问题的政治经济研究框架

综合进场费存在的环境特征及其研究现状，本文根据Stern与Reve的政治经济框架，提出了如图6-3所示的研究进场费问题的综合性框架。在渠道研究领域，营销渠道是一个微型的社会系统，进场费诞生于营销渠道内部，所以不可避免地会受到渠道内部的经济、社会因素的影响。而营销渠道又是社会经济－政治系统的一个子系统，并且是一个开放的系统，所以进场费也必然会受到渠道外部的经济、社会因素的影响。因此，对进场费问题的研究必须采取一种综合的视角，既要研究渠道内部因素的直接作用，同时还要考虑渠道外部因素的间接影响。所以，对进场费问题的研究，至少应包括渠道内部因素分析和渠道外部因素分析两部分。另外，本文的研究以二元关系（dyad）为基本分析单位，即以制造商与零售商之间的关系作为基本分析单位，而制造商与零售商以外的其他交易主体均被视为外部环境因素。虽然以多元关系为基本研究单位的网络研究是渠道研究的必然趋势，但是目前网络研究的理论基础还比较薄弱，无法进行精确的实证检验，所以在渠道研究领域，二元关系研究仍然是主流研究范式。因此，本文的研究也以二元关系为基本研究单位。

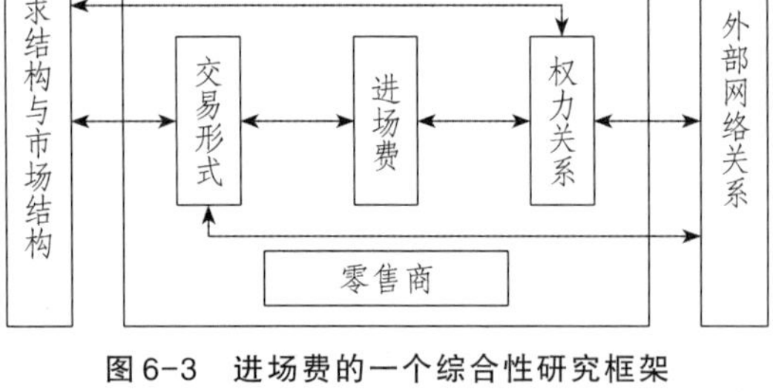

图6-3 进场费的一个综合性研究框架

①渠道内部因素分析

营销渠道内部的影响因素包括两个方面：一个是经济因素，即渠道内部的纵向交易形式（transactional form）；一个是社会因素，即渠道成员间的权力关系（power-dependence relation）。

A.渠道内部经济因素分析

在渠道研究领域，关于纵向交易形式，存在两种研究范式，相应地出现了两派比较具有代表性的观点：一种观点根源于古典经济理论，认为纵向交易形式包括纯粹的市场交易与组织内部交易两种，并且二者之间是一种非此即彼的完全替代关系；另一种观点则以行为理论为基础，认为市场交易与组织内部交易只是两种极端形式，介于二者之间还存在着一系列组织间关系由松散到紧密的准市场交易形式。两种观点都服务于各自研究的需要，但是在古典经济理论的视角下，企业只是实现产品流通的黑箱，至于企业行为则超出了该理论的研究框架，但是本文所关注的正是零售商收取进场费的行为，所以本文的分析将采用行为学派的观点。

在组织内部交易的情况下，制造商与零售商的所有权均属于同一组织，渠道内部的资源配置由组织的权威体系决定，所以上下游企业之间不存在进场费形式的资源调整，也不存在进场费问题。在市场交易的情况下，制造商与零售商是彼此独立的实体，所以在渠道利润一定的情况下，上下游企业的利益是彼此对立的，这导致双方以对抗性竞争为基本形式来实现自身利益的最大化。因此在市场交易过程中，零售商会最大限度地提高进场费水平。而在准市场交易的情况下，制造商与零售商通过契约关系或产权关系形成一种介于市场与企业之间的准市场共生组织，这种中间组织并不具有统一的形态，而是由一系列关系由松散到紧密的组织形态构成。随着这种组织关系的过渡，渠道成员也由“竞争为主，合作为辅”、“合作与竞争相若”转化为“合作为主，竞争为辅”，与之相应，进场费的收费额度逐步降低。上述变化关系如图6-4所示。

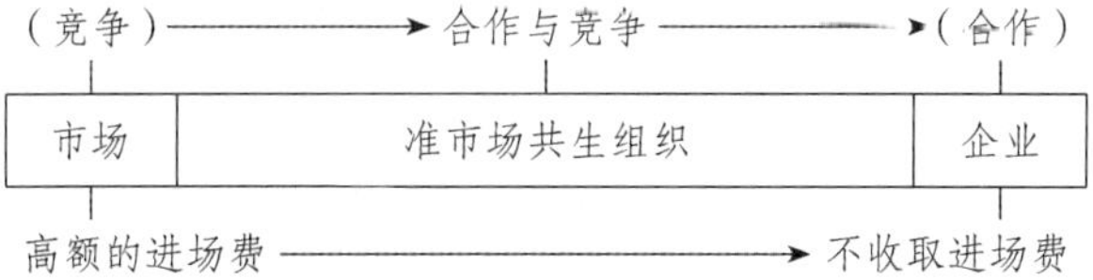

图6-4 交易形式对进场费的影响

据此，我们可得出以下命题：

P_1a：随着交易形式从市场交易、准市场交易过渡到组织内部交易，进场费的收费额度逐步下降，最后在制造商与零售商一体化的情况下，进场费降至零点。

另外，进场费对渠道成员间的交易形式也具有一定的反作用。进场费的收费额度逐年上升，其在促销费用中所占比例不断提高，所以进场费在一定程度上决定了当前交易形式的经济运行成本，当这一成本接近临界值时，制造商开始考虑自建分销渠道（实现纵向一体化）或通过产权、契约的形式控制下游零售商（建立准市场组织）。因此当进场费的收费额度超过某一水平时，交易形式开始向准市场交易或组织内部交易形式转化。这一变化可由图6-5表示。据此可提出以下命题：

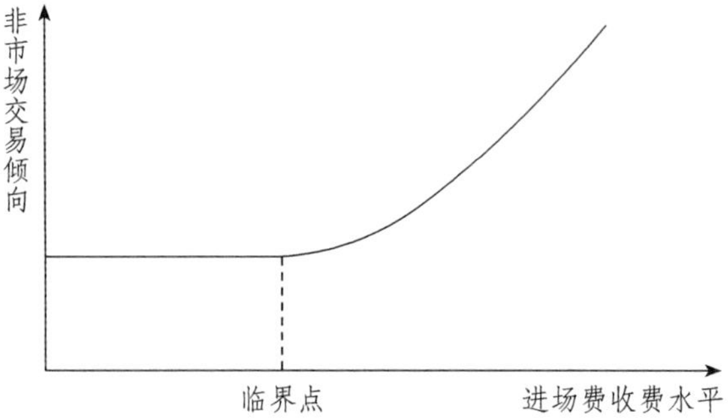

图 6-5　进场费对交易形式的影响

P_1b：在影响交易形式的其他因素既定不变的条件下，进场费的收费额度存在一个临界值，在此临界值之内，进场费对交易形式基本无影响，超过此临界值，则非市场交易倾向与进场费收费额度正相关。

B.渠道内部社会因素分析

权力是指渠道成员影响其他成员的营销决策变量的潜在能力。关于权力的来源，渠道理论中存在两种观点：一种观点认为渠道权力源于渠道成员的权力基础，即强制、奖赏、认同、合法性及专有知识；另一种观点认为渠道权力源于其他成员的依赖。事实上，以上两种观点具有内在的一致性，权力基础是渠道成员占有的资源，而这种资源正是其他成员对其依赖的本源。实际生活中，渠道成员间的相对依赖程度存在一定的差异，因此渠道中的权力结构也表现出不同的形态，这种差异最终在进场费问题上得到直接的反应。下文分别以零售商与制造商的企业规模与品牌价值为横纵坐标，得到如图 6-6 所示的营销渠道中四种典型的权力结构。

制造商的规模与品牌价值 \ 零售商的规模与品牌价值	高	低
	Ⅱ高度平衡	Ⅰ结构性倾斜
	Ⅲ结构性倾斜	Ⅳ低度平衡

图 6-6　渠道权力结构

在第二象限与第四象限中，权力结构呈现出一种相对平衡的状态。第二象限对应着大型制造商与大型零售商间的共生关系，权力结构高度平衡。在这种权力结构下，制造商与零售商之间存在利益的对立性，但彼此又高度依赖，博弈的结果是存在进场费但收费额度较小。在第四象限中，权力低度均衡，这种权力结构描述的是小型制造商与小型零售商间的竞争关系，二者也存在利益的对立性，但小型零售商具有很强的替代性，进场费的收取会促使制造商转向其他替代者，这意味着零售商必须以市场价格接受产品，且没有任何附加费用，否则将会使渠道关系趋向离散。所以低度均衡的情况下，不存在进场费问题。

在第一象限与第三象限中，权力结构是倾斜的。第三象限的权力结构向零售商倾斜，渠道资源的分配由零售商决定或至少受其决策影响，所以在利润最大化目标的驱使下，零售商以进场费的形式调整资源在上下游企业间的分配。并且零售商规模越大、越具有品牌优势，或制造商规模越小、品牌价值越小，零售商的权力优势地位越显著，对制造商实施控制的动机越强，进场费的收费额度也相对越大。在第一象限中，权力结构倾向于制造商，由制造商管理渠道资源，所以在这种情况下，不会出现资源向下游调整的现象，即不存在进场费问题。据此可提出如下研究命题：

P_2a：在零售商对制造商的净依赖度为负的情况下，净依赖度的绝对值越大，进场费的收费额度越高。在零售商对制造商的净依赖度为零但彼此高度依赖的情况下，进场费的收费额度最低。在零售商对制造商的净依赖度为正的情况下，进场费降至零点。

另外，进场费同样反作用于渠道权力结构。根据渠道权力理论，制造商对控制行为的态度会受到渠道绩效的影响。在支付进场费的情况下，如果制造商的收益达到或超过预期收益水平，则制造商对控制行为的不满会降低甚至消除，从而渠道关系得以维系；反之，如果制造商的收益低于预期水平，则这种低绩效会加重制造商的不满，进一步推动关系趋向离散。因此，在强制性控制战略既定不变的条件下，渠道成员的绩效水平成为影响渠道成员间依赖关系的主要因素。而渠道绩效一般与促销费用存在较强的正相关关系，所以，进场费中与产品促销相关的费用所占的比重对制造商的收益水平具有直接的影响。据此，我们可以提出以下命题：

P_2b：在影响渠道结构的其他因素既定不变的条件下，进场费中与产品促销相关的费用所占的比重越高，渠道绩效水平越高，相应的渠道成员的满意度越高，渠道权力结构越稳定。

②渠道外部因素分析

渠道外部的影响因素包括经济因素与社会因素两个方面。其中，前者是指产品市场的供求结构和渠道成员所在产业的市场结构，后者则指渠道成员与外部相关主体间的权力结构。

A.渠道外部经济因素

第一，纵向供求结构分析。纵向的供求结构包括供不应求、供过于求以及供求均衡三种典型的形态。在供不应求的市场中，商品是一种相对稀缺的资源，由于制造商控制着商品资源，所以零售商对制造商的净依赖度相对较高。因此在供不应求的市场中，制造商一般处于权力优势地位。而正如前文所论述的，在制造商主导的营销渠道中，不会出现资源向下游调整的现象，所以不存在进场费问题。在供过于求的市场中，分销渠道由于制造商的产品线不断延长而变得相对稀缺，而分销渠道的稀缺性又为零售商在渠道中的权力优势地位奠定了基础，所以在供过于求的市场中，渠道权力结构往往向零售商方向倾斜。零售商主导的营销渠道是进场费存在的典型环境，并且随着供求差额的进一步扩大，分销渠道变得愈加稀缺，零售商的权力优势地位愈加显著，相应的进场费的收费额度也愈高。而在供求均衡的市场中，制造业的供给能力刚好满足社会需求，商品市场的供求结构对渠道内部的权力结构并无显著影响。因此，我们可以得出以下命题：

P_3a：在其他影响因素既定不变的条件下，随着商品市场的供求结构由供不应求向供过于求过渡，渠道权力逐步地由制造商向零售商转移，相应的进场费从无到有，并且收费额度逐步递增。

第二，水平市场结构分析。在市场集中化发展的过程中，市场资源进一步集中于大型企业，从而使大型企业在组织规模与品牌价值方面的优势更加突出，权力优势地位更加显著，并导致图6-6中原本倾斜的权力结构进一步倾向于大型企业。而大型企业的权力优势地位越显著，其对于渠道资源分配的影响性越强，获得的资源比例就越大。因此，如果零售业的市场结构相对于制造业而言更趋于集中化，那么在渠道内部大型零售商的权力优势地位更加显著，并且大型零售商收取进场费的可能性更大，收取进场费的额度更高；反之，则大型制造商的权力优势地位更加显著，并且与大型制造商进行交易的零售商收取进场费的可能性更小。而如果制造业与零售业的市场集中化程度相当，那么渠道成员所在产业的市场结构对渠道内部的权力结构则几乎没有影响。根据以上分析可提出以下命题：

P_3b：在零售业的市场集中度相对较高的情况下，渠道权力结构进一步倾向于大型零售商，相应地，大型零售商收取进场费的可能性更大，收费额度更高。

P_3c：在制造业的市场集中度相对较高的情况下，渠道权力结构进一步倾向于大型制造商，并且在大型制造商所在的分销渠道中，进场费存在的可能性变得更小。

B.渠道外部社会因素

Achrol，Reve与Stern将渠道外部的社会环境按照与研究对象的相关程度分为三个层次，即主要工作环境（primary task environment）、次要工作环境（secondary task environment）以及宏观环境（macro environment）（如图6-7所示）。在以上细分的基础上，又按照外部主体与研究对象之间的关系类型，将主要工作环境与次要工作环境进一步划分为四个部门，即输入部门（研究对象的上游供应商）、输出部门（研究对象的下游分销商或最终消费者）、竞争部门（同行业的竞争者以及潜在竞争者）及规制部门（政府管理部门以及行业协会）（如图6-7所示）。对于制造商-零售商的二元结构而言，输入部门是指制造商的原材料供应商；输出部门是指最终消费者；而竞争部门的构成相对复杂，包括与二元结构中的制造商提供同一种产品的其他制造商以及与二元结构中的零售商处于同一商圈并且采取相同业态的其他零售商；而规制部门则主要指政府管理部门，至于行业协会则由于其在我国的影响性较小，所以不在本文的分析范围内。

第一，上游供应商的影响性分析。对于制造商-零售商这种二元结构而言，上游供应商的影响性十分微弱。因为零售商一般不会与制造商的原材料供应商建立直接联系，即原材料供应商只是与二元主体中的制造商保持单边关系，因此对二元主体间的权力关系基本无影响，在此不再赘述。

第二，消费者的影响性分析。由于受到多方面因素的影响，消费者需求具有极大的不确定性。在这种情况下，如果二元主体中的一方能够有效地控制这种不确定因素，那么另一方将会加深对前者的依赖，从而使渠道权力由后者向前者转移。但是，消费者群体有别于企业组织，对其不可能以产权的方式进行直接控制，而只能以信息管理的方式预测其发展趋势并进行动态控制。因此，在其他影响因素既定不变的情况

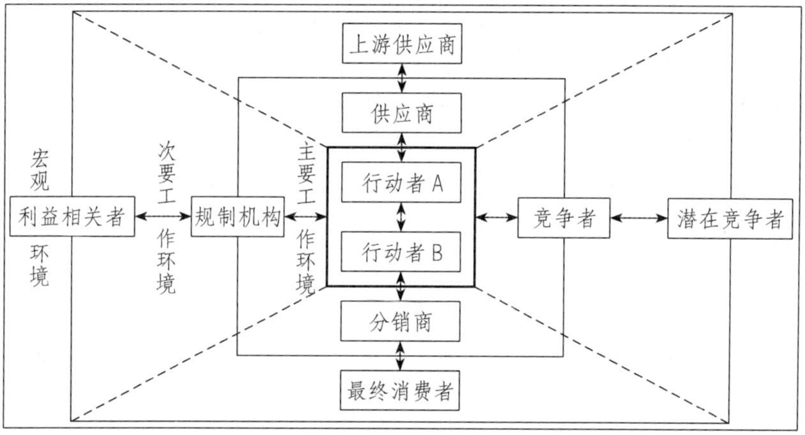

图6-7 二元主体的外部社会环境

下，制造商与零售商之间，掌握需求信息更充分、对消费者行为的影响性更大的一方，拥有的渠道权力相对较大。而消费者对于渠道权力结构的这种作用，将会进一步影响进场费的收取情况。据此，我们可以得出以下命题：

P_4a：在消费者需求不确定的前提下，制造商对消费者信息掌握得越充分，对消费者的影响越大，那么零售商对制造商的依赖度越高，相应地，零售商收取进场费的可能性越小，收费额度越低；反之，则零售商收取进场费的可能性越大，收费额度越高。

第三，竞争者的影响性分析。根据渠道权力理论，渠道成员拥有的稀缺资源是其权力基础，渠道成员B对渠道成员A占有的资源的依赖性，赋予了渠道成员A对渠道成员B的潜在权力。但如果渠道成员B可通过其他途径获得该资源，则渠道成员B会降低对渠道成员A的依赖，且降低渠道成员A对渠道成员B的权力。在制造商与零售商的二元结构中，零售商依赖于制造商的商品资源，而制造商则依赖于零售商的分销渠道，从而形成了相互依赖的渠道权力关系。但零售商与制造商均存在竞争对手，所以零售商所经营的某种商品往往来自多家制造商，而制造商的商品一般也是经过多家零售商进行分销。所以对零售商而言，制造商之间的竞争越激烈，其可选择的货源空间越大，对单一制造商的依赖性越低，其向制造商收取进场费的可能性越大，收费额度越高；而对制造商而言，零售商之间的竞争越激烈，其分销渠道的选择性越大，对单一零售商的依赖性越低，其支付进场费的意愿越小，支付额度越低。据此可提出以下命题：

P_4b：在其他影响因素既定不变的条件下，制造业竞争越激烈，零售商对特定制造商的依赖性越小，向其收取进场费的可能性越大，收费额度越高；相反的，零售业竞争越激烈，制造商对特定零售商的依赖性越小，其向零售商支付进场费的可能性越小，支付额度越低。

第四，政府规制机构的影响性分析。政府规制机构通过相关的法律、法规及各种经济政策影响着制造商与零售商之间的权力结构。如果政府的经济政策倾向于零售商，那么在一定程度上，渠道权力会由制造商向零售商转移；相反，如果政府的经济政策倾向于制造商，那么在一定程度上，渠道权力结构会向制造商倾斜。而经济政策的倾向性对渠道权力结构的影响，会进一步作用于进场费。此外，作为规制对象，制造商与零售商并非完全被动地接受经济政策的影响，制造商与零售商往往通过正式或非正式的途径向政府部门传递企业观点，通过直接或间接的方式与政府部门建立联系。所以，在其他影响因素既定不变的条件下，制造商与零售商之间，与政府关系更紧密、对政府政策倾向的影响更大的一方，渠道权力相对较大。据此，我们可以得出以下命题：

P_4c：在其他影响因素既定不变的条件下，制造商与规制机构的关系越紧密，对政策倾向的影响性越大，制造商的渠道权力越大，进场费收取的可能性越小，收费额度越低；反之，零售商与规制机构的关系越紧密，零售商的渠道权力越大，收取进场费的可能性越大，收费额度越高。

3）结语

进场费自诞生至今只有短短二十余年的时间，却已成为工商矛盾的焦点，引起广大学者的关注。但对进场费问题的研究多以经济学理论为基础，对于社会因素却没有给予足够的关注，这使得对进场费问题的研究视角与理论基础过于单一。为了推动进场费问题的研究，本文在政治经济研究框架的基础上，提出了一个同时考虑经济与社会因素的综合性框架，从而在传统经济分析的基础上，融入了渠道行为研究，为进场费问题研究提供了一个新的视角。并且，在以上分析的基础上，本文提出了若干理论命题，以充实该研究领域的理论基础，推动对进场费问题的研究进一步发展。

复习思考题

1.什么是渠道冲突？它包括哪些类型？

2.渠道冲突产生的原因是什么？

3.渠道冲突的解决方法有哪些？

4.渠道冲突对渠道绩效有哪些影响？

5.什么是渠道合作？它包括哪些形式？

6.什么是渠道信任？如何建立渠道成员之间的相互信任？

7.什么是渠道承诺？它包括哪些类型？

8.渠道信任和渠道承诺之间是什么关系？

9.什么是渠道联盟？它有哪些常见形式？

10.渠道成员加入渠道联盟的动机有哪些？

案例分析

东风标致渠道冲突及解决方案[①]

东风标致是神龙汽车有限公司旗下的一个汽车品牌。神龙汽车有限公司实行“一个公司、两个品牌”的经营模式。2002年10月，东风汽车有限公司与法国PSA（标致雪铁龙集团）签订合资合同，从此两大集团强强联手，全面展开将标致品牌引入中国的新蓝图，由此东风标致汽车在中国诞生，由神龙公司东风标致商务总部负责东风标致品牌各车型在中国市场的营销和销售业务。

渠道管理现状

东风标致汽车2004年开始采用实体渠道结构，2014年实施以实体渠道为主，兼有O2O的模式。在实体渠道中，区域的大体概念划分为两层，即大区域和区域内的小区域。大区域指的是东风标致总部将中国市场分为五大销售区域，分别由五个区域总经理负责区域内标致汽车销售的组织和管理工作；另在东风标致总部设销售总经理，负责统筹和管理全国范围内的标致汽车销售、市场推广、商务活动等工作。大区域内分别设立对应的办事处，由各区域总经理带领在各大区域中展开销售、监管工作。小区域指的是各地经销商被授权负责区域，五大销售区域内还各设立一个存货商，存货商负责给各自区域内的经销商或代理商提供一定的整车产品和售后配件产品。各大区域销售价格体系，包括区域内销售的经销商和代理商的价格，均由东风标致统一制定，由各区域总经理负责监督，在全国范围内实施。2014年，随着三、四线汽车市场的发展，神龙公司采取渠道下沉的策略，在县镇设立二级网点。由此可见，东风标致的渠道管理方式整体属于选择性分销，标致商务部与各经销商之间制定书面协议，经销商不得再推销其他竞争产品。随着时间的推移其缺点慢慢浮出水面：一是东风标致渠道窄小，企业容易受到各分销商制约；二是不能较快地适应多变的市场，理想的经销商不易物色；三是各经销商为自身的利益可能会冒险经销其他产品；四是东风标致企业市场的风险大。

关于O2O模式，目前东风标致商务总部已成立了数字营销部，负责东风标致网络化运营，且与天猫、腾讯等多家平台合作，2013年和2014年的天猫“双11”营销活动均获得较大成功。在移动互联网背景下，东风标致也紧跟消费步伐，2014年年底开通东风标致微商城。该线上商城具有在线支付功能，消费者可以在该商城预订东风标致并选购精品配件。据调查，与其他品牌的线上概念不同，东风标致率先在微信实现商城功能，开启汽车电商新玩法。此外，东风标致还在商城中引入红包和众筹的概念，消费者预订购车就有红包相送，吸引了众多的年轻消费者。

---

① 根据以下内容改编：王秀丽.东风标致营销渠道冲突及对策研究［J］. 湖北汽车工业学院学报，2015（4）；王秀丽.东风商用车营销渠道冲突及对策解决［J］. 湖北汽车工业学院学报，2006（4）。

渠道冲突现状

东风标致的水平渠道冲突体现在两个方面：①区域项目的水平渠道冲突。典型表现为：一是同一区域内项目的水平渠道冲突。如刚开业不久的十堰宏鑫标致4S店与十堰中威标致4S店，对东风公司职工等客户资源的争夺不可避免。二是跨区域项目的水平渠道冲突。如东风汽车各公司的生产厂家往往不在同一个区域内，其大部分分布在十堰、襄阳和武汉等地，而它们都归上级公司管理。在类似项目上，十堰东风标致、襄阳东风标致和武汉东风标致经销商之间存在竞争关系。②渠道内窜货行为引起的水平渠道冲突。如十堰市区域内已经有两家东风标致经销商，它们对本区域以外的周边区域或交界处进行竞争，为了完成厂家制定的任务，达到自身利益最大化，提高优惠力度，降低销售价格。

随着经济的不断发展，汽车在乡镇里的需求量越来越大，因此东风标致公司希望各地销售商能主动开发自己区域内的市场，最大限度地扩大市场覆盖面，提高市场占有率，提高东风标致品牌影响力。这些就要求经销商在本区域县镇上建立二级网点。但有的经销商不愿意建立这些二级网点，原因是增加了自身的开发和管理成本，由此产生厂家与经销商之间的垂直渠道冲突。

在如今互联网尤其是移动互联网高速发展的时期，多渠道冲突有了一种新的形式，就是O2O渠道与传统销售渠道间的冲突。O2O是通过有线或无线互联网提供商家的销售信息，聚集有效的购买群体，并在线支付相应的费用，再凭各种形式的凭据到线下即现实世界的商品或服务供应商处完成消费，让互联网成为线下交易的前台。这样线下服务就可以通过线上揽客，消费者也可以通过线上来筛选服务，成交也可以在线结算。两者是相辅相成的，线上线下充当着完全不同的角色。当然O2O模式本身对整个企业的体制要求比较高，线上线下以及整个生态链若有一个环节跟不上就会直接影响最终效果。而到目前为止，因汽车整车产品的特殊性并没有成功的经验可以参考。东风标致公司近几年的网络销售渠道在不断地完善和普及，如今已经趋于成熟阶段，网络渠道占有不少的市场，提高了一定的销量。这就使得东风标致的网络渠道与经销商实体店渠道的冲突越来越明显。

处理渠道冲突的管理策略

建立有效的激励体制。渠道激励实质上是一种渠道管理者将渠道利益再分配的过程，渠道管理者利用权力来对掌握的资源进行再分配，用于调节渠道成员之间的关系。要减少渠道冲突，渠道管理者在进行常规分销渠道管理的同时，要采取合理有效的激励措施，以物质利益刺激他们求大同、存小异，考虑经销商的三种需求：一是经济的需求。给予经销商经济上的激励无疑是最直接、最有效的。严格按照东风标致经销商体系规则的规定，每年年底按销售比例返点，明确佣金支付规则和比例，在日常项目销售中，严格按照佣金支付条款支付经销商对应的佣金。同时在每年的经销商大会上，对各区域内最佳业绩经销商和最佳业绩增长经销商，给予特殊奖励。二是安全的需求。这是所有经销商都有享有的激励，即授权区域的保证。东风标致有义务捍卫经销商在授权范围内销售的权利，坚决制止跨区域销售的行为，对于有损渠道正常运行的行为进行严厉的处罚，以保证每个经销商的分销权利。三是权利的需求。每一个渠道成员都是渠道结构中重要的组成部分，有权在渠道建设中提出建议或改进方法。区域经理要善于听取经销商的反馈，特别是对于每年获得最佳业绩和最佳业绩增长的经销商，可以参与价格调整和新产品营销策略的讨论。

公司内部创建项目管理团队。东风标致销售团队创建项目管理团队，负责运作和协调事业、行政单位及企业大客户项目，特别是针对一些厂家直接参与投标的项目，以保证这些项目有效的跟进和开展，同时兼顾每个参与项目经销商的利益，避免由于利益分配不公而导致的渠道冲突。项目管理团队为项目总负责团队，经销商A可能负责设计工作，经销商B可能负责最终用户的工作，经销商C可能负责项目后期的售后服务，项目管理团队的职责就是带领各个参与项目的经销商，最终赢得项目，拿下订单。同时，项目管理团队还要设立项目报备制度，建立项目完整档案。

成立公司销售委员会和经销商委员会。东风标致销售委员会由五大区域的区域经理、售后服务部经理组成，6位经理轮流担任委员会的轮值主席，1年为期。销售委员会拥有东风标致上级管理层赋予的权利，负责制定营销策略、完善经销商管理体系、协调跨区域项目合作、监督考核经销商业绩、搜集经销商和客户的反馈意见、与经销商委员会一起维护整个公司销售渠道的正常运行、共同裁定经销商违规行为和制定惩罚措施，其作用是公正公平地解决渠道中的冲突问题。同样，经销商委员会是由全国400多家经销商自行选举5家经销商代表组建而成，负责监督经销商团队中的销售活动，发现个别经销商违规行为，有责任和义务向东风标致销售委员会和区域经理汇报，最大限度地消除冲突的影响，阻止恶意的跨区域销售行为。

线上线下渠道的融合发展。随着互联网技术的发展，众多汽车企业已试水O2O模式。神龙汽车公司意欲打造电商平台，实施O2O的模式。因此，东风标致商务部在对线上线下渠道进行培训时，一定要贯彻统一的理念：不要把O2O简单理解为电商是在抢传统分销渠道的份额。传统的B2C电子商务模式是“电子市场+物流配送”模式，消费者在办公室或家里等货上门，涉及的是物流。而O2O是“电子市场+到店消费”模式，涉及的是客流。在节约消费成本的同时，能更好地发挥线下服务的优势，具有体验营销的特色，进而提高品牌信誉度和实体终端的成交率。

东风标致进入中国市场已12年，拥有良好的营销渠道网络和渠道管理人才，因此造就了同类型车市场中领先的销售业绩和不可动摇的行业领导者地位。但是无论渠道创建初期对渠道做怎样好的设计和规划，或者在渠道发展阶段，渠道管理者对渠道做怎样好的管理和指导，渠道冲突都不可避免。其中最根本的原因是各个独立业务实体的利益不可能一致。因此，东风标致应加强对渠道的管理，采取有效的渠道冲突解决方案，建立关系型的战略伙伴关系，使得东风标致和经销商“一荣俱荣、一损俱损”，从而实现共赢的目标。

延伸阅读

[1] 庄贵军，席酉民，周筱莲. 权力、冲突与合作：中国营销渠道中私人关系的影响作用 [J]. 管理科学，2007，20（3）：38-47.

[2] 寿志钢，张起元. 渠道冲突真的一无是处吗？——分销商的感知冲突、感知承诺与信息分享意愿的关系 [J]. 经济管理，2011，33（11）：130-137.

[3] 王辉，张广玲，詹志方. 营销渠道中的冲突与合作如何影响关系学习 [J]. 经济管理，2013，35（11）：81-92.

第7章

营销渠道领导、激励与沟通

学习目标

通过本章的学习，理解渠道领导、激励与沟通等基本概念；了解渠道领导风格理论与渠道领导目标－途径理论，以及渠道领导对渠道合作、冲突等渠道行为的影响机制；了解渠道激励的期望理论，以及渠道激励的基本形式；了解渠道沟通整合模型的构成；掌握不同渠道沟通策略与渠道环境特征的匹配及其对沟通结果的影响。

在既定的渠道结构下，营销渠道管理的主要目的在于提高渠道成员之间的合作水平，培养与建立相互信任与承诺，并将渠道冲突控制在合理的范围内。但对于由功能上相互依赖而又相互独立的渠道成员所构成的渠道系统而言，上述管理目标的实现并非易事，这往往需要一个渠道成员来协调与管理整个渠道系统的运行，我们将充当这一角色的渠道成员称为渠道领导者或渠道领袖（channel leader）。渠道领袖通过各种领导、激励与沟通行为来协调渠道成员的行为，促进渠道系统运行绩效的提升，从某种程度上说，渠道领袖往往会对一个渠道系统的成败产生决定性的影响。本章我们将就渠道领导、激励与沟通三种渠道行为展开讨论。需要说明的一点是，本章内容将主要聚焦于非一体化渠道，一体化渠道中的领导、激励与沟通问题可以纳入管理学相关理论研究的范畴。

7.1 渠道领导

7.1.1 渠道领袖与渠道领导行为

为了避免语义上的混淆，我们将充当渠道领导的渠道成员称为渠道领袖，而将渠道领袖为了协调渠道成员活动的行为称为渠道领导（channel leadership）。渠道领导行为一般被定义为渠道领袖为了控制营销渠道运行的各个方面，而对其他渠道成员的营销政策和策略施加影响的活动[①]。在营销渠道行为理论中，渠道领导与渠道控制（channel control）往往是两个可以相互替换的概念，但这两个概念在内涵上存在着较大的差异。营销学者利特尔（Little）认为渠道控制指的是渠道成员实现其期望结果的能力，这一结果的实现是通过渠道成员对其他成员行为进行指导和命令的方式。而渠道领导则是一个更加宽泛的概念，可以将其理解为渠道控制的实施。但这种渠道控制既可以通过经济惩罚与激励的方式实现，也可以通过说服与沟通来实现，以及通过与渠道成员的沟通与谈判来提高渠道伙伴对共同目标的理解，进而实现更有效率的合作。当一个渠道成员的行为向着渠道领袖所期望的目标和方向发生改变时，有效的渠道控制就通过渠道领导行为得以实现了[②]。

在渠道系统中，渠道领袖的出现往往是基于以下两点原因。首先，是渠道成员对更多利润的追求。为了获得更多的利润，渠道成员拥有很强的动机寻求对渠道的控制。一方面，渠道控制可以提高整个渠道的运行绩效，从而可以增加渠道的产出；另一方面，拥有渠道的控制权能够在渠道产出分配过程中获得更高的份额，这一点我们已经在渠道权力的性质部分有所述及。渠道成员的这种动机实际上构成了很多渠道对控制权进行争夺的根本原因。其次，松散的渠道系统需要渠道领袖的领导来提升运行绩效。渠道系统本质上是一个组织间系统，相互独立的渠道成员松散地被联系在一起，统一产权和正式组织的缺乏导致了正式的权力系统和集中控制的缺位，这不仅会

---

① Schul P L, Little T L.The Impact of Channel Leadership Behavior on Intrachannel Conflict [J]. Journal of Marketing, 1983, 47 (3): 21-34.

② Little R W.The Marketing Channel: Who Should Lead This Extra-corporate Organization [J]. Journal of Marketing, 1970, 34 (1): 31-38.

导致系统中奖励与惩罚机制难以有效实施，而且整个系统的计划也缺少有效的协调，从而无法保证整个系统运行的最优化。为了提高渠道系统的运行绩效，渠道系统需要在一个渠道领袖的领导下来明确系统的共同目标，加强渠道成员之间的协同水平。从这个角度来看，渠道领导确实对渠道系统的绩效乃至存亡具有非常重要的影响。

既然渠道领导对于渠道系统的绩效具有如此重要的影响，那么究竟应该由谁来领导渠道？从理论上来讲，任何一个渠道成员都有可能成为渠道领袖，但渠道领袖往往需要具备领导渠道的权力与资源。营销学者们认为渠道领袖往往需要两种权力：经济权力（economic power）和位置权力（position power）[①]。其中，前者往往指渠道成员所拥有的各种经济资源，这些经济资源是产生渠道权力的基础，因而大型企业比中小型企业更可能成为渠道领袖。后者指的是渠道成员在渠道系统中的位置所产生的权力，如零售商比制造商更靠近市场，更容易获得关于消费者需求等方面的信息，从而为其控制渠道系统提供了权力基础；而制造商虽然远离终端市场，但制造商根据消费者需求所开发的产品却可能对消费者的购买行为产生更大的影响。因而，制造商（包括一些中小型制造商）和大型批发、零售商更可能成为渠道领袖。显然，谁应当来领导渠道是一个权变的问题，很难得出一个一致的答案，这些权变因素来自市场、产品类型，包括制造商、批发商和零售商在内的渠道成员状况等。总体而言，那些拥有更多，或者更容易接触与获得经济、位置及社会资源的渠道成员更有可能成为渠道领袖。就中国目前的市场情况来看，传统的渠道领袖是制造商，但随着零售企业的大型化，零售商正在加紧对渠道领导权的争夺，一些渠道的领袖已经让位于大型零售商。实际上，正是制造商与零售商之间对渠道领导权的争夺，导致了诸多恶性渠道冲突事件的发生，当然也对渠道绩效带来了负面影响。

7.1.2 渠道领导风格理论

以管理学中的领导理论为基础，渠道领导风格理论关注渠道领袖呈现出的不同领导风格如何对渠道冲突、合作等渠道行为产生影响。根据舒尔（Schul）等营销学者的定义，渠道领导风格指实际的领导行为，即渠道领袖采用了什么行为方式影响了渠道伙伴的行为[②]。根据渠道领导理论中被普遍接受的观点，渠道领导风格包括参与型领导（participative leadership）、支持型领导（supportive leadership）和指导型领导（directive leadership）三种。三种领导风格的定义及其特点如表7-1所示。

从表7-1可以看出，不同的渠道领导风格体现了渠道领袖在对渠道成员行为进行协调时所采取的不同行为方式。值得指出的是，上述三种领导风格并无好坏之分，适当的领导风格会降低渠道冲突水平[③]，促进渠道成员间的合作[④]，提高渠道成员的满意

① Little R W. The Marketing Channel: Who Should Lead This Extra-corporate Organization [J]. Journal of Marketing, 1970, 34 (1): 31-38.

② Schul P L, Little T L. The Impact of Channel Leadership Behavior on Intrachannel Conflict [J]. Journal of Marketing, 1983, 47 (3): 21-34.

③ Schul P L, Little T L. The Impact of Channel Leadership Behavior on Intrachannel Conflict [J]. Journal of Marketing, 1983, 47 (3): 21-34.

④ Mehta R, Larsen T, Rosenbloom B. The Influence of Leadership Style on Co-operation in Channels of Distribution [J]. Inernational Journal of Physical Distribution & Logistics Management, 1996, 26 (6): 32-59.

表7-1 不同渠道领导风格及特点①

领导风格类型	定 义	特 点
参与型领导	指个人能够对有关其自己工作的决策施加影响的程度。这种领导行为与参与式管理类似，下属与其上司在某种程度上分享决策权	在渠道背景下，参与型领导者制定与实施渠道政策及对涉及渠道范围内的事项做出决定时，会征求相关渠道成员的意见和建议，并在做出决策时考虑这些意见和建议
支持型领导	指领导者创造一个有助于在心理上相互支持、相互信任与尊敬，以及相互协助与友好的任务环境的程度	支持型的渠道领导关心其他渠道成员的福利，为双方的互动创造一个愉快的氛围；强调渠道成员的成绩、关心它们的福利，努力建立共同的利益基础，营造团队氛围
指导型领导	指领导者通过组织和界定任务环境、分配必要的任务与职能、明确规则及完成任务所应当遵循的程序、澄清期望、为工作进度制定时间表、建立沟通网络，以及评价工作群体绩效等方式对下属的工作提供明确指示的程度	在渠道背景中，指导型领导的这些行为有助于渠道领袖计划、组织、协调与维持对整个渠道系统运行的控制。指导型的渠道领导会与渠道成员沟通渠道范围的目标、政策，制定规则和规制手段，以及在执行分销任务过程中应当遵循的程序

水平②。渠道领导对上述渠道行为的影响可能呈现不同的水平，并可能受到一些外部因素的影响。如梅塔（Mehta）等学者就发现在汽车渠道中参与型领导比支持型和指导型领导对渠道成员合作的影响更大，因为参与型领导更注重渠道成员的决策参与与自主性，从而更加有利于培养渠道成员之间的相互信任③。除了不同领导行为的不同影响以外，一些外部因素也会导致某种领导行为的影响水平有所不同。如普赖斯（Price）在家具渠道中研究发现，渠道成员之间相互依赖的结构不同会导致领导行为对渠道满意的影响，渠道关系中相互依赖的水平越低，指导型领导对渠道成员满意的促进作用就越强，而参与型领导则不受渠道关系双方依赖结构的影响，对渠道满意有直接的促进作用④。梅塔（Mehta）等学者在跨文化比较研究中还发现不同国家的文化背景会对渠道领导行为的作用机制产生影响。如在美国和芬兰，汽车制造商的三种领导行为都会促进经销商的渠道合作水平；但是在波兰，只有支持型领导行为会促进经销商的合作水平，并且指导型领导行为还会降低汽车经销商的合作水平。可见，渠道领导行为对渠道成员行为影响的作用机制是比较复杂的，渠道领袖需要考虑各种相关情况选择适当的领导行为才能产生其期望的结果。

① Mehta R, Larsen T, Rosenbloom B. The Influence of Leadership Style on Co-operation in Channels of Distribution [J]. Inernational Journal of Physical Distribution & Logistics Management, 1996, 26 (6): 32-59.

② Retha P. Effects of Channel Leadership Behaviors under Different Levels of Channel Member Interdependence [J]. International Review of Retail Distribution & Consumer Research, 1993, 13 (3): 261-278.

③ Mehta R, Larsen T, RosenblooM B, et al. Leadership and Cooperation in Marketing Channels: A Comparative Empirical Analysis of the USA, Finland and Poland [J]. International Marketing Review, 2001, 18 (6): 633-666.

④ Retha P. An Investigation of Path-Goal Leadership Theory in Marketing Channels [J]. Journal of Retailing, 1991, 67 (3): 339-361.

7.1.3 渠道领导的途径-目标理论

除了领导风格理论以外，另一种被较为广泛应用于渠道领导行为研究的领导理论是途径-目标领导理论（path-goal leadership theory）。这一领导理论的基本观点是，为了实现组织所期望的结果（result），必须完成某些任务（task），其中，结果是目标，而任务则是途径，当适当的任务被有效执行完成时，目标就会实现。而当组织的目标实现以后，领导者就应当给予其下属适当的奖励。因此，从途径-目标理论的角度来看，管理者的角色与任务包括以下三个方面：一是确保下属准确地理解了实现目标的途径；二是消除实现目标过程中的各种障碍；三是提高下属达到工作目标的报偿水平。在途径-目标理论中，领导行为一般包括两个方面，即初始结构（initiating structure）和关心（consideration）。其中：前者涉及领导者组织与阐明任务环境、分配需要完成任务、建立沟通网络，以及评价工作绩效等行为；后者主要涉及信任、相互尊敬、友谊、支持，以及对下属福利的关心等行为①。

在营销渠道背景中，初始结构是指渠道领袖定义其自身及渠道伙伴在渠道任务相关的活动中的角色、明确程序并分配任务的行为。渠道领袖往往通过与渠道伙伴的沟通来阐明各自的角色、渠道相关的目标、政策及运作程序。如汽车制造商通过其销售人员向其经销商提供关于如何更好地完成其产品销售的指导性意见。与之关注任务的执行不同，关心行为更多的关注营造与渠道伙伴之间相互信任、相互关心、相互支持、相互尊敬的工作氛围，渠道领袖会采用更加开放的沟通网络与渠道伙伴沟通，听取他们的建议，重新认知与评价渠道伙伴对渠道系统的贡献。渠道领袖越是更多地采用初始结构这一领导行为，渠道成员对自己的角色与任务、完成任务的程序与规则的理解就越清晰，这有助于降低渠道内的冲突水平，提升渠道成员的满意水平。而当渠道领袖更多地展示关系行为时，渠道成员会感受到更多的自主性，会有更强的归属感，渠道领袖与渠道伙伴之间的相互信任、相互支持与尊敬显然有助于降低渠道冲突水平，提高渠道成员的满意水平。上述两点结论都在舒尔（Schul）等学者的实证研究中得到了证实②。

7.2 渠道激励

7.2.1 激励与渠道激励

在管理学中，激励（motivation）一般被定义为通过高水平的努力实现组织目标的意愿，而这种努力以能够满足个体的某些需要为条件③。在这个定义中，三个关键的要素是努力、组织目标与需要。其中，个人的努力是一个可以衡量的强度指标，当

① Schul P. An Investigation of Path - Gaol Leadership Theory and Its Impact on Intrachannel Conflict and Satisfaction [J]. Journal of the Academy of Marketing Science，1987，15（4）：42-52.

② 罗宾斯. 组织行为学［M］. 孙建敏，李原，等译. 7版. 北京：中国人民大学出版社，1997：166.

③ Mehta R，Dubinsky A J，Aderson R E. Leadership Style，Motivation and Performance in International Marketing Channels：An Empirical Investigaion of the USA，Finland and Poland [J]. European Journal of Marketing，2013，37（1/2）：50-85.

一个人受到激励时，他会更加努力地工作，但这种努力并不一定必然地带来更高的工作绩效，除非个人的努力指向组织目标实现的方向。因此，在激励管理过程中，我们必须同时关注努力的强度和质量，那些指向组织目标，并且有助于组织目标实现的努力才是激励所追求的行为。组织为了获得想要的个体的工作努力强度与质量，必须把激励看作一个满足个体需要的过程，为此在制定和实施激励政策时，识别个体的需要往往是一个重要的前提条件。

如果在组织中领导者对下属的激励是实现组织目标的重要手段的话，那么在营销渠道这一超组织系统中，为了实现渠道运作的目标，渠道领袖也必须对渠道成员进行相应的激励，从这个角度来看，渠道激励构成了渠道管理的一项重要任务。在营销渠道背景下，渠道激励（channel motivation）指的是渠道成员努力完成其所负担的渠道功能的意愿[①]。从渠道领袖的角度来看，渠道激励可以看作渠道领袖为培养渠道成员在实施其分销目标时相互协作而采取的行动[②]。根据管理学理论中关于激励的定义，渠道成员的努力程度、渠道领导的渠道目标，以及渠道成员的需要构成了渠道激励的三个关键要素。在我们所关注的非一体化渠道系统中，相互独立的渠道成员都拥有各自独立的目标，这些相互独立的目标与整个渠道系统的目标在很多时候并不兼容，如每个渠道成员都追求利润最大化的目标，就可能造成由于彼此之间缺少协同而导致渠道系统绩效降低这样的结果。显然，渠道激励的目的就是要保证渠道成员向着提高整个渠道系统运行绩效的方向而努力地工作。但是，有些时候渠道领袖所要求的努力方向很可能偏离渠道成员自身的目标，这就需要渠道领袖在识别渠道成员的需求的基础上为其提供有针对性的激励措施，以保证渠道成员之间的协作，使每一个渠道成员的努力方向与整个渠道系统的运行目标方向相一致。下面我们先介绍一个被应用于渠道研究的激励理论，再对渠道领袖的渠道激励管理问题展开讨论。

7.2.2 渠道激励的期望理论

管理学中有很多种激励理论，如需要层次理论、X理论和Y理论、双因素理论、目标设置理论、强化理论、公平理论和期望理论等，这些理论都可以为企业的激励活动提供指导。在众多的激励理论中，弗隆姆（Vroom）提出的期望理论（expectency theory）是一种被广泛接受的理论，并且也被应用于渠道激励的研究。

期望理论认为，一种行为倾向的强度取决于个体对于这种行为可能带来的结果的期望强度以及这种结果对于行为者的吸引力。具体而言，当个体认为努力会带来良好的绩效评价时，他就会受到激励而付出更大的努力；良好的绩效评价会为该个体带来组织的奖励，如加薪、奖金或晋升等，而组织的奖励则会满足个体的个人目标。因此，期望理论将着眼点置于如图7-1所示的4个要素和3种关系[③]。

个人努力 → 个人绩效 → 组织奖励 → 个人目标

图7-1 期望理论作用机制

① 罗森布罗姆. 营销渠道管理［M］. 李乃和，等译. 6版. 北京：机械工业出版社，2002：227.
② 罗宾斯. 组织行为学［M］. 孙建敏，李原，等译. 7版. 北京：中国人民大学出版社，1997：180.
③ 罗宾斯. 组织行为学［M］. 孙建敏，李原，等译. 7版. 北京：中国人民大学出版社，1997：166.

图中显示的4个要素是个人努力、个人绩效、组织奖励和个人目标，这4个要素构成了3个关键的作用关系。首先是努力-绩效关系，即个人认为通过一定努力会带来一定绩效的可能性；其次是绩效-奖励关系，即个人相信一定水平的绩效会带来所希望的奖励结果的程度；最后是奖励-个人目标关系，即组织奖励满足个人目标或需要的程度以及这些潜在奖励对个人的吸引力。因此，激励效果是个人期望的结果及这一结果对个人吸引力的函数。作为一个权变模型，期望理论认为不存在一种普遍的原则能够解释所有人的激励机制，期望理论的关键是要了解个人目标以及努力与绩效、绩效与奖励及奖励与个人目标满足之间的关系。

在渠道背景下，期望理论认为渠道成员采取某种行为的强度取决于以下两个方面：一是该渠道成员认为某种行为会带来某种结果的期望；二是这种结果对该渠道成员的吸引力。因此，该理论包括以下3个变量之间的关系①：

期望（expectancy）：渠道成员努力与工作绩效之间的关系，即渠道成员感知到的一定努力水平的工作会带来更高绩效的可能性，如经销商认为增加销售队伍的人手会带来更高销售额的可能性。

工具（instrumentality）：渠道成员工作绩效与其获得的奖励之间的关系，即渠道成员对达到一定水平绩效的提升可能获得某种奖励的可能性进行的评价，这里的奖励可能来自该渠道成员内部，如该渠道成员的成就感；也可能来自外部，即渠道领袖给予该成员的奖励。如在上例中，经销商认为如果实现了更高的销售额可以从制造商那里获得奖励（如更多广告支持）的可能性。

效价（valence）：这种奖励对该渠道成员的吸引力，即该渠道成员对获得这种既定奖励的期望程度。如在上例中，该制造商提供的更多广告支持对经销商所具有的吸引力的程度。

可见，渠道成员的激励是上述3个变量的函数，渠道领袖所提供激励方案可能产生的效果同时受到上述3个方面的影响。如某制造商为了促使其经销商实现更大的销售额制定了一项激励政策，那些在规定时间内实现销售额增长10%的经销商将在下一季度获得更多的广告支持。那么，这个绩效措施的实施效果会怎么样？这取决于经销商对上述3个变量的认知。首先，经销商对努力-绩效的关系进行评价，更加努力地投入到销售该制造商的产品工作中，能否带来销售额的提升？显然，这是个会受到很多因素影响的问题。如果受到宏观环境的影响，该产品的市场正处于低迷期，更加努力地销售（如增加销售人员、延长销售人员的工作时间）可能并不会实现销售额10%以上的增长。而如果市场环境很好，经销商通过更多的投入可以实现销售额的增长，那么该经销商就会进而对绩效-奖励的联系进行评价。如果我们实现了销售额10%以上的增长，下一季度该制造商是否会兑现增加广告支持的承诺？这同样也是个经销商的认知问题，其对这一问题的认知会受到制造商过去行为习惯（如是否信守承诺）的影响，也会受到制造商激励政策的影响（如广告支持会增加多少？制造商并没

① Mehta R，Dubinsky A J，Aderson R E. Leadership Style，Motivation and Performance in International Marketing Channels：An Empirical Investigation of the USA，Finland and Poland [J]. European Journal of Marketing，2013，37（1/2）：50-85.

有言明)。如果该制造商一贯信守承诺，言出必行，并且非常明确地说明对那些达到了目标的经销商，下一季度广告经费将会增加20%，这显然会增加经销商对绩效–奖励这一关系的评价。最后，制造商所给予的奖励是否是经销商所期望的？如果经销商认为在其市场中，制造商的广告支持不是影响其自身绩效的关键因素，即制造商的广告对该经销商的利润没有太大的影响，而该经销商最为需要的东西是制造商对其销售队伍提供的培训，这样制造商的激励政策就可能不会带来其期望的效果。如果经销商认为制造商的广告支持对其在区域市场中利润增加很重要，那么这样的激励政策就会有较好的实施效果。

7.2.3 渠道激励的实施方式

1）识别渠道成员的需求与问题

根据期望理论的观点，有效渠道激励的实施有赖于对渠道成员需求与问题的有效识别。在渠道管理实践中，识别渠道成员需求与问题的方式包括对渠道成员进行研究、进行营销渠道审计和设立经销商顾问委员会等[①]。

(1) 对渠道成员进行研究。对于很多制造商来说，由于它们远离终端市场，为了更好地满足消费者的需求，它们都愿意投入大量的研究经费用于消费者需求和行为的研究。在这样做的同时，制造商却可能忽略一个重要的方面，即它们根据消费者需求与行为偏好开发的产品、制定的营销策略在相当大程度上要依靠其渠道成员来执行。如果不能准确地了解渠道成员的需求，制造商所制定的渠道政策很可能就是建立在对中间商需求的模糊假设基础之上，所以偏差就在所难免。很多时候，对中间商进行研究是了解它们需求与问题的唯一方法，但在制造商的市场研究部门却很少有针对中间商的研究项目。为了增加对渠道成员的了解，制造商实际上需要更加积极主动地对中间商的需求和问题进行研究。但有时由于中间商与制造商之间总是存在各种各样的分歧，制造商的研究人员可能在对中间商进行研究时很难保证客观和公正。另外，由于利益攸关，当制造商的研究人员对其中间商进行研究访谈时，中间商也可能由于某些顾虑而有所保留，或者提供了一些无法反映真实情况的信息。如果这个问题很严重，制造商就应该使用独立的第三方研究机构来对其中间商进行研究。独立的市场研究机构能够更加客观地审视制造商与其中间商之间的各种问题，能够有效地消除中间商可能存在的各种顾虑，从而使制造商获得更加真实、详细的有关中间商需求与问题的信息。

(2) 对营销渠道进行审计。如同所有公司都要定期进行财务审计一样，制造商的渠道经理也可以通过定期对其营销渠道进行审计的方式来了解其中间商的需求和渠道关系的状态。采用渠道审计的方法可以使制造商了解到一些非常具有价值的信息，如渠道成员如何看待制造商的渠道政策（如定价策略、利润及补贴、产品组合的有效性、新产品策略、服务支持策略及销售人员的表现等)、渠道关系的状态及可能存在的问题、应该采取什么方式才能提升或优化渠道关系等。渠道经理在对营销渠道进行

① 罗森布罗姆. 营销渠道管理 [M]. 李乃和，等译. 6版. 北京：机械工业出版社，2002：229~231.

审计时，应该尽量详尽地列出制造商与其渠道成员（批发商或零售商）渠道关系的相关条款。如营销学者卡兰顿（Calantone）和格拉森黑莫（Gassenheimer）针对办公系统和家具市场的深入研究将制造商与其经销商关系的重要条款分成了6个方面：制造商的表现、经销商自主决策的愿望、制造商影响经销商决策的愿望、制造商为了影响决策所施加的压力、经销商给予制造商的控制权，以及经销商对渠道关系的满意程度[①]。这个渠道审计框架虽然并不完全适用于所有的渠道，但却可以为渠道审计提供参考。在进行营销渠道审计时，需要注意的一点是需要将这些审计条款与中间商的类型、地理位置、销售能力与水平等相关因素结合起来，这样可以产生更多具有针对性的审计结果。最后，为了使渠道审计工作对改进渠道策略有效，制造商需要对渠道进行定期的审计，以从动态的角度来把握渠道关系的发展趋势与模式。如果定期进行这种审计，制造商就能够更早对那些新出现的问题进行识别，从而可以更有针对性地提前做出反应。

（3）设立经销商顾问委员会。了解渠道成员需求与问题的另一种有效形式是设立经销商顾问委员会。该委员会一般应由制造商发起设立，委员会成员应该包括制造商的高层管理人员（如主管营销和销售的副总经理）和负责渠道管理的经理和主要经销商代表的高级经理。为了让委员会运作有效率，制造商需要控制委员会的规模，规模设定的标准应该以能够保证委员们进行高效率的沟通与交流为主。委员会的执行主席一位应当由经销商代表选举产生，另一位则应该由制造商的高层经理担任。设立经销商委员会可以为制造商带来如下三个方面的益处。首先，经销商委员会提供了对渠道成员的认同。经销商非常希望能够在影响其利益的计划中发表自己的观点，当渠道成员认为自己参与了计划的制订时，它们更可能理解与支持制造商的渠道计划。这种方式显然增加了渠道成员的安全感，从而让它们能够对制造商的利益产生更大的认同。其次，经销商顾问委员会为渠道关系双方提供了一个确定和讨论相互间需求与问题的平台与媒介，许多涉及渠道关系的问题都可以以面对面的形式进行磋商解决，这可以极大地弥补传统渠道沟通的不足。最后，经销商顾问委员会能够增进整个渠道成员之间的交流，这不仅有助于制造商对渠道成员的需求与问题有更好的了解，同时也有助于增进经销商对制造商的理解，进而有助于双方渠道关系的改进。

2）根据渠道成员的需求与问题实施激励

在了解渠道成员需求与问题的基础上，渠道领袖就可以更加有针对性地设计渠道成员的激励方案。一般来讲，渠道领袖的激励包括两个大的方面：与经济因素相关的激励和与行为相关的激励。前者通常包括对渠道成员各种经济收益的补偿或者成本的节约；后者通常涉及渠道领袖给予渠道成员的各种指导与协助，在某种程度上体现在渠道领袖的领导行为中[②]。表7-2列举了一些常见的渠道激励方式[③]。

---

① Calantone R J, Gassenheimer J B.Overcoming Basic Problems between Manufacturers and Distributors [J]. Industrial Marketing Management, 1991, 20 (20): 215-221.

② Mehta R, Dubinsky A J, Aderson R E. Leadership Style, Motivation and Performance in International Marketing Channels: An Empirical Investigation of the USA, Finland and Poland [J]. European Journal of Marketing, 2013, 37 (1/2): 50-85.

③ 罗森布罗姆. 营销渠道管理 [M]. 李乃和，等译. 6版. 北京：机械工业出版社，2002：148-149.

表7-2 **渠道激励常用方式一览表**

序号	渠道激励方式
1	向渠道成员支付比其他制造商更高的进场费（slotting fee）以获得货架陈列空间
2	向渠道成员提供比竞争者更高的交易折扣（毛利）
3	给更好完成分销任务的渠道成员更高的利润奖励
4	以拒绝与压价经销商合作的方式向渠道成员提供有价格保证的产品
5	向渠道成员提供强有力的广告与促销支持
6	向渠道成员提供比竞争对手更广泛的各类促销津贴
7	向渠道成员提供比竞争对手更多的特别交易和贸易活动
8	比竞争者提供更高层次的合作性广告宣传推广活动
9	使用特定的销售人员来支持渠道成员的销售活动
10	发展与制定一套理想的平衡方法来推动及抑制促销策略
11	通过高级分销法来保护渠道成员的销售
12	在分析渠道成员市场潜力的基础上为它们制定销售任务额
13	向渠道成员提供一套“合作伙伴”计划，强调双方共同投入和前景
14	制定特别的执照和特权协议来巩固渠道关系
15	向渠道成员提供一套绝无仅有的交易安排表
16	使用双重渠道系统以开展渠道间的竞赛
17	使用约束协议来限制渠道成员销售竞争对手的产品
18	向渠道成员提供有保障的市场区域
19	向渠道成员提供高质量的、创新的或有特色的产品
20	强调产品的保质期管理，以保证渠道成员及时添加新产品、替换老产品
21	确保渠道成员享有有保障的销售及无限制的回报
22	向渠道成员的销售人员提供销售培训
23	向渠道成员提供各种经济援助
24	向渠道成员提供管理协助与培训
25	向渠道成员提供高质量的物流支持
26	为渠道成员提供高质量的网上订货系统
27	为渠道成员提供技术援助与支持
28	为渠道成员提供其目标市场的市场调查与研究
29	培养客户带头人并使之成为渠道成员
30	设立分销商协会，向渠道成员提供更多有关渠道决策制定的信息

需要指出的是，表格中所列出的渠道激励方法并没有包括所有的激励方法，并且不同的产品渠道都会存在一些独特性。如我国家电、汽车等行业的制造商为其中间商提供的年终返利、淡季进货贴息补贴等也都是非常常见且具体的激励方法。在选择激励方法时，渠道领袖必须结合渠道成员的需求与问题，选择那些最为合适、有效的激励方法才能产生良好的激励效果。

7.3 渠道沟通

7.3.1 渠道沟通的作用与特点

沟通指的是两个或者更多的人之间进行的关于事实、思想、意见和情感等方面的信息交流。在渠道行为理论中，营销渠道沟通被定义为渠道上下游企业之间（如制造商与批发商、批发商与零售商）的信息交流行为[①]。在渠道管理过程中，渠道沟通被称为“黏着剂（glue）”，它将渠道成员联结在一起。渠道成员之间通过沟通行为传递信息、分配渠道任务、协调渠道工作；使用渠道权力来影响渠道伙伴的决策与行为，调动渠道成员参与决策的积极性；通过沟通渠道成员之间还可以建立以相互依赖为基础的相互信任、承诺与忠诚，进而提高渠道合作效率，提升渠道成员的满意度[②]。如果缺少了渠道沟通，或者渠道沟通出了问题，渠道成员之间就可能产生各种分析和误解，并引发渠道冲突，进而给渠道绩效带来负面影响。

虽然渠道沟通对于渠道绩效的提升具有如此重要的作用，但对渠道沟通的管理却是一件颇具挑战性的任务。其根本原因在于渠道沟通与组织内沟通的本质差异，由于渠道管理的本质特征是对跨组织协作关系的管理，因而渠道沟通也是夹杂着企业内部沟通与企业间沟通的复杂过程，对这一过程的管理难度显然要比基于企业组织架构的内部沟通要大得多。图7-2显示了渠道沟通的基本特点及挑战。

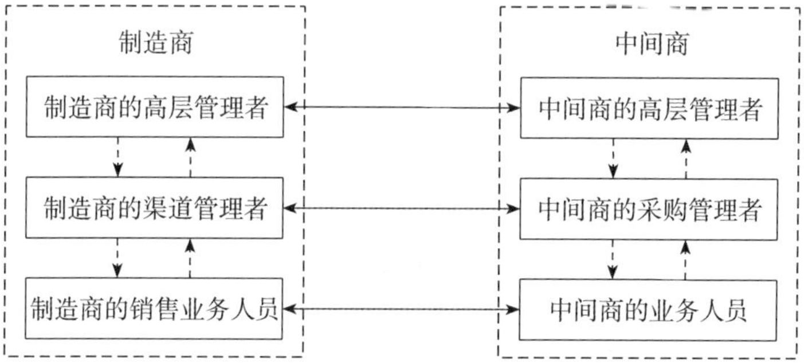

图7-2 渠道沟通过程简化模型示意图

虽然图7-2所展示的仅是一个没有包括跨组织的跨层面沟通的非常简化的制造商与中间商沟通过程，但这一过程仍展示出渠道沟通的若干挑战。首先，最重要的挑战

① 庄贵军，周南，苏晨汀，等. 社会资本与关系导向对于营销渠道中企业之间沟通方式与策略的影响[J]. 系统工程理论与实践，2008（3）：1-15.

② Mohr J J, Nevin J R. Communication Strategies in Marketing Channels: A Theoretical Perspective [J]. Journal of Marketing, 1990, 54 (10): 36-51.

来自渠道沟通往往与沟通双方的组织内沟通混杂在一起，信息在组织间、组织内的传递与流通过程中难免会有时滞和损失，这显然会给沟通效果带来影响。其次，渠道沟通中，双方是在功能上相互依赖的平等的独立企业，在不涉及产权关系的渠道关系中，虽然渠道关系内的权力结构可能存在差异，但更多的时候渠道沟通应该体现平等、公平的原则，这一点与组织内上下级之间的沟通存在显著差异。再次，沟通双方作为相互独立的经济主体，各自都有着独立的目标和逐利的动机，这使得双方之间的沟通难以脱离这些目标和动机的影响。最后，由于渠道分工的差异，沟通双方之间存在着信息不对称，这会对沟通过程及其结果带来不可避免的影响。如制造商专事产品的研发与生产，因而在产品信息方面要比中间商有优势；而中间商直接服务市场，因而在市场信息方面要比制造商有优势。这种信息不对称加上渠道成员的逐利动机自然会加剧渠道沟通的复杂性。

7.3.2 渠道沟通权变模型

营销学者莫尔（Mohr）和内文（Nevin）提出了一个渠道沟通的权变模型（见图7-3），将渠道沟通的战略与渠道环境特征匹配起来，认为二者相互匹配的沟通战略能够提升渠道绩效，反之则会降低渠道绩效[①]。

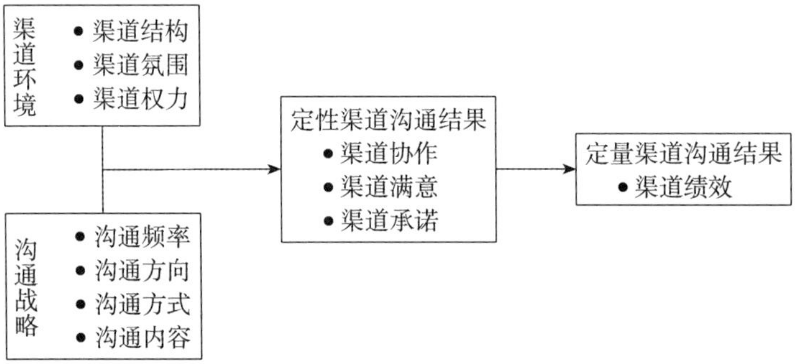

图7-3 渠道沟通权变模型示意图

1）渠道沟通战略的构成维度

在此模型中，渠道沟通战略由沟通频率、方向、方式与内容四个方面组合而成，下面对其含义分别进行阐述。

（1）沟通频率（frequency）。沟通频率代表了渠道成员的边界人员之间进行接触和信息交换的量。在渠道管理过程中，渠道成员之间的沟通是运行渠道功能的润滑剂，因而为了保证渠道关系的正常运转，渠道成员之间必须保持最小限度的沟通。虽然如此，过低的沟通频率往往意味着很多意见和信息无法及时交换，渠道关系的运转就难免会出现问题。与之相反，过高的沟通频率虽然会保证意见和信息的及时交换，但却可能造成渠道边界人员的“信息过载”，从而可能会对渠道关系运转带来负面影响。因而过低或过高的沟通频率都意味着渠道沟通中的一些问题，评价沟通频率高低合适与否的一个很重要的参照标准是渠道沟通的必要性。

① Mohr J J, Nevin J R. Communication Strategies in Marketing Channels: A Theoretical Perspective [J]. Journal of Marketing, 1990, 54 (10): 36-51.

（2）沟通方向（direction）。在组织内部，沟通方向指的是沟通在组织结构上发生的方向，包括垂直和水平沟通两种方向。如上下级之间的沟通是垂直方向的沟通，上级与下级之间的沟通叫作向下沟通，下级发起与上级之间的沟通则叫作向上沟通；两个平行部门和人员之间的沟通则称作水平沟通。在层级体系明确的组织结构内，上述沟通的方向是很容易确定的，但在跨组织的渠道沟通中，即使我们重点关注的是渠道上下游渠道成员之间的沟通，我们也不能简单地用垂直或水平沟通来描述渠道沟通的方向，因为在跨组织的渠道关系中并不总是明确地存在权威关系。当渠道关系中存在明确的权力优势方与权力弱势方时，我们可以用类似组织内上下级的沟通方向的方式来描述这种渠道关系内的沟通，如权力优势方发起的对权力弱势方的沟通，我们可以称之为向下沟通，反之则可以将其称为向上沟通。但由于处于权力优势地位的一方既可能是处于渠道上游的制造商，也可能是处于下游的中间商，显然此时的沟通方向与渠道上下游之间并无对应关系。为了避免误解，我们可以把渠道关系中的沟通方向区分为单向沟通和双向沟通两种。其中，前者指的是信息、观念等沟通要素在渠道关系中单向流动的沟通行为，包括权力结构存在差异的渠道关系中可能发生的向上或向下两种方向的沟通；后者则指的是信息、观念等要素在渠道关系中双向流动的沟通行为。

（3）沟通方式（modality）。沟通方式指的是传递信息的方法，如面对面地沟通、打电话沟通、信函沟通、文件沟通等。显然，对沟通方式进行分类的标准很多，但较为常用的一种方式是把沟通方式区分为正式沟通和非正式沟通两类。其中，正式沟通是组织成员按照组织规范框架以及预先计划的方式进行沟通的各种方式，如正式会议、企业以官方名义印发的文件、公函等，这种沟通方式的主要特点是体现企业官方的性质；非正式沟通则是指组织成员自发地、不完全按照企业组织规范框架进行沟通的方式，如发生在宴会、休闲娱乐场所等企业外部的沟通、非正式的谈话、电话、邮件往来等，这种沟通方式的显著特征是体现人格化。在中国社会中，人们对上述正式与非正式的沟通方式都非常熟悉，并且很多时候问题的解决都是通过各种非正式沟通方式完成的。

（4）沟通内容（content）。沟通内容指沟通所传送信息的内涵，如按照沟通所涉及的渠道功能，沟通内容可以分为以物流、促销、订货、支付等渠道功能为内容的沟通，但显然这样的分类对于渠道管理来说并无太大的现实意义。由于渠道沟通的重要功能在于协调渠道成员的观念、态度与行为，因而无论沟通涉及的具体内容如何，都包括一定的沟通目的。因此，在渠道行为理论中，另一个一般的分类是将其分为直接沟通和间接沟通。其中，直接沟通以直接的请求、命令或威胁为信息内涵，即包括了明确的目的，因而这类沟通往往以直接改变渠道成员的行为为目标；而间接沟通则以商讨、交换意见和对问题的看法为信息内涵，不指向具体的目标，但这种沟通却可以改变渠道成员的态度与观念。

2）渠道沟通环境的构成维度

（1）渠道结构（channel structure）。如同我们在第3章中所阐述的那样，就一个渠道关系而言，渠道结构指的是关系双方交易的方式。在从市场化到一体化的整个谱系上，除了我们在第3章中所重点阐述的与一体化程度相关的以产权为基础的渠道关系以外，渠道关系的结构可以分成市场化的结构和关系交换（relational exchange）。其中，前者是以市场机制为基础的交换关系，渠道关系双方遵循经济人假设，追求自身利润的最大化，因而关系中的相互依赖程度通常比较低。而在各种形式的关系交换中，越是趋近于一体化的一端，渠道关系双方的关系就越紧密，关系内的相互依赖水平就越高。因此，上述两种渠道结构的差异使得关系内的渠道沟通行为也会呈现出相应的差异，如在市场化的渠道关系中，渠道沟通可能呈现出以下特征——较低的沟通频率、更多的单向沟通、更多的正式沟通，以及更多的直接沟通。与之相反，在关系交换中，由于双方彼此的依赖水平较高，渠道关系内的渠道沟通可能呈现更高频率、更多双向、非正式和间接的沟通。

（2）渠道氛围（channel climate）。渠道氛围指的是渠道成员感觉到的渠道关系中相互信任和相互支持的水平。显然，相互信任与支持水平较高的渠道关系往往意味着较为紧密的合作关系，渠道成员往往愿意主动地与渠道伙伴就渠道协作事宜进行沟通，并且沟通行为需要与整个渠道关系中的氛围相匹配，以不对渠道氛围产生负面影响。因而，在相互信任和支持水平较高的渠道中，渠道成员之间将会以更高频率、更多双向、非正式和间接的方式进行沟通。而在缺乏信任和相互支持的渠道中，渠道成员之间会相互防范，渠道沟通将以更低频率、更多单向、正式和直接的方式进行。

（3）渠道权力（channel power）。根据我们在第5章中关于渠道关系中权力结构的内容，渠道关系中的权力结构总体上会呈现出相对平衡和不平衡两种形态。其中，相对平衡可能在比较高的水平上出现，即渠道关系双方彼此的权力都很大；也可能在比较低的水平上出现，即双方彼此的权力都很小。对于渠道管理实践来说，低度均衡的权力结构往往意味着渠道关系是很松散的，近似于市场化的渠道结构，因而我们在这里重点关注高度均衡的情况。由于渠道权力来自渠道伙伴的依赖，因而高度均衡的权力结构也意味着渠道关系双方彼此高度依赖。因此，在这样的渠道关系中，渠道沟通多以高频率、更多双向、非正式和间接的形式出现。而在权力结构不平衡的权力结构中，一方居于权力优势地位主导另一方，因而在这样的渠道关系中，渠道沟通更可能以低频率、更多单向、正式和直接沟通的形式出现。

从以上论述中我们可以看出，渠道沟通战略的4个维度与渠道环境3个维度之间存在着对应关系（见表7-3），与渠道环境特征相匹配的沟通策略更可能提高渠道绩效，这是渠道沟通权变模型的一个重要观点[①]。

3）渠道沟通结果

渠道沟通的重要目的在于解决渠道运行过程中可能存在的问题，进而提升渠道运行的绩效。根据渠道沟通权变模型，渠道沟通的结果包括直接的定性的结果和最终的定量衡量的渠道绩效。其中，定性的沟通结果主要包括渠道协作（channel coordination）水平、渠道成员的满意水平和承诺水平。渠道协作指的是渠道成员的经营活动和渠道流程协调一致的程度，显然渠道成员之间的协作水平越高，渠道的整体

① Mohr J J, Nevin J R. Communication Strategies in Marketing Channels: A Theoretical Perspective [J]. Journal of Marketing, 1990, 54 (10): 36-51.

表7-3 渠道沟通战略维度与渠道环境维度之间的对应关系

渠道环境维度	渠道沟通战略维度			
	沟通频率	沟通方向	沟通方式	沟通内容
渠道结构				
关系交换	更高	更多双向	更多非正式	更多间接
市场化	更低	更多单向	更多正式	更多直接
渠道氛围				
信任与支持	更高	更多双向	更多非正式	更多间接
不信任与不支持	更低	更多单向	更多正式	更多直接
渠道权力				
相对平衡	更高	更多双向	更多非正式	更多间接
不平衡	更低	更多单向	更多正式	更多直接

产出水平就会越高。而渠道满意和渠道承诺我们已经在第6章中予以阐述，此处不再赘述，我们只是在此强调渠道成员对于渠道合作关系以及从渠道关系中获得的收益满意水平越高，渠道成员就越愿意与渠道伙伴协作，更愿意与渠道伙伴保持合作关系，并向渠道关系中投入相应的资源。

7.3.3 渠道沟通战略及其应用结果

前面我们分别阐述了渠道沟通战略四个维度的特征及其与渠道环境特征相匹配的意义。在渠道管理过程中，渠道成员在与渠道伙伴进行沟通时，可以有机地将渠道沟通的4个维度整合，从而可以形成具体的沟通战略。根据前面所述的4个维度的特征，我们可以大体上将其组合成两种差异较大的沟通战略：合作式沟通战略（collaborative communication strategy）和自主式沟通战略（autonomous communication strategy）。其中，合作式沟通战略主要是以高频率、双向、非正式和间接沟通为主要内容的沟通战略；而自主式沟通战略则主要是以低频率、单向、正式和直接沟通为主要内容的沟通战略。根据渠道沟通权变模型的观点，两种沟通战略只有在与特定的渠道环境特征相匹配时，才能更好地提升渠道绩效，如果二者不匹配，则渠道沟通的结果很可能会降低渠道绩效。显然，合作式沟通战略更加适用于关系交换结构、渠道关系内的相互信任和支持水平较高且渠道权力结构相对平衡的渠道环境；而自主式渠道沟通战略则更加适用于市场化的渠道结构、渠道关系内的相互信任且支持水平较低和渠道权力结构不平衡的渠道环境。如图7-4所示，在这两种匹配的情况下，渠道绩效会得到提升。

在两种与环境特征不相匹配的情况下，所采用的沟通战略对渠道绩效的影响会存在差异。在图的右上角中，渠道环境呈现出了相互依赖水平较高、关系内存在较高水

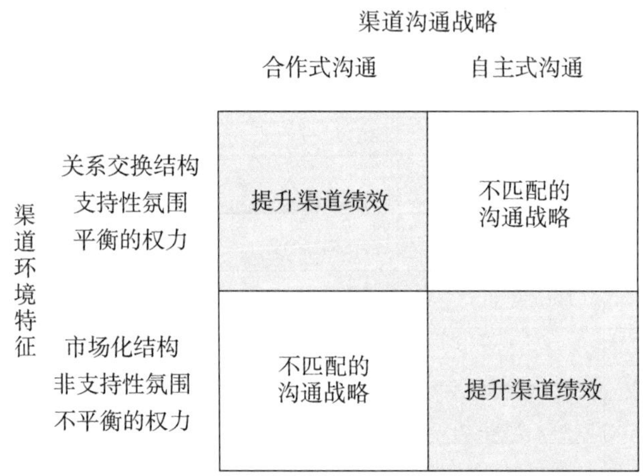

图7-4 渠道沟通战略与渠道环境的匹配关系及其对渠道绩效的影响

平的相互信任与支持、权力结构相对平衡的特征，这种渠道关系往往是比较紧密的渠道关系，渠道成员愿意彼此进行沟通，由于目标、价值观念的更加趋同，沟通的形式与内容都需要有利于渠道关系的维系与发展。如果在这样的渠道关系中采用低频率、更多单向、正式和直接沟通为主要特征的自主式沟通战略就会极大地损害渠道伙伴的感情，破坏渠道关系中良好的氛围，并可能激发冲突与矛盾，因而这种不匹配的沟通战略更可能破坏渠道关系，进而降低渠道绩效。而在左下角的情况下，渠道环境以比较松散的市场化结构、缺乏相互信任与支持、权力结构不平衡为主要特征，在这样的渠道关系中，渠道合作的基础往往是比较薄弱的，渠道成员之间会相互防范，不愿意主动地与渠道伙伴沟通与分享相关信息，而更倾向于独立自主地运作。在这样的渠道关系中，如果渠道成员采用了合作式沟通战略不仅不会让渠道伙伴以相同的方式进行回应，反而可能造成沟通频率过高出现沟通过载，或者采用间接、双向和非正式的沟通难以产生期望的结果，从而使问题难以有效、及时解决，从而也会对渠道绩效带来负面影响。但相对于前一种不匹配的沟通战略而言，后一种不匹配的沟通战略对渠道关系带来的负面伤害会更小一些。

本章小结

为了避免语义上的混淆，我们将充当渠道领导的渠道成员称为渠道领袖，而将渠道领袖为了协调渠道成员活动的行为称为渠道领导。渠道领导行为一般被定义为渠道领袖为了控制营销渠道运行的各个方面，而对其他渠道成员的营销政策和策略施加影响的活动。

根据渠道领导理论中被普遍接受的观点，渠道领导风格包括参与型领导、支持型领导和指导型领导三种。不同的渠道领导风格体现了渠道领袖在对渠道成员行为进行协调时所采取的不同行为方式。适当的领导风格会降低渠道冲突水平，促进渠道成员的合作，并提高渠道成员的满意水平。

除了领导风格理论以外，另一种被较为广泛应用于渠道领导行为研究的领导理论是途径－目标领导理论。这一领导理论的基本观点是，为了实现组织所期望的结果，必须完成某些任务，其中，结果是目标，而任务则是途径，当适当的任务被有效执行完成时，目标就会实现。而当组织的目标实现以后，领导者就应当给予其下属适当的奖励。

在营销渠道背景下，渠道激励指的是渠道成员努力完成其所负担的渠道功能的意愿，从渠道领袖的角度来看，渠道激励可以看作渠道领袖为培养渠道成员在实施其分销目标时相互协作而采取的行动。根据管理学理论中关于激励的定义，渠道成员的努力程度、渠道领导的渠道目标，以及渠道成员的需要构成了渠道激励的三个关键要素。

渠道激励的实施方式包括：识别渠道成员的需求与问题，这包括对渠道成员进行研究，对营销渠道进行审计，设立经销商顾问委员会；根据渠道成员的需求与问题实施激励。

在渠道行为理论中，营销渠道沟通被定义为渠道上下游企业之间（如制造商与批发商、批发商与零售商）的信息交流行为。在渠道管理过程中，渠道沟通被称为“黏着剂”，它将渠道成员联结在一起。渠道成员之间通过沟通行为传递信息、分配渠道任务、协调渠道工作；使用渠道权力来影响渠道伙伴的决策与行为，调动渠道成员参与决策的积极性；通过沟通，渠道成员之间还可以建立以相互依赖为基础的相互信任、承诺与忠诚，进而提高渠道合作效率，提升渠道成员的满意度。

渠道沟通的权变模型，将渠道沟通的战略与渠道环境特征匹配起来，认为二者相互匹配的沟通战略能够提升渠道绩效，反之则会降低渠道绩效。在此模型中，渠道沟通战略由沟通频率、方向、方式与内容四个方面组合而成；渠道沟通环境的构成维度包括渠道结构、渠道氛围、渠道权力。

拓展学习

供应商家长式行为导向与经销商建言行为：人情的调节作用①

受到关系营销范式的影响，企业致力于建立和维护与合作伙伴之间稳定的合作关系以提升企业绩效，这就要求企业在合作关系中不仅要高质量地履行合作协议所约定的责任和义务（角色内行为，in-role behavior），还要积极主动地承担不属于自己职责范围但却对合作关系具有积极作用的工作任务，即角色外行为（extra-role behavior）。在由经销商和供应商组成的渠道关系中，经销商的建言行为就是一种重要的、具有积

① 根据张闯，王莹，鄂嫚迪.供应商家长式行为导向与经销商建言行为：人情的调节作用［J］. 商业经济与管理，2020（9）：45-57改编。

极作用的角色外行为。在渠道行为理论中，建言被定义为渠道成员以改善现状为目的，即使可能遭到反对，也主动向渠道合作者提出建设性意见的行为。在营销渠道中，由于经销商更靠近终端市场，这使得经销商可以比供应商更加及时、准确地了解市场变化，以及供应商营销政策实施过程中存在的问题。显然，经销商的建言行为对提高渠道绩效具有非常重要的意义，实证研究也发现经销商的建言行为能够显著提升渠道的经济绩效及关系绩效。

鉴于渠道成员的建言行为对于渠道合作关系及其运行绩效的积极作用，探讨建言行为的驱动要素显然具有理论和管理实践双重价值。现有的少数理论和实证研究将渠道行为理论范式与组织行为学中的建言理论相结合，主要从渠道成员个体特征（如经销商的关系营销导向和责任感）、渠道关系（如相互依赖的结构）和渠道环境特征（如市场竞争程度）三个层面探讨其对建言行为的影响。这些研究存在两点不足：第一，主要遵循了西方渠道行为理论范式，对中国的传统文化情境缺乏关注。鉴于中西方文化传统的巨大差异，考虑中国传统文化要素的影响将有利于详实地解释中国企业的行为。因此，从中国传统文化的角度切入对渠道建言行为的研究不仅可以充分地理解中国企业的建言行为，也可以为企业的渠道管理实践提供科学的参考与借鉴。第二，从渠道成员个体层面解释其对建言行为的影响时，现有研究仅关注了经销商自身的要素（如经销商的责任感和关系营销导向），而忽略了供应商行为导向的影响。然而供应商的行为导向会直接影响经销商的行为，将供应商行为导向纳入研究框架可以更加完整地理解经销商建言行为的驱动要素。综合以上两点不足，本研究拟从中国传统文化的视角切入，考察具有中国文化特征的供应商行为导向对经销商建言行为的影响。

1）理论与假设

（1）家文化与家长式领导

家长式领导理论认为，以传统儒家伦理为基础的家庭伦理观念是华人企业中家长式领导行为的文化根源，该理论可以从本土文化的视角更好地诠释华人企业中的领导行为。立威与施恩是家长式领导的两个核心维度。其中，立威包括个人权威和支配部署的领导行为，体现为上级对下属的专权作风、强调服从、教诲斥责、要求卓越等；施恩包括个别照顾和维护部署面子的领导行为，体现在上级对待下属的关怀照顾、维护面子、和蔼可亲、正面奖励等。从传统儒家伦理的角度来看，立威和施恩是互补的两个维度，因为有效的领导需要同时满足下属服从和领导-下属关系，以及整个组织和谐的要求。一方面，虽然领导与下属的关系是不对等的，但如同家长与子女关系中角色的相互性一样，领导期望下属尊敬和服从其权威的同时也需要尊敬下属并给予其适当的关心和体恤。另一方面，下属为了避免与领导的冲突达到维护和谐的目的而会主动尊敬、服从领导权威，而领导主动给予的尊敬、关心和体恤则反过来有助于维护领导的权威，并有助于创造团结、和谐的组织氛围。这是因为在儒家伦理中虽然强调了社会关系中角色的相互性影响，但以五伦为代表的社会关系却是不对等的，儒家伦理中并未像要求子女对家长绝对服从那样也要求父母必须给予子女慈爱。在这样的伦理观念中，领导主动给予的关心与体恤则会通过“报”这一社会规范来产生其价值，因为下属受到领导的恩惠必须在一个长期的互动关系中予以报答，其主要形式就表现为对领导的尊重、服从与忠诚等，这显然既有助于秩序与服从的目标实现，也有助于社会关系和组织的和谐。

(2) 供应商的家长式行为导向

本文将家长式领导理论与营销战略理论及渠道行为理论相结合，提出供应商的“家长式行为导向”这一构念，并根据家长式领导理论和前期访谈结果，进一步将供应商家长式行为导向细分为“立威行为导向”和“施恩行为导向”。本文将供应商家长式行为导向定义为供应商作为渠道管理者在与经销商的互动过程中，在某种程度上呈现出类似于家庭关系中家长式的行为导向。其中：立威行为导向是指供应商在与经销商互动过程中强调绝对权威，要求对渠道事务拥有决定权，并要求经销商表示服从的行为导向；施恩行为导向是指供应商在与经销商互动过程中，给予经销商足够的支持和关心，关注经销商的发展，在经销商遇到困难时及时为其提供帮助和支持的行为导向。这种基于东方伦理的行为导向与营销渠道研究中的相关概念，如渠道影响战略、渠道权力以及渠道公平与渠道信任等有所不同。立威行为导向强调供应商通过尽力展示自己的威严，使得经销商不敢或不想对抗其权威，从而对渠道政策进行有效执行；施恩行为导向则强调供应商仁慈的一面，更多关注经销商的发展，并对其提供足够的支持和帮助。根据家长式领导理论的观点，这两个方面在达成供应商渠道管理目标方面也是互补的，供应商的立威行为导向有助于建立与维护渠道秩序，而施恩行为导向则有助于建立团结、和谐的渠道关系氛围，反过来有助于经销商服从供应商的管理，进而提升渠道绩效。

在供应商和经销商构成的渠道关系中，供应商的家长式行为导向必然会对经销商的建言行为产生影响。首先，根据家长式领导理论和组织建言理论，本文认为供应商的立威行为导向会抑制经销商的建言行为。供应商的立威行为导向是为了对渠道事务进行统一有效的管理，是出于维护良好的渠道秩序的需要，主要表现为对渠道政策的严格执行和对经销商的严格管理，要求经销商服从渠道管理的规定，并通过对违反规定的经销商进行相应处罚的方式来展现自己的权威。供应商的立威行为导向会通过两个方面来影响经销商的建言行为。一方面，供应商立威行为导向越强，就越会释放出其权威不容挑战的信号，这会通过以下两个途径抑制经销商的建言行为：第一，在供应商立威行为导向很强的渠道关系中，经销商的建言行为可能会被供应商解读为对其权威的挑战，从而可能使得建言行为导致对经销商的不利影响。在这种情况下，经销商可能就会避免建言行为对其带来的负面影响。第二，如果经销商的建言行为被视为对供应商权威的挑战，渠道关系中很可能就会产生渠道冲突，从而破坏渠道合作的氛围。因此，为了维持和谐的合作关系，在面对立威导向很强的供应商时，经销商也会主动减少建言行为。另一方面，供应商的立威行为导向越强，其对经销商的管理就越严格，越强调经销商对其渠道政策的遵从，这会从以下两个方面降低经销商的建言意愿：第一，供应商对经销商实施的管理越严格，经销商越会感知到供应商对其自主性的侵犯，从而产生心理上的“逆反”，降低实施包括建言在内的角色外利他行为的意愿。第二，供应商对经销商实施的管理和控制越严格，越容易被经销商解读为供应商对其的不信任，这会破坏渠道关系中的合作规范和合作氛围，从而降低经销商的建言行为意愿。因此，供应商的立威行为导向越强，经销商的建言意愿就越低。由此，本文提出如下假设：

H1a：供应商立威行为导向对经销商建言行为有抑制作用。

其次，根据家长式领导理论和社会交换理论，本文认为供应商的施恩行为导向会促进经销商的建言行为。供应商的施恩行为导向是为了建立与维持与经销商长期稳定的合作关系，这主要表现为供应商对经销商的体恤、关心与支持，尤其是在经销商遇到困境的时候，供应商会及时提供必要的支持与协助。供应商的施恩行为导向显然会激活供应商-经销商关系中的互惠机制，当经销商感受到供应商对自己的尊重、信任和支持时，互惠规范会指引着他们对供应商的施恩行为以适当的方式进行回报。因此，供应商的施恩行为导向会通过以下两个方面来促进经销商的建言行为：一方面，供应商主动的关心和支持会让经销商产生感激心理，并希望在日后的互动过程中回报供应商，而做出一些对渠道关系乃至整个渠道系统有利的事情，即便这些事情并不是自己职责范围内的事，这构成了经销商回报供应商善意的重要方式。另一方面，供应商对经销商的支持和帮助可以提升经销商对供应商的信任，从而使其增强与供应商持续合作的意愿并愿意承担更多的责任，这显然有助于促使经销商实施包括建言在内的更多角色外利他行为。因此，供应商的施恩行为导向越强，越能够促使经销商采取更多的渠道建言行为。据此本文提出如下假设：

H1b：供应商施恩行为导向对经销商建言行为有促进作用。

首先，人情会削弱供应商立威行为导向对经销商建言行为的抑制作用。一方面，在遵循人情法则互动的供应商-经销商关系中，人情互动之下的社会规范会促使经销商进行换位思考，“体恤”与理解供应商的行为。这会促使经销商认为供应商的严格管理和控制手段并不是针对他们个人，而是从渠道系统的整体立场出发，是为了渠道系统的共同利益，进而能够使之更好地理解供应商的行为，体会到立威行为导向下的严厉措施对自己的益处，并愿意为渠道组织的整体利益贡献力量。在这样的认知之下，供应商立威行为导向对经销商建言行为的抑制作用明显被削弱了。另一方面，在人情这一社会规范的长期影响下，供应商与经销商之间的人情往来会增强双方对合作关系的长期导向，这是由人情法则的长期导向所决定的。在一个长期持续的合作关系中，双方都会更加注重合作关系的稳定，以及这种稳定的合作关系在未来对双方的绩效贡献。在这种合作关系中，经销商的建言意愿会更强。虽然供应商的立威行为导向使得经销商担心自己的建言行为被解读为对供应商权威的挑战，但“日久见人心”，在长期的合作关系中，经销商相信供应商会理解其建言行为的角色外利他行为的性质与目的。与此同时，如果供应商能够将经销商的建言行为解读为一种利他行为，那么经销商的建言就会被认为是一种应当给予回报的“人情”，从而在未来会给经销商带来益处。因此，供应商立威行为导向对经销商建言行为的抑制作用，也会被削弱。由此，本文提出如下假设：

H2a：人情会削弱供应商立威行为导向对经销商建言行为的抑制作用。

其次，人情会增强供应商施恩行为导向对经销商建言行为的促进作用。供应商施恩行为导向对经销商建言行为的促进作用来自双方关系中的“互惠机制”，即经销商对供应商主动给予的关心和支持心存感激，并认为应当以建言等形式进行回报。当供应商与经销商在合作关系中遵循人情法则进行互动时，显然上述互惠机制会得到强化。经销商越注重人情法则，就越会对供应商主动提供的各种支持和帮助产生“报恩”心理，并愿意在此后长期的互动过程中适时“还人情”以回报供应商。显然，在供应商没有要求的情况下承担更多的角色外责任，做出对供应商有利的行为，在渠道运行存在问题时，积极向供应商建言献策就是一种非常重要的回报方式。此外，供应商与经销商互动过程中越是重视人情法则的作用，供应商也就会更多地主动给予经销商各种关注、关心和支持，因为根据双方关系中的人情往来和人情法则，供应商清楚地知道他这些行为会从经销商那里获得更多的支持和其他形式的回报，这无疑有助于双方合作关系的稳定。因此，当供应商–经销商关系中的人情互动所遵循的人情法则越强时，供应商施恩行为导向对经销商建言行为的促进作用就会越强。鉴于此，本文做出如下假设：

H2b：人情会强化供应商施恩行为导向对经销商建言行为的促进作用。

2）研究方法

本文以品牌家具渠道中供应商–经销商合作关系为研究对象，从经销商一方收集数据，研究供应商的家长式行为导向对经销商渠道行为的影响。家具制造企业一般采用代理的方式进行管理，要求经销商以专营的方式进行销售，这种模式具有一定的排他性。并且，供应商负责制定全国统一的分销政策。在这种渠道关系中，供应商作为政策制定者、实施者和管理者，对经销商进行一致有效的约束和管理，所以，供应商的行为导向会对经销商的角色外行为产生影响。因此，研究情境适合本文研究问题，从家具经销商一方获取数据也切合本文研究的理论视角。

为了提高问卷回收的成功率，本文采取面对面访谈的形式收集数据，对哈尔滨、沈阳、长春、大连、石家庄5个城市中的家具经销商老板、经理、店长以及采购经理等熟悉企业运作管理的专业人员进行访问。本研究的调查问卷有5页，需要15～20分钟完成。本次调查共发出389份问卷，收回有效问卷327份，有效问卷回收率为84.06%。其中，绝大多数样本企业为民营企业（91.7%）；样本企业中约有35.8%的经销商与供应商之间的合作年限在2~5年之间，约有51.1%超过了5年，10.9%在1~2年之间，2.2%合作时间不到1年。

3）研究发现与讨论

根据分析结果，H1，H2均得到支持。本文以供应商与经销商之间的关系为研究对象，遵循渠道行为理论的研究范式，结合中国本土社会心理学理论和家长式领导行为理论，从中国传统文化的角度探讨渠道关系中供应商家长式行为导向对经销商建言行为的影响，以及人情作为边界条件在此关系中的调节作用。实证结果显示：供应商的立威行为导向对经销商建言行为有抑制作用，施恩行为导向对建言行为有促进作用。同时，人情会削弱供应商立威行为导向对经销商建言行为的抑制作用，加强施恩行为导向对经销商建言行为的促进作用。

本文的主要理论贡献主要体现在以下三个方面：

首先，本文以中国本土心理学理论和家长式领导理论为基础，向渠道行为理论引入了企业家长式行为导向这一全新构念，并检验了其对渠道建言行为的影响，这丰富与拓展了渠道行为理论。与此同时，本文将家长式领导理论应用于组织间关系层面也拓展了家长式领导理论的边界与范畴。目前，家长式领导理论的研究主要集中在企业内部上级领导与下属关系的层面，本文在渠道成员之间这一典型的组织间关系层面研究家长式领导，拓展了现有理论的研究层面，也丰富了家长式领导理论的研究文献。其次，本文实证检验了供应商家长式行为导向对经销商建言行为的影响，进一步丰富与深化了有关渠道建言理论的研究。现有文献大多从建言企业自身特征（如经销商的责任感和主动性）来解释其建言行为，而对建言企业合作伙伴（本文中的供应商）行为导向的影响缺乏关注。实际上，在渠道成员的交往互动过程中，供应商的行为导向会直接影响经销商的行为。本文的研究发现进一步为这一影响提供了实证证据，并进一步深化了渠道建言理论的研究文献。最后，本文从中国传统文化的角度出发，不仅实证检验了以中国传统儒家文化为根源的供应商家长式行为导向与经销商建言行为之间的关系，而且验证了中国社会特有的行为规范——人情法则在其中的调节作用，这丰富并推进了渠道行为理论的本土化研究。从中国本土视角研究渠道行为可以更好地解释中国企业的渠道行为，也有助于从中国文化情境中创新营销理论。本文的理论框架和研究构念都是扎根于中国本土文化，这丰富并推进了渠道行为理论的本土化研究。

渠道成员的角色外行为能够体现渠道关系质量以及渠道成员对渠道关系的长期导向，超越契约规定范围的行为可以提高渠道成员之间的关系质量和渠道绩效。渠道建言行为作为一种重要的积极角色外行为，在提高渠道经济绩效和关系绩效方面发挥着重要的作用，因此在渠道关系中，供应商应该重视并促进经销商的渠道建言行为。对于供应商而言，本文的研究发现具有以下几点管理启示：首先，研究发现，供应商的施恩行为导向对渠道建言行为有积极影响，而立威行为导向对渠道建言行为有消极影响。这就提醒供应商应该尽可能地采用高施恩–低立威的行为模式来激发经销商的建言行为。在为经销商提供帮助与支持的同时尽量减少强调供应商的威严和权力，提倡与经销商之间的平等地位，避免出现经销商逆反或畏惧的消极情绪，从而影响正常稳定的渠道关系。其次，本文研究结果显示，人情对供应商的家长式行为导向与经销商建言行为的关系起调节作用，因此，在渠道关系管理与互动过程中企业要合理利用人情法则，鼓励渠道成员之间建立良好的互动关系。尤其是注重与发展渠道关系双方之间的人情往来，可以有效降低供应商立威行为导向对经销商建言行为的抑制作用，为经销商实施渠道建言行为提供良好的合作氛围，这将有助于提高渠道经济绩效和关系绩效。

复习思考题

1. 什么是渠道领导？它与渠道领袖之间是什么关系？

2. 渠道领导与渠道控制之间有什么区别与联系？
3. 渠道领导风格理论认为渠道领导包括哪些领导风格？其各自的特点是什么？
4. 不同渠道领导风格对渠道合作、冲突等行为有什么影响？
5. 什么是渠道领导的目标-途径理论？
6. 什么是渠道激励？
7. 什么是渠道激励的期望理论？
8. 渠道激励的实施方式包括哪些？
9. 什么是渠道沟通？它的重要作用是什么？
10. 渠道沟通战略是哪些沟通要素的组合？有哪些渠道沟通战略？
11. 渠道沟通中应考虑哪些渠道环境要素？
12. 渠道沟通战略与渠道环境要素应如何匹配才能提高沟通效果？

延伸阅读

［1］ MOHR J J, NEVIN J R. Communication Strategies in Marketing Channels: A Theoretical Perspective ［J］. Journal of Marketing, 1990, 54 (10): 36-51.

［2］ 钱丽萍，刘益，喻子达，等. 制造商影响战略的使用与零售商的知识转移——渠道关系持续时间的调节影响 ［J］. 管理世界，2010 (2): 93-105.

［3］ 张闯，马田园. 激励、监督与经销商依从：依赖结构的调节作用 ［J］. 商业经济与管理，2019 (12): 54-65.

第8章

营销渠道投机行为与渠道治理

学习目标

通过本章的学习，理解渠道投机行为产生的原因、渠道投机行为的基本类型，以及解决渠道投机行为的基本策略；了解渠道关系治理的基本治理机制，重点掌握契约与关系规范治理机制；了解中国本土社会中人际关系作为渠道治理机制的作用及其与西方理论中渠道治理机制之间的差异。

在非一体化渠道中，功能上相互依赖的渠道成员都是寻求各自利益最大化的独立企业，这使得为了追求自身利益而有损渠道伙伴或者整个渠道系统的渠道投机行为成为渠道管理中非常普遍且难以避免的问题。因此，如何抑制渠道投机行为，提高渠道合作的绩效——渠道治理机制的设计就成为渠道关系管理中非常重要的任务。在传统交易成本经济学中，交易关系治理被非常宽泛地定义为“组织交易的方式”，即为支持经济交易而设计的机制。在最初的理论框架中，市场化与内部一体化被认为是组织交易的两种相互替代的机制，但正如我们在第3章中所论述的那样，在这两个极端之间实际上存在着一个多样化的中间组织图谱，而这些中间型组织则需要除了市场与一体化以外的其他机制来治理。本章我们将主要就非一体化渠道结构中的渠道治理机制展开讨论，在阐述多样化的渠道治理机制之前，我们先对渠道治理的一个关键和核心的行为——渠道投机行为的基本类型及其产生的原因进行阐述；而后围绕主要几种治理机制展开论述；在最后一节中我们将以中国本土文化为基本背景，阐述人际关系作为一种渠道治理机制的作用机理，以为读者提供渠道治理理论的本土化思考视角。从理论的发展来看，营销渠道治理理论是渠道行为理论研究的前沿领域之一，该理论涉及多个不同的理论基础，我们也将在本章的相应部分予以阐述。

8.1　渠道投机行为及其类型

8.1.1　渠道投机行为及其分类

在传统交易成本经济学中，投机行为（也称机会主义行为，opportunism）被定义为以欺骗的方式牟取私利（self-interest seeking with guile），将投机行为与经济学中标准经济人假设寻求私利行为相区别的就是这里所说的“欺骗（guile）”的概念。在营销渠道中，这种“欺骗”行为可能表现为许多种形式，如：经销商在指定的销售区域以外进行的跨区域销售行为（即窜货行为）；经销商从供应商处获得了营销经费但却用于其他供应商产品的销售（即资金的体外循环）；供应商为了让经销商接受其新产品许诺将给予大力度的营销支持，而当经销商接受了产品以后供应商却不兑现承诺；零售商故意夸大供应商竞争对手给予的折扣、促销费等而向供应商索取更高额度的折扣和营销费用；供应商许诺给予某一经销商在某一区域市场中的独家经销权，但却通过其他渠道进入这一区域市场；特许经营系统中受许商违反规定从特许商指定的进货渠道以外采购低成本的商品和原料；经销商为获得经销权而故意夸大其销售能力等。上述渠道中的投机行为虽然表现形式和投机主体各不相同，但按照投机行为发生的时机却大体可以分成两类：一类是在渠道关系建立之前或关系的建立阶段的投机行为，如经销商为了获得经销权而故意夸大其在区域市场中的销售能力，这种投机行为一般被称为事前的（ex ante）投机行为；另一类则是在交易关系建立以后发生的投机行为，如上述例子中的窜货、资金体外循环等，这类投机行为一般被称为事后的（ex post）投机行为。可见，无论是事前还是事后，投机行为都会对渠道关系带来负面的影响。

除了交易成本经济学中对投机行为的事前、事后的分类以外，渠道中的投机行为还可以按照其他标准来分类，图 8-1就是营销学者沃森（Wathne）和海德（Heide）根据投机行为发生的环境（现有环境与新环境）、投机行为的特点（主动与被动）两个维度对营销渠道中的投机行为及其结果进行的一个分类[①]。其中，环境（circumstances）指的是渠道关系所处的外部环境，当这些环境要素发生较大的变化时，我们称之为新环境，否则称之为现有环境。渠道投机行为则分为被动（passive）和主动（active）两种，前者是投机者为了规避成本、获得收益而有意隐瞒一些信息、规避应该承担的某些义务等行为；后者是投机者为了获取收益而有意主动去实施的行为。不同的投机行为对投机者、渠道伙伴，以及整个渠道系统的成本与收益都会带来不同的影响，下面分别对四种投机行为及其可能带来的结果进行阐述。

行为 \ 环境	现有环境	新环境
被动	逃避 成本结果：投机者短期成本降低；渠道伙伴长期成本增加 收益结果：渠道伙伴和整个系统长期收益降低	拒绝调整 成本结果：很小 收益结果：投机者短期收益增加，渠道伙伴和投机者的长期收益降低
主动	侵害 成本结果：渠道伙伴长期成本增加 收益结果：投机者短期收益增加，渠道伙伴和整个系统长期收益降低	强制让步 成本结果：渠道伙伴长期成本增加 收益结果：投机者短期收益增加，渠道伙伴和投机者长期收益降低

图 8-1 渠道投机行为的形式及其可能的结果

1）现有环境下的被动投机行为——逃避（evasion）

当交易环境没有发生变化时，投机者的逃避行为主要表现为逃避或推脱应该承担的责任和义务。如承担售后服务的经销商为了削减成本而不按照供应商要求的服务标准为顾客提供服务，或者特许经营系统中的受许者向顾客提供没有达到特许商质量标准的产品和服务等行为都是逃避行为的典型形式。投机者逃避或不按照协议要求履行相应渠道功能的行为往往能够为实施此种行为的渠道成员带来直接的成本的节约，并使其能够从中获得短期的收益。但投机者的此种行为在长期却会为渠道伙伴及整个渠道系统带来额外的成本，并对渠道收益带来负面影响。如降低了服务质量的经销商或降低了产品和服务质量的受许商往往都会引起顾客的不满，这将对供应商或特许者的品牌形象、品牌满意度等不可避免地带来负面影响，这显然会对投机者的渠道伙伴

① Wathne K H, Heide J B. Opportunism in Interfirm Relationships: Forms, Outcomes, and Solutions [J]. Journal of Marketing, 2000, 64 (10): 36-51.

（如上例中的供应商和特许者）以及渠道系统中的其他成员（如其他经销商和受许者）的收益带来负面影响；而为了修正或挽回这些负面影响，渠道伙伴的长期成本一定会有所增加。

2）新环境下的被动投机行为——拒绝调整（refusal to adapt）

当交易环境发生变化时，投机者的被动投机行为主要表现为缺乏应对环境变化的弹性，或者不愿意针对环境的变化而进行相应的调整。如为应对强大的竞争压力，制造商可能调整其渠道策略，在原有经销合同的基础上要求经销商承担更多的物流服务、提高物流配送的效率，但经销商可能以执行原有合同为理由拒绝承担更多的物流功能，也不愿意提高物流配送效率。在这种情况下，经销商拒绝调整的投机行为并不会为供应商和整个渠道系统带来太多额外的成本，并且拒绝做出调整的经销商在短期内由于没有因为要承担额外的物流功能而发生成本，其收益水平在短期内也可能会有所改善。但由于经销商的拒绝调整可能会使渠道关系在未来难以适应环境的变化，从而会使得渠道关系的竞争力被削弱，长期来看，这显然对投机者及其渠道伙伴的收益产生负面影响。

3）现有环境下的主动投机行为——侵害（violation）

现有交易环境下的侵害行为是指渠道成员实质性地实施了一些渠道关系中明文禁止或者虽没有明确说明但在习惯或规范上禁止的行为。如前文提到的窜货行为，在其他经销区域内销售产品的经销商显然违反了经销协议中关于市场销售区域的条款。此种类型的投机行为往往会给投机者带来短期内的收益，如窜货者的销售收入会由于在其他经销商的市场内销售产品而增加，但这种销售收入的增加却是以其侵入市场内经销商销售额的降低为代价的。为了管理此类窜货问题，供应商将不得不投入额外的成本来监督与控制经销商的窜货行为，这造成了供应商成本的直接增加。另外，经销商的窜货行为会导致其他经销商对供应商的不满，从而会减少他们对供应商品牌的支持，长此以往供应商的品牌在市场中的竞争力就可能会被削弱，从而影响供应商和包括投机经销商在内的全部经销商的收益。

4）新环境下的主动投机行为——强制让步（forced renegotiation）

当交易环境发生变化时，投机者可能会利用新的交易环境而向其渠道伙伴要求更多的让步与支持，这种投机行为我们称之为强制让步。如前文中供应商要求经销商承担更多物流功能一例中，如果经销商意识到这种调整对于供应商而言非常重要，则该经销商可能就会提出一些条件，如要求供应商提供更多折扣、广告支持、延长付款期限等，来作为承担更多物流功能的交换条件。显然，强制让步是一个渠道成员在利用渠道伙伴在环境变化时的脆弱性来与之讨价还价，以期获得更多的收益。显然，被迫做出让步的一方将会遭受一些损失，而投机者的收益在短期内则会增加。但是在长期内，这种建立在胁迫与被胁迫基础上的渠道关系是不会牢靠的，在新的交易环境下渠道关系可能难以有效地做出调整，从而会给双方的长期收益带来不利影响。

8.1.2 渠道投机行为产生的原因

根据交易成本经济学的基本观点，有限理性的行动者在条件具备时都具有投机的动机，因而渠道投机行为可能发生于任何环境中。尽管如此，仍然存在一些特定的要素促进了渠道投机行为的产生。图8-2是克劳斯诺（Crosno）和达尔斯特伦（Dahlstrom）根据渠道投机行为研究的不同理论视角构建的渠道投机行为驱动因素模型①，在此模型中，两位学者把促进渠道投机行为产生的因素分为四大类，这些类别代表了对渠道投机行为进行研究的不同的理论视角——新制度经济学（主要是交易成本经济学）、资源依赖（resource dependence）理论、渠道行为（channel behavior）理论和关系契约（relational contracting）理论。从营销渠道管理的角度来看，渠道成员的投机行为必然会对渠道结果产生影响，如该模型中所关注的渠道绩效与渠道成员的满意水平。因此，了解渠道投机行为的促进因素对于如何抑制渠道投机行为，进而提高渠道产出绩效和渠道关系质量而言具有非常重要的现实意义。

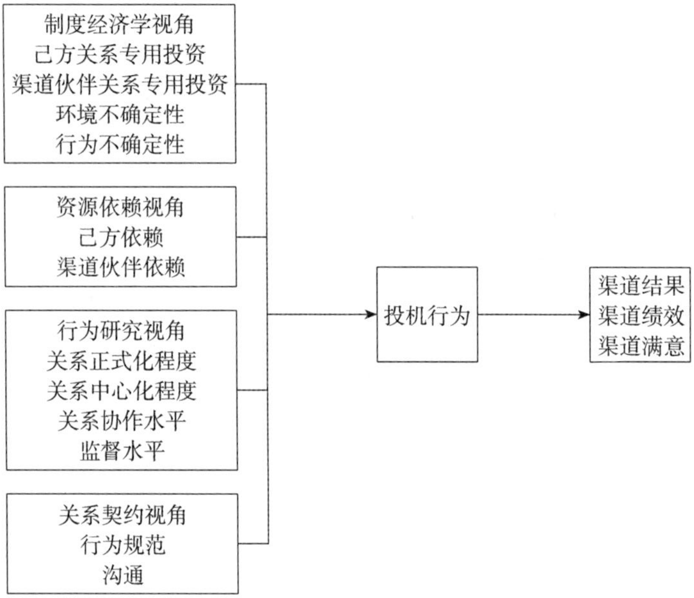

图8-2　渠道投机行为的驱动因素

1）制度经济学视角

如同我们在第3章中关于渠道一体化中讨论的那样，交易成本经济学把关系专用投资（transaction specific investments）和不确定性（uncertainty）作为决定交易关系治理机制的两个重要前提条件。其中，关系专用投资是渠道成员投入到特定渠道关系中，只适用于该渠道关系的专用投资，其结果是形成了只适用于特定渠道关系的专用资产。由于这种专用资产无法用作他途，或者由于特定交易关系以往使用会给投资者带来相当的损失，因而专用资产的投资方就被单方面地锁定在（lock-in）渠道关系中，而难以有效退出。而对于没有向关系中投入专用资产的渠道成员则可以利用投资方的这种弱势地位而"敲竹杠"，即采取投机行为来获得更多的收益。因此，从关系专用投资的角度来看，投入专用资产的一方为了避免损失会尽可能地抑制自己的投机

① Crosno J L，Dahlstrom R.A Meta-analytic Review of Opportunism in Exchange Relationships［J］. Journal of the Academy of Marketing Science，2008，36（2）：191-201.

行为，但单边锁定的结果却会提高其对渠道伙伴投机行为的容忍度；与之相反，没有投入专用资产的一方则更可能采取投机行为。

不确定性包括环境的不确定性（environmental uncertainty）和行为的不确定性（behavioral uncertainty）两种，其中前者来自外部交易环境在未来难以预期的各种变化；后者则来自难以对交易伙伴的绩效进行评价，以及难以对交易伙伴是否履行合同的行为进行有效的监督。由于人们的有限理性，以及渠道关系双方的信息不对称，渠道成员不仅难以预期交易环境在未来可能发生的变化，并提前做出相应的预案，更难以对渠道伙伴的行为及其结果进行有效的监督与评价，这无疑加大了渠道成员对渠道伙伴实施投机行为进行监督的难度。因此，环境和行为不确定性的程度越高，渠道成员实施投机行为的概率就越大。

2）资源依赖视角

我们在第5章关于渠道权力与依赖的部分已经讨论了依赖的本质与结构。从资源依赖理论的角度来看，渠道成员之间之所以相互依赖是由于每个渠道成员都难以自我提供其运营所需要的全部资源，因而每个渠道成员为了获取这些关键的资源都需要与其他渠道成员建立交易关系。而一个渠道成员对其渠道关系伙伴的依赖程度一方面取决于前者从后者处所获得资源对其的重要性程度，另一方面则取决于从该渠道关系以外获取资源的难度，这种资源越重要，越缺少替代来源，则前者对后者的依赖水平就越高。但由于渠道成员之间的依赖是相互的，因而渠道关系中的这种相互依赖可能呈现出不同的结构，如彼此高度依赖，即相对平衡的依赖，以及一方更加依赖另一方的不对称的依赖。在相对平衡的相互依赖关系中，渠道成员都会意识到这个渠道关系对其的重要意义，因而都会尽可能地抑制可能会带来的冲突，以及有损于渠道关系质量的行为，包括投机行为。与之相反，在不对称的依赖关系中，拥有优势的一方可能就会利用其优势地位实施投机行为，从弱势方那里获得更多的收益。

3）行为研究视角

在渠道行为研究中，学者们也对渠道关系的特征进行了概念化，这些概念包括渠道关系的中心化（centralization）、正式化（formalization）、协作（coordination）和监督（surveillance），这些特征也会对渠道成员的投机行为带来不同程度的影响。其中：渠道关系的中心化是指渠道决策过程的集中化程度；正式化是关系双方利用明确、正式的程序与方式来组织、治理关系的程度；渠道关系中的协作指的是关系双方有目的地组织资源、信息流和渠道活动的程度；而监督则是指对渠道成员的行为进行监视、限制的程度。渠道关系的中心化可以通过限制渠道行为的随意性而有效抑制渠道成员的投机行为，而渠道关系的正式化则可以消除交易的难度和不确定性，从而有利于抑制投机行为。在协作水平较高的渠道关系中，由于协作会为各方带来益处，并且会减弱由于不确定性带来的适应性问题，促进关系双方目标的协调一致，从而会有利于抑制关系内的投机行为。与协作的作用机制不同，监督可以减少渠道关系双方的信息不对称，从而有利于减少关系内的投机行为。

4）关系契约视角

与行为研究视角关注渠道关系的特征不同，关系契约理论更为强调关系的情境或背景特征，因为关系的这些情境会对关系中的交易行为带来影响。渠道行为理论中，从关系契约理论的角度来研究投机行为的文献主要强调了行为规范（norms）和沟通（communication）两个要素。其中，行为规范是为关系双方所共同遵守的一些行为准则，这些准则会把渠道成员关注个人产出和利益转向关注整个关系的产出和收益，这种关注点的转换显然有利于抑制关系内的投机行为。关于行为规范的作用，我们将会在第2节和第3节中予以展开。而关系双方的沟通则可以适时地交换有价值的信息、减少信息不对称，并促进双方共同目标的形成，从而也会削弱渠道成员产生投机行为的动机。

8.1.3 渠道投机行为的管理①

1）监督（monitoring）

监督可以有效地解决由于信息不对称导致的投机行为，这种解决机制一方面表现为监督可以给被监督者带来社会压力，从而促进后者的顺从行为；另一方面，监督可以降低关系双方信息不对称的程度，提高监督者对投机行为的觉察能力，以及将奖励与惩罚手段更好地与被监督者的行为相匹配的能力。监督机制的有效实施有赖于两个前提条件：一是需要事先确定监督的相关标准，即哪些行为需要监督，哪些不需要；二是关系内需要明确或隐含的契约来赋予监督以合法性。监督机制除了可以有效地抑制一些投机行为以外，还可以产生一种选择性（selection）结果，即事先对潜在的交易伙伴进行选择，那些具有较强投机倾向的渠道成员会由于渠道伙伴较强的监督能力而不进入渠道关系；相反，那些没有或者具有较弱投机倾向的渠道成员则会愿意建立这样的渠道关系。

2）激励（incentives）

激励机制对投机行为的有效抑制来自其降低了投机者从投机行为中获得收益，而增加其不进行投机行为的收益，这样理性的行为者会从收益获取的角度来抑制其投机行为。激励机制在渠道中可以表现为很多种形式。如要求渠道关系双方向关系内投入专用投资，这会产生一种人质效用（hostage），即投机行为对关系带来的损害也会有损于投机者自己的利益。再如，渠道成员还可以通过支付溢价的方式来抑制渠道伙伴的投机行为，如经销商为保持高产品质量的制造商支付更高的价格，在长期内这些溢价会超出制造商短期内降低产品质量这一投机行为的收益；或者制造商向那些严格按照协议规定的市场范围销售的经销商支付额外的奖励，当这些奖励超出经销商跨区销售的短期收益时，经销商的投机行为就会得到抑制。激励机制的有效实施有赖于两个前提：一是渠道成员要有较大的渠道权力，只有拥有权力优势地位才有制定激励政策的话语权；二是要有较为充分的信息来判断渠道成员是否按照激励机制的要求实施了某些行为。从这个角度来看，监督机制与激励机制联合使用可以提高抑制投机行为的效果。

3）选择（selection）

选择机制是在交易关系建立之前通过对潜在交易伙伴的选择与筛选，只与那些投

① Wathne K H，Heide J B.Opportunism in Interfirm Relationships：Forms，Outcomes，and Solutions [J]. Journal of Marketing，2000，64（10）：36-51.

机行为倾向小、合作意愿很高的潜在交易伙伴建立交易关系。从理论上讲，选择机制是在事前规避投机行为的有效手段。企业可以通过设计一个选择程序（如制造商对其供应商的认证）来更深入地了解潜在渠道伙伴的能力、行为意愿等，这显然可以降低双方之间的信息不对称程度；与此同时，选择程序也会带来一种自选择机制，即自行淘汰那些投机行为倾向较高的渠道成员。选择机制的有效实施建立在以下几个条件的基础上：首先，要有一套合适的选择标准和程序用以对潜在交易伙伴进行筛选。这套选择标准和程序也可能包含了需要潜在伙伴对交易关系的投入，从而可以带来人质效应。其次，选择程序所需要潜在交易伙伴付出的成本要超出其短期投机行为的收益，否则选择机制就会失效。最后，潜在交易伙伴的声誉往往是一种较强的遴选信号，因而需要能够获得潜在伙伴声誉的有效信息，并可以有效甄别潜在渠道伙伴是否有意识地利用声誉信息对选择方的决策进行了误导。

4）社会化（socialization）

与前述三种机制不同，社会化机制对投机行为的抑制是通过在关系内建立一套为关系双方所共同认可的价值观念、行为准则与目标来实现的，即通过社会化过程来使渠道伙伴将渠道成员的价值观念与目标内化（internalize）。在不同渠道背景中，这样的做法并不少见。如麦当劳通过汉堡包大学对其加盟者进行培训，不仅传授各种运营与管理麦当劳餐厅的技术，更重要的是促使加盟者接受麦当劳的经营哲学。再如，丰田汽车在对其经销商的培训中也把丰田的经营哲学置于比汽车销售技巧更为重要的位置上，其目的也是促使其经销商认同丰田的价值观念。社会化机制的有效实施有赖于渠道成员所推广的价值观念的完整性，并能够适用于不同的交易环境和渠道成员。

8.2 渠道治理机制

渠道治理机制是“组织交易的方式”，在新制度经济学中也被简洁地表述为支持经济交易的制度框架。根据著名营销学者海德（Heide）的观点，渠道治理机制是一个非常宽泛的概念，包括多个维度，其中既包括对交易关系建立、维持与结束过程中关系组织与协调要素的考虑，也包括在交易关系维持过程中监督、执行等渠道关系的控制机制[①]。但在营销渠道治理理论中，如果不涉及对渠道关系过程的考察，学者们一般将渠道治理机制视同渠道控制机制（control mechanism）。本节我们将主要就这种不考虑渠道关系过程的渠道控制机制展开讨论，介绍不同渠道控制机制的作用机理。在本节中，我们将交替使用渠道控制与渠道治理两个概念，而对其不做区分。

8.2.1 渠道治理机制的分类

根据不同的标准，营销渠道的治理机制可以分成不同的类别。在传统交易成本经济学中，治理机制被分成市场机制和一体化的科层机制两种。但在后续的理论研究

① Heide J B.Interorganizational Governance in Marketing Channels [J]. Journal of Marketing，1994，58（2）：71-85.

中，学者们都认识到交易成本经济学这个最初的理论框架过于简单，实际上市场机制和企业内部的组织管理机制只是众多治理机制的两个端点，二者之间还存在着多样化的治理机制。著名营销学者韦茨（Weitz）和贾普（Jap）在区分市场与科层机制两种治理机制的基础上，重点对非一体化渠道结构中的治理机制进行了分类，认为渠道权力的应用、契约和关系规范是非一体化渠道中三种重要的治理机制（如图 8-3 所示）[①]。

渠道治理机制		一体化渠道	非一体化渠道
	权威机制	规则、政策与监督	渠道权力
	契约机制	激励性补偿	契约条款与条件
	规范机制	组织文化	关系规范（relationship norms）

图 8-3 不同渠道结构下的渠道治理机制

在一体化渠道中，权威机制（authoritative control）体现在管理者利用正式组织机构中的职务（position）所赋予的权力对其下属的行为进行协调与控制。这种控制建立在雇佣合同的基础上，管理者有权利通过制定相应政策和监督等方式来确保分销或销售计划的有效实施。在非一体化的渠道结构中，由于正式的组织机构并不存在，企业需要依靠渠道权力来对渠道伙伴的行为进行协调与控制。

契约机制（contractual control）则建立在关系双方签订的契约的基础上，双方同意的契约条款规定了双方的权利与义务，以及对实施相应渠道行为的奖励。在一体化的渠道结构中，以销售绩效为基础的激励与奖励政策体现了企业中的这种契约控制机制；而在非一体化渠道中，渠道关系双方签订的契约则规定了双方的权利、义务与责任，为协调与控制双方的行为提供了基本的框架。契约的形成可能是由一方制定，另一方接受，如特许经营渠道中的特许合同则是这种情况；也可能是渠道关系双方共同协商制定，大多数非一体化渠道中的契约都属此类。

规范机制（normative control）包括一组为关系双方所默认的规则或行为规范，这些规则和规范协调与控制着关系双方的行为。在一体化渠道中，企业内部的这些非正式的规则或行为规范主要表现为企业的文化，通过这些为组织成员所共享的价值观念

① Weitz B A, Jap S D. Relationship Marketing and Distribution Channels [J]. Journal of the Academy of Marketing Science, 1995, 23 (4): 305-320.

与行为规范，组织成员的行为得以协调和控制；而在非一体化渠道中，规范主要表现为在不断互动过程中发展起来的为渠道关系双方所共享、共同遵守的一系列行为规范。

海德（Heide）根据渠道关系双方是否共同参与与渠道关系有关的决策将非市场化的渠道治理机制分为单边治理（unilateral control）和双边治理（bilateral control）机制[①]。根据这种分类，上述权威与权力机制是非常典型的单边治理机制，因为在这样的渠道关系中一方处于相对被动的接受状态；规范机制则是非常典型的双边治理机制，因为这些规范的产生与发生作用有赖于关系双方的共同参与与认可；契约机制则同时具有单边和双边治理机制的特征，当契约的达成是通过双方谈判、协商这些方式时，契约具有双边治理的特征；而当契约是由关系一方单方面制定，而另一方只能接受时，契约则具有单边治理的特征。下面我们结合韦茨和贾普的分类，对权力、契约与关系治理机制分别进行详细论述。

8.2.2 权力治理机制

在非一体化渠道关系中应用渠道权力来协调与控制渠道成员的行为我们已经在第5章进行了详尽的讨论，此处我们不想再重复相关的内容，只是针对渠道权力应用作为一种渠道控制机制说明几个要点。首先，渠道权力如果作为一种有效的渠道控制机制需要一个基础，即渠道关系中的权力结构是不对称的，即一方可以主导另外一方。在这样的情况下，拥有权力优势地位的一方可以通过渠道权力的应用来协调渠道伙伴的行为。其次，渠道权力的应用可能带来积极的结果，如渠道协调水平与绩效水平的提升；也可能带来消极的结果，如渠道冲突的加剧。显然这不仅取决于权力应用的方式（强制性权力与非强制性权力），还在于权力优势方使用渠道权力的动机。从协调与控制渠道成员的行为角度来看，强制性与非强制性权力在不同的情况下都存在应用的基础与价值，但渠道权力应用所产生的结果往往取决于权力应用的动机。如渠道领导者可以通过权力的应用提高渠道关系的协作水平，从而提高整个渠道关系的绩效，如果领导者能够以一种公平的方式来分配这些渠道产出，渠道关系的质量就不会受到负面影响；而如果渠道领袖应用权力的目的是从渠道伙伴那里剥夺更多的渠道剩余，其消极的影响就会不可避免地出现。最后，渠道权力理论的研究已经表明，权力不对称的渠道关系往往缺乏稳定性，如果渠道领导不恰当地使用渠道权力，渠道关系的绩效就不仅得不到提升，还可能受到削弱。这也再一次表明渠道成员在将渠道权力作为一种渠道控制机制时必须考虑到渠道权力应用对渠道关系可能带来的不同影响。

8.2.3 契约治理机制

契约是指交换双方为交换产品或服务所达成的一致意见[②]。在营销渠道治理理论中，契约是一个很宽泛的概念，学者们根据依据的理论基础的不同把契约分为正式

① Heide J B.Interorganizational Governance in Marketing Channels［J］. Journal of Marketing，1994，58（2）：71-85.

② Mooi E a，Ghosh M.Contract Specificity and Its Performance Implications［J］. Journal of Marketing，2010，74（3）：105-120.

的、具有法律效力的契约（legal contract）和建立在渠道成员共同认可的行为期望和规范基础上的规范契约（normative contract）[①]。显然，前者建立在交易成本经济学的基础上，而后者则以麦克尼尔（Macneil）的关系契约理论为基础。为了将交易成本理论中的契约概念与关系契约理论中的契约概念相区别，学者们进行了不同的操作性分类——硬性（hard）与软性（soft）契约、明确（explicit）与规范（normative）契约、正式（formal）与非正式（informal）契约、书面（written）与非书面（unwritten）契约等。其中，硬性的、明确的、正式与书面的契约体现了缔约者在某一既定时点上可以将未来可能发生的情况明确地在契约中写明并且可以据此做出详尽计划的假设，此契约可以详细地规定交易双方的义务和角色，并且具有非常强的法律效力。而软性的、规范的、非正式的与非书面的契约则建立在渠道关系中为双方共同认可与共享的行为规范的基础上。在交易成本理论中，学者们认为上述正式契约可以作为内部化的一种替代机制对交易关系进行治理，因此本部分我们将重点讨论这种正式化的明确契约，而将规范契约放到下一部分进行讨论。

正式或明确的契约可以明确、具体地规定交易双方的义务、角色与责任，对绩效的期望、监督程序和争端解决机制，通过交易双方达成的一致意见，契约可以就双方的交易行为实施相应的控制，对不遵从协议的行为进行惩罚。在比较简单的交易关系中，契约通过规定的交易条件（如产品、价格、交货日期等）来保证交易的执行，但在比较复杂的交易中，则需要对契约条款进行一些精心的设计，契约除了要包含诸如产品、价格、交货日期、保证条款等通用条款以外，还需要针对未来难以预测的情况达成某些协议，如双方认可的权利、义务与责任，以保证契约的执行。交易双方达成的上述协议有助于减少在不确定性的环境中重新谈判、履行契约的成本。正是在这个意义上，契约可以作为交易关系中减少风险与不确定性、创造价值的治理机制。

根据交易成本经济学有限理性的假设，人们永远无法预知未来可能发生的情况，因而契约也不可能是完备的。但当面临着比较大的交易风险时，如较高的环境与行为不确定性，以及专用资产的投入等因素出现时，由于在契约履行环节更可能出现问题，如交易伙伴的投机行为，从而可能为交易方带来损失，因而渠道成员更愿意花费时间与成本来签订一个更为具体、明确的契约以减少未来可能发生的较高的交易成本。如一些学者在实证研究中已经证实渠道关系中的资产专用性水平、环境不确定性和行为不确定性水平越高，渠道成员越会采用更加具体而明确的契约来治理交易关系[②]。

然而，契约的签订并不是没有成本的。根据交易成本经济学的观点，交易成本包括事前（ex ante）的交易成本（即用来搜寻信息、识别与勾画未来可能发生的情况、就相互可以接受的解决方案进行谈判，以及契约的起草与签订等成本）和事后（ex post）交易成本（即在契约执行阶段产生的对于绩效不利的各种问题而导致的各种成本）。根据交易成本经济学的基本观点，交易治理机制的选择要达到节约交易成本的

① Lusch R F，Brown J R.Interdependency，Contracting，and Relational Behavior in Marketing Channels［J］. Journal of Marketing，1996，60（10）：19-38.

② Zhou K Z，Poppo l.Exchange Hazards，Relational Reliability，and Contracts in China：The Contingent Role of Legal Enforceability［J］. Journal of International Business Studies，2010，41（5）：1-21.

目的，而这里所考虑的交易成本则是事前与事后交易成本的总和。因而，渠道成员是否愿意签订一个正式而详细的合同可能就要取决于签订这样一个合同所产生的事前交易成本与保持一些契约条款的开放性所导致的事后交易成本之间的平衡。如果保持契约的某些开放性导致的事后交易成本大于签订一个更为完备的契约的事前交易成本，则渠道成员就应该花费更多的时间和精力来签订一个更为明确与完备的契约；否则，就应该保持契约的某种开放性，留待契约执行环节出现了问题再行解决[①]。

影响渠道成员是否投入更多成本签订一个更为完备契约的另一个因素是制度环境中法律对契约执行的保障能力（legal enforceability）[②]。虽然交易风险的增加会促使渠道成员选择更为明确和完备的契约来治理渠道交易关系，但当交易所处的制度环境无法提供契约履行的法律保障时，花费高昂的交易成本制定的契约并不能达到想要的结果，渠道成员利用更为明确与完备的契约来治理渠道关系的动机就会减弱。如在中国的转轨经济中，虽然我们经历了40余年的改革开放和法治建设，但在当前环境中，契约的有效履行仍然是个关键问题。一些学者以中国市场为背景的实证研究已经证实了上述观点，即渠道成员越是感觉到法律对契约履行的执行能力较低，它们就更少地依赖明确的契约来治理渠道交易关系[③]。在这样的情况下，渠道成员会转而依靠隐性的关系契约，或者同时使用多种治理机制来对渠道交易关系进行治理。下面我们就转向对关系规范与复合治理机制的讨论。

8.2.4 规范治理机制

在契约治理机制部分我们已经谈到了规范契约，这种契约是以渠道关系双方共同认可的一套价值观念与行为规范（norms）为基础的，这些规范是通过双方理解并认可彼此期望的社会化过程发展并建立起来的，因而其代表了一种能够对交换关系实施控制的重要的社会和组织机制[④]。在渠道治理理论中，关系规范被宽泛地定义为被关系双方共享的行为期望，而规范治理机制也被称为关系治理（relational governance）或关系主义（relationalism），它是一种可以提高交易绩效的内生机制，而这种绩效提升的机制则在于关系治理将一系列经济行为嵌入在社会关系的背景中，而不是简单地将其诉诸契约或第三方。但需要说明的是，这种关系契约或者关系规范与前述的明确或正式契约并不是相互排斥的，两种机制可以同时出现在同一个交易关系中，发挥不同的作用。

关系规范反映了渠道关系中渠道成员对于彼此共同协作实现双方共同和各自目标的态度与行为的期望，而这种期望的形成是基于渠道关系双方不断的交易、互动与沟

---

① Mooi E A，Ghosh M.Contract Specificity and Its Performance Implications [J]. Journal of Marketing，2010，74（3）：105-120.

② Zhou K Z，Poppo l.Exchange Hazards，Relational Reliability，and Contracts in China：The Contingent Role of Legal Enforceability [J]. Journal of International Business Studies，2010，41（5）：1-21.Sheng S，Zhou K Z，Li J J.The Effects of Business and Political Ties on Firm Performance：Evidence from China [J]. Journal of Marketing，2011，75（2）：1-15.

③ Zhou K Z，Poppo l.Exchange Hazards，Relational Reliability，and Contracts in China：The Contingent Role of Legal Enforceability [J]. Journal of International Business Studies，2010，41（5）：1-21.

④ Ferguson R J，Paulin M，Bergeron J.Contractual Governance，Relational Governance，and the Performance of Interfirm Service Exchanges：The Influence of Boundary－Spanner Closeness [J]. Journal of the Academy of Marketing Science，2005，33：217-234.

通过程，这些期望的核心是对渠道伙伴利益的考虑，以及对提升渠道关系整体绩效的努力。一般而言，关系规范在许多层面上都可以影响主体的行为，如整个社会层面，我们的行为受到很多约定俗成的规范的约束与影响；在个人群体层面，如朋友圈子中我们也要遵循一些共同的行为规范；在产业内的企业也要遵循一些为所有企业所共同遵守的规范，如恶性竞争行为是为大家所唾弃的行为；在企业间的关系层面，如我们所关注的渠道关系中，行为规范同样起着约束作用[①]。对于渠道关系来说，关系规范机制在交易不确定性较高的情况下尤其能够起到治理交易关系的作用。在环境或行为不确定性较高的情况下，单纯依靠契约是很难对渠道关系进行有效治理的，由于契约无法对环境未来的变化做出充分的预测，威廉姆森所说的契约适应性问题，以及行为不确定性可能带来的投机行为就很难得到解决。但如果渠道关系内存在着为渠道成员所共享的行为规范，这些规范会在不确定性出现时对渠道成员的行为进行约束和调整，因为规范对渠道成员行为的约束和调整并非单纯地建立在激励或惩罚这些外在因素的基础上，而是来自渠道成员对渠道关系绩效提升自发的考虑，这些内化的共同价值观念与行为规范会有效约束渠道成员的投机行为，促进渠道成员应对环境的不确定性，做出相应的调整。显然，关系规范若要起到上述作用是要有一个基本的前提条件的，即这些规范与价值观念要为渠道关系双方所共同认可并遵守。有时，外在的一些因素，如市场中的声誉机制也会促使渠道成员在需要的时候遵循大家认可的行为规范，以减少违背这些规范给其自身在长期内带来的损失[②]。

建立在麦克尼尔（Macneil）关系契约理论基础上的规范治理理论在规范的内容方面呈现出高度多样化的状态，并且学界对此还尚未达成一致。麦克尼尔最初提出了28种相互重叠的行为规范，这些规范在渠道治理理论的研究中被学者们以不同的方式进行了概念化。从现有理论研究来看，得到了多数学者们认同的规范主要包括以下方面，这些规范都从不同的方面对渠道关系的治理发挥着作用。

（1）柔性（flexibility）是渠道关系双方愿意针对交易环境的变化而进行相互调整和适应的期望。渠道关系双方的这种期望使得它们相信签订协议只是双方合作的起点，针对未来市场环境、交易关系以及交易伙伴的变化，这个协议需要随时调整以适应变化。

（2）团结（solidarity）是指这样一种信念，即渠道关系双方相信成功来自双方紧密的合作而非相互竞争，这种信念使得渠道成员在面对逆境或充满不确定性的市场竞争时会充分地考虑渠道伙伴的利益，双方都非常珍视渠道关系本身的利益，而非单方面的利益。

（3）信息交换（information exchange）是渠道关系双方都期望能够主动地向彼此提供有价值信息的期望。信息交换能够有效地提高沟通效率，消除渠道关系中的信息不对称，有效地增进渠道成员间的相互信任与合作绩效。

（4）利益相关（mutuality）表明了渠道成员间共同承担责任的信念，每个渠道成

① Heide J B，John G.Do Norms Matter in Marketing Relationship［J］. Journal of Marketing，1992，56（4）：32-44.

② Cannon J P，Achrol R S，Gundlach G T.Contracts，Norms，and Plural Form Governance［J］. Journal of the Academy of Marketing Science，2000，28（2）：180-194.

员都相信自己的成功是渠道关系各方成功的函数，因而不能以牺牲渠道伙伴利益的方式来换取己方的成功与利益，渠道关系各方都有责任考虑其行为对渠道伙伴的影响。

（5）冲突和谐化（harmonization of conflict）表达了渠道关系双方在面对问题与冲突时积极地进行相互调整，化解分歧，促进合作的信念。双方都认为高水平的渠道冲突将会对渠道关系合作绩效带来负面影响，因而都会积极主动地尽量避免高水平的冲突，及时解决分歧。

（6）权力应用的限制（restraint in the use of power）表达了渠道成员克制利用谈判中的优势地位来获取单方面收益的信念，因为渠道成员相信渠道权力的应用只会导致更高水平的冲突，并且随着时间的推移还会有损于渠道关系内团结和利益共担的信念，从而会为投机行为打开方便之门。

8.2.5 复合治理机制

复合治理机制（plural governance）是指在渠道的运行中，同时使用多种治理机制协调和控制渠道关系。之所以要使用多种治理机制，是因为每一种治理机制在控制与协调交易关系中都有其明显的优势和劣势[①]。例如，权威治理能够有效地提高渠道具体活动的沟通效率，因为它通过明确的行政命令使得对方知道什么该做，什么不该做。但权威治理是一种单向沟通方式，只代表信息发送方的意志，而忽略信息接收方的感受和要求。因此，在渠道活动的具体实施过程中，可能会遭到信息接收方的不合作或者抵制。而规范治理则是一种明显考虑到双方需求的治理机制，它是建立在双方都可以接受的关系规范的基础上来协调交易行为，因而同时使用权威和规范机制则可以达到相互补充的效果。尽管关系规范表达的是双方共同期望和意愿，但它常常是模糊的，只是一种指导思想，并没有明确指明对方在某种情境下具体该做什么，它的实行依靠的是对方的意愿，因此缺乏强制力，不能很好地约束对方行为。又如，契约治理也是一种比较有效的治理机制，它通过明确的契约条款规定双方的责任、义务和利益分配，如果契约条款是双方共同商讨的结果，将代表双方共同的意志。但是契约机制最大的问题在于它是根据现有条件预测未来可能发生的情况而制定的，而未来常常是难以准确预测的，特别在中国这种转轨经济的背景下，政治经济环境剧烈变化常常会让决策者始料不及。因此，双方可能需要不断调整条款内容，而条款的制定本身就是双方不断讨价还价的结果，这种变动无疑又要不断地增加双方的交易成本。因此，将契约机制和规范机制同时使用也会达到相互补充的结果，契约机制规定了渠道关系双方的责任、权利与义务，这为渠道关系的运行提供了一个基本的框架，而关系规范则可以为渠道关系在不确定性的环境中提供一种柔性机制，弥补契约机制的不足。复合治理机制代表了渠道治理理论研究的一个前沿领域，多数研究结果都表明同时使用多种治理机制可以有效提升治理效果，但不同治理机制之间存在着什么样的相互影响则是当前学者们关注的热门话题。

---

① Weitz B A, Jap S D. Relationship Marketing and Distribution Channels [J]. Journal of the Academy of Marketing Science, 1995, 23 (4): 305-320.

8.3 关系治理机制：本土视角

如本章第2节所述，在渠道治理理论中关系规范是一种非常重要的治理机制，但从关系规范的生成与作用机制来看，这些对渠道行为具有重要影响的规范显然是嵌入在文化背景中的。就其一般性来讲，任何文化背景中都会存在一些对企业行为具有约束作用的规范，但由于各个国家文化都具有其一定的独特性，这也会使得这些规范在不同的文化背景下存在某些差异。相对于渠道治理理论产生与发展的西方国家，尤其是美国而言，中国有着完全不同的社会文化传统与环境，这就使得中国市场背景中的关系治理机制可能与西方社会文化背景下的关系治理机制存在一些差异。本节我们将从中国社会文化背景的角度来阐述中国社会中一种独特的关系治理机制。虽然这一领域的理论建构还处于发展过程中，但我们希望通过本节向读者展示这一独特的理论视野，并为西方理论在中国市场中的应用提供些许启迪。

8.3.1 中国社会中的人际关系及其规范

中国与西方关系治理机制的本质差异来自对“关系”一词的不同理解。在西方营销理论中，诸如关系营销、渠道关系等专业名词中“关系”所用的英文为“relationship”，这一词汇的基本含义是两个主体（如两个渠道成员）之间存在的某种联系，从文化内涵上来讲偏向于中性。而“关系”一词在中国社会中却有着非常丰富的内涵，当我们在日常工作与生活中讲到“关系”一词时，如“找关系”“拉关系”等，很多时候我们指的是人际关系，而这种人与人之间的关系只有将其放到中国本土的社会文化背景中才能准确理解其丰富的内涵。在英文文献中，为了将其与西方社会中的“关系”相区分，学者们用汉语“关系”一词的汉语拼音——“guanxi”来表达其独特性，在英文语境中，“guanxi”的基本含义是华人社会（包括中国大陆、港澳台及海外的华人社区）中人与人之间的关系。正是人际关系在中国社会中的重要性才使得中国社会中的关系治理机制成为中国社会中所独有的一种渠道治理机制。

1）中国社会中人际关系的类型与基础

人际关系是理解中国社会结构的一个关键性的社会文化概念，它对中国人的心理与行为的影响源远流长、无所不在。对于人们的日常生活来说，关系是人们参与社会的一种关键资源和一条便捷的途径，并且维护人际关系的和谐本身就构成了人们社会生活的一个重要部分，甚至有学者认为社会关系是中国人生活的方式与目的，中国人的存在就体现在关系中①。既然关系如此重要，那么中国社会中的人际关系建立的基础是什么？可以分成哪些类型？这些不同基础与类型的关系对人们及企业的行为会有什么影响？

人与人之间的联系是形成人际关系的基础，在中国传统文化中，人们把人与人之

① 庄贵军，席酉民. 关系营销在中国的文化基础［J］. 管理世界，2003（10）：98-109.

间的这种联系归结为“缘”。缘是指一种宿命的因素，强调远在关系发生之前，缘即已前定了特定人际关系的必然出现，并且还决定了关系的形态、久暂及结局等①。虽然这种传统观念充满了宿命的意味，但其对于理解当代社会人际关系的基础却是非常有帮助的。在中国传统文化中，缘可以分为缘分与机缘两类，前者包括父子、夫妻、师生、朋友等各种长期持久性的社会联系，后者则主要涉及各种随机场合和时间发生的短暂性的社会联系②。对于缘分，有学者将其归结为五种，即亲缘（血姻亲情之缘）、地缘（邻里乡党之缘）、神缘（共同宗教信仰之缘）、业缘（同业、同学之缘）和物缘（共同的喜好与兴趣之缘）③。显然，以上述五种缘分为基础，人们可以建立各种类型的关系。对于亲缘，这是有血缘关系的家族成员，这种类型的关系代表了一类最为紧密和特殊的关系，人们常用诸如“血浓于水”这样的表达来形容此类关系的特殊性。以地缘为基础的关系主要涉及两类：邻居与老乡。在传统社会中，这两类关系也是比较亲密的，如人们用“远亲不如近邻”来表达邻里关系的亲密性；用“老乡见老乡，两眼泪汪汪”“人不亲土亲”等来表达共同出身的人们之间的亲密感情。近代社会中的商帮（如晋商）及现代社会中的商人群体（如浙商、温州商人群体）等都体现了这种地缘的影响。拥有共同的宗教信仰，可以拉近陌生人之间的距离，以神缘为基础的人际关系往往也会有其独特性，如参加共同的宗教仪式等都可以孕育与发展亲密的人际关系。以业缘为基础衍生出来的同事、同学、战友等人际关系更是在当代社会生活中扮演着重要的角色。共同的兴趣与爱好总是能够将一些人聚集在一起，并且更容易发展亲密的人际关系，如大学校园中的各种以兴趣爱好为基础的学生社团就搭建了这样的平台。除此五种缘分以外，人们在各种随机的场合与一些人发生的随机的互动，如坐火车坐在邻座的人、走路碰到的问路人等，这些人之间短暂的社会联系的基础，我们则称之为机缘。

可以想见，上述缘分与机缘基本能够涵盖当代社会中人们各种社会关系的来源，并且依照产生这些关系基础的不同，关系的类型也就有所不同。以亲缘为基础的关系，我们称为家人或亲人；以地缘为基础的关系，我们称为邻居或老乡；以神缘为基础的关系，我们称为教友；以业缘为基础的关系，我们称为同学、同事、战友、朋友等；而以物缘为基础的关系，我们则称为球友、牌友等。显然，这些关系是存在差异的，人们也会以不同的方式来对待与处理不同的关系。有学者进一步将上述各种人际关系分为三大类④：家人关系（父母、子女、兄弟、姊妹及其他家人）、熟人关系（朋友、邻居、师生、同事、同学、同乡等）和生人（与自己无任何直接或间接的持久性社会关系的人）。按照这样的分类，每个人都会对自己的人际关系做一个亲疏远近的分类，从而构成了一个以己为中心，向外圈扩散（越向外关系越生疏）的如波纹般的同心圆结构的人际关系网，费孝通先生将中国社会中的这种人际关系结构特征称为

① 杨国枢. 中国人的社会取向：社会互动的观点［M］//杨宜音.中国社会心理学评论：一辑.北京：社会科学文献出版社，2005：21-54.

② 庄贵军，席酉民. 关系营销在中国的文化基础［J］. 管理世界，2003（10）：98-109.

③ 林有成.“五缘”文化与市场营销［M］. 北京：经济管理出版社，1997.转引自：庄贵军，席酉民. 关系营销在中国的文化基础［J］. 管理世界，2003（10）：98-109.

④ 杨国枢. 中国人的社会取向：社会互动的观点［M］//杨宜音. 中国社会心理学评论：一辑. 北京：社会科学文献出版社，2005：21-54.

"差序格局"[①]。在这样的差序格局中，人们在处理不同的关系时就会遵循不同的原则，以不同的方式来处理与对待，而关系本身的状态也会存在很多差异（见表8-1）。

表8-1　三种人际关系中不同的对待原则、方式与关系状态以及良性互动[②]

关系类别	对待原则	对待方式	关系状态	良性互动
家人关系	讲责任 （低回报性）	全力保护 （高特殊主义）	无条件相互依赖	无条件相互信任 亲爱之情
熟人关系	讲人情 （中回报性）	设法通融 （低特殊主义）	有条件相互依赖	有条件相互信任 喜好之情
生人关系	讲利害 （高回报性）	便宜行事 （非特殊主义）	无任何相互依赖	有缘之感 投好之情

在家人关系中，彼此要讲责任（即责任原则），应当对家人尽当尽之责而并不期望对方做对等的回报。在所有关系中，高度特殊地对待家人关系，全力保护家人关系，而在此关系中，双方无条件地相互依赖、相互信任，建立在血缘基础上的亲情是此类关系的核心。在熟人关系中，相互要讲究人情（即人情原则），以双方过去的人情往来为基础继续进行人情往来。人情本质上是一种社会交换，因而在熟人的人情往来中必然期望对方以适当的方式进行回报，但为了维护既有的关系，又不能在人情往来中斤斤计较，因而对于回报的期望处于中等水平。对待熟人，要尽量设法融通，维护良好的人际关系，但很少会像对待家人那样特殊地处理与熟人的关系，依据关系建立的基础，熟人关系中是有条件的相互依赖、相互信任，建立在各种关系基础上的喜好之情是此类关系的情感特质。与前两类关系不同，由于生人关系持续的时间往往很短，对待生人是要高度地讲利害关系与回报的，不会以任何特殊的原则来处理与生人的关系，往往是见机行事。生人关系中，没有任何的相互依赖与相互信任，在良性的社会交往中，双方最多会有投缘之情，但这种投缘之情并不会必然地发展出紧密的人际关系。

上述关系的分类与对待原则是以关系产生的基础为核心的，但人际关系对人们行为的影响并不仅限于此，除了这些宿命感十足的"缘"的观念以外，人们实际上会出于各种各样的目的来建立、维持或终止一些人际关系。黄光国教授根据关系的性质将人际关系分为情感性关系、工具性关系和混合性关系三类，并认为公平法则、需求法则和人情法则是三种对应的用以处理各种人际关系的原则[③]。其中，情感性关系指的是长久而稳定的社会关系，这种关系可以满足个人在关爱、温情、安全感、归属感等情感方面的需要，像家庭、亲密朋友等。在这类关系中，人们很少有逐利或利用关系谋取利益的动机，大家往往遵循"各尽所能，各取所需"的"需求法则"，尤其在家庭成员之间更是如此。与之相反，工具性关系是指人们与他人建立关系的目的是获取

① 费孝通. 乡土中国　生育制度［M］. 北京：北京大学出版社，1998.

② 杨国枢. 中国人的社会取向：社会互动的观点［M］//杨宜音. 中国社会心理学评论：一辑. 北京：社会科学文献出版社，2005：34. 经整理。

③ Hwang K K.Face and Favor：The Chinese Power Game［J］. American Journal of Sociology，1987，92（4）：944-974.中文版见黄光国，胡先缙. 面子：中国人的权力游戏［M］. 北京：中国人民大学出版社，2004：1-39.

某些资源或达到其目标。与情感性关系相比，人们维持情感性关系本身便是目的，而在工具性关系中，人们不过是将这种关系作为获取目标的一种手段或工具，因而这种关系大多短暂而不稳定。在前述关系类型中，与生人的关系大抵如此，人们遵循公平法则来进行交往，即社会交往建立在相对客观、精确的回报计算的基础上。在二者之间的是混合性关系，这种关系的特点是双方彼此相识并且具有一定程度的情感关系，但其情感关系又没有达到随意表现真诚行为的深厚程度，人们维持关系带有较强的工具性色彩，亲戚、邻居、同乡、同事、同学、师生等关系大体可以归入这一范畴。在这种混合性的关系中，人们遵循人情法则来进行持续性的交往。这种分类方法对于理解人际关系在渠道行为中的作用非常具有启发意义。

2）中国社会中人际关系行为规范

在上述处理不同人际关系所遵循的法则中蕴含着人们在处理人际关系时所需要遵循的一些行为规范，这些行为规范是在长久的历史传承中为整个社会所接受并对人们的行为产生影响力和约束力的规范。行为遵循这些规范被人们认为是合适的，而如果不遵循这些行为规范就会为人们所谴责。

（1）人情法则。从社会交换理论的角度来看，人情是中国社会人际关系中的一种交换，但它更包含着人们之间应该如何相处的社会规范。这种规范的核心是接受了别人的恩惠，即欠了别人的人情就一定要想办法回报，欠了人情不还会被认为是非常不恰当的行为，这样的人在社会交往中也很容易被大家所孤立。在这一核心规范的基础上，人情法则还包含以下几点规范：第一，在关系维系的过程中，人们之间应当用互相问候、馈赠礼物、访问聚会等方式来与关系网中的人保持联系，即通过不断的交往与“走动”来维系并增进感情。第二，当关系网内的成员遭遇困难时，其他成员应当尽力帮助他，“做人情”给他，正所谓“患难见真情”，危难之时的行为能够成为人们检验关系质量的重要标准[①]。第三，欠了人情就要还，在欠别人人情的时候，亏欠的一方会在社会交往中处于不利地位，所谓“吃人嘴软，拿人手短”，所以要尽可能少欠别人人情。但如果别人欠了你的人情，你就会在社会交往中处于优势地位，因而应该多做人情给别人。第四，在还人情的时候，不能精心算计，对等地还，而是要适当多还一点，正所谓“滴水之恩当涌泉相报”。在多回报人情的过程中既显示了回报一方的感恩之情，也在还了对方人情的同时让对方欠你人情，对方也会遵循同样的原则来还，在算不清的人情债中，人际关系不仅维系下去了，还会变得越来越紧密。

（2）面子与人情。从社会心理学的角度来看，面子是个人在社会上有所成就而获得的社会地位或声望[②]，因此面子是个人社会地位与声望的函数。由于一个人的面子不仅牵涉其在关系网中的地位，而且还涉及他被别人接受的可能性，因而在中国社会中“顾面子”就成为一件和个人自尊密切关联的重要事情，甚至把面子视为人生价值的一种外在体现。当一个人通过某种方式让另一个人觉得受到了重视、赞赏和推崇，

---

① Hwang K K.Face and Favor：The Chinese Power Game［J］. American Journal of Sociology，1987，92（4）：944-974.中文版见黄光国，胡先缙. 面子：中国人的权力游戏［M］. 北京：中国人民大学出版社，2004：1-39.

② 胡先缙.中国人的面子观［M］//黄光国，胡先缙. 面子：中国人的权力游戏.北京：中国人民大学出版社，2004：40-62.

前者就在给后者面子，而后者也会感到荣耀、光彩、神气和得意；相反，当一个人让另一个人感到不受重视、不受欢迎，前者就在丢后者的面子，后者就会感到难堪、困窘、尴尬甚至耻辱[①]。如果了解了面子对于他人的重要性，在人际交往中就要尽可能多给别人面子、少卷别人面子；而为了要得到更多人的尊敬，人们也要努力地为自己“挣面子”和“护面子”。尤其是在别人有求于你的时候，如果拒绝了对方的请求，对方就会感觉自尊受损，很没面子。在“有恩报恩，有仇报仇”的规范之下，将来有机会时，丢了面子的一方也会让你没面子，最后是大家都没有面子。为了避免关系的交恶，在别人有求于你时，最好做个人情给对方，这样对方会感觉很有面子，而且接受人情的一方也会在将来伺机回报，这样大家都很有面子[②]。因此，面子往往是人际交往中可以相互赠送的一个重要的“礼物”，别人给了面子，接受的一方就欠了人情，将来一定要回报；不给别人面子，就相当于得罪了一个人，长此以往人际关系状况一定会越来越差。因而，“人情留一线，日后好相见”，尽量与人方便也就成为中国人际交往中一种很重要的规范。

(3)“报”的规范[③]。从更加一般的层面上看，人情法则乃是“报”这一规范的衍生物之一。回报的规范在不同类型关系中的表现会存在一些差异。在工具性关系中，由于双方都没有在将来进行情感性交往的预期，因而双方所遵循的公平法则就要求在交往过程中一方将资源给予另一方后，后者通常必须给予立即的回报，或者约定明确的回报期限。在情感性关系中，“养儿防老”已经非常明确地包含了父母期望子女回报的内涵。在遵循人情法则的混合性关系中，人们则遵循“礼尚往来”“投之以桃，报之以李”的规则，进行持续不断的人情交换，以维系彼此之间的关系。因此，中国人对别人“做人情”“给面子”的主要动机之一就是其对对方未来进行回报的预期，因为在报的规范之下，做人情的一方能够放心地期待，对方欠了自己人情，将来自己若开口请对方帮忙，对方必然难以拒绝。然而，在报的规范中，也包含着恩仇的概念，传统中国社会中讲究“有恩报恩，有仇报仇”，如果拒绝了对方的请求，就得罪了对方，有些时候就会“反目成仇”，长此以往人际关系必然交恶。当然，“恩将仇报”历来是违反报的规范的为社会所不齿的行为。

8.3.2 中国社会人际关系在商业交换中的作用[④]

鉴于人际关系在中国社会的基础性地位，其对企业间的商业交易活动必然也会产生深刻的影响，而这些影响则建立在上述人际关系行为规范的基础上。

1）人际关系是建立和维系企业间交易关系的基础

在中国社会中，企业之间交易关系的建立往往以人际关系作为基础，如果两个企业的经理存在直接或间接的关系，则两个企业建立交易关系就比较容易。而如果存在

① 庄贵军，席酉民．关系营销在中国的文化基础［J］．管理世界，2003（10）：98-109.

② 黄光国．人情与面子：中国人的权力游戏［M］//黄光国，胡先缙．面子：中国人的权力游戏．北京：中国人民大学出版社，2004：1-39.

③ 黄光国．人情与面子：中国人的权力游戏［M］//黄光国，胡先缙．面子：中国人的权力游戏．北京：中国人民大学出版社，2004：1-39.

④ 庄贵军，席酉民．关系营销在中国的文化基础［J］．管理世界，2003（10）：98-109；庄贵军，席酉民．中国营销渠道中私人关系对渠道权力使用的影响［J］．管理科学学报，2004（6）：52-62.

这种建立的基础，则两个关键的人也会成为维系两个企业间交易关系的重要纽带。我们时常听到或看到，由于一个关键人物的离去导致两个企业交易关系的结束。如企业市场经理的离职，会令企业失去一批经销商，因为维系与这些经销商关系的是这个市场经理。另一种情况是，如果作为企业间交易关系建立基础的人际关系交恶，则两个企业之间的关系也会因此受到影响。作为维系企业间交易关系的人际关系属于典型的混合性关系，其中既包含着人情法则，也包含着公平法则，而这些维系企业关系的个人角色也是双重的，如私人关系中的朋友角色与作为企业经理的生意人角色，这种影响我们将在第9章予以展开。

2）人际关系作为信用保证

中国经济在转轨过程中，相关法律法规体系尚不健全，在很多时候难以为企业间的交易提供必需的保障。即使企业间签订了交易合同，合同的约束力也往往不是很大，违约现象经常发生，而诉诸法律执行合同的成本与效率往往令企业不愿意对簿公堂。在这样的商业环境中，人际关系则可以充当一种重要的信用担保机制。只要交易双方之间的人际关系可靠，一切都好商量，在自己人的圈子里进行交易甚至无须签订合同，一旦出现纠纷，人际关系网络中的各种行为规范则可以充当解决纠纷的机制。相反，当与“外人”进行交易时，由于缺乏应有的信任，则需要严加防范，从而提升了交易的成本。如一位做进口海产品生意的老板与一个中国台湾的水产出口商保持了长达10年之久的交易关系，但双方一份合同都没有签过，其中原因在于台湾企业的老板是该进口企业老板表哥的好朋友，表哥请好朋友照顾自己表弟的生意，只要这个朋友关系在维系，那么两个企业之间的交易就不会存在问题。

3）人际关系作为拓展交易范围的互惠网络

中国人的人际关系绝非一对一形式的，而是相互联结成为一个个人际关系网络。在寻求建立交易关系、解决维系交易关系过程中的各种问题时，人们往往会通过自己的关系网络来寻找有用的关系，从而不断拓宽企业的交易网络。如家人的朋友、朋友的同学、“哥儿们”的“哥们儿”等，通过各种人际关系会形成一个商业世界中的互惠网络。在这个无形的互惠网络中，由于人际关系行为规范的存在，企业间的交易往往具有很高的效率。

4）人际关系降低交易成本

从交易成本理论的角度来看，企业间的交易成本既包括交易之前的谈判与签订合同的成本，也包括交易过程中履行合同与监督的成本。在以人际关系为基础的交易中，如果是充分相互信任的人际关系，遵循人情法则的交易很可能省去了很多精于算计的谈判过程，并且起草、推敲与签订合同的很多工作也可以极大地简化。而在合同的履行过程中，由于有相互信任的人际关系作为信用保证，企业也无须过多地监督交易伙伴合同的履行。即使是合同履行过程中出现了问题，人们也可以利用人际关系来处理，而不用诉诸成本高昂的法律程序。因此，人际关系可以极大地降低企业间交易的成本。

5）人际关系作为解决冲突的机制

虽然人际关系具有上述作用，但企业间交易过程中各种冲突与纠纷是难以避免的。如同我们在前面已经提到的，人际关系网络为有效地解决企业间交易中的冲突提供了一种有效的机制。在关系亲密的“自己人”中间，有了冲突很容易解决，一起吃顿饭，开诚布公地表达不同意见，就可以将问题解决。在冲突严重的时候，还可以通过双方共同的朋友，或者地位更高的人作为仲裁方，双方都要给仲裁人面子，互谅互让，问题也就解决了。因此，人际关系是一种有效化解商业摩擦与冲突的机制。

8.3.3 人际关系作为一种渠道关系治理机制

人际关系在企业间商业交易过程中的作用同样适用于渠道成员之间的渠道关系。从渠道治理理论的角度来看，人际关系作为一种渠道治理机制主要表现为以下几个方面。

1）人际关系是抑制投机行为的重要机制

人际关系对渠道关系中投机行为的抑制作用表现为以下两点：首先，义利兼顾、重人情是人际关系行为规范长久以来在商业交往中的一种渗透性规范，该规范提倡在朋友、伙伴有困难的时候要鼎力相帮，而不能落井下石。在别人困难的时候施以援手是人情法则中重要的内容，这在商业交易中时常表现为为了照顾朋友的感情而损失自己的利益，而人情法则则会保证在未来施援者会得到受援者的回报。相反，为了牟取私利而损人利己的行为则是很难被人们所接受的，这样的人往往会被排挤出关系网络。其次，上述机制会由于人际关系网络的作用而得以强化。企业生意网络的拓展往往以人际关系网络为基础，如果在人际关系网络中没有好的名声，想要拓展生意是非常困难的。一旦采取了投机行为，人际关系网络会很快地将此种不当行为在网络内传播，从而不仅令投机者受到谴责，还会令其受到排挤。因此，人际关系是可以作为一种重要的抑制投机行为的机制来治理渠道关系的。

2）人际关系投入是一种双边绑定的专用资产

渠道治理理论表明，单方投入专用资产会为对方提供投机的机会，而如果关系双方共同投入专用资产就会产生双边的绑定效应，从而可以有效抑制投机行为，即任何一方的投机行为都会令己方遭受同样的损失。除了我们已经讨论过的各种物质与非物质专用资产以外，人际关系中所包含的情感元素也可以是一种有效的专用资产。并且由于中国社会中人情往来的特点与规则，关系双方对感情的投入相对于对物质及知识这样的非物质形态的专用资产投入而言，更容易对等。而双方一旦向关系中投入了相当的情感，在双方关系中情感要素所占的比例就会更高，从而会更好地将双方绑在一起。在人际关系从无到有，从疏远向亲密的发展过程中，人情法则显然扮演了非常关键的角色。而这种基于情感的专用资产对投机行为的抑制更多的时候体现于人际关系的行为规范，而非交易成本理论中的“人质效应”。

3）人际关系是渠道关系运行的润滑机制

人际关系作为渠道关系运行的润滑机制一方面表现为前面提到的冲突与摩擦的解决机制，这可以在渠道关系出现了问题时充当一种高效率的解决机制。另一方面人际关系作为渠道关系维系的基础可以极大地提升双方共享信息、协作与沟通的效率。在没有充分信任的渠道关系中，信息的共享、协作计划的制订都会由于害怕对方投机行为而受到抑制，在以相互信任的人际关系为基础的渠道关系中，上述担心会极大地得以消除，从而更加有利于渠道关系双方共享各种信息、更加紧密地进行协作、更加高效率地进行沟通，这显然都有利于提升渠道关系运行的绩效。

4）人际关系对不确定性的消除作用

来自环境与行为的不确定性是渠道管理的重要挑战，环境不确定性带来了在渠道合作过程中的适应性问题，而行为的不确定性则带来了由于绩效模糊而产生的监督问题。如果人际关系作为维系渠道关系的关键纽带，则可以为渠道关系面对环境不确定性时提供更大的柔性机制，为面对行为不确定性存在时提供规避投机行为的机制。对于前者，双方紧密的人际关系使得渠道关系在不确定性的环境下能够保持高效率的沟通，进行更加紧密的协作，从而可以提高应对环境不确定性的柔性能力。对于后者，充分的相互信任，以及前述的建立在“报”与“人情”基础上的行为规范会使由于难以有效监督而可能产生的投机行为得到一定程度的抑制。上述两个方面都可以有效地提升渠道关系的运行绩效。

本章小结

投机行为（也称机会主义行为）被定义为以欺骗的方式牟取私利。根据投机行为发生的环境（现有环境与新环境）、投机行为的特点（主动与被动）两个维度对营销渠道中的投机行为及其结果进行分类，包括以下四种形式：现有环境下的被动投机行为——逃避；新环境下的被动投机行为——拒绝调整；现有环境下的主动投机行为——侵害；新环境下的主动投机行为——强制让步。

可以将促进渠道投机行为产生的因素分为四大类，这些类别代表了对渠道投机行为进行研究的不同的理论视角——新制度经济学（主要是交易成本经济学）、资源依赖理论、渠道行为理论和关系契约理论。对渠道投机行为的管理策略包括以下四种：监督、激励、选择和社会化。

渠道治理机制是“组织交易的方式”，渠道治理机制是一个非常宽泛的概念，包括多个维度，其中既包括对交易关系建立、维持与结束过程中关系组织与协调要素的考虑，也包括在交易关系维持过程中监督、执行等渠道关系的控制机制。根据不同的标准，营销渠道的治理机制可以分成不同的类别。韦茨和贾普在区分市场与科层机制两种治理机制的基础上，重点对非一体化渠道结构中的治理机制进行了分类，认为渠道权力的应用、契约和关系规范是非一体化渠道中三种重要的治理机制。复合治理机制是指在渠道的运行中，同时使用多种治理机制协调和控制渠道关系。之所以要使用多种治理机制，是因为每一种治理机制在控制与协调交易关系中都有其明显的优势和劣势。

中国社会中人际关系行为规范包括人情法则、面子与人情、“报”的规范。中国社会中人际关系在商业交换中的作用包括：人际关系是建立和维系企业间交易关系的基础，人际关系作为信用保证，人际关系作为拓展交易范围的互惠网络，人际关系降低交易成本，人际关系作为解决冲突的机制。

从渠道治理理论的角度来看，人际关系作为一种渠道治理机制主要表现为以下几个方面：人际关系是抑制投机行为的重要机制，人际关系投入是一种双边绑定的专用资产，人际关系是渠道关系运行的润滑机制，人际关系对不确定性的消除作用。

拓展学习

私人关系对投机行为的抑制作用何时更有效？
——传统文化与市场经济双重伦理格局视角的研究[①]

现有研究发现边界人员私人关系能够抑制渠道投机行为，但对于如何增强以上治理效果的研究仍十分有限，尤其缺乏本土语境下的研究。本研究遵从双重伦理格局，即传统文化伦理和市场经济伦理的引导，依据制度理论和渠道治理理论，分别在企业外部制度环境和企业内部管理要素层面，探索私人关系抑制投机行为的有利情境。通过收集双边匹配一手调查数据以及二手数据对研究假设进行实证检验，研究发现，在受儒家思想影响较深、市场化水平较高的地区以及在企业领导对边界人员支持力度较大的企业中，私人关系抑制投机行为的效果会增强。随着市场化水平的提高，儒家思想影响增强私人关系对投机行为抑制作用的效果愈发明显。本研究为双重伦理格局对私人关系抑制投机行为效果的影响提供了经验证据，回应了与私人关系治理机制相关的学术争论，有助于丰富本土语境下的渠道治理机制研究。

1）理论背景和研究假设

（1）边界人员私人关系与渠道投机行为

关系（Guanxi），根植于中国传统儒家哲学，塑造着中国人的行为方式与思维模式。作为社会联结和人际互动的主要方式，关系是一种人际联结的网络，通过这种网络，个体能够从与他人或组织的联系中获得好处。关系的运作特征主要体现在以下3个方面：首先，它以互惠为基本原则。它给建立关系的双方附加一种无形的义务，要求双方在交往过程中能够互还“人情”。否则，如果一方没有在对方需要时及时给予帮助、尽到还人情义务，双方之间的关系就会受损。其次，关系建立在长期导向的基础之上。维护和谐、稳定的关系是中国人交往的重要准则。最后，关系不仅仅是情感的表达，更是一种基于功利主义的考虑。它需要对方能够为自己提供某些“好处”，这一点在商业活动中表现得尤为明显。

在中国企业的商业活动中，发展边界人员的私人关系已成为一种普遍现象。现有研究表明，私人关系能够减少合作伙伴的投机行为。首先，私人关系建立在互惠基

① 夏春玉，张志坤，张闯.私人关系对投机行为的抑制作用何时更有效？——传统文化与市场经济双重伦理格局视角的研究［J］. 管理世界，2020（1）：130-145. 文中删去了原文中的夹注和文后参考文献，并对文章内容进行了删减。

础上，渠道成员对自身投入都具有获得回报预期。为获得合作伙伴的支持，边界人员在日常互动中注重彼此关心与帮助，并会自觉约束自身行为，避免采取投机行为使双方合作关系受损，失去更多长远利益。其次，边界人员私人关系增加了双方合作的长期导向，使双方在合作过程中对彼此有较为深入的了解，增加双方行为的可预测性。这有利于培育良好的信任和承诺水平，进而减少了合作伙伴投机的可能性。最后，边界人员私人关系有利于双方进行高质量的沟通与协作，积极承担自身职责并愿意共同解决合作中出现的问题。这减少了出现渠道冲突的可能，有助于建立和谐的合作关系，从而进一步强化边界人员私人关系对渠道成员投机行为的抑制作用。既然现有研究已经发现边界人员私人关系的治理作用在不同的情境中有所差异，那么，哪些情境能够强化边界人员间私人关系对投机行为的抑制作用？现有研究在企业自身层面，如感知激励公平、专有资产投入，以及企业所处的宏观环境方面，如法律执行性，对边界人员私人关系抑制投机行为的边界条件展开了探索。但相关研究仍有很多不足，不仅大样本实证证据缺乏，而且缺少对中国本土情境要素的考察。

私人关系作为根植于本土的独特现象，只有扎根于本土情境对其进行探讨，才能为其在中国商业活动中的应用提供更有价值的洞察。改革开放以来，我国社会的伦理格局发生着悄无声息的变化。在强调“五伦观念”“等差之爱”的传统文化伦理继续深刻塑造社会生活基石的同时，社会主义市场经济的建设也使得基于“经济人”自利原则的市场经济伦理对社会生活产生重要影响。理论界所普遍承认的双重伦理格局，成为了当前中国社会生活真实而独特的写照。在这样的双重伦理格局下，私人关系的治理效果将受到怎样的影响，成为了本研究关注的核心问题。遵循整合企业内外部因素构建科学理论的建议，本研究从企业所处的外部制度环境与企业内部管理要素出发，分别选取双重伦理格局中的调节变量，对私人关系治理效果的边界条件进行探讨。

(2) 制度环境层面：儒家思想影响与市场化水平

制度理论指出，任何企业间的交易都嵌入其所在的宏观制度环境之中，并受到制度环境的制约。制度环境塑造了企业进行商业活动的基本准则。制度包括正式制度与非正式制度，正式制度主要指由政府、司法机构等颁布的法律法规，而非正式制度主要包括社会文化及规范，通过行动者的自觉遵从来发挥塑造企业行为的重要作用。制度具有3个基本要素，分别是规制性、规范性和文化-认知性要素，这3个要素是企业合法性的来源。企业若要获得合法性，就必须面临这3个因素带来的制度压力。面对制度压力，企业只有遵从制度环境并不断调适自己的行为，使自身的行为、规范和价值观与制度环境相一致，才能获得合法性，从而获取重要的经济资源和竞争优势。在新兴市场国家，由于各地区经济发展不平衡以及文化传统的差异，各地区的制度环境往往具有较大差异。

在儒家思想影响较为深远的地区，有利于发挥边界人员私人关系对渠道投机行为的抑制作用。历史上，中国作为一个幅员辽阔、民族众多的国家，不同时期、不同地域、不同民族对儒家思想的接受与推崇程度有所不同，儒家思想的影响存在一定的地区性差异。受到儒家思想影响程度越深的地区，该地区的人越容易受到“重信义”的熏陶。当其从事商业活动时，更能够做到"慎独"。一方面，"重义轻利"成为了边界人员行动的基本原则，使其与合作伙伴交易时注重"先义后利"。边界人员倾向于自觉约束自身行为，不屑于牟取私利。另一方面，注重诚信的商业传统也督促边界人员信守承诺，依照双方合同高质量地完成渠道任务。在儒家思想的上述影响下，边界人员私人关系所能发挥的增进相互信任与理解，减少渠道冲突等作用将更加明显，这无疑有利于发挥私人关系在减少渠道成员投机行为方面的积极作用。

H1：边界人员私人关系对渠道投机行为的抑制作用在受儒家思想影响较深的地区将被强化。

市场化，指经济制度由政府管制型经济向市场经济转变的过程。市场化不是简单的某项规章制度的变化，而是一系列经济、社会、法律、乃至政治体制的变革，或者说是一系列大规模的制度变迁。在中国，理解企业行为必须重视市场化改革这一重要的制度背景。改革开放以来，中国市场化进程不断深入，市场机制力量得到极大释放。国家和政府在经济交易过程中不再对预算、投资、价格等进行严格管控，而是逐渐放权于市场，发挥市场在配置资源方面的重要作用，充分动用市场力量，尊重市场客观规律，促进经济的良性健康发展。虽然中国的市场化改革取得了巨大成就，但市场化改革进程还远远没有完成，各个省份的市场化水平仍存在较大差异。

改革开放后的20世纪80年代是中国以私人关系塑造社会生活的重要时期，逐渐形成了一种重视关系网络的社会文化系统。这种社会文化系统使私人关系发挥的重要作用不仅不会减弱，反而将以一种适应市场经济的方式得到强化。在市场化水平提高带来激烈市场竞争的环境下，私人关系的工具性特质将更加明显。边界人员与合作伙伴更可能建立良好的私人关系，以确保双方高质量的信息交换和共同行动，进而从该合作关系中获利。因此，在市场化水平较高的地方，私人关系对投机行为的抑制作用很可能被强化。鉴于以上研究争论，本研究对市场化水平对私人关系治理效果的影响提出一组竞争性假设。

H2：边界人员私人关系对渠道投机行为的抑制作用在市场化水平较高的地区将被强化。

H2alt：边界人员私人关系对渠道投机行为的抑制作用在市场化水平较高的地区将被弱化。

（3）企业管理要素层面：企业领导支持与品牌市场地位

根据渠道治理理论，企业自身管理要素会对治理机制的作用效果产生影响。边界人员私人关系所能发挥的具体价值与企业本身特质息息相关。现有研究发现，企业的管理要素，如其管理或技术能力、战略导向等，会影响边界人员利用其建立的私人关系所获取的信息和资源，改变其与合作伙伴的沟通方式及合作效率，进而影响边界人员私人关系在渠道治理中所发挥的作用。企业自身的管理要素，一方面，会对其内部员工行为产生影响；另一方面，也会影响其在市场中的地位及其与合作伙伴间的关系。

在企业领导支持力度较大的情况下，边界人员私人关系对渠道投机行为的抑制作用将会被强化。企业领导在边界人员工作过程中给予的支持力度越大，边界人员获取工作所需的资源及帮助就越多。这有利于减少边界人员与交易伙伴合作过程面临的阻碍，提高与交易伙伴之间的工作效率，进一步强化由私人关系所培养出的理解与信任，从而增强对交易伙伴投机行为的抑制作用。同时，企业领导对边界人员的支持增加了边界人员行动的自主性。边界人员能够以灵活的方式与交易伙伴进行渠道沟通或解决渠道冲突，建立更加牢固的私人关系，提高双方间的互惠、信任与承诺水平，从而强化对投机行为的抑制效果。

H3：边界人员私人关系对渠道投机行为的抑制作用在企业领导支持较多时将被强化。

企业品牌的市场地位，是反映企业品牌在市场中竞争优势情况的重要指标。品牌是一个企业的关键战略资源，与企业的市场收益息息相关。具有较高市场地位的品牌能够让消费者将其与较高的商品质量相联系，提高消费者购买的可能性，从而对终端市场产生更大的影响力。因此，企业品牌的市场地位越高，企业的竞争优势就越明显。这种竞争优势能够为经营该品牌的渠道合作伙伴带来更多市场份额，使其获取更多经济利益，相应地，该合作伙伴的忠诚度往往也更高。在这种情况下，渠道合作伙伴出于对己方经济利益的考虑，会努力维护渠道关系的和谐稳定发展，从而保证自己能够长期从渠道关系中获取价值。在企业品牌的市场地位较高的情况下，边界人员私人关系对渠道投机行为的抑制作用将会被强化。企业品牌的市场地位越高，经营该品牌能够带来的收益就越大。这就增加了该企业对渠道合作伙伴的吸引力。为获得更多长期利益，渠道合作伙伴的边界人员将产生较高的长期合作导向，认真地维护双方的合作关系，并自觉约束自身行为，减少出现渠道冲突的可能。此时，渠道双方的边界人员将建立更加牢固的私人关系，产生更高水平的信任与承诺。可见，当企业品牌市场地位较高时，边界人员私人关系对渠道投机行为的治理效果将得以强化。

H4：边界人员私人关系对渠道投机行为的抑制作用在企业品牌市场地位较高时将被强化。

2）研究方法与研究结论

本研究的数据来源包括来自制造商销售经理-制造商销售人员双边匹配的一手调查数据，以及二手数据。多重数据来源能够有效避免研究中的同源偏差问题。本研究涉及的制度环境层面变量均使用省际层面的二手数据进行测量。在中国，制度环境的发展在各个省份间有很大差异，省份成为了衡量不同地区制度环境的基本单位，已有多项研究针对省际间制度环境差异产生的影响进行了考察。本研究涉及的其他变量来自双边匹配的问卷调查数据。其中，边界人员私人关系、企业领导支持来自一线销售人员，渠道投机行为、品牌市场地位来自销售经理。该问卷调查是在二手数据（即儒家思想影响和市场化水平）收集后两年进行的，这有助于更好地检验制度环境对边界人员私人关系——渠道投机行为的影响。

根据分析结果，H1，H2和H3得到支持，H2alt和H4被拒绝。

3）结论与讨论

（1）理论贡献

首先，本研究揭示了企业外部制度环境变量——儒家思想影响和市场化水平对私人关系治理效果的影响，有助于丰富制度理论视角下渠道治理机制的本土研究，并对学界现有研究争论，包括私人关系治理作用与市场化水平间的关系，以及双重伦理格局间的关系进行回应。结合双重伦理格局，在中国，较有代表性的制度环境变量当属儒家思想影响和市场化水平。儒家思想的影响虽然在企业管理领域得到了一定的关注，但是尚没有营销渠道管理领域的学者对其进行探索。同样，虽然中国的市场化进程引发了经济学领域学者的大量思考，但是它将如何影响渠道成员的行为及治理，仍然有待考察。本文的研究发现证实了边界人员私人关系的治理效果的确会受到中国独特制度环境的影响，这回应了学界关于私人关系治理效果与市场化水平间关系的争论，明确以商业纽带为基础建立的私人关系的治理作用会随着市场化水平的提高而愈发凸显。同时，本研究对双重伦理格局与私人关系作用效果的进一步探讨，同样回应了学界关于两种伦理格局是否相互冲突的争论。本研究的发现为学界提出的两种伦理格局并行不悖的观点提供了实证证据，有助于厘清两种伦理格局间的关系。本研究将具有中国情境的制度环境变量纳入分析范围，用于解读“私人关系”这一中国商业活动的独特现象，对于拓展本土渠道治理研究、加深对私人关系的理解尤为必要。

其次，本研究考察了企业内部自身管理要素——企业领导支持和品牌市场地位对私人关系抑制投机行为的影响，有利于为私人关系治理机制的研究提供更为完整的理论框架，加深企业对边界人员私人关系治理作用的理解，帮助企业采取更有效的管理措施发挥私人关系的积极作用。企业领导者对员工的支持有利于增加其角色自主性，从而更好地处理与外部合作伙伴间的关系，优化边界人员私人关系的治理效果。本研究的发现意味着，对私人关系治理效果的研究需要保持对企业自身管理要素的关注，以使企业更好地利用私人关系进行企业间交易的治理。

（2）管理启示

本研究对于企业外部制度环境及内部管理因素对边界人员私人关系抑制投机行为效果的影响的发现，有助于企业根据中国各个地区独特的制度环境和通过调整自身管理行为，实现强化边界人员私人关系治理的效果。

首先，本研究表明，企业应根据与合作伙伴展开交易时该地区的制度环境，有针对性地鼓励边界人员间建立良好的私人关系。在受到儒家思想影响较深的地区，企业更应对员工与外部合作伙伴建立私人关系的做法予以支持，充分利用儒家思想的影响强化私人关系，减少渠道伙伴投机行为的作用。同时，随着市场化水平的提高，为更好地适应市场规律，提高自身利用市场机制获取资源的效率，企业更应鼓励员工与其合作伙伴保持良好的私人关系。市场化水平越高，企业越应善用儒家思想的影响，对私人关系治理效果的强化作用。

其次，本研究也提示企业，其自身层面的因素也会对边界人员私人关系的治理效果产生影响。企业领导支持，即企业领导对边界人员开展工作所给予的支持和帮助，能够更好地发挥边界人员私人关系的治理效果。企业领导应注重提供边界人员必要的支持，使边界人员能够获得足够的资源和自主性，自由灵活地与合作伙伴建立良好的私人关系，从而进一步减少合作伙伴的投机行为。同时，本研究发现企业的品牌市场地位对私人关系的治理效果并没有显著影响，这提示企业注意品牌市场地位在增强私人关系治理效果方面的作用较为有限。

复习思考题

1. 什么是渠道投机行为?
2. 渠道投机行为产生的原因有哪些?
3. 渠道投机行为包括哪些类型?
4. 如何管理渠道投机行为?
5. 什么是渠道治理?渠道治理包括哪些主要治理机制?
6. 什么是契约治理机制?契约包括哪些类型?
7. 什么是规范治理机制?常用的渠道规范有哪些?
8. 什么是复合治理机制?
9. 中国社会中的人际关系包括哪些类型?
10. 中国社会中的人际关系有哪些商业功能?
11. 如何理解中国社会中人际关系是一种渠道治理机制?

案例分析

"窜货猛于虎"

——红木家具企业如何治理"窜货"①

"窜货"一直是令红木家具企业管理者头痛的问题。"窜货"不仅破坏了企业辛苦建立起来的渠道网络,而且也造成了企业形象的损害,破坏了制造商和经销商之间的合作关系,扰乱了稳定的价格体系,其危害性无穷,俗话说"窜货猛于虎"也。本文以M公司为案例来谈谈红木家具企业如何治理"窜货"问题。M公司是一家集红木家具产品设计开发、生产销售、售后服务为一体的大型企业,M品牌也是业内的知名品牌。但最近两年,该公司的渠道窜货现象层出不穷,已经严重破坏了原有健康的渠道体系,阻碍了公司发展壮大的步伐,"窜货"问题亟须被治理。

窜货现象及危害性

M公司在传统营销渠道模式下,规定由片区经销商统一从M工厂订货,然后再由片区经销商转批发给二级经销商,接着再由二级经销商将指定的货物再次转批发给零售商,这种营销渠道模式属于三级渠道模式。这种传统的营销渠道模式存在一些弊端,由于是统一由片区经销商从厂家拿货,在未知二级经销商和零售商销售能力的情

---

① 根据赵艳丰."窜货猛于虎"——红木家具企业如何治理"窜货"[J]. 国际木业,2017(4)改编。

况下，片区经销商每月一次性订货量往往过大，这不仅会造成片区经销商现金流紧张，也会引起片区经销商为及时回笼资金而将超过安全库存的红木家具产品以低于市场指 定价格，跨区违规转售给其他零售店，因此引起窜货现象。

首先，窜货行为损害M公司与渠道中间商之间友好合作关系。其次，窜货行为损害M品牌在消费者心目中的形象。再次，窜货行为扰乱了M公司已经建立起来的渠道市场。最后，窜货行为打乱了产品价格体系，削弱了品牌竞争力。总之，渠道发生窜货对于M公司来说有百害而无一利，所以该公司必须对渠道窜货问题引起重视，寻找治理渠道窜货的方案。而对于如何有效治理渠道窜货，必须先研究引起渠道窜货的原因。

窜货原因

一是M公司经销商与经销商之间的店面过于密集而且在一个销售片区中经销商的数量过多。M公司对于畅销产品采用起订量不同、订货的价格也不同的订货策略，起订量越高订货价格越便宜，在经销商分布过于密集的地区往往形成恶性竞争，因为一些经销商为了在竞争中取得优势，它们往往会冒着与M公司签订的区域销售协议违约的风险，从其他订货量大的经销商那里跨区采购价格更低的产品。鉴于渠道布点过于密集，方便了渠道商之间相互订货，这就产生了渠道窜货行为。

二是M公司在产品销售方面对于总经销商和二级经销商的规划存在很大差别。总经销商销售红木家具的品项有10种，二级经销商只有5种，而且二级经销商销售M公司红木家具的高档产品只有1种，在零售价格上也有很大落差，即从侧面反映出一级经销商对于销售M公司红木家具产品的利润会远高于二级经销商。在这种情况下，一级经销商为了自己的利益，不会把自身专卖的产品转批给同一区域的二级经销商，而二级经销商往往为了获取更多的利润会跨区域向别的总经销商拿货，这也是造成渠道窜货的原因之一。

三是M公司对于销售团队在处理渠道窜货的问题上没有严格要求，也没有制定激励销售员处理窜货相应的奖励制度，所以其销售员对于处理渠道窜货问题积极性不高。M公司的销售员处理窜货问题一般采取“冷处理”方式，甚至一些销售员在销售业绩压力下，会鼓励其负责的有实力的总经销商多从M公司进货，然后销售员再将超过此总经销商安全库存的货物以同等出厂价转批给另一区域财力较差的总经销商或二级经销商。

治理窜货的策略

1）优化渠道网点布局

如上文我们了解到的，M公司目前渠道布点过于密集，即在一个片区中合作的渠道商过多，因此，应对渠道布局进行优化。M公司针对每一个片区的渠道商数量进行重新盘点，放弃潜力差的渠道商，保留具有良好人脉关系、充足的订货资金、年订货量达成和优秀的营销推广团队的渠道商。

2）增加二级经销商制定销售的产品项

二级经销商也是提高M公司销售额的重要合作伙伴，不能只考虑总经销商的利益。M公司应增加二级经销商制定销售的产品项，尤其是增加高档产品品项。

3）引入目标管理法考核销售团队

M公司必须改变以往对于渠道窜货处理的消极状态，积极鼓励和引导自己的销售团队处理渠道窜货事件。M公司可以把每个片区每个月发生渠道窜货的次数详细记录下来，然后再经过合理的测算得出平均每个月渠道窜货次数，随后可以根据这些平均每月窜货的次数制定一个短期治理目标，如第一个月在此平均窜货次数的基础上降低几个百分点，第二个月在第一个月基础上再降低窜货次数几个百分点。这个控制目标制定好后下达给负责片区的经理，由经理将这些目标细分给其管理的员工去执行，形成领导层和基础员工为同一个目标而奋斗的局面。

4）加强对经销商销售团队培训

销售团队的能力强弱很大程度上影响产品的销量。M公司和各级经销商必须重视对销售团队的培训，完善培训机制。销售员的销售技能提高了，便能提高销售额，而销售额提高了，就意味着给经销商带来更多的利润，因此M公司经销商就不会冒风险窜货。此外，培训后经销商的销售额提高了，有利于经销商完成M公司制定的年订货量，从而顺利拿到年终返利，进一步减少经销商冒险窜货的行为。

5）制定转订单奖励机制

M公司可与经销商协商制定转订单奖励机制。对于非此经销商负责片区内的客户到此经销商店里购买产品，如果此经销商能主动将这个客户推荐给其所在片区的经销商，那么M公司应该给予主动转订单的客户一定现金奖励，并且给予此转订单经销商奖励诚信评分。诚信评分可以换取M公司的产品销售折扣。转订单奖励机制能在一定程度上防止由于经销商私人关系，以及经销商负责区域外的客户需求等原因造成的经销商窜货行为发生。

6）组建“防窜货联合体”

“防窜货联合体”是指在M公司的销售团队和其经销商团队中挑选适合的人组成一个专门处理窜货的组织，即联合体。根据实际情况，M公司可以按省来划分，每个省可以组建一个“防窜货联合体”。对于“防窜货联合体”中的成员，M公司和经销商应该商讨给予一定的奖励，比如，可以考虑在联合体成员中属于M公司的员工给予年终述职加分和增加年终奖，而对于“防窜货联合体”内成员是经销商的，M公司可以给予相应的订货优惠政策。此外，M公司应该要求每个经销商提交防窜货保证金，如果这个联合体内的成员成功处理窜货，可以从实施窜货经销商的防窜货保证金中扣除一定的金额，奖励处理此次窜货的“防窜货联合体”中的成员。对于“防窜货联合体”中的成员也必须实施考核，这些考核必须由M公司和其他非“防窜货联合体”成员的经销商进行，最后形成以“防窜货联合体”为主，制造商和经销商为辅的治理窜货模式。

7）建立信任机制

信任是维持长期合作的重要保障，因此渠道成员之间建立相互信任关系是十分重要的。在实践中，“防窜货联合体”和制造商应该多为渠道商创造沟通机会，如渠道商茶话会、渠道商销售技能及新品培训会、参观制造商总部等，让制造商和渠道商们加强交流，彼此更深入了解，从而建立渠道成员之间的信任关系。

延伸阅读

［1］张涛，庄贵军，季刚．IT能力对营销渠道中关系型治理的影响：一条抑制渠道投机行为的新途径［J］．管理世界，2010（7）：119-129.

［2］张闯，徐佳．渠道投机行为研究：差异、融合及未来方向［J］．管理学报，2018（6）：936-948.

［3］夏春玉，张志坤，张闯．私人关系对投机行为的抑制作用何时更有效？——传统文化与市场经济双重伦理格局视角的研究［J］．管理世界，2020（1）：130-145.

第9章

营销渠道关系与网络

学习目标

通过本章的学习，了解营销渠道关系的两种分析维度的基本内容，即渠道政治经济分析框架中的经济维度与社会政治维度，以及组织间关系维度与跨组织人际关系维度；掌握营销渠道关系建立、发展、维护与结束的基本过程，以及关系发展不同阶段的重要渠道行为要素；了解营销渠道网络的基本形态，对营销渠道网络进行分析的两种理论，即行动者－资源－行为理论和社会网络理论；了解应用社会网络理论对渠道网络进行分析的基本结构要素及其对渠道行为的影响机制。

无论是前面几章我们讨论过的渠道依赖与权力、冲突、合作与满意等渠道行为，还是渠道联盟与治理都是以两个渠道成员构成的渠道关系为基本背景的，由渠道上下游的两个渠道成员构成的渠道关系实际上也是渠道行为理论的一个基本分析单位。因此，在本章中我们将把注意力集中在渠道关系以及相互联系的渠道关系所构成的渠道网络上，对渠道关系的基本构成维度、渠道关系的生命周期过程，以及渠道关系网络及其结构对渠道行为的影响进行阐述。

9.1 渠道关系的构成维度

渠道关系的构成维度（dimensions）涉及可以从哪些方面对渠道关系进行分析，理清渠道关系的构成维度对于渠道行为研究和渠道管理实践具有同等重要的意义。本节我们将从两个角度介绍渠道关系的构成维度，并通过角色理论将二者整合起来。

9.1.1 渠道关系的经济与社会政治维度：政治经济分析框架①

著名营销学者斯特恩（Stern）和瑞夫（Reve）是最早对渠道关系的构成维度进行系统化分析的学者，他们借助政治经济学分析框架将渠道关系分成了经济（economic）与社会政治（sociopolitical）两大维度②。政治经济分析框架的思想基础可以追溯到17世纪的古典政治经济学，在现代管理学领域中，该分析框架被称为政治经济学的组织方法（organizational approach to political economy），并被用来分析组织行为与组织间关系（网络）。总体而言，政治经济学方法认为社会系统（social system）是由相互作用的经济与社会政治要素构成的，这些要素及其相互之间的相互作用影响着社会系统中的集体行为（collective behavior）与绩效。

在斯特恩和瑞夫的营销渠道政治经济比较分析框架中，他们的分析单位是由两个渠道成员构成的二元交易关系（dyadic transactional relationship），而非某个渠道主体或渠道整体。相对于将个别渠道主体或渠道整体作为研究对象的视角而言，将交易关系作为分析对象能够使我们对于交易关系的产生、执行或结束的方式与原因进行非常细致的考察，从而有利于更加完整、深入地研究交易关系、渠道系统的运转机制。在此基础上他们采用了两个维度来对营销渠道进行分析：政治（polity）-经济（economy）维度和外部（external）-内部（internal）维度。首先，政治经济框架由两个系统构成——内部政治经济系统（internal political economy）和外部政治经济系统（external political economy）；其次，在每个系统的内部，还可以分为经济和社会政治两个构成部分。此框架中的外部经济与社会政治要素与内部经济与社会政治要素之间存在着交互影响，并且内部和外部系统各自内部的经济与社会政治要素之间也存在着相互影响关系（如图9-1所示）。

---

① 本小节部分内容参见夏春玉，梁守砚，张闯.农产品流通渠道的行为维度：基于政治经济分析框架的研究［J］.经济管理，2010（10）：96-105；董春艳，张闯.政治经济框架下的进场费问题研究：理论模型与研究命题［J］.财贸经济，2007（7）：113-120。

② Stern L W，Torger R.Distribution Channels as Political Economics：A Framework for Comparative Analysis［J］.Journal of Marketing，1980，44（3）：52-64.

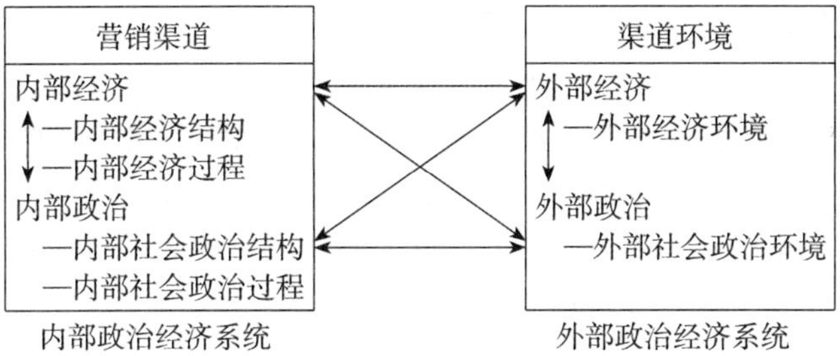

图9-1 营销渠道政治经济分析框架构成示意图

内部政治经济系统包括内部经济和内部社会政治两个部分，其中，内部经济部分是系统内的经济要素的分配系统，它包括内部经济结构（internal economic structure）与内部经济过程（internal economic processes）两个方面。内部经济结构是为了完成交易活动而进行的经济安排或交易的形式，包括依靠市场机制的纯市场交易、依靠管理机制的内部化交易，以及二者之间各种正式或非正式的契约型交易和涉及部分所有权但又没有达到完全一体化程度的交易。在各种既定的经济结构下运行的是某种内部经济过程，即交易关系内的决策机制，这种机制决定了交易双方的分工、交易条件以及其他相关活动。这个决策过程可能通过各种与个人无关的（impersonal）、常规的（routine）或习惯的（habitual）方式，如市场机制进行，也可以通过谈判或集中的计划过程进行。显然，既定渠道关系内用来分配资源的经济过程要遵从，或者至少受限于关系内的交易形式，即内部经济结构。如市场价格和竞争机制一般是市场交易中主导的决策机制；集中化的计划机制则主要出现在产权主导的内部化交易中；而介于二者之间的各种交易形式中，交易条件与分工的达成则有赖于交易双方的谈判。

内部社会政治部分是系统内社会政治要素（权力与权威）的分配系统，它也包括内部社会政治结构（internal sociopolitical structure）和内部社会政治过程（internal sociopolitical processes）两个方面。其中，内部社会政治结构是指交易关系中权力-依赖关系的模式（权力结构）——权力在交易主体之间的分布模式。根据我们在第5章中讨论的渠道权力结构理论，由于渠道关系双方彼此依赖程度的差异，渠道关系中的权力在不同成员之间的分配就会呈现出不同的状态：权力可能集中于某个渠道成员，也可能以不同的状态分布于不同的渠道成员，如渠道关系双方各自控制一些渠道功能。相对而言，后者更是渠道关系中权力分布的常态。

在某种既定的权力-依赖模式下进行的是交易双方的互动，即内部社会政治过程——渠道成员间主导的情绪（sentiment）和行为，这些情绪和行为赋予了组织间互动过程的不同特征。显然，渠道关系内的互动行为是个多维度的变量，在斯特恩和瑞夫的模型中，他们重点考察了合作（cooperation）与冲突（conflict）两种行为。其中，合作是交易双方为了共同的目标和利益而联合的行为；而冲突则是交易一方为了实现自己的目标而阻碍交易对象活动的行为。在营销渠道中，合作与冲突是一个硬币的两面，它们往往以不同的水平同时出现在渠道关系中，而在既定时点上主导的行为则决定了该渠道关系互动的性质。

显然，内部社会政治结构与过程之间也是相互影响的，渠道关系中权力的分布以及渠道成员应用权力的方式将会对关系中的冲突与合作水平产生直接影响。如渠道关系内高度均衡的权力模式下，关系内的合作水平是比较高的，而在不均衡的权力模式下，拥有权力优势的渠道成员强制性权力的应用往往会导致比较高水平的冲突。反过来，冲突水平的提高又会导致渠道成员使用不同形式的权力来对冲突进行管理，而为了提高在互动过程中的优势地位，渠道成员都拥有提高自身权力地位的动机，从而导致渠道关系中权力分布模式的变化。

外部政治经济系统为内部政治经济系统提供了一个基本的运作环境，该系统也是由外部经济环境（external economic environment）和外部社会政治环境（external socio-political environment）两个部分构成的。其中，外部经济环境主要是与二元渠道关系相关的垂直市场（投入与产出）和水平市场（竞争）环境。而外部社会政治环境则主要是权力资源在各个主体（如竞争者、规制机构、行业协会等）之间的分配及应用，以及各个主体之间的主导情绪与行为。由于我们关注的是渠道关系的维度，所以我们对外部政治经济系统的影响就不予以展开了。

根据营销渠道政治经济比较分析框架的观点，渠道关系的经济与社会政治维度相互影响，共同影响着渠道关系的质量和渠道绩效（见图9-2）。这种观点实际上反映了经济社会学中关于嵌入的理论观点，即任何经济活动都是嵌入在社会关系中的，因而经济行为不可避免地要受到社会关系的影响。从营销渠道管理理论的发展来看，渠道行为理论实际上就是在原有主要关注渠道结构与设计（渠道关系的经济维度）的基础上加强了对渠道社会互动行为（社会政治维度）的研究。从渠道管理实践来看，渠道关系的经济维度往往是容易观察到的维度，而社会维度则隐藏在经济维度的后面，但其对组织间交易关系的影响则更大，许多渠道行为理论的研究都已经证实了这一点。

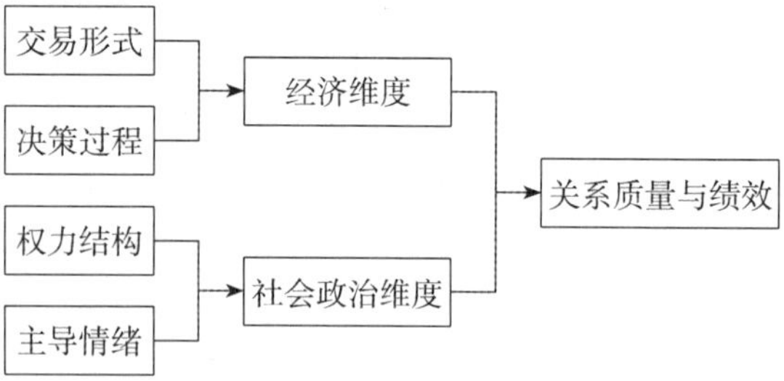

图9-2　渠道关系经济-社会政治维度对渠道关系质量与绩效的影响示意图

9.1.2　渠道关系的组织间与人际关系维度

前面提到的渠道关系政治经济比较分析框架中提出的渠道关系经济与社会政治两个维度的区分是建立在两个渠道成员的组织间关系的基础上的。如我们在第8章中所述及的那样，无论是西方还是中国，组织本身是没有生命的，组织间关系的建立与维持是通过组织内的某些人员完成的，这些负责处理与其他渠道成员关系的人员我们统称为企业的边界人员，包括企业的高层管理者、生产企业的市场经理、销售人员，以及批发或零售企业的采购经理与采购业务人员等。这些边界人员代表各自的企业进行各种互动，处理企业间交易关系的各种问题。在企业内部，企业与这些边界人员之间的关系构成了非常典型的委托代理关系，企业的管理机构需要通过组织内的各种规章与制度来对作为企业代理人的边界人员的行为进行监督与管理，因为这些边界人员的行为无疑对渠道关系的质量与绩效存在着非常重要的影响。如图9-3所示，渠道关系的组织间和跨组织人际关系维度对渠道关系质量与绩效的影响可以从以下几个方面来理解：

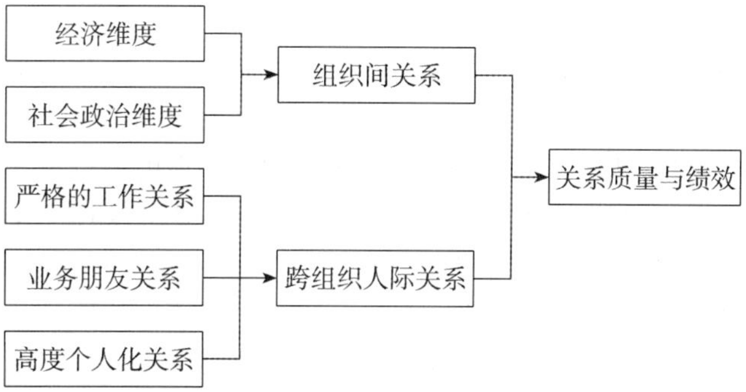

图9-3 渠道关系的组织间与跨组织人际关系维度对渠道关系质量与绩效影响示意图

首先，如营销渠道政治经济比较分析框架所示，组织间关系维度包含着经济与社会政治两个子维度，它们共同影响着渠道关系的质量与绩效，这一点我们不再赘述。其次，跨组织人际关系是渠道关系双方的边界人员之间的个人联系。就人际关系的一般内涵而言，此关系的性质可能存在着高度的多样性，既可能是严格的工作关系（strictly business），也可能是高度私人化的关系（highly personal），以及介于二者之间的业务朋友关系（business friends）[①]。显然，不同类型的跨组织人际关系中，边界人员处理关系的方式与原则会存在很大的差异，同时也会对渠道关系的质量与绩效产生不同的影响。如在严格的工作关系中，私人情感的成分是很少的，双方可能都是以公事公办的原则来处理双方人际与组织间的关系。这种人际关系有些类似于社会心理学家黄光国教授所称的工具性关系，人们以公平的原则来处理这种类型的关系[②]。相对而言，在高度私人化和工作朋友关系中，则会包含不同含量的情感成分，显然，高度私人化的关系中的情感成分要多于工作朋友关系，这两种关系可以粗略地对应于黄光国教授分类中的情感性关系和混合性关系。前者中，人们遵循需求法则来处理关系；后者中，人们则依据人情法则[③]。虽然西方社会中并无如同中国社会中一样的人情法则，但人际关系的分类与处理原则还是大同小异的。跨组织人际关系的性质与紧密程度对组织间关系的质量与绩效存在着非常直接的影响，如良好的跨组织人际关系有助于组织之间建立相互信任的关系，化解渠道关系中的冲突，有利于信息的沟通与共享，这显然都会促进组织间渠道关系质量与绩效的提升。但跨组织人际关系如果过于

---

① Haytko D L. Firm-to-Firm and Interpersonal Relationships: Perspective from Advertising Agency Account Managers [J]. Journal of the Academy of Marketing Science, 2004, 32 (3): 312-328.

② Hwang K K. Face and Favor: The Chinese Power Game [J]. American Journal of Sociology, 1987, 92 (4): 944-974. 中文版见黄光国，胡先缙，等. 面子：中国人的权力游戏 [M]. 北京：中国人民大学出版社，2004: 1-39.

③ Henry A. The Role of Personal Relationships in Inter-Firm Alliances: Benefits, Dysfunctions, and Some Suggestions [J]. Business Horizons, 2006, 49 (6): 473-486.

紧密的话，也可能会给组织间渠道关系带来负面影响，如紧密的人际关系会让渠道关系趋于封闭，企业难以获得有效的外部市场信息，紧密的跨组织人际关系还会掩盖组织间交易关系中的很多问题，使得没有存续价值的渠道关系得以继续维持等。在这一点上，无论是西方国家还是中国社会，跨组织人际关系的影响是共同的。但在以人际关系为基础的中国社会文化中，跨组织人际关系的上述影响会更大，因为在很多时候组织间关系的建立是以人际关系为基础的，而组织间关系的维护也有赖于双方关键人物人际关系的存在。因而，在中国市场中，企业都非常注重边界人员之间跨组织人际关系的影响。如两个企业之间存在着很好的合作关系，但由于代表两个企业互动的边界人员个人关系很差，会给组织间关系带来很大的负面影响，为了规避这种影响，一方或双方企业都会积极地进行人事协调，以通过建立和谐的跨组织人际关系来促进组织间交易关系的发展。另外，很多生产企业都会执行区域市场销售经理的轮换制度，其中主要原因就在于企业担心一个销售经理在一个区域任职时间过长会导致该经理及其销售人员与当地经销商之间建立紧密的人际关系，从而可能给公司绩效带来负面的影响。上述影响实际上体现了组织间关系与跨组织人际关系之间相互影响机制的一个方面，即跨组织人际关系对组织间关系的影响。实际上，相反的影响也是存在的，即组织间关系也会对跨组织人际关系带来相应的影响。如两个边界人员原本可能并不相识，但由于他们各自的企业建立了渠道关系，因而才为他们之间发展人际关系提供了基础。此外，组织间关系的状态，如冲突与合作等，显然也会影响跨组织人际关系互动的方式与内容，从而也可能会对人际关系带来影响。因此，从大的方面来说，组织间关系与跨组织人际关系这两大维度之间是相互作用的，它们之间复杂的作用机制对渠道关系质量与绩效产生了复杂的影响。

9.1.3 渠道边界人员的角色与渠道关系管理

如前所述，跨组织人际关系对组织之间渠道关系的影响取决于跨组织人际关系的类型，因为人们在处理不同类型的人际关系时往往会遵循不同的法则。在营销渠道行为理论中，学者们提出了一个角色理论来解释跨组织人际关系对组织之间关系可能带来的影响。根据海德（Heide）等学者提出的一个简明的角色分析框架[①]，渠道边界人员的角色可以分为朋友（friend）和生意人（businesspeople）两类。两类角色中，人们在处理人际关系时所遵循的原则是不同的。在朋友的角色中，人们会根据情感适当逻辑（logic of appropriateness）来决策和行为，这一逻辑建立在人与人之间不断互动并对彼此行为期望的规则之上，人们按照大家共同遵循的行为规范来做出决定并付诸行动。在渠道关系中，朋友角色要求人们可以牺牲自己利益的方式去帮助或保护处于困境中的朋友。与朋友的角色不同，生意人的角色会根据效用最大化的结果逻辑（logic of consequences）来做出决定。在渠道关系中，生意人的角色会促使人们按照理性选择理论的要求做出能够让己方利润最大化的决策并付诸实施。

显然，这里所说的渠道边界人员的角色与前面提到的边界人员之间关系的类型是

---

① Heide J B，Wathne K H.Friends，Businesspeople，and Relationship Roles：A Conceptual Framework and a Research Agenda［J］. Journal of Marketing，2006，70（7）：90-103.

不同的。作为渠道的边界人员，每一个人的角色都是双重的，边界人员在很多时候都既是朋友，又是生意人，但在处理渠道关系的过程中，哪个角色及其所遵循的行为准则占主要地位可能在相当大程度上取决于既定人际关系的类型。如在上一节中我们区分的三种关系类型中，两种角色的差异就比较明显。在严格的工作关系中，由于关系内情感的成分是很少的，双方都遵循公事公办的原则来处理相关事务，在这种关系中，双方主要扮演着生意人的角色，各自遵循利润最大化的原则来处理彼此的关系。与之相反，在高度私人化的关系中，情感的成分占据了绝大部分，双方既是非常亲密的朋友，又不得不在此关系中处理一些工作上的问题。因此，在这种类型的关系中，朋友角色所起的作用可能要在生意人角色的作用之上。严格的工作关系和高度私人化的关系似乎是跨组织人际关系的两个极端，在处于中间状态的业务朋友关系中，两种角色所起的作用恐怕就难分伯仲了。因为在这种类型的关系中，双方是朋友，但又不是那么亲密的朋友；双方是工作关系，但在简单的工作关系中又包含着一定情感的成分。因此，哪种角色起主要作用可能还要取决于双方所处理的事物的性质。

对于渠道边界人员来说，单一地扮演一种角色的情况应该是比较少的，尤其是在中国社会中更是如此。在西方营销理论中，朋友与生意人的角色是可以相互转换的，在不同的人际关系中、在不同的公司事务情境中，朋友有时不得不以生意人的身份出现；而作为生意人，有时也不得不以朋友的角色出现。但当朋友的角色与生意人的角色在处理一些事物中难以同时兼顾时，社会心理学所说的角色冲突问题就出现了，这时渠道边界人员就会陷入一种角色张力之中。如有一个在东北市场上处于领先地位的市场调查公司S与位于广州的一家全国领先的调查公司G之间保持了长久的业务联系，每年G公司会外包给S公司200万元左右的市场调查业务。在长达5年的业务合作过程中，S公司的总经理M和G公司的总经理L之间也是非常亲密的朋友。一天，M接到了L打来的电话，说由于公司内部人事纠纷，他被迫辞去了总经理的职务，故通报给老朋友一声。言外之意是，公司原来包给S公司的200万元业务可能会调整、变动。果然，2周之后，M收到了来自G公司办公室的传真，新任总经理要召开全国调查业务承包商会议，会议内容涉及下一年度业务调整，所以要求各地调查公司总经理务必亲自出席会议。M收到通知后，为是否亲自去参加这个会议矛盾不已。如果去开会的话，以其公司在东北地区的实力，明年继续得到业务续约应该没有问题，可去开了这个会恐怕会伤害了老朋友L的感情。如果照顾老朋友的感情和面子不去开这个会，恐怕明年这200万元的业务额就要没了。最后，M决定派他北京分公司的总经理代他去广州开了会。结果是可以预料的，到了当年年底，广州方面发来了正式公文，取消了S公司在东北的业务承包商资格，将东北的业务转包给了一家沈阳的公司。在接下来的近2年时间里，M承受了来自公司股东和合伙人的巨大压力，毕竟业务每年缩水200万元占其公司全年销售总额的1/4左右。第三年的下半年，M意外地接到了他的老朋友L打来的电话，L告知M说他重新回到公司担任总经理，并表示在过去的2年中他看清楚了很多事情，其中最重要的事情就是谁是真正的朋友，谁不是。L认为M在其困难的时候不惜损失200万元的公司营业额维护了老朋友的面子和感情，他对此深表感激。作为回报，在当年的第四季度，L就调整了G公司在东北市场的业务外包合同，不仅将东北市场的外包合同交还给了S公司，并且外包业务额从原来的200万元调整为300万元。L表示，只要他在G公司做一天总经理，这300万元的业务额就一分都不会少地包给S公司。

上面这个例子很生动地展示了中国商业社会中渠道边界人员的角色冲突。在遵循“报的规范”和人情法则的中国社会中，重情义、轻利益的行为规范极大地影响着这些边界人员的行为，从而也影响着组织之间交易关系的质量与绩效。对于多维度的渠道关系而言，每一个渠道边界人员都需要很理性地认知与管理自己的角色，并应该努力地将这些角色与组织间关系的性质匹配起来，在特定的事务中选择合适的角色与行为规范，才能更好地管理渠道关系。对于企业而言，无论是处于渠道上游的供应商，还是处于下游的分销商，如何将这些人际间的角色与规范融入公司的管理框架中则是非常重要的问题。

9.2 渠道关系的生命周期过程

第1节中我们讨论的渠道关系的维度是基于一种静态的时间视角，而没有考虑渠道关系的动态变化过程。实际上，渠道关系并不是一成不变的，它也要经历从建立、发展、维护，直到解体的各个变化阶段。在每一个发展阶段，渠道关系都面临着不同的关键问题，这些问题能否得到妥善的解决则决定了渠道关系的存续与否。在渠道行为理论中，对渠道关系生命周期过程进行研究的文献非常多，学者们大多习惯用婚姻来比喻渠道成员间渠道关系的发展过程。本节中，我们以德怀尔（Dwyer）等学者建立的经典模型为主体，阐述渠道关系的建立、发展、维护到终止的生命周期过程[①]。在德怀尔等人的模型中，渠道关系的生命周期过程经历了知觉（awareness）、探索（exploration）、拓展（expansion）、承诺（commitment）与解体（dissolution）五个阶段，下面分别阐述各个阶段的特征与关键渠道行为问题。

9.2.1 渠道关系的知觉阶段

这一阶段往往开始于一个企业发现另一个企业有可能成为其渠道伙伴。由于双方缺乏了解，因而在关系的最初，一方很希望了解另一方，常常通过观察后者与其他企业的互动，或者有意识地收集与该企业有关的信息来了解它。这一阶段，双方之间的沟通与互动非常少，偶尔的接触与互动的目的都在于增加彼此的了解，因而彼此之间缺乏信任，都不愿意主动地向对方披露太多信息。如果经过各种途径的了解，一方希望更进一步地了解另一方，前者也可能希望或寻找双方都熟悉的第三方来搭桥引介。严格来讲，这一阶段渠道关系尚未建立，双方都是单方地观察与了解对方，或者单方面地向对方展示己方的吸引力。而所有这些活动所带来的结果可能是正面的——关系发展进入下一阶段；也可能是负面的——渠道关系终止在萌芽状态。

① Dwyer F R，Oh S.Developing Buyer-Seller Relationships［J］. Journal of Marketing，1987，51（4）：11-27.

9.2.2 渠道关系的探索阶段

在这一阶段，渠道关系双方的沟通与互动增加，关系双方开始有选择地披露相关信息，互探对方的性质与进入关系的动机，围绕最初的试探性交易开始谈判，并开始考虑双方的权利与义务、收益与成本等实质性的问题。对于渠道成员双方而言，对方拥有的互补性资源，以及对建立渠道关系以后能够从中获取的收益是吸引彼此进入试探性交易的关键。由于最初的试探性交易并不意味着持续性关系的建立，并且一旦重复性的交易发生以后，第一次交易双方所确定的角色分工、交易条件等内容很可能成为后续交易所参照的标杆，因此，在最初的试探性交易谈判中，双方都非常谨慎，并且对于基于成本收益衡量的公平性问题极为敏感。因此，在相互依赖的渠道关系中，渠道成员在这个关系建立初期的脆弱阶段对于权力的应用还是非常谨慎且敏感的。即使是改变或影响交易伙伴的行为，渠道成员在使用权力时也必须要以一种公平的方式来使用，一旦权力使用方式不当就会导致刚刚建立的渠道关系结束。

如果最初的试探性交易结果是令人满意的，渠道关系双方就有足够的动机进行额度越来越大的重复性交易。在不断重复的交易与互动过程中，渠道关系内会逐渐形成为双方所共同遵循的一些行为规范，这些行为规范构成了双方交易关系中的行为准则，渠道成员将依据这些规范形成对彼此在渠道关系中角色的限定与行为的期望。与此同时，在不断重复的交易与互动，以及正在形成的行为规范中，双方之间的相互信任会慢慢建立起来，与之相伴随的就是双方向关系内的投入开始逐渐增加，而关系内的相互依赖水平开始增强。

虽然如此，渠道关系在探索阶段还是非常脆弱的，因为此时双方向关系内的投入水平和相互依赖水平都很低，这使得关系结束的成本很低。因此，渠道关系双方在这一阶段应当谨慎地使用权力，兼顾渠道伙伴获得收益相对于成本的公平，以此推动渠道关系继续向高级阶段发展。

9.2.3 渠道关系的拓展阶段

经过了探索阶段的试探性交易，如果初步的合作使双方受益，关系双方就都有了更大的合作动力。在关系探索阶段建立起来的最初的信任，在这一阶段会继续得到强化，信任水平的提升使得双方都愿意为合作承担更大的风险和责任，随着双方向关系内投入资源的增加，渠道成员之间的相互依赖水平也进一步增强，而这种不断增强的相互依赖水平使得其他企业替代合作伙伴的可能性逐渐降低。相互信任、相互依赖水平的提升也促进了双方沟通水平的提高，这会逐渐强化渠道关系内目标的一致性。关系内相互信任与依赖水平的提升是以渠道成员的满意为基础的。而渠道成员的这种满意既包括对渠道关系合作收益的经济满意，也包括对渠道成员互动过程中获得的非经济满意。一旦双方的相互依赖与信任建立了，并且关系内的一致性目标得到了提升，渠道成员之间的交易与互动就愈加以关系的若干行为规范为基础，也就不再斤斤计较每次收益的得失，因为此时双方对渠道关系持续的预期都是很高的。可以说，渠道关系的拓展阶段是联结关系尚不稳定的探索阶段和关系稳定的承诺阶段的桥梁，经过这一阶段以后，渠道关系就具备了向更高阶段发展的基础。

9.2.4 渠道关系的承诺阶段

承诺阶段是渠道关系发展的最高阶段，在这一阶段，渠道关系双方对于渠道伙伴的交易关系和过程高度满意，从而排除了寻找和使用渠道伙伴的替代者的可能，渠道成员之间达到了一种忠诚（loyalty）的状态。在前一阶段的基础上，渠道关系内的相互信任、相互依赖都达到了非常高的水平，基于渠道关系行为规范的行为期望进一步强化，并且双方的价值观念也会趋向一致，从而成为强化双方关系的重要纽带。

渠道关系承诺阶段的重要行为特征可以从以下三个方面来衡量：首先，关系双方会加大对交易专有资产的投入，关系的长期导向更强。当然，这些被投入到关系中的专用资产也表现为各种形式，既包括有形资产的投入，也包括诸如知识、信息、情感等无形要素的投入。在中国本土文化背景下，跨组织人际关系的发展往往表现为双方情感的投入，亲密的情感是绑定人际关系的重要纽带。其次，对关系持续性（durability）的预期。渠道成员对渠道关系在未来持续性的预期主要体现为当面对环境变化时，双方是否愿意做出相应的调整与适应（adjustment）。如果渠道成员对关系持续性的预期是很高的，那么渠道成员就愿意继续保持向关系的投入，当环境变化时积极地寻求适应性调整以保证渠道关系的正常运转。此外，为应对各种可能出现的渠道冲突，渠道关系双方会设计一种有效化解渠道冲突的机制，以使渠道关系不会过多地受到渠道冲突的负面影响。最后，投入的对等性或一致性。如我们在前面的章节中提到的那样，不对等的专用资产投入会令更多投入专用资产的一方陷入对方投机行为的不利境地之中，因而只有渠道关系双方对等地对渠道关系进行专用资产的投入才能避免上述问题。在渠道关系的承诺阶段，双方都愿意保持对渠道关系的对等性投入，从而会强化渠道关系双方的相互依赖与信任，并强化渠道关系持续的预期。

9.2.5 渠道关系的解体阶段

虽然渠道关系经由从建立到承诺的发展过程，但在渠道关系的发展过程中仍然存在着诸多因素会导致渠道关系的结束。在营销渠道行为的研究中，渠道关系的结束过程是一个较少受到关注的主题，但这一过程对渠道绩效的影响却是很大的。一般来讲，渠道关系的结束过程往往开始于某个渠道成员单方面的心理评估，如果它认为一个渠道关系存续下去的收益已经不足以维护该渠道关系的成本，或者存在显而易见的能够提供更多收益的替代渠道关系，那么渠道关系的结束过程就会被提上日程。那么，在什么情况下渠道成员才会做这种评估呢？一般而言，以下几个原因可能会促使渠道成员进入评估过程：第一，环境或渠道成员的变化使原有的渠道关系失去了合作的基础。第二，关系内出现的难以化解的渠道冲突使关系双方交恶，关系一方或双方倾向于引发关系解体。第三，维系双方关系的关键人物离去可能导致关系的最终解体。这一点在中国市场中可能会更为经常地发生，公司市场经理的离职带走了企业原有的一些经销商这样的报道常常诉诸报端。第四，关系一方撤回专有投资，激起另一方的报复性行为。专用资产的投资是向渠道伙伴表达承诺的重要方式，而从关系中撤回专用资产也可被视为要离开的信号，如果双方持续撤回专用资产，那么关系紧密的基础也就失去了。

当渠道关系中出现了问题，双方或一方接收到了关系可能结束的信号时，如果原有关系的合作基础仍然存在，并不会必然地结束关系。渠道成员面对出现问题的渠道关系可能有多种不同的反应，一个经典的理论框架认为企业至少可以用忠诚（loyalty）、呼吁（voice）、忽略（neglect）及退出（exit）来应对①。其中，忠诚行为是指渠道成员在面对出现问题的渠道关系时保持沉默并抱有信心认为通过大家的努力问题会得到解决。渠道成员之所以会以忠诚行为应对，是出于以下两点考虑：一是对问题会得到解决的可能性的评估；二是在面对不确定性关系和寻找替代渠道关系两种选择进行评估的基础上认为值得选择面对出现问题的关系。呼吁行为指的是各种旨在解决问题，而不是逃避问题，期望继续维持渠道关系的建设性行为。显然，这是一种比较积极地寻求改变、寻求问题解决方案的行为，它也能够对渠道伙伴的态度或行为产生相应的影响。相对而言，忽略行为则是一种非常消极的行为，该行为是指渠道成员对出现问题的渠道关系缺乏信心，虽然并没有实质性地退出关系，但却在心理上已经从关系上退出，从而任由渠道关系逐渐衰退。最后，退出行为则是实质性地从一个渠道关系中离开，终止一个原有的渠道关系。

显然，渠道关系的结束会受到上述渠道成员应对方式的影响。如果渠道成员采用忠诚和呼吁行为来应对出现问题的渠道关系，那么渠道成员从关系中退出的可能性就会降低，相反，渠道成员的忽略行为就会加速渠道关系的解体。除了渠道成员的这些行为以外，还有一些重要的因素影响着渠道关系的结束。其中，渠道成员的退出成本就是非常关键的一个影响因素。退出成本是一个渠道成员从一个渠道关系中退出时所支付的全部成本，主要包括以下几个方面：第一，替代渠道关系的吸引力；第二，结束现有渠道关系可能导致的经济、行为及心理的成本以及机会成本；第三，建立新的渠道关系的成本②。如果退出成本足够大，渠道成员的退出行为就会受到抑制，渠道成员将可能采用呼叮的方式来寻求问题的解决，而不是简单地从关系中退出。此外，渠道成员对原有渠道关系的满意度也是影响渠道关系结束与否的一个关键因素。渠道成员的满意是建立在对渠道关系产出的经济结果，以及与渠道成员互动过程中所获得的社会心理的满足的基础之上的，因此，渠道成员对渠道关系的满意度越高，渠道成员直接从关系中退出的倾向性就越小。

对于持续经营的企业来说，渠道关系生命周期是一个循环往复的过程。一方面，一个企业往往要与很多渠道成员建立或维持渠道关系，而这些渠道关系可能都处于不同的生命周期阶段，从而需要企业根据各个关系的阶段性特点来实施有效的管理。另一方面，当一个渠道关系结束以后，企业就会重新开始寻找合适的渠道伙伴，从而推动渠道关系生命周期进入新的循环。

---

① Robert R P. The Effects of Satisfaction and Structural Constraints on Retailer Exiting, Voice, Loyalty, Opportunism and Neglet [J]. Journal of Retailing, 1993, 69 (3): 320-352.Robert R P.Unexplored Antecedents of Exiting in a Marketing Channel [J]. Jounral of Retailing, 1999, 75 (2): 218-241.

② Robert R P. The Effects of Satisfaction and Structural Constraints on Retailer Exiting, Voice, Loyalty, Opportunism and Neglet [J]. Journal of Retailing, 1993, 69 (3): 320-352.Robert R P.Unexplored Antecedents of Exiting in a Marketing Channel [J]. Jounral of Retailing, 1999, 75 (2): 218-241.

9.2.6 渠道关系生命周期各个阶段的关键渠道行为

渠道关系生命周期过程可能要经历长短不一的时间，当然也不是所有的渠道关系都能够发展到紧密的高级阶段，在每个发展阶段都存在着一些关键的因素和行为可能导致渠道关系结束，也可能促进渠道关系的发展。下面我们就把渠道关系生命周期各个阶段的一些关键要素，尤其是渠道行为要素归纳总结一下，以为企业管理者提供更为直接的参考（见图9-4）。

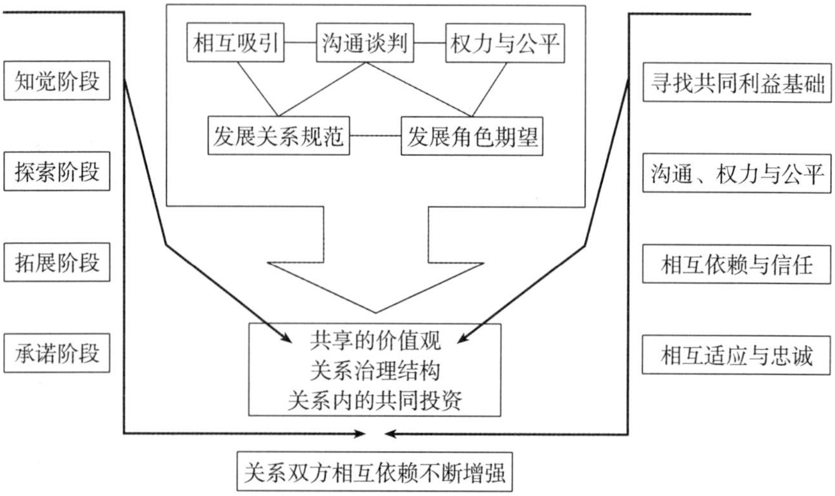

图9-4 渠道关系生命周期各个阶段及其关键行为[①]

在关系的知觉阶段，由于渠道关系尚未建立，所以这个阶段双方的互动行为非常少，双方能否找到共同的利益基础是渠道关系能否建立的基础。这种利益基础的寻找有赖于双方通过各种方式与途径对对方进行了解，以及最初的少量沟通。在渠道关系的探索阶段，有效的沟通是促进关系发展的关键，由于此时双方正在试探性地建立渠道关系，双方对互动过程中的权力和公平问题极度敏感，因此，渠道成员在此阶段应该适当地使用渠道权力，尽量谨慎地使用强制性权力，而多使用非强制性权力，并且对渠道关系中的分配问题应当予以重点关注，尽量兼顾结果分配上的公平和互动过程的公平。在关系拓展阶段，随着交易关系的持续与深入，渠道关系内的相互依赖水平不断提高，能否在此阶段建立彼此信任是决定渠道关系能否向更高级阶段发展的关键。相互依赖和信任水平的提升有赖于渠道关系双方不断地向关系中对等地投入专用资产，并对渠道关系过程与结果有较高水平的满意。关系承诺阶段是渠道关系发展的最高阶段，此时渠道关系双方彼此高度互赖、相互适应、忠诚于对方，关系的持续性预期非常高。这一阶段双方向关系内的专用资产投入还会增加，并且建立了适应环境变化的柔性适应机制，以及及时解决渠道冲突与矛盾的解决机制，关系内目标和价值观念更加一致。最后，在关系的解体阶段，激烈的渠道冲突、一方对专用资产的撤回、共同利益基础的丧失都是关系结束的诱因，而渠道成员在不同的渠道关系中也会

① 根据Dwyer F R，Oh S.Developing Buyer-Seller Relationships［J］. Journal of Marketing，1987，51（4）：11-27.修改。

表现出忠诚、呼吁、漠视与退出等不同的行为，但这些行为会受到退出成本等因素的影响。

9.3 渠道网络①

在前两节我们关注的渠道关系中，由渠道上下游两个渠道成员构成的一个二元渠道关系（dyadic relationship）始终是我们关注的对象，这个二元关系实际上也是渠道行为理论一直所遵循的基本分析单位。但就营销渠道系统的整体结构而言，营销渠道实际上是一个网络化的结构。一般而言，网络是由一系列相互联结的关系所构成的，因此将某个二元渠道关系从网络化的背景中独立出来进行考察实际上可能无法全面地理解营销渠道系统的运行机制。为此，我们需要把渠道关系还原到渠道网络中去，从网络的视角来审视和分析营销渠道的运行。本节我们将简要地就营销渠道网络的结构形态及其对渠道行为与绩效的影响展开讨论，这部分构成了营销渠道研究最为前沿的领域之一。

9.3.1 渠道网络的基本形态

在营销渠道行为理论建立的初期，著名营销学者斯特恩（Stern）就指出，当渠道被视为一个社会系统时，渠道成员就被嵌入在一个相互依赖的网络中了，网络中一个成员的行为将会对其他成员的行为结果产生重要影响，而将一个特定的二元渠道关系置于由多个二元渠道关系相互联结而构成的网络背景中考察，发生在特定二元关系中的交换过程可以得到更为充分的理解②。根据渠道行为理论研究的基本范式，对渠道行为问题进行研究的二元焦点关系（focal relationship）一般是商业渠道系统中纵向排列的渠道成员之间的关系，这个二元关系只是由商业渠道系统及其任务环境要素构成的一个更大的系统中的一个基本的关系单位，该关系在渠道系统中的位置如图9-5所示。根据阿克罗尔（Achrol）等学者的观点③，渠道系统中一个二元关系的环境要素可以分为主要任务环境要素（primary task environment elements）、次要任务环境要素（secondary task environment elements）和宏观环境要素（macro environment elements）三个部分，其中，主要任务环境要素包括那些与二元关系主体直接发生交换关系的环境主体，包括二元关系成员的直接供应商、分销商（顾客）、规制机构和竞争者；次要任务环境要素则包括那些间接与二元关系主体发生交换关系的环境主体，包括二元关系成员的供应商的供应商、分销商的分销商（顾客）、实际的或潜在的竞争者、规制机构以及利益相关者集团；而宏观环境要素则指一般的社会、经济、政治法律、技术等要素。为了更加清晰地体现这些任务环境主体对二元关系的影响，按照渠道垂直市场关系（上下游供应关系）以及水平市场关系（市场竞争关系）等维

① 本节主要内容参见张闯. 社会网络视角下的渠道权力结构与策略研究［M］. 大连：东北财经大学出版社，2008；张闯. 网络视角下的渠道权力结构：理论模型与研究命题［J］. 营销科学学报，2008（1）：120-136.

② Stern L W，Gorman R H. Conflict in Distribution Channels：An Exploration［M］. Boston：Houghton Mifflin，1969.

③ Achrol R S，Stern L W. The Environment of Marketing Channel Dyads：A Framework for Comparative Analysis［J］. Journal of Marketing，1983，47（4）：55-67.

度对为数众多的任务环境主体进行分类是非常必要的。阿克罗尔等学者将渠道二元关系的任务环境主体分为渠道投入主体、渠道产出主体、竞争主体和规制主体四个构成部分。其中，渠道投入主体由二元关系的直接和间接供应商组成，它们位于二元关系的上游；渠道产出主体则由二元关系的直接和间接顾客（包括分销商和终端消费者两个部分）构成，这两部分主体和二元关系一起构成了渠道系统内的垂直交易关系；渠道竞争主体包括那些二元关系双方所面临的实际的和潜在的竞争者；而规制主体则由那些渠道成员的其他利益相关者构成，包括政府机构、行业协会以及投资者等利益相关者群体。为了表现的简洁，图9-5中只是给出了各个环境主体的类别，必须要强调的是，在现实世界中，某一个渠道系统中存在的某个类别的环境主体的数量可能并不是唯一的，如焦点关系的供应商和分销商可能不是一个而是多个，规制机构以及利益相关者、消费者的数量也一定是复数的，而不是单一的。因此，现实生活中的渠道系统可能更为复杂，图9-6是在考虑各个层面的竞争者的情况下对图9-5的展开，而当要考虑各个环境主体之间的交易关系时，这个系统可能会变得更为复杂。

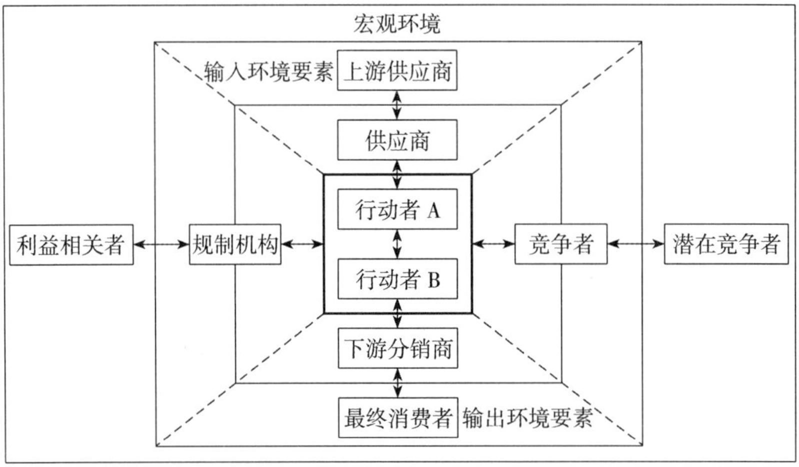

图9-5 渠道系统中的二元渠道关系

注：本图参见 ACHROL R S，STERN L W. The Environment of Marketing Channel Dyads：A Framework for Comparative Analysis［J］. Journal of Marketing，1983，47（4）：55-67.

从图9-5和图9-6中可以看出，这些环境主体实际上与焦点二元渠道关系一起构成了一个复杂的渠道关系网络，而发生在二元关系中的互动行为就是嵌入在这样一个网络中的。因此，为了充分地理解渠道系统中的交换过程，实际上应当采取网络的视角，而不是二元分析的视角对系统内部的交换行为与过程进行分析，因为只有网络分析才能够全面而深刻地理解渠道成员之间交换关系网络的复杂性和基本特质。

从网络的视角来看，行动者（个人、群体和组织）是嵌入在一个由若干个相互联结的关系构成的网络中的，该网络为行动者提供各种资源的同时，也为其行为施加了一定的限制。与传统的研究视角不同，网络视角不是孤立地关注行动者本身的属性，而是将注意力置于行动者之间的关系上，关注行动者之间相互作用的结构模式。因而要考察两个渠道成员之间的互动关系就必须要将其放在其所属的网络背景中来考察。

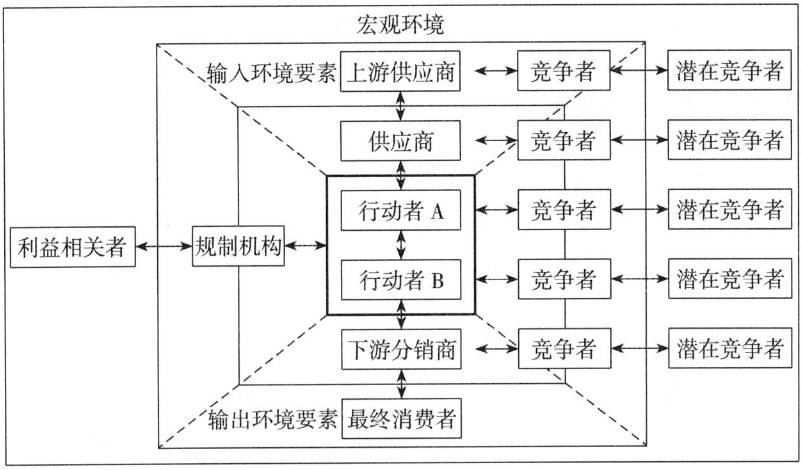

图9-6　渠道系统中的渠道关系网络

图9-7是安德森（Anderson）等学者提出的一个渠道网络结构模型[①]。在此模型中，我们关注的焦点关系仍然是渠道纵向链条上任何两个相邻的渠道成员构成的渠道关系，将该关系置于由若干个网络成员（渠道纵向链条上的其他成员以及渠道关系任务环境中的其他利益相关者）相互联结而成的网络中，考察该网络的结构对焦点关系中两个成员渠道行为的影响。需要指出的是，该网络远非现实中渠道网络的全部，即该网络只不过是更大的渠道网络中一个相对完整的片断。由于网络的边界可以通过相互联结的关系不受限制地进行拓展，因而对网络边界的确定构成了一个从网络视角研究营销渠道行为问题的巨大挑战。尽管如此，这个简洁的渠道网络结构模型为研究渠道网络结构对焦点渠道关系中渠道行为的影响提供了较好的研究视野，下面我们将转入对渠道网络结构分析维度的讨论。

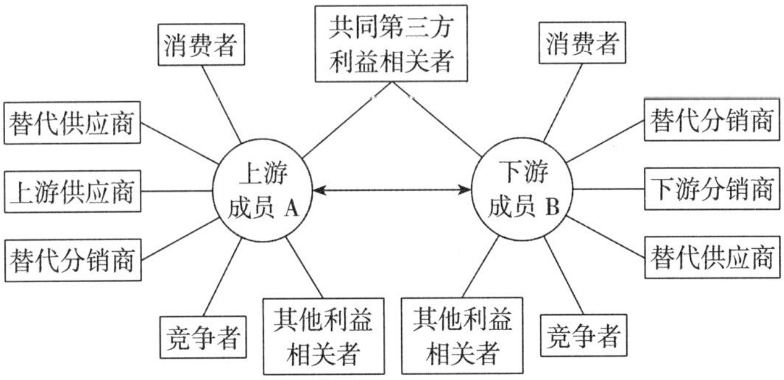

图9-7　渠道权力网络结构整合模型

9.3.2　渠道网络结构的分析维度

对渠道网络结构的分析主要涉及两个理论范式：一是产业营销（industrial marketing）研究领域中学者们所遵循的行为-资源-行动者（activities-resources-actors,

---

① Anderson J C，Johanson J.Dyadic Business Relationships within a Business Network Context［J］. Journal of Marketing，1994，58（10）：1-15.

ARA）模型，二是源自社会学与人类学研究目前正广泛地被应用于管理学和营销学研究的社会网络（social network）理论。

1）行为－资源－行动者模型

行为–资源–行动者模型是产业营销与采购（industrial marketing and purchasing，IMP）学派在研究企业间交易关系时所遵循的研究模型，鉴于营销渠道成员之间的关系本质上也是企业间交易关系的范畴，因而这一模型是适用于营销渠道网络分析的。如图 9–8 所示，该模型包括三个基本的分析维度——行动者（actors）、行为（activities）和资源（resources）。其中，行动者是网络中的企业、群体或个人，其控制着网络中的资源和行为。在网络中，行动者的特征包括以下五个方面[①]：第一，行动者控制并执行网络中的各种行为，它们决定采取什么行动、如何实施这些行动，以及在实施这些行动时需要使用哪些资源；第二，通过各种交易过程，行动者之间建立了各种关系，通过这些关系每个行动者都可以接近、获得其他行动者所控制的资源；第三，行动者的行动以其所控制的资源为基础，这些资源可能是其通过产权直接控制的，也可能是通过与其他行动者的交易关系而间接控制的；第四，每个行动者都是有目标导向的，尽管每个行动者的具体目标可能存在差异，但其一般目标都是增加对整个网络的控制；第五，行动者对于网络中的其他行动者、行为与资源拥有不同的认识，它们关于这些方面的知识主要来自在网络中与其他行动者互动行为的经验和体验。显然，行动者之间的关系相互连接构成了一个行动者网络。

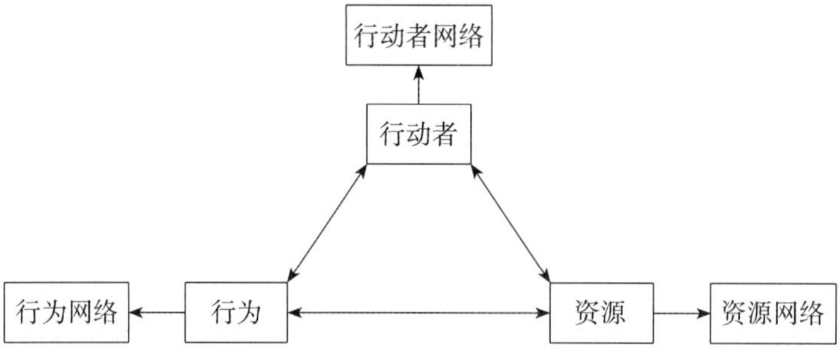

图9–8　行为－资源－行动者网络结构模型[②]

当网络中的行动者发展变化、行动者之间进行交换活动，或者通过利用其他资源创造新的资源时，网络中就发生了各种行为或活动。由于行动者性质的差异，网络中的活动可以分成两类：转换（transformation）活动与转移（transfer）活动。转换活动是将资源从一种形态转换为另一种形态的活动，如生产活动；转移活动则是将资源的控制权从一个行动者转移到另一个行动者，如营销渠道中成员之间的交易活动。显然，转移活动通过行动者之间的联系将各种转换活动联系了起来，无论是资源的转换，还是资源的转移，行动者的这些行为构成了行为网络。

网络中的资源是行动者行为的基础，所有的资源都为不同的行动者所控制。就资源的性质而言，网络中的资源是异质性的，实际上正是行动者所拥有的资源性质的差异，才使得行动者之间建立交易关系成为可能。另外，资源可能在不同的行为中被以

① Hakansson H，Johanson J.Industrial Networks：A New View of Reality［M］. New York：Routledge，1992.
② Hakansson H，Johanson J.Industrial Networks：A New View of Reality［M］. New York：Routledge，1992.

不同的方式所应用，这使得资源的使用方式、不同资源之间的整合方式呈现出极大的差异。最后，资源的获取和利用是要产生成本的，这构成了行动者利用资源采取行动的一个限制条件。不同行动者所拥有的各种资源为行动者之间建立各种联系提供了可能，隐含在网络中的资源本身也构成了一个资源网络。

上述行动者网络、行动网络和资源网络相互交织在一起，构成了企业间网络的不同维度。这三个交织在一起的网络则被网络内的一些内在机制绑定在一起，这些机制包括以下几个方面：一是网络行动者、行动和资源之间在功能上的相互依赖，它们一起构成的系统通过专业化与分工机制来满足行动者不同的需要；二是网络中存在的权力结构，这涉及网络中不同行动者对资源和行动的控制力；三是网络中行动者所拥有的知识结构，这些知识用来获取和利用各种资源来组织实施网络行动；四是网络成员、行为与资源相互依赖的时间维度，这些相互依赖关系会随着时间的推移而不断地发生变化，从而导致整个网络结构发生变化。显然这些要素在营销渠道网络中都存在，并且构成了营销渠道网络中渠道关系与渠道成员互动的基础。

2）社会网络理论

社会网络是社会行动者（social actors）及其相互之间关系的集合。社会网络的基本构成要素是节点（nodes）和联系（connections），在社会学理论中，社会学者将节点用社会行动者替换，而节点之间的联系则被社会行动者之间的联系（tie）替代。其中，社会行动者既可以是个人，也可以是群体、组织，甚至是国家；而社会行动者之间的联系则表现为他们之间的互动过程。通过把社会看作一个连接组织和个人，关系交错的“网络”结构，社会网络理论认为社会行动者的行为可以通过分析该行动者在他所处的网络和关系中的地位来理解和研究。尽管存在着不同的分析思路，但社会网络理论学者仍然共同遵循着一些基本的观点和方法，威尔曼（Wellman）将其归纳为五个方面[①]：第一，对行为的解释由个体属性转向限制行为主体的网络特征。社会网络分析不强调研究个体属性而是强调研究行为所属的社会关系。第二，社会网络分析关注的是不同行为主体之间的关系而不是将关系还原为其内在属性和本质特征，认为解释行为主体如何行为的规则来自社会关系结构体系中的位置（Location）而非动机。第三，社会网络结构决定二元关系的运作。以往在研究二元关系的时候，研究者往往只限于研究关系，而较少考虑网络中其他关系对于该二元关系的影响，以及多个二元关系之间的互动。社会网络作为二元关系发展的背景而存在，并且对二元关系发展过程中的资源配置产生了重要影响。第四，世界是由网络而非群体构成的。但网络分析不排斥群体，因为群体不过就是有严格限制与紧密联系的社会网络。第五，网络方法取代和补充个体方法。社会网络分析方法是一种将关系作为基本统计处理单位而非将个体作为一个独立的统计单位的研究方法，矩阵方法与数学模型的广泛运用以及对于关系的处理成为社会网络分析方法统计处理的一大特色。

可见，社会网络理论更为强调网络结构对网络成员行为的影响。在营销渠道网络中，渠道成员构成了网络的节点，而渠道成员之间的渠道关系则构成了网络中不同节

---

① Barry W.Social Structures：An Network Approach［M］. New York：Cambridge University Press，1988.

点的联系。显然，根据社会网络理论的基本观点，渠道成员的行为以及渠道成员之间的互动行为都将不可避免地受到渠道网络结构的影响。从社会网络理论的角度来看，对渠道网络结构的分析可以从节点、关系及网络等几个方面展开，以下我们主要介绍网络密度（网络层面），联系数量、性质与强度（关系层面）及节点的网络中心性（节点层面）三个网络结构维度，并重点探讨它们对渠道行为可能带来的影响。

（1）网络密度（network density）。网络密度是指网络中所有节点之间的实际联系与其所展示的所有可能存在的联系数量的比率。一个网络中节点之间实际联系的数量越是接近总的可能数量，网络的密度就越大。网络的密度越大，节点之间信息、资源等要素的流动就越快，而网络成员之间的互动也就越通畅。根据社会网络理论的观点，网络密度的增加会带来三种积极的结果：一是网络成员之间的沟通效率的提高，由于网络成员之间存在广泛的联系，因此信息可以顺畅地在网络中流通，为网络成员所共享；二是由于信息共享水平和信息沟通效率的提高，一些网络成员的行为规范也更容易在网络内扩散，从而在网络成员间形成交换的规范模式，进而形成共享的行为规范和行为期望；三是由于行为规范的形成和沟通效率的提高，网络成员之间更容易在观念与行为上达成一致。这三个方面都对网络成员的行为及其结果有重要的影响。

（2）联系的数量、性质与强度。联系的数量指与某个节点建立直接联系的其他节点的数量，某个节点与其他节点联系的数量越多，意味着该节点需要参与的交换关系就越多，这一方面会为其带来更丰富的资源，同时也需要该节点投入更多的资源以同时参与多个交换关系。联系的性质是指网络关系中的主导情感状态，如冲突与合作就是两种对立的状态。联系的性质决定了关系双方互动的目的和性质，它会对关系行为与绩效产生重大影响。联系的强度用来表示某个联系中流动资源的容量和层次以及关系双方的紧密程度。联系较弱的网络只有很少的或者零星的资源在节点之间流动，而联系较强的网络则有很高的资源流动水平。联系的强度可以用关系持续的时间、关系中的情感强度、亲密程度与互惠程度四个方面来衡量[①]。显然，某个渠道关系的性质、强度及某个渠道成员所拥有的渠道关系数量会极大地影响其渠道行为以及渠道关系绩效。

（3）节点的网络中心性。该定义衡量网络中某个行动者对其他行动者，以及网络中资源流动的控制能力。在社会网络理论中，一般将某个行动者的中心性细分为以下三个维度[②]：一是该节点的点度中心性（degree centrality），指与该节点直接相连的节点数量，数量越多，该节点的点度中心性就越强。二是节点的中间中心性（betweenness centrality），指该节点在多大程度上处于其他节点的“中间”，如果一个行动者处于许多交往网络的路径上，则他可能具有控制其他两个行动者之间交往的能力。三是接近中心性（closeness centrality），指某个节点与其他节点接近的程度，它表示该节点不受他人控制的程度。从成员网络中心性的上述定义来看，一个网络成员的网络中心性越高，其在网络中的权力与影响力可能就越大，但这种权力不是来自我

---

① Granovetter M S.The Strength of Weak Ties [J]. American Journal of Sociology，1973，78（6）：1360-1380.

② Freeman L C.Centrality in Social Networks：Conceptual Clarification [J]. Social Networks，1979，1（3）：215-239.

们在第5章中所归纳的各种资源基础，而是来自其在网络中的位置。

9.3.3 渠道网络结构对渠道行为的影响

对营销渠道行为进行网络分析是目前营销渠道行为理论研究最为前沿的领域之一，因而现有的研究文献并不多。以下主要结合社会网络理论和已有的研究成果来阐述渠道网络结构对渠道行为的影响，其中所涉及的渠道行为主要包括渠道权力、权力应用、冲突与合作等。

1）网络密度的影响

网络密度的增加可以带来网络成员之间更高水平的信息共享、更高效率的沟通、更加一致的期望，并促进行为规范的形成与扩散，其结果则可能是在部分或所有的网络成员之间形成一个在观念与行为上一致的联盟。此外，网络成员之间更加频繁的沟通能够使其意识到每个成员在网络中的位置、专长与责任，提高网络成员之间的相互信任，降低其机会主义行为，这些显然都有利于提升整个网络的凝聚力，从而使得可能形成的联盟的一致性行为更加有效。在营销渠道中，如果渠道一方（如经销商群体）的网络密度很高，这将极大地影响渠道关系中的互动行为。如在“订单农业”渠道中，农产品收购、加工企业往往与很多生产相同农产品的农户签订购销协议，企业与农户之间形成了一个基本的农产品渠道关系。由于农户与企业相比不仅在规模与实力上处于弱势地位，并且在诸如农产品市场价格等交易信息占有方面也处于不利地位，但农户人际关系网络密度的增加将有助于提升农户在其与企业交易关系中的地位。在中国农村社会中，居住在同一个村子或邻近村子里的农户往往都是非常熟识的，这使得农户人际关系网络的密度往往处于较高的状态，这极大地影响了企业与农户交易中的互动行为。农户这种不利地位的改善一方面来自较高的网络密度提高了信息在网络成员之间的共享，从而可以极大地约束企业的行为；另一方面则来自高网络密度所带来的农户之间的一致性行为。对于前者，企业与某个或某些农户的互动行为，如企业为农户提供了协助、对农户进行惩罚与威胁、对不同的农户提供了不同的交易条件等，都会由于高网络密度为其他农户所了解，因此，企业在与农户互动过程中会对自己的行为有所限制，以在农户中塑造良好的形象，降低交易的成本。对于后者，如果企业过多地使用强制性权力则可能会引起农户的普遍不满，在网络密度很高的情况下则可能导致农户结成联盟进行对抗。因此，农户人际关系网络密度的增加可能会促使企业更多地使用以协助为主要内容的非强制性权力，更少地使用以惩罚和威胁为主要内容的强制性权力，因为这样不仅可以降低企业与农户之间的交易成本，也可以促使企业在农户中形成良好的声誉与形象，从而有利于交易关系的稳定与发展[①]。与此同时，为了避免造成更多的管理成本，企业在面对高网络密度的农户时，也会尽量减少与农户的冲突，而向其提供更多的支持，这会有效地降低渠道中的冲突水平，提高农户的满意度，从而有利于渠道关系的稳定与持续[②]。在B2B特许渠道中，安蒂

① 张闯，徐健，夏春玉．契约型农产品渠道中农户人际关系网络结构对企业权力应用及其结果的影响［J］．营销科学学报，2010（6）：85-108.

② 张闯，徐建，夏春玉．农户人际关系网络结构对渠道行为与续约意愿的影响［J］．商业经济与管理，2011（5）：5-15.

亚（Antia）和弗雷泽（Frazier）的研究也发现，对于那些处于相对高密度网络中受许者的违约行为，特许者为了减少网络密度可能带来的一致性压力会减少惩罚性行为[①]。

2）渠道关系数量、性质与强度的影响

（1）关系数量及其与关系强度的交互作用。关系的数量是指某个行动者直接参与的交换关系的数量，该数量的多少对于行动者而言具有两个方面的含义：一方面，关系的数量意味着该行动者必须同时处理的交换关系的数量，从而影响着其用于交换的资源的分散程度和投向；另一方面，关系的数量还决定了该行动者从网络中获取资源的能力。在同时考虑关系的强度时，上述两个方面的影响都会被放大。

对于渠道成员而言，要保持与特定交易伙伴的交换关系是需要其向这些关系中投入资源的。这些资源一方面可能表现为为了协调与具有不同目标的交换伙伴的交换关系以及处理交换过程中可能出现的冲突而需要投入的资源；另一方面则可能表现为与特定交易伙伴的交换关系的持续而失去与其替代者进行交易而发生的机会成本。当渠道成员与很多网络成员都建立起了交换关系以后，为了参与与维护这些交换关系中的交换行为，该成员就必须向这些不同的交换关系中投入资源，这里的资源除了参与交换以及维护关系所需要的各种有形资源以外，还包括该成员的时间与精力。在核心成员所能够支配的资源及其时间与精力既定的情况下，对网络中的交换关系投入的资源、时间与精力越多，在核心关系中该成员用来处理与核心关系伙伴的交换关系的资源、时间与精力就可能越少，从而不利于其在核心关系中权力地位的改善。与此同时，如果渠道成员与与之建立交换关系的网络成员身份存在较大的差别，即不同交换关系中所交换的内容存在差异，或者不同的交换关系需要不同的交换技术来完成时，渠道成员处理上述关系所需要投入的资源、时间和精力也会相应地增加，从而不利于其提升在焦点关系中的权力地位。

而在核心成员与网络成员建立的交换关系数量不变的情况下，关系强度的增加也需要该渠道成员向这些关系中投入更多的资源、时间与精力用以满足高强度关系互动的需要。因为高强度的关系和紧密的关系的维护通常比弱关系的维护需要更多的时间和资源。沃茨（Wuyts）等学者针对计算机网络硬件与软件产品渠道网络的研究表明，购买者对批发商的选择偏好在批发商与其上游供应商建立了很多高强度的关系时趋于下降。这是由于购买者认为批发商与其上游供应商建立了太多的高强度关系时，批发商就必须投入大量的资源、时间与精力到与不同供应商的交换关系中去，从而使得该批发商没有足够的资源用来向其购买者提供产品知识与各种服务支持[②]。可见，当其他情况不变时，渠道成员与网络成员建立的直接交换关系数量的增加会对其在焦点关系中的权力地位产生负面影响，当这些交换关系中的交换内容与交换技术存在差异，以及平均关系强度增加时，上述负面影响会被放大。

虽然核心渠道成员同时参与和维护多个网络交换关系需要其投入大量的资源、时

① Antia K D，Frazier G L.The Severity of Contract Enforcement in Interfirm Channel Relationships［J］. Journal of Marketing，2001，65（10）：67-81.

② Wuyts S，Stremersch S，Bulte C，et al. Vertial Marketing Systems for Complex Products：A Triadic Perspective［J］. Journal of Marketing Research，2004，41（10）：479-487.

间和精力，但这种联系广泛的网络交换关系也具有另一方面的影响。因为资源在网络中的流动是以网络成员之间建立关系为前提的，因此，当渠道成员与更多的网络成员建立交换关系以后，该成员从网络中获取资源的能力实际上增强了。网络中的资源是行动者自己拥有的资源和所有与其相联系的网络节点所拥有的资源的函数。拥有接近并利用这些网络资源的能力为一个行动者提供了在社会经济互动过程中获得更好的结果的机会。渠道成员获取资源能力的增强显然有助于其提升在核心关系中的权力地位。与此同时，当这些交换关系所联系的交换对象存在差异时，即交换关系中所交换的内容存在差异时，渠道成员就可以从这些联系中获取更加多元化和多样化的资源，这实际上会提高其获取资源的效率，因为交换关系中重复性的资源数量被削减了。

另外，当交换关系数量一定，而关系强度增加时，该成员从网络中获取资源的能力也会进一步增强，因为高强度的关系往往是那些交易频繁、具有互惠性，并包含了积极的情感因素在内的交换关系，这种更加紧密的关系显然提高了渠道成员获取资源的能力，从而也增强了其向核心关系中投入资源的能力，当然也就有利于其改善在核心关系中的权力地位。沃茨等学者的实证研究也证实了这一点①。购买者之所以偏好那些拥有很多上游联系的批发商的原因在于以下几个方面：一是批发商与很多上游供应商建立关系实际上是为其提供了一个接触更多信息与知识来源的机会，而购买者则由于批发商的这种中介作用能够间接地从这些更多的供应商处获得产品知识与支持；二是批发商通过与多个供应商建立联系能够在不同的信息与知识来源之间比较核实其所获得的信息的质量，从而能够保证其提供给下游购买者的信息与知识的质量；三是与很多供应商都建立交换关系体现了该批发商在产业内的声誉、实力与地位，从而有利于吸引下游购买者与其建立交换关系；四是与很多供应商同时建立交换关系能够使得该批发商更加珍惜自己的声誉，从而能够保证向其下游消费者提供的产品和服务支持的质量。

（2）关系性质与对象的影响。在关系数量一定的情况下，关系的性质也会对渠道成员的权力地位产生重要影响。相对于竞争与冲突关系而言，信任与合作关系显然有利于渠道成员从网络中获取资源用于核心交换关系，从而提升其权力地位。网络内的竞争与冲突不仅不利于渠道成员从网络中获取资源，反而要求其对这种性质的关系投入更多的资源以处理交换中出现的摩擦。而网络中的合作与信任关系的作用则恰恰相反，这种关系会促进网络成员之间的沟通，更及时、高效率地处理交换关系中出现的冲突，从而会促进资源在网络中的交换和流动。当渠道成员建立的关系数量众多时，网络关系中信任与合作性质的关系数量越多，就越有利于该成员从网络中整合资源；相反，冲突与竞争性质的关系数量越多，就越不利于该成员从网络中整合资源。根据资源依赖理论的观点，网络中与渠道成员建立交换关系的主体由于其地位与身份的不同，其与渠道成员交换的资源的价值也会呈现出较大的差异。在不同的网络关系中，有些关系对渠道成员更加重要一些，而另一些则相对不重要，因而，那些对渠道成员而言相对重要的网络交换关系的性质对其获取和整合资源的能力的影响比其他交换关

① Wuyts S, Stremersch S, Bulte C, et al. Vertial Marketing Systems for Complex Products: A Triadic Perspective [J]. Journal of Marketing Research, 2004, 41 (10): 479-487.

系影响更大。因此，在其他情况不变时，渠道成员网络关系中合作与信任的关系数量的增加，会对其在焦点关系中的权力地位产生积极影响；当渠道成员最重要的交换关系性质为合作与信任状态时，这种影响会更为显著；而渠道成员网络关系中冲突与竞争的关系数量的增加，会对其在焦点关系中的权力地位产生消极影响，当渠道成员最重要的交换关系性质为冲突与竞争状态时，这种影响会更为显著。

由于与渠道成员建立网络交换关系的主体身份与地位的不同，它们对于该成员的权力地位的影响也会有所不同，对于那些重要的网络成员（如投资者和规制机构），焦点关系中的双方都会谋求与该成员建立交易关系，当双方都与该重要的网络成员建立了交换关系，并且关系性质都为信任与合作的积极关系时，该关键第三方利益相关者对焦点渠道关系双方权力地位的影响将取决于后者与前者的关系强度。由于更大的关系强度往往可以在对资源进行竞争时得到资源拥有者在对资源进行分配时的有利倾向性，当该第三方网络成员对于焦点关系双方的权力地位影响重大时，这种关系强度的作用就会被进一步放大。因此，其他情况不变时，渠道成员与关键第三方利益相关者关系强度的增加会对其在焦点关系中的权力地位产生积极影响。与两个渠道成员同时建立关系的第三方利益相关者的地位与作用越关键，上述影响也就越大。

（3）关系强度的影响[①]。在社会网络理论中，关系强度主要关注的是两个或更多行动者关系联结的性质，以及这种性质对行动者行为与绩效的影响。学者们一般将关系强度分为强关系和弱关系两种，其中强关系（strong tie）是指那些持久的、经常联系和关系内有高水平的情感亲密性、互惠性的关系；而弱关系（weak tie）则指那些偶尔发生的、疏远的关系。关系强度包含四个维度——关系长度（relationship length）、情感强度（emotional intensity）、亲密程度（intimacy，mutual confiding）和互惠程度（reciprocal services）。其中，关系长度与关系双方投入到关系中的时间有关，这是一个相对客观的维度；互惠服务的程度体现了关系强度的行为维度，而情感强度和亲密程度则体现了关系强度的情感维度。因此，关系双方投入到关系中的时间越多、情感强度越高、亲密程度越高、互惠程度越高，则关系越强，否则关系就越弱。在高强度的渠道关系中，关系内的情感纽带会促使关系内呈现出更多的和谐与支持的氛围，促使渠道成员更多地关注渠道伙伴，以及渠道关系整体的利益，促进渠道成员之间的相互信任以及对渠道关系的承诺。这些关系行为的基础来自关系内根深蒂固的诚实、公平与公正的行为规范。显然，渠道关系的情感强度越强，渠道成员对渠道伙伴的支持与协助行为就会越多，就会更多地关注渠道关系的整体利益与长期导向。与此同时，高强度的关系会呈现出关系双方频繁、广泛、双向的沟通，沟通内容也会涉及更多敏感、复杂，甚至是机密的信息，除了正式的沟通渠道以外，双方还会通过各种非正式渠道沟通信息，从而提高了沟通的质量。这种双边高质量的沟通行为会促使关系双方发展共享的价值观、促进双方的相互信任和共同解决问题机制的出现。并且关系双方沟通内容中还会注重前瞻性的信息，这使得关系双方会着眼于关系伙伴未来的需求，从而强化关系双方的长期导向。因而，在这样的渠道关系中，渠道成员会抑

① 张闯，张涛，庄贵军．渠道关系强度对权力应用的影响：关系嵌入的视角．工作论文．

制可能会给渠道关系带来负面影响的强制性权力的应用，而更多地使用以支持和协助为主要形式的非强制性权力，从而保证渠道关系的稳定和持续。

3）渠道成员网络中心性的影响

网络成员的中心性反映的是某个特定的网络成员相对于其他成员的地位，在社会网络理论中，网络的中心性是占据这些位置的网络成员权力的来源。一个与很多网络成员建立了联系从而占据了一个比较中心的位置的网络成员会对整个网络中资源的流动以及网络成员行为的方式产生重要的影响。一般而言，占据网络中心位置的成员之所以拥有较大的权力是其所占有的优越的网络位置能够使其拥有更大的机会获取网络中的资源，并对网络中资源的流动拥有较大的控制能力。在网络中，那些拥有对网络中资源控制能力的成员能够提高其他成员对其的依赖水平，从而赋予了他们较高水平的权力。但要保证其拥有的权力的有效性，占据网络中心位置的成员必须保证其在获取资源的同时不被其他成员所控制。另外，由于中心性较高的网络成员一般处于网络内资源交换的中心位置，从而能够对网络中其他成员的资源获取以及获取的资源的质量产生影响。如在信息沟通网络中，占据中心位置的成员不仅对其他成员获取网络中的信息有较大的控制权，而且还可以凭借其优越的网络位置对信息进行过滤和扭曲，以影响其他成员获取信息的内容与质量。另外，由于网络中心性反映了渠道成员对网络中资源交换的控制力，而不同规模的网络由于所包含的成员数量不同，网络中所流动的资源量也就有可能存在差异。因而网络的规模对于占据中心位置的渠道成员对其他网络成员的影响力具有一定的影响，处于一个规模较大网络中心地位的行动者拥有比处于较小规模网络中心地位的行动者更大的权力，这是由于占据规模较大网络中心地位能够对网络中更多的资源和更多的成员产生影响。

在渠道网络中，占据中心位置的渠道成员也会凭借其优越的网络位置获取对网络中其他成员的控制权。可见，当其他情况不变时，渠道成员网络中心性的增加对其在焦点关系中的权力地位有积极影响。也正是这类中心性较高的渠道成员的重要地位，使其他成员在与其进行互动时，就不得不考虑其在网络中的地位，以及这种地位带来的对其他渠道成员的影响。在经销商网络中，由于经销商网络中心性可能会带来的影响，制造商在考虑应用权力方式时就必须要考虑其影响对象的网络中心性。一方面，经销商的网络中心性越高，该经销商获取相关信息与资源的能力越强，这往往会带给该经销商较大的权力，对这样的经销商使用强制性权力就可能导致对方采用类似的方式进行报复，从而会降低渠道绩效，提高制造商的渠道协调成本。另一方面，经销商的网络中心性越高，意味着该经销商在经销商群体中拥有的联系越广泛，该经销商可以通过控制其他经销商获得的信息内容与质量等途径对其他经销商的态度与行为施加影响。显然，制造商使用强制性权力带给高中心性经销商的消极感知，可能会导致其他更多经销商也产生对制造商的消极态度，从而对制造商的渠道绩效带来负面影响。相反，制造商更多地使用非强制性权力，会降低权力应用的消极结果，提升经销商群体在态度与行为上对制造商的积极结果，因而面对高网络中心性的经销商，制造商可能会更多地使用非强制性权力，而非强制性权力[①]。而安蒂亚（Antia）和弗雷泽（Frazier）在对渠道成员违约行为进行惩罚的研究中也发现，对于那些具有高中心性的渠道成员的违约行为，渠道成员往往会做出比较严厉的惩罚，因为后者期望通过对网络中重要的渠道成员的处罚来警示那些中心性较低的渠道成员[②]，以降低渠道管理的成本。

本章小结

根据政治经济学分析框架可以将渠道关系分成经济与社会政治两大维度。其中，经济部分是系统内的经济要素的分配系统，它包括经济结构与过程两个方面；社会政治部分是系统内社会政治要素（权力与权威）的分配系统，它也包括社会政治结构和过程两个方面。经济结构是为了完成交易活动而进行的经济安排或交易的形式，包括依靠市场机制的纯市场交易、依靠管理机制的内部化交易，以及二者之间各种正式或非正式的契约型交易和涉及部分所有权但又没有达到完全一体化程度的交易。在各种既定的经济结构下运行的是某种内部经济过程，即交易关系内的决策机制，这种机制决定了交易双方的分工、交易条件以及其他相关活动。社会政治结构是指交易关系中权力－依赖关系的模式（权力结构）——权力在交易主体之间的分布模式。社会政治过程——渠道成员间主导的情绪和行为，赋予了组织间互动过程的不同特征，主要包括合作和冲突两种状态。

渠道关系还可以分为组织间关系和跨组织人际关系两个维度，两个维度相互影响，共同影响渠道关系的质量与绩效。其中，渠道边界人员的角色是多元化的，角色的冲突和平衡是影响渠道关系绩效的关键因素。

渠道关系并不是一成不变的，它也要经历从建立、发展、维护，直到解体的各个变化阶段。在每一个发展阶段，渠道关系都面临着不同的关键问题，这些问题能否得到妥善的解决则决定了渠道关系的存续与否。渠道关系的生命周期过程经历了知觉、探索、拓展、承诺与解体五个阶段。

营销渠道的结构是网络化的，需要对营销渠道行为进行网络分析。对渠道网络结构的分析主要涉及两个理论范式，一是产业营销研究领域中学者们所遵循的行为－资源－行动者模型，二是源自社会学与人类学研究目前正广泛地被应用于管理学和营销学研究的社会网络理论。

行为－资源－行动者模型对渠道网络的分析从渠道成员、渠道成员所控制的资源和渠道成员所采取的行动三个方面展开。社会网络分析对渠道网络结构的分析维度包括网络密度、关系强度、关系性质与对象及渠道成员的网络中心性。这些网络结构要

① 张闯，张涛，庄贵军. 制造商渠道权力应用、冲突与合作：经销商群体网络结构的影响.工作论文.
② Antia K D，Frazier G L.The Severity of Contract Enforcement in Interfirm Channel Relationships［J］. Journal of Marketing，2001，65（10）：67-81.

素对渠道成员的渠道行为产生了影响。

拓展学习

渠道边界人员对渠道网络的认知机制及其对渠道行为的影响：多案例研究①

1）营销渠道网络与网络认知：社会网络理论与企业网络理论

（1）社会网络理论与网络认知

社会网络是社会行动者（actor）及其相互之间关系的集合。社会网络分析可以灵活地应用于各种行为主体（如个人、群体、组织等）和各种类型的关系所构成的网络。社会网络分析与传统研究范式的最大不同就在于前者把研究的重点集中在行动者之间的关系及其嵌入其中的网络上，而不再仅仅关注行动者的属性，认为行动者在网络中的位置、网络的结构以及行动者所在的社会关系背景决定了行动者的行为，而不是行动者的个体属性决定了其行为。社会网络分析虽然也将对偶关系作为基本的分析单位，但却强调社会网络作为对偶关系发展的背景而存在，社会网络结构决定对偶关系的运作。社会网络理论更为强调客观的网络结构对行动主体态度与行为的影响，因而也发展出了一整套用来定量地刻画网络结构并进行分析的方法和工具。对网络结构进行准确测量的重要前提是网络的边界可以确定，然而，如何确定如同营销渠道这样的组织间网络的边界始终是社会网络分析面临的一项重要挑战，并且很多时候即使确定了网络的边界，为了完成网络结构测量收集所需要的数据却成了另一项难以完成的任务。

对于过度强调网络结构的社会网络理论，有学者曾指出，社会网络分析纠正了组织理论中"只见树木不见森林"的倾向，但社会网络分析"只见森林不见树木"的倾向同样也很危险。也有学者认为，传统社会网络分析对网络结构的过分强调使得个体的社会心理过程被忽视了，因而应该"还原个体的作用（bring the individual back in）"。将个体社会心理过程还原的一个重要尝试就是认知社会结构理论（coganitive social structure），强调主体认知在社会网络分析中的重要作用。社会网络认知结构视角（cognitive-structural perspective）认为行动者对既定网络结构的感知会对其态度和行为产生超出网络真实结构的影响。然而，到底是真实的网络影响更大，还是对网络的认知影响更大，现有研究却没有给出一致性的结论。并且认知社会结构理论由于要在认知网络结构和真实网络结构之间比较，其测量方法具有非常大的局限性，只在小规模网络内具有可操作性。尽管如此，认知社会结构的研究至少表明网络成员的认知网络结构对网络结果同样具有一定的解释能力。对认知网络结构和真实网络结构的强调取决于研究要解释的对象，认知网络结构更适用于对态度和行为变量的解释，这一点与渠道行为理论有着非常高的一致性。但就网络主体通过何种机制实现对网络的认

① 选自张闯，林曦，庄贵军．渠道边界人员对渠道网络的认知机制及其对渠道行为的影响：多案例研究[J]．营销科学学报，2014（3）．文中删去了原文中的夹注和文后参考文献，并对文章内容进行了删减。

知这一问题，认知社会结构理论并没有做出回答。

（2）企业网络理论与网络认知

IMP集团的研究传统是将市场看成由相互依赖的交换关系构成的网络，因而关系和网络是IMP理论的核心。扎根于社会交换理论中的网络方法构成了一个可以替代传统营销观念来建构理论的思想或观念。在IMP集团企业网络理论中，企业网络被定义为一组两个或更多相互联结的企业间交换关系。作为一种营销管理理论，企业网络理论强调企业为了更好地获得和利用网络中的资源应对网络施加相应的影响和管理，以获得更好的长期绩效。在企业网络的研究传统中，IMP集团有两种主要方法：一种方法是研究者以鸟瞰的角度描绘企业网络，主要是通过绘制网络图来表达的，用于解释网络的历史演变；另一种方法则从网络中管理者感知的视角来探寻网络参与者感知的企业间关系与互动行为。从企业管理者感知的角度来理解网络被称为产业营销研究中的“认知转向（cognitive turn）”，这种研究视角对传统客观主义方法（objectivist approach）提出了严峻的挑战，因为在前者的视野中，一个“客观”的网络是不存在的，网络的结构特征，以及在此基础上企业的战略决策都源于企业管理者的感知，而企业管理者感知的网络就被称为网络图景。

网络图景观念在IMP集团的文献中自20世纪80年代末就出现了，其生成的基础是行动者关于其所处网络的知识是有限的，这不仅由于网络是无限延展的，还由于网络中的关系联结都是无形的。正是由于网络通过直接或间接的联结无限制的延展，从根本上来说，网络是不存在边界的，任何关于网络边界的界定都只能是主观的或感知的。从管理的角度来看，企业管理者决策的基础只能是其认识到的有限的网络视野（network horizon），而不可能是客观的网络。有学者遵循社会建构主义认识论（social constructionist epstemology）总结了网络图景理论文献，认为网络图景是建立在行为主体对他们的公司所运作其中的网络构成特点的主观的、独特的意会（sense-making）。这种感知的网络图景构成了企业经理对网络中的关系、互动与相互依赖理解的支柱，因而构成了他们个人决策过程的重要部分。从这个角度来看，网络并没有“客观”的特性，网络的这些特性不过是参与者的信念和解释。因此，对网络性质的“客观”理解可能并没有必要，因为管理者的态度、心理图式（mental schemata）、信念和行动主要都是围绕着管理者对网络特性的“主观”理解做出的。网络图景理论这一优雅的侧步（网络只是管理者想象的样子）使得研究者可以采用主观相对主义（subjective relativism）的方式来描绘网络的特征。

可见，从感知的角度来理解企业网络是IMP集团研究的一个重要传统和方向，这一领域的学者们正在发展日益完善并具有坚实哲学基础的理论体系。虽然社会网络理论更为强调客观网络结构的影响，但认知社会结构理论也同样强调了主体认知网络对其态度与行为的影响作用。从这一点来看，上述两大理论体系对从感知的角度来研究渠道网络及其对渠道行为的影响提供了理论基础和合法性。此外，上述两个理论体系在研究方法上可以相互补充，为渠道网络研究提供借鉴。由于IMP集团的研究传统更多强调对企业网络结构的定性描述，这表现为该研究领域推崇的案例研究方法，在对网络结构定量刻画方面存在许多不足。而社会网络理论的优势之一恰恰是发展了一系列用于测量网络结构的概念和测量方法。因此，在对企业网络结构进行定量测量方面，将IMP集团的认知哲学和理论基础与社会网络理论的定量方法结合起来很可能在两种网络理论之间找到一个交叉点或平衡点，并将其用于渠道行为的网络分析。最后，企业网络理论的案例方法和网络图景理论的哲学基础可以为本研究提供借鉴，因为案例研究方法更适合回答本文所关注“渠道成员如何实现对渠道网络的认知”以及“认知网络如何影响渠道成员的决策”等问题。

2）研究方法

为了回答本文提出的研究问题，我们从制造商、批发商和零售商三个渠道主体中选择了14家案例企业。这样做是基于以下三点原因：第一，不同的渠道主体由于承担的渠道功能、在渠道中的互动对象等方面均存在比较大的差异，而这种差异可能会影响不同渠道成员边界人员的感知；第二，将渠道上下游的合作企业进行某种程度的匹配，将不同来源的数据进行交叉印证，可以提高研究的建构效度，使我们的研究结果更具有说服力；第三，遵循多案例研究的“复制逻辑”，我们在选取每种类型的渠道主体时尽量考虑在产品类型（如消费品与工业品）、零售业态（如百货商店与超市）和所有制结构（如中资企业与外资企业）等方面的差异，以提高研究的外部效度。

3）主要研究发现

（1）渠道边界人员头脑中存在网络观念吗?

根据我们对访谈资料的分析，在被问到企业如何处理与一个渠道伙伴的合作关系时，每一家企业都会考虑更多的渠道主体，而非只考虑一对一的对偶关系。这说明，在各种渠道成员的决策框架中确实存在某种网络观念。

从零售商的角度来看，它们在处理与某个供应商的关系时，不仅考虑零售商与该供应商之间的关系，还会将其他供应商、其他零售商考虑在内。比如，一位百货店的副总这样说：“我们在处理与供应商关系时，要考虑的因素挺多的，如该供应商的市场地位、行业内的竞争情况，以及我们自身面临的竞争情况等。”

针对制造商的访谈数据也印证了上述零售商的观点。如某位销售经理说：“我们每个卖场都会接触，它们的（进场）条件我们也都知道，我们那些竞争品牌供应商和我们也是一样的。在这个不断重复的过程中，实际上信息就变得很透明了，就是我们品牌什么样，它们品牌什么样；这个卖场什么条件，那个卖场什么条件大家就都知道了。”

（2）渠道边界人员的网络形态认知如何?

在确定了企业的边界人员在考虑渠道管理问题时具有网络观念这一问题后，接下来要回答的问题是：企业边界人员所认知的网络是一个什么样的网络？具体而言，什么样的渠道主体会进入认知网络框架？或者渠道管理决策认知的网络边界在哪里?

①渠道边界人员认知网络的边界与结构

分析发现，渠道边界人员对渠道网络主体的界定是较为清晰、明确的。他们在管理活动中主要考虑两类渠道主体：一类是存在直接交易关系的渠道伙伴群体（如零售商某一品类产品的供应商群体）；另一类则是渠道成员自身所在行业的群体（如同一市场中的零售商群体)。显然，这种认知建立在市场竞争机制和多边渠道关系中的资源依赖关系基础上。

上述两种机制的影响在零售商与其供应商之间的渠道关系中表现得尤为明显。由于零售商与供应商之间的交易关系很少涉及排他性条款，因此渠道上下游之间多对多的渠道关系是一种常态，这就使得无论是零售商还是供应商在做出管理决策时必须要考虑这种多边渠道关系中的竞争机制。比如，在零售商方面，“我们在和供应商谈的时候一定会考虑它（供应商）与其他超市的交易条件，其中最重要的就是合同条款。因为各个超市虽然是竞争对手，但都很熟，我们会了解它（供应商）在竞争对手（其他超市）那边的主要条款，了解合同条款是最关键的”。

在供应商方面，信息也同样近乎透明：“它们（供应商）之间也非常了解，从厂家的拿货价格、卖多少给多少返利，给哪个超市什么条件，一清二楚。”无论是制造商直接向零售商供货，还是通过批发商供货，零售商之间的竞争关系以及由此决定的零售商的市场地位自然是供应商要考虑的关键因素，而其竞争对手的情况，尤其是它们与零售商的交易条件更是对供应商的决策产生了直接影响。

除了存在直接竞争的多边交易关系以外，其他渠道主体的影响很弱。几乎所有受访者都表示像政府、银行、物流公司等相关主体基本不在他们渠道管理决策的考虑范围内，作为规制机构的政府除了必要的监管职能在企业的考虑范围内外，还可能作为调解人在渠道冲突等问题中扮演一些角色，但这种作用似乎只在有国有企业背景的渠道成员那里才被重视。如果不是作为直接向下游渠道成员供货的交易者，制造商一般也不会直接介入其下游批发商与零售商的交易，其功能仅限于辅助批发商完成市场开发与覆盖。同样，零售商一般也不会越过批发商直接与厂商联系来解决其与批发商之间的交易问题，除非是一些对零售商而言非常重要，而批发商又解决不了的问题，如零售商新店开业要求供应商给予额外支持等。

②渠道边界人员认知网络的层次

虽然渠道网络本质上是一个组织间网络，但组织之间的交易与互动都是通过企业的边界人员来完成的。显然，渠道成员的边界人员并不是唯一的，他们会随着企业管理层级的不同而在企业中占据不同的岗位（从基层的业务人员到中层部门经理，再到企业高层经理），在渠道互动行为中扮演着不同的角色。资料分析结果表明，渠道边界人员认知的渠道网络由两个相互交织的层面构成，即企业间网络和跨组织人际关系网络。其中，组织间网络的构成较为简单，而跨组织人际关系网络则由于边界人员层级的不同而呈现出非常复杂的状态。

对中国本土企业而言，跨组织人际关系无形而微妙，但却会对企业间交易关系带来非常大的影响。显然，这一点与中国社会的商业习惯紧密相关，由于人际关系在企业间商业活动中扮演着非常基础和核心的作用，很多企业之间的联系都是通过人际关系实现的，并且很多企业之间的互动、交易的发生、问题的处理也都是通过人际关系完成的。虽然探讨两个层次网络的相互影响已经超出了本文讨论的范围，但我们要对来自不同所有制企业样本之间的差异做些说明。

根据所有制类型或资本结构，我们可以将全部被访企业分成三类：改制后的国有企业、民营股份制企业和外资企业。由于访谈对象都是在这些企业任职的中国人，因而他们都能在企业间交易网络之外感受到跨组织人际关系网络对他们决策的影响，但由于不同类型企业制度、文化的差异，他们对跨组织人际关系网络作用的认知也存在比较大的差异。最为明显的两个端点是改制后的国有企业和外资企业（主要是美资和日资）。在改制后国有企业的一端，跨组织人际关系被认为是非常重要的，并且往往和组织内部的人际关系网络联结在一起，有时他们甚至认为人际关系网络的作用要大于企业间交易网络。以美资和日资企业为代表的另一端则刚好相反，这些企业通过非常健全的制度来尽可能地限制人际关系网络的影响，这类企业不鼓励，甚至禁止其边界人员与其他业内人员建立较为紧密的个人联系，一切决策都建立在企业利益至上、遵从企业制度的原则之上。在两个端点之间的就是民营股份制企业和外资企业，这两类企业在制度建设上不如美资和日资企业完备，但要远远好于改制后的国有企业，因此在这两类企业的边界人员观念中，跨组织人际关系给了他们一个在企业刚性制度之外的柔性调节机制，即在不违背企业制度原则的情况下，人际关系网络可以在渠道管理中发挥重要作用。由此看来，三类不同企业边界人员的渠道感知网络结构复杂性存在比较大的差异：改制后国有企业的两层面网络复杂地交织在一起；美资和日资企业则会呈现以企业间网络为主，跨组织人际关系网络很弱的较为清晰的状态；而民营股份制企业和外资企业则处于二者之间。

跨组织人际关系网络的复杂性还体现在企业不同管理层级所形成的“圈子”以及人员在层级间的流动。这种跨组织的人际社交圈（网络）会比较明显地在不同管理层级之间区分，并且从企业的高层经理到基层的业务员，层级越低圈子中的人际关系就会越紧密，互动也会越频繁。

在企业中层管理这个层级上，如制造商的销售经理、零售商的采购经理、楼层经理等，他们之间的跨组织人际网络会更多地与业务员层面的网络交叉。与高层经理不同，这个层级上的经理涉及更多具体的管理决策，因而他们对网络中信息的需求就更为直接和迫切。许多网络中的信息跨组织的流动是通过这个层级的圈子进行的，人员在不同企业之间的横向流动促进了跨组织人际网络的形成，并且随着时间的推移会使这个网络变得越来越紧密。

基层业务人员之间的网络更是如此，由于这些人员每天都工作在第一线，他们之间的互动最为直接，也最为频繁。这种频繁的直接互动是促使该层面跨组织人际网络变得紧密的重要原因。此外，很多从业人员从自身职业生涯的角度也会主动地建立业内广泛的人际联系。这种比较紧密的网络不仅会促使人员在不同企业间转换，还会使业内的各种信息变得透明。

在中层经理圈子和业务员圈子之间存在着比较密切的互动，渠道边界人员在渠道上下游企业间的流动，实际上会促使渠道上下游间信息的流动，而中层管理人员类似于人脉投资一样的行为更是推动了两个层面圈子之间的融合与互动。

在IMP集团企业网络的研究传统中，对企业网络的研究主要在企业层面展开。虽然学者们并不否认个人在企业间网络中的作用，但却很少有研究单独关注企业网络中的人际网络以及两种网络之间的互动。在社会网络理论中，虽然学者们都认为网络会因网络主体的不同而存在于不同层面（如人际间网络、群体间网络和企业间网络），但不同层面的网络之间的相互影响却一直是研究的难题。我们的研究发现，一方面，渠道成员在决策时所考虑的渠道网络是存在一个较为清晰的图景的，即这个网络构成主体的身份是较为明确的；另一方面，渠道成员所认知的渠道网络不是一个单纯的企业间网络，而是交织着企业间网络和人际关系网络的复合网络。在认知的层面上，渠道边界人员能够清晰地将两个层面的网络分开，但在进行管理决策时，两个层面的网络同时作用于渠道边界人员的决策，从而形成了一个更为复杂的影响机制。鉴于人际关系在中国商业社会中的重要作用，我们能够看到跨组织人际关系网络实际上要远比企业间网络复杂。这种复杂性一方面体现在它们在不同企业管理层级上相互交织；另一方面还体现在跨组织的人际关系实际上与组织内部的人际关系网络之间存在着千丝万缕的联系。

(3) 渠道边界人员如何实现对渠道网络的认知？

渠道边界人员对渠道网络及其结构的认知建立在他们能够有效获取关于网络的信息基础之上，关于网络主体、网络主体之间关系的信息在网络内的流动为渠道边界人员形成对渠道网络的认知提供了基础和前提。我们发现关于网络主体及其相互间关系的信息主要通过以下几种方式在网络内流动，并形成边界人员认知网络的基础。

首先，企业内部共享的关于行业和渠道成员的信息。这部分信息包括两个部分：一部分来自企业的高级管理层（如集团公司总部）；另一部分则来自企业经营单位内部经营过程中生成的数据与信息。从访谈数据中我们发现，相对于批发商和制造商而言，零售商在企业内部销售数据的收集、分析与共享方面做得更好一些，这也许与其收集即时销售数据比较方便有关。

其次，跨组织的人际关系网络是信息流动非常重要的载体。相对于企业内部共享的信息是建立在企业正式制度的基础上，通过人际关系网络流动的信息往往是建立在非正式的组织形式和行为规范的基础之上。如同我们前一个部分所分析的，各个层级的人际关系网络构成了信息流动的天然通道，并且网络越紧密，信息的流动速度就会越快。虽然我们前文分析中提到了诸如美资和日资企业不那么重视跨组织人际关系的作用，但在企业基层的业务人员层面实际上这是一个无法避免的现象。尤其是这类企业中的中高层管理人员与其他企业相应层级管理人员之间的关系会更为松散，基层业务人员之间的横向信息交流就显得更为关键。这些基层业务人员获取的信息会通过企业内部垂直组织体系反馈到中高层管理人员，并形成他们决策的重要依据。

再次，行业协会作为信息分享的平台为企业间的交流与互动提供了平台。行业协会在渠道关系中起到两种基本的作用，即分享信息和协调行为。行业协会提供了一个让渠道成员较为充分地了解自己所在行业信息的机会，但由于大家所关心的问题多涉及渠道交易问题，因而关于渠道伙伴、渠道关系的信息也可以得到分享。

最后，第三方市场研究数据提供了来自网络外部的信息。除了上述三种主要的信息流动渠道以外，一些企业也会向诸如AC尼尔森这样的专业市场研究机构购买相关市场研究报告，以获得行业内全景式的信息。购买专业研究机构的数据虽然可以获得较为详细的全景式信息，但这些信息却无法即时更新，因此即时信息的流动还主要依靠人际关系网络。

关于网络主体如何实现对网络结构的认知问题，社会网络理论并没有给予太多关注。IMP集团一般将企业边界人员对企业网络结构的感知看作企业间进行互动和资源交换并受企业边界人员经验、知识等因素影响的一个自然而然的结果。近期的网络图景理论认为，企业边界人员对网络的认知是通过意会（sensemaking）过程完成的(Möller，2010)。意会是一个行动者感知、解释与建构意义（meaning construction）的能力（Weick，1995）。因而行动者的意会过程就由暴露（expousure）与感知(perception)、解释（interpreting）和意义建构三个环节构成，在此基础上，行动者会产生认知框架（cognitive framework），即形成网络图景，并在此基础上进行决策，采取管理行动。因此，意会是一种理解网络环境的基本能力，这种能力强的企业能够预测网络潜在的发展路径，进而获得战略优势。本文的分析结果与此吻合：企业边界人员对渠道网络的认知建立在通过各种途径流动的信息流的基础上，渠道边界人员个人的理解与认知能力、经验与知识在其中起重要作用。认知能力强、经验与专业知识丰富的边界人员显然会有更强的渠道网络认知能力，而其在组织结构中的位置则会决定其个人的认知对企业决策的影响。

（4）渠道边界人员对网络的认知如何影响其决策行为？

渠道边界人员的认知网络对其行为的影响机制是一个非常复杂的问题，尤其是在企业间网络和跨组织人际间网络相互作用的情况下。因此，我们在此仅就资料分析结果提出一些概括性的观点，目的在于能够为后续的实证研究设计提供参考。

首先，企业间网络的影响。企业间网络对渠道成员行为的影响主要是通过两种机制：基于市场竞争的网络替代机制和对偶关系中的资源依赖结构。在多对多的渠道网络中（如多个供应商与多个零售商之间的渠道网络），存在多边交易关系的渠道上下游成员之间形成了较为充分的替代网络，即每个对偶渠道关系中的渠道成员都拥有交易伙伴的替代者，这从根本上降低了每个渠道成员对特定交易伙伴的依赖水平，当然也削弱了渠道成员的权力水平。而通过各种信息流动渠道，在相互竞争的网络中信息分布也变得更为对称和透明，这会进一步减少某个渠道成员控制渠道网络的机会。

虽然多边渠道网络中信息较为充分和透明，但在具体的对偶渠道关系中，渠道成员的行为在考虑网络替代机制的基础上，还会受到特定渠道关系中资源依赖结构的影响。只要替代网络效应存在，对偶关系中强势一方就不会肆无忌惮地压榨弱势合作伙伴，因为它在市场中重要并不代表它是唯一。换言之，替代网络效应的存在会在某种程度上削弱对偶关系中资源依赖结构不对称带来的影响。

其次，跨组织人际关系网络的影响。总体而言，跨组织人际关系网络对渠道成员的行为会产生影响，这种影响不仅来自通过人际关系网络快速流动的信息，还来自中国社会所独有的人情、面子、感情等人际关系要素。但如前文所述，人际关系网络影响的大小取决于企业的类型，在正式企业制度非常完善的企业中，人际关系网络的影响会被降低；相反，在正式企业制度不甚完备的企业中，人际关系网络的影响就会很大。

根据我们对资料分析的结果，渠道成员的管理决策从根本上还是取决于企业的利益，这一点往往是由企业间交易网络所决定的，而制度建设水平不同的企业会在正式制度的基础上留给渠道边界人员大小不同的弹性空间，而填补这个弹性空间的正是边界人员之间的人际关系网络。

但由于这些跨组织人际关系隐秘且难以控制，如果渠道边界人员的弹性空间过大，就会给企业间交易关系带来负面的影响，也会侵蚀企业正式制度的作用，所以企业都会通过正式制度来对人际关系网络的影响实施相应的控制。一方面，通过干预放大人际关系网络积极的影响。在组织间关系已经建立并且对关系双方都很重要的情况下，代表两个企业的边界人员的个人关系就会成为一个对组织间关系及渠道行为产生重要影响的关键要素。当这种情况发生时，企业可能会通过正式的组织间沟通来做一些改变，如我们访谈案例中有几个企业都提到，当采购经理发现与之打交道的供应商的销售经理很难共事时，他（她）会给公司高层部门写个报告，请求公司出面正式沟通，要求供应商调换经理。很多时候，在公司高层和供应商核实后，供应商一般都会比较积极地调换当事销售经理，以促进双方企业间的沟通和互动。另一方面，企业通过正式方式对跨组织人际关系网络进行干预还可以降低其可能的负面影响。

上述关于组织间网络影响的研究发现与资源依赖理论和交换网络理论的观点是一致的，基于市场竞争的网络替代效应削弱了对偶关系中资源依赖的结构对企业行为的影响。但跨组织人际关系网络及其与组织间网络相互作用对渠道决策和行为的影响机制却是非常复杂的，这显然与中国的文化传统与社会制度有关。虽然现有研究已经关注了渠道关系中人际关系的影响，但尚未突破传统对偶分析范式。本文上述研究发现对未来这一领域的研究是有极大启发性的，无论是从制度理论的角度，还是从中国传统文化中儒家伦理的角度，将跨组织人际关系的影响从对偶关系上升到不同层次的人际关系网络，进而探讨其与组织间网络之间的相互作用对渠道决策与行为的影响都蕴含着巨大的理论创新潜力。

4）讨论与结论

（1）研究的主要发现

针对渠道边界人员的渠道网络认知，通过对来自制造商、批发商和零售商的14位中高层经理访谈资料的分析，我们探讨了“渠道边界人员头脑中是否有网络观念”、“渠道边界人员认知的渠道网络形态”、“渠道边界人员如何认知渠道网络”以及“渠道边界人员的认知渠道网络如何影响渠道成员的行为”等问题。我们的研究发现可以归结为如图9-9所示的概念框架。

首先，在渠道边界人员的观念中是存在网络概念的。渠道边界人员在渠道管理决策中，很少单纯地考虑一对一的渠道关系，而必须要将自己所在市场的竞争者、渠道伙伴的竞争者以及它们之间的关系纳入思考框架。这样的决策思考框架实际上也确定了渠道边界人员认知的渠道网络的边界，即他们认知的渠道网络中主要包括渠道关系双方行业中相互竞争、彼此之间存在多边交易关系的企业，而与渠道成员存在间接关系的主体以及政府机构、银行等金融机构、物流、市场研究等辅助机构都很少被考虑在内。其次，渠道边界人员所认知的渠道网络包括相互关联的两个层面：组织间网络

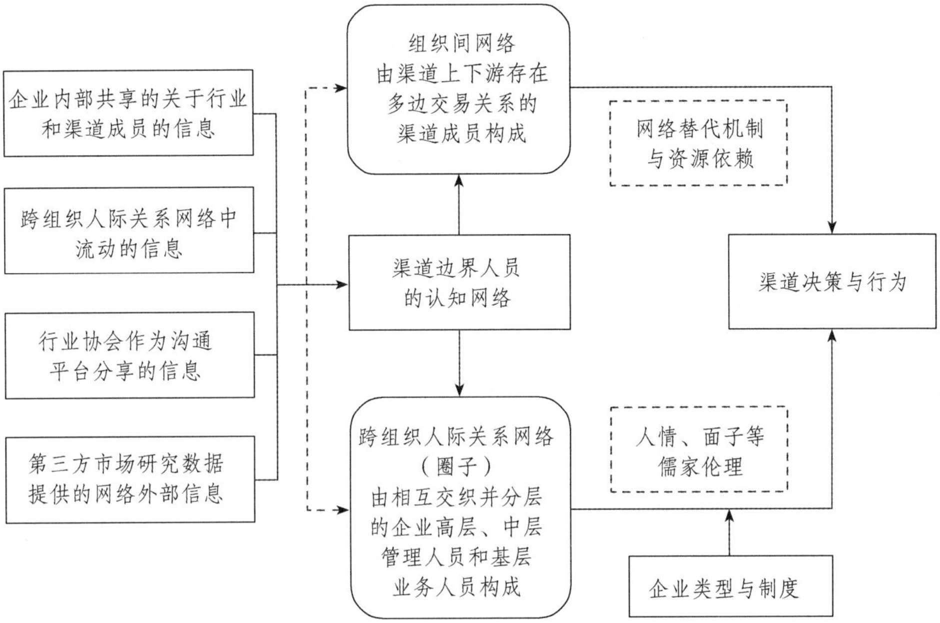

图9-9　渠道边界人员认知网络概念框架图

和跨组织人际网络。其中，组织间网络是比较容易被观察到的，它主要表现为渠道上下游企业之间的多边交易网络，而跨组织人际关系则隐藏在组织间网络的背后，它更加隐秘，涉及多个不同的层面，并且与组织内人际网络交织在一起。关于不同层面人际关系网络及其与组织间网络交换作用的影响，现有研究文献还没有给予足够的关注。再次，渠道边界人员通过多种不同的途径来获得网络信息，从而形成他们对渠道网络的认知。这些信息流动的渠道既包括基于企业正式制度获取、生成并传递的渠道，也包括依托非正式的人际关系网络快速传递的渠道。渠道边界人员在组织中的层级与岗位、其自身的认知能力、经验与知识背景都会对其认知渠道网络，进而对企业的渠道管理决策产生重要影响。最后，渠道成员认知的组织间网络和跨组织人际网络相互作用（图9-9中虚线双向箭头表示两个层面之间的相互影响关系），共同对其决策，进而对渠道成员的行为产生影响。其中，跨组织人际关系网络的影响主要是通过人情、面子等儒家伦理或社会行为规范来实现，并且会受到企业所有制类型和企业制度的影响。跨组织人际网络对于企业而言可能是具有正负双重影响的双刃剑，企业必须通过正式的制度来对跨组织人际关系网络的作用实施相应的干预，以促进其发挥更多积极的作用，从而抑制其消极作用。

（2）研究发现的理论意涵

上述研究发现的理论意涵可从以下三个方面来阐述：

首先，我们的研究为采用网络视角研究渠道行为提供了初步的经验证据。一方面，渠道边界人员的管理决策都是在网络环境下做出的，将对偶渠道关系从网络背景中隔离出来进行研究，损失了太多情境信息，也难以充分地解释渠道成员的行为。另一方面，在中国市场中对渠道行为进行研究，需要关注跨组织人际关系的影响。虽然一些研究文献已经在对偶分析范式下关注跨组织的私人关系对渠道行为的影响，但这些研究也只是考虑了对偶渠道关系中的对偶人际关系，而没有从网络的角度去考察。从中国社会人际关系的构成形态来看，其在形式上从来都是网络化的，在渠道组织间网络背景下的人际关系更是如此。并且，根据我们的研究发现，渠道背景中的跨组织人际关系包含多个不同的层面，而不同层面的人际关系网络在组织间网络中所发挥的作用并不相同。因此，要对渠道行为进行网络分析不仅需要关注组织间网络和包含不同层面的跨组织人际网络，还需要关注组织间网络与不同层面的跨组织人际关系网络之间的相互作用对渠道行为的影响。只有将上述多个层面的网络及其相互作用机制纳入研究框架，才能深刻地理解并解释渠道行为。尤其是将跨组织人际关系网络纳入研究框架，可以更加深刻地理解中国本土企业渠道行为的影响机制，从而对渠道行为理论做出更多原创性贡献。

其次，从网络视角下渠道行为理论研究的实证操作方法来看，我们的研究发现为采取渠道边界人员感知的方式测量渠道网络结构提供了参考和借鉴。在渠道边界人员的观念中存在着一个界限相对清晰的网络，这种感知网络构成了他们管理决策的基础。我们的研究发现支持了网络图景理论的观点，真实的、客观存在的网络也许对渠道成员的行为产生了影响，但有限理性的渠道边界人员是无法、也不可能对整个网络结构有准确认识的。也许强调客观网络结构作用的社会网络学者们难以接受这种有悖社会网络理论传统的测量方法，但在网络边界的确定本身就有争议的情况下，这是一种可以考虑的方式。如在对偶渠道关系的基础上，我们可以将对偶渠道关系的一边固定，而将另一边扩展为一个群体，即从一对一到一对多的网络形态，如从简单关注某个零售商－供应商关系，拓展成为某个零售商和某个品类多个供应商的关系。在这样的研究设计中，从固定一边（如零售商）获取关于另一边群体网络结构的数据就成为可能，我们就可以采用关键渠道边界人员感知的方式来测量一个群体的网络结构。

最后，虽然我们研究的对象是营销渠道网络，但从更为宽泛的企业网络角度来看，渠道网络不过是其中的一种特定形态，这意味着本文的研究发现可能具有更一般的理论意义。企业网络是由相互联结的企业间交换关系构成的，根据企业在产业链上位置的不同，这种交换关系可能是水平的（如战略联盟网络），也可能是垂直的（如渠道与供应链网络）。但无论何种形态的企业网络，企业间关系的建立与维持、交易的处理都是由企业的边界人员来完成的，因而企业边界人员对企业网络结构的认知机制、认知网络的形态及其对企业管理决策的影响机制可能都与本文发现的渠道网络中的机制具有极大的相似性，其主要区别可能在于感知企业网络的边界人员在组织层级、职能属性等方面的差异。因而，未来的研究可以不同类型的企业网络为研究对象，结合本文的研究发现发展更为一般的企业网络认知机制模型。

复习思考题

1.在营销渠道政治经济分析框架中，渠道关系可以分成哪两个维度？

2.营销渠道关系的经济维度包括哪些内容？

3.营销渠道关系的社会政治维度包括哪些内容？

4.营销渠道关系的组织间关系与跨组织人际关系维度之间相互影响的机制是什么？

5.营销渠道边界人员的角色有哪些？这些角色如何影响渠道关系？

6.营销渠道关系生命周期过程一般包括哪些阶段？

7.在营销渠道关系生命周期的不同阶段，哪些关键的渠道行为影响着渠道关系的发展？

8.简述营销渠道网络的行为－资源－行动者模型。

9.社会网络理论的基本要点有哪些？

10.应用社会网络理论对营销渠道网络结构进行分析包括哪些关键的要素？

11.渠道网络规模、网络密度、渠道成员的网络中心性对渠道成员行为的影响机制是什么？

12.渠道关系的性质与对象如何影响渠道成员的行为？

延伸阅读

［1］ Jap S D， Ganesan S. Control Mechanisms and the Relationship Life Cycle: Implications for Safeguarding Specific Investments and Developing Commitment ［J］. Journal of Marketing Research，2000，37（5）：227-245.

［2］张闯，周晶，杜楠. 契约治理、信任与经销商角色外行为：渠道关系柔性与团结性规范的调节作用［J］. 商业经济与管理，2016（7）：55-63.

［3］杜楠，张闯，夏春玉. 依赖结构不对称的渠道关系中契约治理对双方投机行为的影响：市场不确定性与政府支持的调节作用［J］. 营销科学学报，2015，11（3）：29-44.

第10章

营销渠道绩效评价与调整

学习目标

通过本章的学习，了解营销渠道绩效评价的流程、评价的两个基本层面，即渠道系统层面与渠道成员层面；掌握对渠道绩效进行评价的基本方法；理解营销渠道差距分析框架，以及以此为基础的渠道调整策略。

营销渠道管理是一个动态的过程。由于企业外部环境的不断变化，竞争对手不断采取新的营销策略，企业自身的资源条件也在不断改变，这都要求企业阶段性地对营销渠道进行绩效评价，以便准确地了解企业当下的营销渠道是否适合现时的营销环境，是否更有助于实现企业的营销目标。对营销渠道进行多方面评价的结果，构成了企业进行渠道调整和渠道改进的依据。本章将讨论渠道评价的常用方法和渠道调整与改进的思路与方法。

10.1 渠道系统绩效评价

10.1.1 渠道绩效评价概述

1）渠道绩效评价的概念

渠道绩效评价（performance evaluation on channel），也可称之为渠道绩效评估，是指厂商通过系统化的手段或措施对其营销渠道系统的效率和效果进行客观的考核和评价的活动过程。

评价渠道绩效可以从宏观层面和微观层面来进行。从宏观层面来讲，渠道绩效就是指渠道系统对全社会做出的贡献，它是站在整个社会的高度来考察的；而从微观方面来讲，渠道绩效指的是渠道系统或渠道成员对企业做出的贡献，它是从企业自身的角度来考察的。从社会的角度评价渠道绩效，视角更加宽泛，侧重渠道系统整体对全社会的效益、效果和公平性的贡献，但目前对此方面的研究还比较欠缺。而从企业的角度评价渠道绩效不仅可以为企业提供更准确的渠道系统或渠道成员的绩效评价情况，还可以有效地反映渠道整体或渠道成员的竞争能力与发展的优劣势，进而为企业进一步调整、改进渠道系统提供重要依据，也正因为如此，它受到越来越多企业的关注和使用。

在营销实践中，从微观层面评估营销渠道绩效的对象可以是整个渠道系统，也可以是渠道系统中某一层级的渠道成员。将渠道成员作为评估对象，会使渠道绩效评估更容易操作，在一定情况下，渠道成员的绩效可以反映出该渠道成员所处的营销渠道系统的整体绩效情况。尤其是在渠道扁平化的发展趋势下，生产商更多地加强了对渠道系统中具体渠道成员的绩效评估，以利于生产商决定是否对某些层级的渠道成员进行扁平化。

2）渠道绩效评价的流程

评价营销渠道的目的就是希望建立一套与企业特定经营目标相一致的评价标准，引导渠道行为，便于事后对渠道行为和渠道结果进行检查，并与渠道目标做比较，找出差距，制订解决方案。渠道绩效评价流程如图10-1所示。

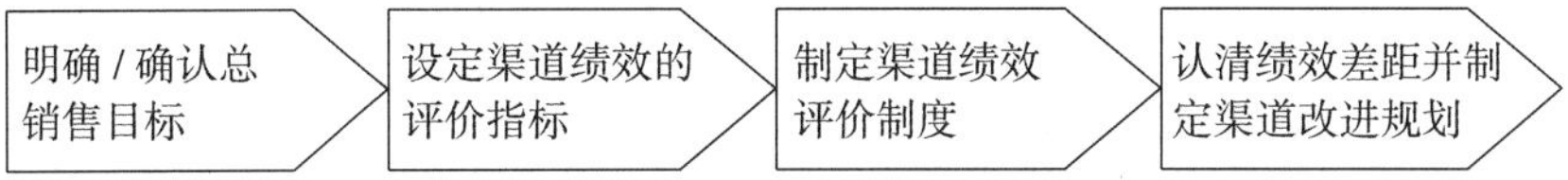

图10-1 渠道绩效评价流程图

（1）详尽了解企业的经营目标，并将其分解为一系列的销售目标。销售目标在渠道绩效指标中起着基础性的作用。在确定总（渠道间）销售目标时，一定要注意与公司目标和业务个体目标相一致，销售目标只是公司目标的分解，是为了更容易地实现企业目标。同时销售目标的制定要更加具体、明确和量化，例如销售额增加10%，销售费用降低4%等，但是不要做出过多的销售目标，主要目标最好控制在3~5个，否则会给实施过程带来负担。当一系列完整的销售目标被清楚地表达出来时，第一步就完成了。

（2）设定渠道绩效的评价指标。绩效指标作为评价渠道的一个基准点，是有效渠道管理的一个中心部分。合理的渠道绩效指标基于两个前提：一个是销售目标，另一个是销售过程中的渠道作用。这也就是说，设定的渠道绩效指标必须以能够帮助企业实现其销售目标为前提，同时也必须能反映销售过程中每个渠道各自扮演的角色。例如，一些厂家会建立品牌形象店，它的渠道职能主要是新品的展示和提供支持服务，那么为其设定高销售额的指标显然不太合适。因此，企业为每个渠道设定的期望值必须能够反映该渠道在销售环节中承担的职能。

（3）制定渠道绩效评定制度。渠道的绩效评定使企业管理者能够随时追踪渠道的绩效情况，确保其与对应的绩效指标相符合，并揭示存在的问题。制定渠道绩效评定制度有助于企业科学、规范地执行渠道绩效评价的任务。当把渠道绩效的评价合法化时，渠道成员可以获得相同的机会，公平地与其他成员竞争。这样明确的评定制度也会成为激励经销商的手段。

（4）认清绩效差距并制定渠道改进规划。管理者利用渠道绩效指标和渠道绩效评定制度，找出渠道现有水平与实现销售目标所需的未来绩效水平之间的差距，并确定为达到销售目标所需的绩效水平而必须采取的行动。这一系列的具体行动就是渠道调整与改进规划制定的核心部分，通过对渠道的改进与调整，达到提升渠道绩效的目的。

3）渠道绩效评价的方法

渠道绩效评价的常用方法有两种：一种是历史比较法，另一种是区域比较法。其中，历史比较法，就是将渠道系统或渠道成员的当期销量与上期销量做比较，得出上升或下降的比值，然后再与整体市场的升降百分比进行比较。区域比较法，就是将各渠道成员的绩效与该区域销售潜量分析所得出的数值进行比较，具体地说，就是将某区域内各渠道成员在某一时段的实际销售量与通过分析得出的该区域销售潜量进行比较并且排序，然后通过测算相关指标，以确定这些渠道成员在这一时段是否达到某一标准。进行区域比较法的一大难点就是很难客观把握该区域内的销售潜量。企业可以根据进行比较的结果对表现出色的渠道系统或渠道成员予以奖励，而对于低于市场平均水平的渠道系统或渠道成员，则要做出进一步具体分析，找出原因并给予调整或改进。

本章主要站在生产商的角度来阐述如何对营销渠道系统和渠道成员进行绩效评价，并提供一些评价指标和评价方法。

10.1.2 渠道系统绩效评价

1）社会绩效评价

美国西北大学营销学者路易斯·W.斯特恩等从社会角度以渠道整体作为渠道对象，提出了著名的3E's模型。这一模型包括对渠道成员的财务绩效和渠道的社会贡献的测评，它包括效果（effectiveness）、公平（equity）和效率（efficiency）三项指标，如图10-2所示。

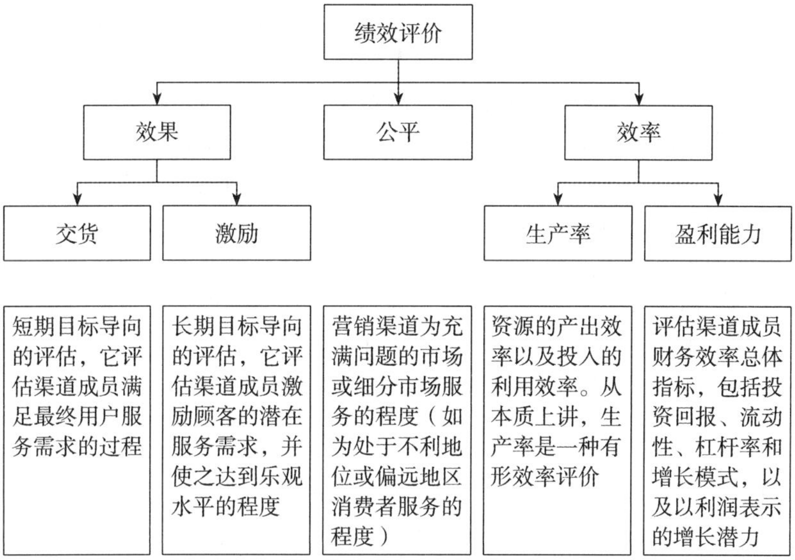

图10-2 3E's模型图

效果是指渠道以尽可能低的成本将产品或服务交付给最终消费者的效力。这一指标的测评重点是渠道交付给最终消费者的效力如何，绩效越高说明这个渠道系统的效果越好。

公平是指一个国家的所有公民拥有相同的机会去使用现有的营销渠道，拥有相同的能力去接触现有的营销渠道。不同国家的营销渠道的公平性不同，而且同一国家内不同地区也是如此，我国农村地区特别是偏远山区获取的渠道机会远远低于城市地区，这也成为我国渠道发展的一个方向。

效率是指以较低的社会资源达到某些具体结果。这一指标的测评重点是资源的利用率是否高。

企业立足于社会，依存于社会，在获取合理的经济效益的同时，也要创造社会效益。除了使用3E's模型进行评估外，还可以从生态环境的破坏程度以及渠道费用节约情况来进行评价，考察存放、运输物资时是否泄漏，造成环境污染，是否节能减排，渠道运行中是否尽可能地节约资源，是否造成不必要的浪费等。

2）渠道运行状况的评价

渠道的运行状况反映的是渠道成员之间的配合、协调以及积极性发挥等方面的综合表现。渠道运行状况的评价也是依据营销目标和渠道建设目标，评价任务分配的合理性、渠道成员间的合作意愿与努力程度、渠道冲突的性质与程度，以及销售是否达到目标等。不同学者对渠道运行状况评估标准的设定也是不同的。有些学者将渠道运行状况的评估标准分为了经济性、控制性和适应性，但由于本章将渠道的经济效果单独作为一个标准进行具体定量分析，因此我们主要从渠道通畅性、渠道覆盖面、渠道的流通能力及利用率和渠道冲突这四方面来具体考察渠道的运行状况。

（1）渠道通畅性。渠道通畅性是指产品或服务流经渠道各环节时的通畅程度，也就是指产品或服务能否在合适的时间内安全地交付到顾客手中。评估的具体内容包括渠道系统运行的主体是否到位，功能配备是否到位、合理，渠道各环节是否有断裂，渠道成员间是否达到长期合作以及合作状态如何等。对于这方面的评估更多的是采用定性的方法，例如了解渠道的各环节是否有断货情况，产品是否在某一环节出现积压状况，产品或服务的交付是否及时，渠道成员的合作状况是否和谐，是不是长期合作等。如果采用定量方法可以选用产品的周转速度和货款回收速度等评价指标。

（2）渠道覆盖面。对于渠道覆盖面，可以从渠道成员数量、渠道成员的市场分布状况和商圈的大小等方面进行评估。每个商业网点吸引顾客的地理区域就是商圈，它以商店为核心，向四周扩散，构成了一定的辐射范围。一般通过市场覆盖面和市场覆盖率这两个指标来进行具体评价。计算公式如下：

$$\text{市场覆盖面}=\text{各分销网络终端商圈面积之和}-\text{重叠的商圈面积之和} \tag{10.1}$$

$$\text{市场覆盖率}=\frac{\text{某产品渠道的市场覆盖面积}}{\text{该市场的全部面积}}\times 100\% \tag{10.2}$$

渠道覆盖面反映了市场的开拓能力，渠道覆盖面越大，反映了该渠道拥有更多的潜在顾客。然而并不是渠道覆盖面越大越好，因为它需要足够的资源和精力，对于渠道管理水平的要求也很高。如果渠道覆盖面过广，超越了企业自身的渠道管理能力，很可能造成过高的渠道建设、维持费用，从而降低渠道的经济效果。因此，一些企业采用联盟等方式借助其他企业的渠道网络来扩大销售区域。

（3）渠道的流通能力及利用率。渠道的流通能力是指在单位时间内经由该渠道转移到消费者手中的产品数量和金额。在一定程度上，渠道的流通能力反映了渠道成员参与产品分销的积极性，它需要渠道系统中各级成员的共同协作来提高。渠道的流通能力的评估还可以通过流通能力利用率来衡量。流通能力利用率指标又可以细分为平均发货批量、平均发货间隔期、日均销售数量、平均产品流通时间以及产品周转速度等。

（4）渠道冲突。渠道冲突在整个渠道的运行中是不可避免的，不论对渠道进行怎么样的设计和改进，都不能完全消除冲突。过多的渠道冲突或是渠道冲突长期得不到解决，必然会影响渠道的正常运行，严重时会导致整个营销系统的瘫痪，然而一定程度的渠道冲突会对整个渠道产生建设性的作用，使之成为适应变化中的环境的驱动力。因此，处理渠道冲突的重点不是怎样消除冲突，而是在于怎样管理冲突。

根据渠道成员间的关系，可以将渠道冲突分为水平渠道冲突、垂直渠道冲突和不同渠道间的冲突。水平渠道冲突发生在同一渠道层级内相似渠道成员之间，例如处于同一商圈内，并且拥有相同目标顾客的两个零售商产生的摩擦和竞争。垂直渠道冲突发生在同一渠道内不同层级的渠道成员之间，例如批发商和零售商为了争取对自己有利的交易价格而产生的竞争等。不同渠道间的冲突发生在处于不同渠道内的渠道成员之间，例如厂商建立的直营店与零售商的销售网点为了争夺顾客而产生的竞争。对于如何管理渠道冲突、解决渠道冲突的策略和方法详见本书第6章。

3）服务质量评估

评估服务质量可以从以下方面来进行：

（1）信息沟通。相对于生产企业，经销商更接近消费者，更了解当地市场，是市场信息的主要收集者和传送者，在一定程度上可以常年为生产企业承担市场调研的职能。沟通的信息包括当地政府的法规与政策，当地市场的经济状况与发展趋势，竞争者的营销战略与最新动态以及企业自身的业务开展情况。信息沟通的质量好坏对上游企业的营销决策有着重要影响作用，信息沟通质量越好，越有利于生产企业制定更有竞争优势的营销决策。而衡量信息沟通的质量好坏，是通过考察渠道的下游成员对上游成员所反馈的市场信息与产品信息的有效性来进行的，衡量的标准有沟通内容、沟通时间、沟通频率与沟通方式等。

（2）实体分配服务。实体分配就是物流，是指商品实体从生产者向最终消费者转移的过程，包括商品实体的空间位置、时间位置和性状位置的变动，包括包装、储存、保管、运输、装卸、搬运以及与之相关的物流信息等活动。实体分配服务质量就是衡量渠道成员满足顾客需求的及时程度，包括快速谈判、快速签订合同、快速交货等。西方许多企业从六个方面来控制实体分配的服务质量：快速反应、高弹性、最小库存、优化运输、全面质量控制和产品生命周期。

（3）促销效果与促销效率。促销效果的评价包括事前评估、事中评估和事后评估。我们在这里强调的是促销效果的事后评价，考察促销活动告一段落或是完全结束后对产品销售、品牌认知等的变化情况，并与预期做比较，评价是否达到促销目的，同时也为今后的促销活动提供参考标准。促销效果的评价内容有促销活动前后零售商的销量、商店货架空间的分布、零售商对合作广告的投入、消费者对促销活动的态度等。评价促销效率不仅要衡量促销活动是否达到预期目标，还要考察促销费用是否高于促销所获得的收益。为了提高促销效率，渠道管理者应该记录每一次促销活动的费用、销售的增长量等促销效果，并且要做到事前计划、事中控制以及事后评价。

（4）顾客抱怨与处理。顾客抱怨是指顾客对产品或服务的不满和责难，顾客抱怨行为也就是顾客对产品或服务产生不满所引发的。如果一位顾客对产品或服务产生抱怨，不仅反映了经营者所提供的产品或服务未达到该顾客的预期，还说明了这位顾客可能对此经营者还抱有期望，希望经营者可以提高服务质量或改进产品。因此，经营者不能忽视消费者的抱怨，应该了解顾客抱怨的根本原因，积极采取应对措施，使顾客可以从抱怨状态转到满意甚至惊喜的状态。如果经营者放任顾客抱怨行为，会失去顾客再次购买该企业产品的机会，使企业的利益直接或间接地受到损失。长期忽视顾客抱怨现象会使企业流失大量的忠实顾客，而保持一位老顾客的成本远远低于寻找一位新顾客的成本，因此维持老顾客，解决顾客抱怨对经营者十分重要。为了提高下游成员对顾客抱怨的处理效率，上游企业可以协助下游企业建立顾客抱怨管理制度，鼓励顾客公开提出批评和建议，建立顾客抱怨卡，记录事件内容并进行追踪调查，及时发现问题并予以纠正等。

4）经济效果的评价

渠道的经济效果评价也可以称之为渠道的财务分析，这是因为它是采用了财务会计指标进行的评估。也正是由于渠道的经济效果评价运用了定量的分析方法，可以更直观地反映营销渠道的绩效，从而成为进行渠道评估的必不可少的部分。我们从以下方面对渠道进行绩效评估：

（1）销售分析。销售分析是评估整个渠道系统的产出，并与销售计划作对比，从而了解销售目标的实现情况。对此，可以采用销售额或是销售量指标来进行评价，但销售额的变化不仅是销售量所引起的，还会是价格所引起的，因此可以进一步采用销售差异分析方法来了解价格和销售量分别对销售额所引起的差异。

假设某企业年度销售计划要求全年销售产品50 000件，每件产品计划平均单价为10元，即销售额达到50万元，然而当年的实际销售情况是销售产品40 000件，平均每件产品以8元售出，即销售额为32万元。将实际销售情况与销售计划相对比发现销售额降低18万元，销售量减少10 000件，平均单价降低2元，对此无法看出销售额降低的18万元，是多大程度上归结于销售量的降低还是价格的降低。因此可以采用销售差异分析方法：

$$\text{销售量变化引起的差异}=\frac{\text{销售量的变化量}\times\text{计划价格}}{\text{销售额的变化量}}\times 100\% \tag{10.3}$$

$$\text{价格变化引起的差异}=\frac{\text{价格的变化量}\times\text{实际销售量}}{\text{销售额的变化量}}\times 100\% \tag{10.4}$$

即　销售量下降引起的销售差异=（50 000−40 000）×10÷180 000×100%=55.56%

价格下降引起的销售差异=（10−8）×40 000÷180 000×100%=44.44%

由以上计算可以看出，55.56%的销售差异的形成是由于销售量的下降所引起的，44.44%的销售差异是由于价格的下降引起的。由于销售量较价格容易控制，因此可以进一步对销售量下降的影响进行深入分析，进而改善，例如通过加大渠道的推广力度来提高销售量。

除了销售差异分析之外，还可以采用区域/产品分析方法进行销售分析，它是按产品销售区域或产品类别进行的比较分析，先找出影响销售额差异的主要区域或产品类别，再深入分析，找出影响销售差异的主要影响因素。

（2）市场占有率分析。企业销售额的增加可能是由于企业自身相对其竞争者对渠道进行改善引起的，也有可能是由于企业所处的整个经济环境的发展所引起的。因此，企业应该采用能够反映相对竞争企业的经营状况的指标——市场占有率，来剔除整个经济环境的影响。企业的市场占有率越高，表示它相对其竞争者的绩效越好；如果市场占有率有所下降，就要引起管理者的注意，找出影响市场占有率下降的原因，做出调整以保持其竞争地位。

市场占有率有三种不同的计算方法，即全部市场占有率、可达市场占有率以及相对市场占有率。全部市场占有率是以企业的销售额占全行业销售额的百分比来表示的，它需要明确企业所在行业的范围以及该行业所应包括的产品和市场。

可达市场占有率是以企业销售额占企业所服务市场的百分比来表示的。可达市场是指企业产品最适合的市场，企业市场营销努力所及的市场。企业可能只有较小的市场范围，但却有接近100%的可达市场占有率，这说明该企业在较小的市场内的市场渗透率很高。

相对市场占有率是以企业销售额占主要竞争对手的销售额的百分比来表示的。根据比较对象的不同，可以又分为相对三个最大竞争者的相对市场占有率以及相对市场领导者的相对市场占有率。一般情况下，如果某企业的前者相对率高于33%就会被认为是强势的，如果某企业的后者相对率超过100%，则说明该企业在该领域内是市场领导者。

（3）渠道费用分析。渠道费用分析是考察确保达到销售目标的投入情况，投入的越少，企业获得的利润也就越高，因此对渠道系统成本的有效控制对企业是十分重要的。在实际操作中，企业通常采用的指标是销售成本对销售额的比率。该指标衡量了渠道系统的运作效率。该比率越高，说明此渠道系统的运作效率越低，当投入产出比高时，应引起管理者的重视，全力找出控制渠道费用的方案。同样，该比率越低，说明企业的渠道系统运作的效率越高。渠道成本与销售额比率，用公式表示如下：

$$\text{渠道成本与销售额比率}=\frac{\text{当期渠道成本}}{\text{当期渠道销售总额}}\times 100\% \qquad (10.5)$$

在实际操作中，渠道系统中成本可以划分为直接销售费用、促销费用、渠道成员的代理费用、厂商自建渠道成本、仓储费用、包装与品牌管理费用以及其他市场营销费用。这些费用中有些与销售额直接相关，称为直接费用，而有些与销售额无直接关系，称为间接费用。

通过渠道费用分析还可以评估厂商是建立直接渠道合适还是选择中间商渠道合适。首先，我们将产品从生产者向最终用户转移过程中所发生的所有费用统称为渠道成本。然后，基于经济学理论将成本分为固定成本和变动成本，本书将单位产品的渠道成本C分为渠道建立之初的初始成本Fc和运转中的变动成本Vc。如果企业建立直接渠道，需要建立自己的销售网点，培养自己的销售队伍，配备相应的销售设施，因此直接渠道的初始成本Fc_1相对于间接渠道的初始成本Fc_2较高；如果选用间接渠道，需要厂商更多的资源来维护和管理中间商，因此间接渠道的变动成本Vc_2高于直接渠道的变动成本Vc_1。用Q代表销售量，根据上述对渠道成本的分类，则渠道成本函数可以表示为：

直接渠道成本函数：$C_1=Fc_1+Vc_1\times Q$

间接渠道成本函数：$C_2=Fc_2+Vc_2\times Q$

因为$Fc_1>Fc_2$，$Vc_2>Vc_1$，所以两个函数可以用图10-3表示。

从图10-3中可以明显看出，当销售量等于Q_0时，直接渠道成本等于间接渠道成本，Q_0则被称为等成本点；当销售量大于Q_0时，直接渠道成本小于间接渠道成本，此时选择直接渠道可以获得最大化的渠道效率；而当销售量小于Q_0时，直接渠道成本大于间接渠道成本，此时选择间接渠道可以获得最大化的渠道效率。因此，生产企

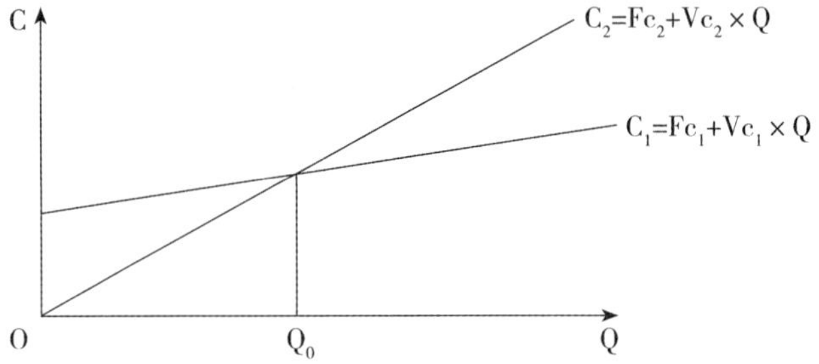

图10-3 渠道成本示意图

业可以根据此方法来评价当下选择的渠道方式是否效率高，当然也可以作为选择何种渠道方式的手段。由于该方法来自经济学理论，因此也要满足它的两个基本假设，即所处市场的竞争非常充分以及相关的固定成本可以分摊在数量巨大的交易中等。然而在实际状况中，在某一细分市场内，产品的销售量是有最大限额的，如果最大销售量低于等成本点，那也只能选用间接渠道。再者，由于不同渠道肩负着不同的渠道功能，因此两种渠道形式会同时采用。

（4）获利能力分析。评估获利能力可以选用销售利润率、成本费用率、总资产报酬率以及净资产收益率等指标。

销售利润率衡量渠道系统销售收入的获利水平，其中销售收入净额是销售净额扣除销售折让、销售折扣以及销售退回的总和。计算公式如下：

$$销售利润率=\frac{销售净利润}{销售收入净额}\times 100\% \quad (10.6)$$

成本费用率是企业为了取得利润而付出的代价，这一比率越高，说明该企业为取得收益而付出的代价越小，企业的获利能力越强。计算公式如下：

$$成本费用率=\frac{利润总额}{成本费用总额}\times 100\% \quad (10.7)$$

总资产报酬率适用于衡量企业运用全部资产获利的能力。资产总额即投资总额，包括负债总额和所有者权益总额。利润总额与利息支出之和称为息税前利润，利息支出是使用借入资金所付出的代价，实际上也是企业所得利润的一部分。计算公式如下[①]：

$$总资产报酬率=\frac{利润总额+利息支出}{平均资产总额}\times 100\% \quad (10.8)$$

$$平均资产总额=\frac{期初资产总额+期末资产总额}{2} \quad (10.9)$$

净资产收益率是指企业运用投资者投入资本获得收益的能力。计算公式如下：

$$净资产收益率=\frac{净利润}{销售收入净额}\times 100\% \quad (10.10)$$

（5）营运能力分析。评估营运能力可以选用总资产周转率和存货周转率进行具体分析。总资产周转率反映了企业全部资产的使用效率。如果该比率较低，说明该企业利用其资产进行经营的效率较差，会影响企业的获利能力，应采取措施提高销售收

① 在计算总资产报酬率时采用资产总额的平均值是因为资产总额属于时点概念，表示在某一时点上企业的资产总值，而利润属于期间概念，表示企业在某一期间内所获得的利润，因此当两类数值在做比较时，应将时点数值转换为期间数值，也就是采用平均值。后面所提到的平均值也都是用初期值与期末值的和表示的。

入，以提高总资产利用率。计算公式如下：

$$总资产周转率=\frac{销售收入净额}{总资产平均占用额}\times 100\% \tag{10.11}$$

存货周转率是衡量企业在一定时期内存货资产的周转次数。一般而言，存货周转率越高越好，该比率越高说明企业经营效率高，库存存货适度。如果该比率较低，说明在渠道的某环节出现产品积压，要及时处理。计算公式如下：

$$存货周转率=\frac{产品销售收入}{平均存货成本}\times 100\% \tag{10.12}$$

10.2　渠道成员绩效评价

我们对渠道成员的绩效评价主要是从两个角度进行的：一是衡量渠道成员自身的财务绩效，二是衡量渠道成员对渠道做出的贡献。企业在选择渠道成员之后，还必须定期评价它们的财务绩效以及它们对渠道绩效的贡献，并与既定标准作比较。对于过分低于既定标准的成员，则必须找出主要原因和补救方法；对于表现优秀的渠道成员，可以根据企业的相关规定给予相应的奖励。

10.2.1　财务绩效评价

1）战略利润模型

为了能够全面地反映一个企业的财务状况，战略利润模型（strategic profit model，SPM）选择多元绩效标准，从五个方面进行评估，包括获利额或投资报酬率，偿债能力或流动比率，资本结构或杠杆比率，销售额/利润的增长模式和销售额/利润的增长潜力。图10-4展示了战略利润模型。

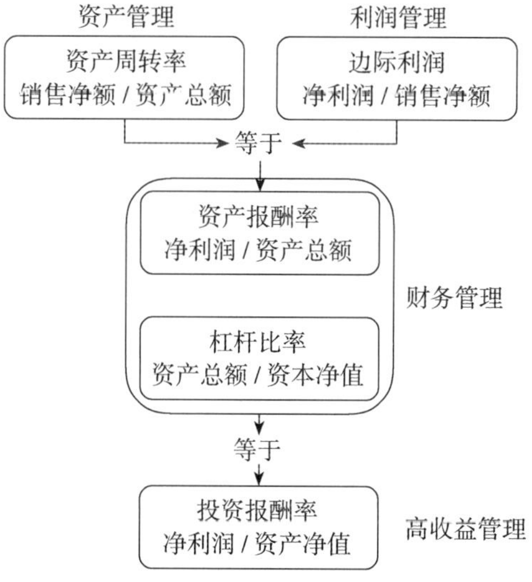

图10-4　战略利润模型

战略利润模型中的投资报酬率是由资产报酬率与杠杆比率的乘积得出的，而资产报酬率又是由资产周转率与边际利润的乘积得出的。每一个财务指标代表了不同的评估内容，资产周转率反映了渠道成员的资产管理水平，边际利润表明了渠道成员的管理水平以及对成本费用的控制能力，杠杆比率反映了资本构成以及它的偿债能力，资产报酬率和投资报酬率都能够反映出渠道成员的盈利能力。

资产周转率衡量了渠道成员对资金运用的管理水平。如果仅选择净收益作为评估标准，虽然能直接反映销售目标的完成情况，但无法说明利用资源或资产的好坏。因此，可以选择资产周转率衡量在既定的销售水平下所需要的资产投资规模，或者每一元钱的投资所创造的销售额。

边际利润表明了净利润与销售净额之间的差距，这个比率越高，说明该渠道成员的管理能力越好，对成本、费用的控制能力也就越好。从以下公式可以看出销售净额与净利润之间的差额不仅仅是与产品相关的销售成本，还在纳税之前减掉了利息费用，而该利息费用是借债经营所付出的资金使用费用，该费用实际也是利润的一部分，但可以抵税，这也就说明为什么很多的企业乐意举债经营，因为债权资本成本低。

总利润=销售净额-产品销售成本 （10.13）

净利润=总利润-利息-税额 （10.14）

资产周转率和边际利润都不能单独成为衡量经济效率的完备标准，资产周转率忽略了对销售收益的考察，而边际利润忽略了对资产利用的衡量，然而这两个比率的乘积——资产报酬率弥补了这些缺点，使三个指标从不同角度来衡量渠道成员的经营效率。拥有相同的资产报酬率的两家企业可能拥有不同的资产周转率和不同的边际利润。例如，中间商甲的资产周转率和边际利润分别是4∶1和1.5%，中间商乙的资产周转率和边际利润分别是2∶1和3%，他们的资产报酬率都是6%，但他们的经营模式却有很大的差异。

杠杆比率即资产总额与资产净值的比率说明了企业的资金借入情况以及它的偿债能力。资产净值就是资产总额与负债的差值，等于所有者权益。如果杠杆比率很低，说明该渠道成员的财务运转主要依靠所有者权益，这样该渠道成员拥有着更强的偿债能力，财务风险小，但股权资本成本要高于债权资本成本。如果杠杆比率高，说明该渠道成员对借入资本的依赖性很大。很多企业为了降低资本成本，利用利息抵税的政策大肆举债，但债券资本需要按期支付利息，期末还要还清本金，如果未能按期还清债务，债权人可以采用法律手段维护其自身权益，届时公司很可能面临破产的风险，因此，虽然债券成本低，但风险也很高。一般认为，企业的自有资产与负债的比值应保持在1，资能抵债的水平上。通常情况下，股本的资本成本高于债权资本，但在我国特殊的证券市场中，上市公司多选用增发普通股来进行筹资。

投资报酬率，也被称为净资产收益率，被公认为是评估渠道成员绩效的总的衡量标准，反映了所有者进行投资，通过经营管理运作而获得的收益。它与资产报酬率的差异在于，资产报酬率衡量的重点是若要获得一定的收益需要投入多少，而投资报酬率衡量的重点是企业所有者投入一元钱所获的收益。如果投资报酬率较高，可能是该渠道成员的有效管理的结果，但也可能归功于有利的总体经营条件或较高的杠杆比率。

在战略利润模型中，决定投资报酬率高低的指标是资产周转率、边际利润以及杠杆比率，在评估渠道成员财务绩效时，要找出决定投资报酬率高或低的主要指标，对于较低的指标要深入分析原因并给出改进方案。

2）经济价值分析

经济价值分析（economic value analysis）受到重视还要归功于经济学中机会成本的提出。企业中使用的总资本包括自有资本，也就是产权资本以及债权资本。在战略利润模型的分析中企业使用借入资本需要支付利息，而使用自有资本却不需要付任何代价，因此分析资本总成本的一个重要测量工具——经济价值分析应运而生。经济价值，可以简称为EV，计算公式如下：

$$\text{经济价值（EV）}=\text{净利润}-\text{资本成本} \tag{10.15}$$

资本的总成本是资本的加权平均成本乘以公司所有资本的总量。一般认为资本包括机器设备等固定资产以及现金、存货和应付账款等流动资本，但在经济价值分析中认为，如果一种非贸易支出能够在未来的几年中创造收入，那么这样的非贸易支出将被划分为资本投资。例如销售人员的培训，在传统的会计做账时，会把它作为成本计入相关账户，而在价值经济分析方法中，却把它当作为一种投资。如果该项销售人员的培训计划需要80万元经费，并且预计在三年内起效，那么对于该项计划就应看作是一个三年期的80万元的投资项目进行评估。按照此方法将企业的所有的资本来源汇总在一起，统计出资本的总量。

资本加权平均成本是产权资本的机会成本与债权资本成本的加权平均值。产权资本的机会成本是产权所有人将其资金投入到另一种类型的、有相似风险结构的公司所能获得的收益。资本成本是指公司筹集和使用长期资金（包括自有资本和借入长期资本）而发生的成本，包括资金筹集费用和资金使用费用两部分。如果我们不考虑时间价值的情况，资本成本的计算公式如下：

$$\text{资本成本}=\frac{\text{资金使用费用}}{\text{筹资总额}\times(1-\text{筹资费用})}\times 100\% \tag{10.16}$$

债权资本成本是公司筹集和使用借入资本所付出的代价，主要包括债券资本成本和长期银行借款资本成本，如果不考虑时间价值，它们的公式计算如下：

$$\text{债券资本成本}=\frac{\text{债券年利息}\times(1-\text{所得税税率})}{\text{债券筹资总额}\times(1-\text{债券筹资费用})} \tag{10.17}$$

$$\text{长期银行借款资本成本}=\frac{\text{借款额}\times\text{年利息率}\times(1-\text{所得税税率})}{\text{借款额}\times(1-\text{筹资费用})} \tag{10.18}$$

以上关于资本成本的公式都是不考虑时间价值的，但在实际中为了能够准确比较不同投资组合的资本成本，会将时间价值考虑在内。

在计算出资本总成本之后，经济价值也就得出了。经济价值可以衡量公司赚取的高于一系列相似的投资所得收入的那部分利润，衡量了企业的真实经济价值。由此制造商和中间商可以借助经济价值分析的方法来检验在创造利润时公司资本的使用情况。虽然投资报酬率衡量的也是公司通过资本管理而获得的利润，但该指标没有把用于创造收益的产权资本成本计入在内，很可能导致资本投资过度或造成分销过程中的低效率，因此经济价值分析方法弥补了战略利润模型的这个缺点。但经济价值分析方法也有一个明显的缺陷，就是它会促使管理者追求资本投资最小化的可能性，因此，企业必须评估在哪些时期股权资本的生产率较大，并且不能仅仅因为某项投资会使当年的经济价值变小，就放弃该项资本投资。

战略利润模型和经济价值分析工具为渠道成员公司提供了评估其整体经济效率的两个方法。同时渠道成员也可以利用这些工具来评估另一个渠道伙伴的能力，了解其优势和劣势，并提出提高渠道共同效率和效益的建议。

在通过各种方法评估了各渠道成员的财务绩效后，还可以采用数据包络分析法（data envelopment analysis，DEA）对不同的渠道成员进行分类。将利润和效率都高的渠道成员称为明星绩效成员，将利润高但效率低的渠道成员称为次明星绩效成员，将效率高但利润低的渠道成员称为低增长的成员，而对于利润、效率都低的渠道成员，称之为劣绩效成员。对于不同类型的渠道成员，可以进行不同的渠道管理，对于之后的渠道调整也有帮助。

10.2.2 对渠道绩效贡献的评估

1）业务活动成本分析

1988年，罗宾·库帕和罗伯特·卡普兰首先提出了通过分析生产产品所必需的活动来分配产品成本的方法，也就是业务活动成本（activity-based costing，ABC）分析法。他们认为应该把对生产产品所发生的所有成本费用都计算在内，而不应该仅仅是会计准则所要求的，比如，生产成本、技术成本、服务成本、后勤工作成本、营销成本、销售成本、行政成本以及信息资源成本等。这种详细计算产品成本分析的思想受到越来越多的制造商、分销商公司的青睐。如果采用了业务活动分析的方法，制造商可以清楚地知道是哪种产品的生产最昂贵，分销商可以清楚地知道哪种产品的销售最昂贵，从而决定生产什么或销售什么对企业最有益。如果把这个概念运用到营销渠道的分析中，可以通过业务活动成本分析法比较同一产品在不同渠道的效率，或者比较在某一特定渠道内不同产品的销售效率。

在营销渠道中进行业务活动成本的计算过程如图10-5所示。首先，要确定所要使用的渠道资源及使用这些资源的总成本，这些信息可以从企业的利润表获取；其次，将成本分摊到特定的渠道职能和流程中；再次，将得到的不同渠道流程成本分配到所要比较的不同渠道或产品中；最后，可以利用这些数据制作出不同渠道或产品的利润表。

业务活动成本分析法不仅可以运用到渠道内特定的企业，还可以运用到整个渠道中，在此，本书选择一渠道成员作为案例进行分析。假设某生产商建立两条不同分销渠道A与B，在经营一年之后，该厂商想了解这两种不同渠道的效率如何。

首先，确定渠道资源与总成本。假设该企业所涉及的费用只有工资、租金、运输费以及广告费。相关数据可从企业的利润表得到，年销售额196万元，已售产品成本98万元，总利润98万元，工资40万元，租金15万元，运输费5万元，广告费5万元，总费用65万元，税前利润33万元。

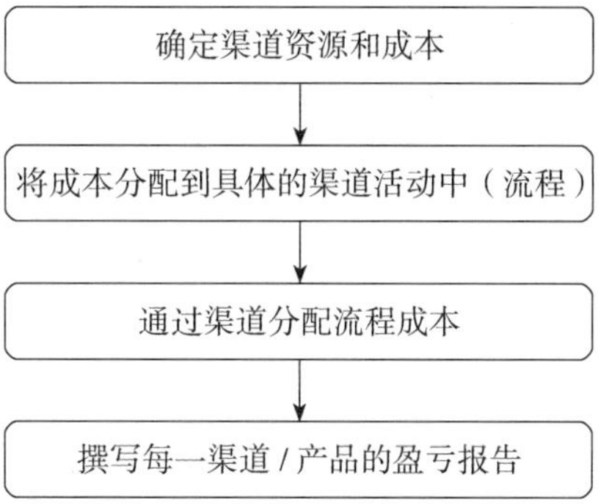

图 10-5 业务活动成本计算过程

其次，明确影响渠道成本的业务活动包括仓储、运输、销售、广告、促销和订购与支付。接着将各项费用分别分配到各项活动中，如表 10-1 所示。

表 10-1　　**业务活动（流程）费用的统计分析**　　单位：万元

费用	总额	仓储	运输	销售	广告	促销	订购与支付
工资	40	3	7	19		6	5
租金	15	4	2	7	1	1	
运输费	5		5				
广告费	5				4	1	
总计	65	7	14	26	5	8	5

再次，将各项活动所引起的费用分配到渠道 A 与 B。在分配费用过程中要注意两点：第一，费用是按照不同渠道在各项活动中所占用的比例进行平均分配的；第二，不同活动的分配基础不同，例如仓储的分配基础应该是立方米，如果不同产品的包装箱体相同，也可以采用产品的数量，而广告的分配基础可以是空间成本，反映的是一种倍数关系（1x 与 1.33x）。具体分析如表 10-2 所示。

表 10-2　　**将功能群落分配到营销渠道**　　金额单位：万元

项目		仓储（箱）	运输（箱）	人员销售（销售数额）	广告（广告空间成本）	促销（促销成本）	订购与支付（订单总额）
分销渠道	A	20	35	4	3	2	3
	B	15	25	4	2	1	2
	合计	35	60	8	5	3	5
功能群落成本		7	14	26	5	8	5
平均成本		0.2	0.233	3.25	1x	1.33x	1

最后，确定渠道 A 与 B 的各项费用及利润表，见表 10-3。从得到的各渠道的利润中计算出各自的利润与销售的比率，也就得出了产品 A、B 的销售效率。从表 10-3 可以看出，渠道 A 的总利润大于渠道 B 的总利润，但是渠道 A 的费用却远高于渠道 B 的

费用，这些费用中有些被划分为了固定成本，因此，如果不进行业务活动成本分析，很难获知渠道A的效率低于渠道B的效率。

表10-3 **各渠道的利润表** 单位：万元

项目	渠道A	渠道B	总计
销售额	100	96	196
已售产品成本	48	50	98
总利润	52	46	98
费用			
仓储（每箱0.2元）	4	3	7
运输费（每箱0.233元）	8.16	5.83	13.99
销售	13	13	26
广告	3	2	5
促销	2.67	1.33	4
订购与支付	3	2	5
总费用	33.83	27.16	60.99
净利润	18.17	18.84	37.01
利润与销售的比率	18.17%	19.63%	18.89%

业务活动成本分析法揭示了固定成本的秘密，因为通过业务活动成本的计算可以得知是什么导致了固定成本过高，管理者由此可以抵制和减少固定成本，比如劳动力成本、工程技术、策划和折旧，这也就是制造企业青睐该成本分析法的重要原因。

2）直接产品利润

20世纪60年代，麦肯锡公司向通用食品公司提出了直接产品利润（direct product profit，DPP），从下游渠道成员的视角仰视某个特定的营销渠道，为该渠道中销售的每一种产品提供独立的利润表，强调单个产品的财务绩效。这种方法通过调整每一项目的毛利率以反映其他收入，并且要明确某一产品的直接成本构成，包括劳动力、空间、库存和运输等。表10-4提供了两种不同类型产品的直接产品利润的计算过程。

经营收入包括主营业务收入和非主营业务收入，表10-4中的销售收入就是销售产品A与B所获得的主营业务收入，而调整毛利的内容就是由产品A与B所引起的非主营业务收入，因为这些收入也是由于这两种产品的销售所获得的，因此也将此部分计算在内。调整后的毛利就是销售某产品所引起的各项收入之和与产品成本的差额。从表10-4可以看到调整前产品A的毛利要高于产品B的毛利，但是调整后却低于了产品B的毛利，这也就说明了毛利是一个容易导致错误评估真实绩效的标准，调整后的毛利可以更真实、准确地反映产品的利润空间。直接产品成本是与产品相关的，并由

表10-4　**产品A、B的直接产品利润**　计算单位：%

项目	产品A	产品B
销售收入	100	100
-产品成本	80	83
毛利	20	17
+现金支付折现	0	1.3
+交易折扣	1.2	2.4
+预期付款收益	1.7	2.5
+回程运输收益	0	1.1
调整后的毛利	22.9	24.3
仓储成本		
-劳动力	1.2	1.3
-空间	1.1	0.9
运输成本		
-劳动力/设备	1.4	1.9
店铺成本		
-运货劳动力	2.8	2.5
-出纳劳动力	0.6	0.8
-空间（能源和占用）	1.8	2.1
总部成本		
-存货	0.6	0.4
直接产品成本总计	8.9	9.5
直接产品利润	14	14.8

运营和销售产品过程中所形成的直接成本，不包括固定成本。由调整后的毛利减掉直接产品成本就得到了直接产品利润。

直接产品利润法打破了净利润与毛利润之间的平衡。净利润对于单个产品来讲是没有意义的，而毛利则没有考虑到产品在销售过程中所引起的非主营业务收入，直接产品利润弥补了这些缺点，为批发商和零售商提供了一种可以更精确地衡量每种产品盈利能力的方法。但是直接产品利润法也有明显的缺陷：

首先，它强调的是某种产品的直接成本，是在经营和销售的过程中所引起的成本和费用，而其他的固定费用并没有包括在内，也就是说它并不能完全反映出某产品所引起的所有成本和费用。

其次，许多企业不愿意使用直接产品利润分析法的一个主要原因是，它们认为使用该分析法制定出定价和空间分布决策后会出现连锁反应，例如，如果使用直接产品利润法作为分配货架空间的唯一指标，而且可供分配的空间很小，就会出现存货短缺的现象，可能该现象在短期内不会影响销售额，但是从长期来看销售额就会受到影响，而且还会引发顾客流失现象，这样它们所遭受的损失远远大于从特定产品的收入减少值中所做的估算。因此，企业在使用该分析法时要搭配其他指标共同使用，会更全面、准确地反映某渠道成员的绩效。

最后，直接产品利润分析法需要大量的会计数据，收集和输入数据会使企业花费大量的时间和金钱。对于无法直接获取的数据，可以通过类似业务活动成本分析的方法来设计获取。如果想在现实中设计并运用直接产品利润法，就需要扩大信息系统和扫描系统的使用。

10.2.3 渠道成员的其他评价方法

除了以上四种评价模型，还可以通过评价渠道成员的员工素质、渠道成员的满意度、市场潜力以及组织学习与创新等来进行渠道成员的竞争优势与潜力的评估。

在评价员工素质时，可以通过企业高管人员的素质与能力、渠道管理人员的从业经验以及渠道人员培训费用率等指标进行评价。比如，考察从事销售工作五年以上且达到本科学历以上的地区经理占销售经理的比例如何，该比例越大说明销售管理组织的素质和能力越高；还可以考察渠道人员接受培训的费用占企业全体员工接受培训费用的比率，该比例越大说明了从事渠道的员工素质越高，企业越有竞争优势和潜力。

在进行渠道成员市场潜力的分析中，主要还是依据定量的分析指标，例如市场占有率和市场增长率等来评价渠道成员的市场开拓能力，如果该渠道成员的市场占有率及增长率越高，说明其拥有着越大的市场潜力，市场潜力越大体现了其在未来环境中的竞争优势越大。

企业的不断学习与创新是保持企业竞争力与未来发展的重要能力。在评价过程中，主要是考察企业内部学习以及渠道成员学习的机制是否完善及完善程度，还有业务的创新能力。

评价渠道成员的指标还有很多，不同的评价指标反映了不同的内容，因此在指标的选择上一定要与绩效评价的目标相对应，从而达到绩效评价的目的。但是单一的绩效指标反映的内容也很单一，因此还要综合选用多种不同的绩效指标，从不同角度，全面地反映整个渠道或是某个渠道成员的绩效状况。不同指标对营销渠道绩效的贡献不同，所以要选取不同的权重，这样在综合评价营销渠道时形成了多层次目标评价体系结构，需要应用科学、合理的综合评价方法。常见的多目标决策系统综合评价方法有线性加权法、人工神经网络评价法以及德尔菲法等。

10.3 渠道调整

在对营销渠道进行周期性评价的基础上，如果渠道的运行存在一些不尽如人意的地方，或者企业的营销战略调整、市场环境发生重大变化，企业就要着手对渠道进行相应的调整，以消除渠道运行中的问题，使得渠道更能够适应企业战略或市场环境的需要。

10.3.1 渠道调整的原因

营销渠道是对企业而言具有战略意义的营销组合要素，并且渠道管理多涉及独立于生产制造企业的批发商与零售商，因而渠道调整的难度往往很大，也颇具挑战性。如果渠道调整得不好，不仅不会提升企业渠道的绩效，反而可能给企业的渠道运行带来负面影响。一般而言，企业对渠道进行调整的原因主要来自企业外部和内部两个方面。来自企业外部的原因主要是来自市场环境、竞争等方面的因素；来自企业内部的因素多是现行渠道难以满足企业的目标。具体而言，包括以下几个方面：

（1）市场环境变化导致现有渠道难以有效满足消费者的需求。市场环境包括的范畴是非常宽泛的，从宏观环境到产业环境，直到消费者的购买行为都是可能导致现有渠道难以有效运行的原因。就宏观环境而言，如中国政府对非法传销行为的限制，以及对企业直销渠道的规范管理都会对采用直销渠道的企业带来巨大影响，而这些企业则不得不做出相应的调整。就产业环境而言，如大型家电连锁企业的快速发展对家电传统渠道产生了巨大的冲击，家电生产企业不得不调整渠道策略以适应这种变化。再如，网络零售的快速发展正极大地改变着消费者的购买行为，越来越多的消费者开始依赖网络渠道购买，对于那些没有采用网络渠道的企业来说，市场份额与销售额的损失在所难免。总之，市场环境的变化是导致企业对其渠道进行调整的重要外部原因。

（2）竞争者的渠道策略对企业的渠道绩效带来了负面影响。营销渠道是塑造企业市场竞争优势的重要因素，因而企业之间的竞争越来越体现在营销渠道之间的竞争。如20世纪90年代末期以来，很多行业的企业都提出了渠道“扁平化”和“渠道精细化”战略以在竞争中获得优势。在日用消费品和食品业中，以康师傅等为代表的企业，加强了在渠道终端对消费者的拦截，它们派出大量的销售人员进驻超市等终端卖场，强化了对消费者在购买环节的争夺。这种渠道精细化的战略为康师傅等企业提高市场份额起到了重要作用，业内的竞争对手不得不采用相同或者更加积极的策略来对这种竞争做出回应，这必然涉及企业渠道的调整问题。

（3）消费者或用户表达出了对现有渠道产出的不满。渠道的最终目的是为企业的目标顾客提供高水平的渠道产出，如果现有渠道难以有效满足消费者的需求，那么渠道就有了调整的必要。生产企业通常通过市场调查、设置监督投诉电话等方式来了解消费者对渠道的满意水平，如果越来越多的消费者对某个渠道的服务抱怨和投诉，这就说明该渠道没有达到企业期望的产出水平。当这种情况发生时，企业需要调查原因，如果确是企业渠道的运行问题，就需要着手对渠道进行相应的调整。

（4）现有渠道无法满足企业战略的需要。如同我们在第2章中渠道设计部分所阐述的那样，企业的渠道目标要服从于企业的营销目标，而企业的营销目标则服从于企业的整体战略目标。这样，企业战略目标的实现有赖于企业营销渠道目标的支持，如果渠道目标难以支持企业的战略目标，则企业的渠道就需要调整。如某企业的产品原来通过国内代理商出口海外市场，但企业的发展战略要求增加对海外市场销售的控制，代理商渠道显然难以满足这种要求，企业需要选择能够支持这种目标的渠道结构来对战略目标给予支持。

（5）企业营销战略转变要求渠道做适应性调整。企业营销战略的改变，如目标市场的变化、产品定位的变化、增加新的产品线或者对顾客服务策略的调整都需要渠道做出相应的调整。如企业新增加的产品线现有渠道难以有效完成分销，企业面临着重新规划渠道或者对原有渠道做较大调整的问题。再如企业需要强化对顾客的技术与服务支持，而原来的经销商缺乏这个方面的人力资源和能力，制造商也需要通过渠道的调整来使之适应企业的营销战略。

（6）现有渠道运行绩效低下。这一点也是一个显而易见的原因，如果企业定期对自己的渠道进行评价，评价结果显示现有渠道的成本过高、效率过低，这意味着现有渠道有调整的空间和必要。当然，渠道运行绩效低下可能表现为很多方面，可能有成本方面的问题，也可能涉及渠道关系方面的问题，企业在对渠道进行调整时需要有针对性地选择调整方案。

10.3.2 渠道调整的基本方式①

针对渠道调整的不同原因，企业对营销渠道的调整方式一般包括以下几种：

（1）调整整体渠道结构。企业对渠道整体结构形态的调整，或者对渠道结构要素的若干方面进行较大的调整。如格力空调将原来的经销商渠道改为格力参股的经销商合资企业模式，这种调整涉及了格力整体渠道结构的较大变化。再如，在渠道扁平化战略的驱动下，企业取消了原来渠道结构中的经销商，直接向零售企业供货，涉及了对原有渠道结构中渠道长度的较大调整。对整体渠道结构的调整往往可能导致渠道系统的震荡，因而难度较大。

（2）调整渠道中间商的合作方式。如企业为了加大对渠道的控制，将原来的经销模式改为代理模式；或者在原来采用的区域市场独家经销（或代理）的市场内发展更多的经销商或代理商，即在某一市场内增加了批发环节渠道的宽度，以此来制约原来独家经销（或代理）的中间商。

（3）调整渠道政策。渠道政策涉及价格政策、物流政策、市场推广政策、支付政策及奖惩政策等，企业可以在不改变原有渠道结构的基础上对这些渠道政策的一个或几个方面进行调整。如格力空调在经销商不愿意进货的淡季推出了淡季进货贴息返利的政策，即对那些在淡季进货的经销商补贴其贷款利息，并在年终根据经销商的进货额给予一定比例的现金奖励，此举极大地促进了经销商在空调销售淡季进货的积极性。

（4）调整渠道成员的关系。在现有的渠道结构框架内，调整与一些渠道成员的合作关系。这种调整可能出于奖励的目的，也可能出于企业对渠道控制等其他方面的考虑。如制造商可能给予业绩特别突出的经销商更多的进货折扣，对畅销产品优先给予

---

① 庄贵军，等.营销渠道管理［M］. 北京：北京大学出版社，2004：387.

供货等措施就是出于对业绩突出经销商的奖励。对于后者，如沃尔玛会定期地对某类产品销售额的品牌份额进行分析，如它发现在食用油这个产品类别中，金龙鱼已经连续3个月占据其食用油销售额40%的比例，为了对金龙鱼不断增强的权力进行制衡，下一个月沃尔玛可能会给另一个食用油品牌，如鲁花更多的促销支持，提升鲁花在其食用油销售额中的比重，以此来对金龙鱼形成制衡。

（5）调整区域性市场的渠道结构。企业还可以在保持整体渠道结构不变的前提下，对其在某个区域市场上的渠道结构进行调整。如在某个市场上增加一条渠道，或者增加渠道的宽度以更好地服务该目标市场。

（6）对原有渠道系统进行彻底整合调整。这是一种对企业现有渠道系统进行彻底调整的方式，企业不仅可能需要突破原有的渠道体系，还需要重新建构新的渠道系统，这会引起渠道流程、渠道成员分工及利益关系的重新调整，因此实施的难度极大。只有在企业战略彻底变革，或者企业现有渠道系统受到严重外部威胁时才应该考虑实施，如中国政府对直销渠道的管理政策就势必引起直销企业对渠道的彻底变革。

10.3.3 渠道差距分析与渠道调整策略

渠道差距分析是科兰等营销学者提出的一种对渠道进行诊断和改进的分析方法。所谓渠道差距，就是企业现实的渠道与理想的渠道之间的差距。这里所说的理想的渠道也被称为零基渠道（zero-based channel），是指那种既能满足消费者与用户需求，又能以最低的成本执行渠道功能的渠道。这种理想的渠道在现实中可能并不存在，但却可以将其作为渠道诊断分析的参照，对照理想渠道可以更好地发现现实渠道的差距与不足，并结合渠道绩效评价的结果，更好地制定渠道调整策略。

1）渠道差距分析框架

图10-6是科兰等学者提出的渠道差距分析的基本框架[①]，下面我们先阐述渠道差距产生的原因和渠道差距的类型，最后再结合渠道差距探讨消除渠道差距的渠道调整策略。

（1）渠道差距产生的原因。很多因素都有可能造成渠道差距，总体看来这些因素可以分为外部环境因素和企业内部管理因素。其中外部环境因素主要包括法律法规的约束和市场中物质和渠道设施的限制。

①环境限制。就法律法规的限制而言，政府制定的旨在规制企业销售行为的各种法律法规都有可能对企业的渠道产生影响。如20世纪90年代中后期以来，中国政府一直禁止传销活动在中国开展。为进一步规范直销活动在中国的开展，国务院于2005年制定并开始实施《直销管理条例》，对企业在中国的直销活动进行了详细的规定。显然，《直销管理条例》极大地影响了直销企业在中国的渠道运行，安利、雅芳等直销企业纷纷按照《直销管理条例》的要求进行转型。在日本，著名的《大店法》对进入日本的大型零售企业产生了非常直接而长久的影响，这项法规的实施极大地影响了日本零售企业的平均规模，当然对零售渠道的效率带来了不可避免的负面影响。

---

① 科兰，等.营销渠道［M］．蒋青云，等译，7版.北京：中国人民大学出版社，2008：134.

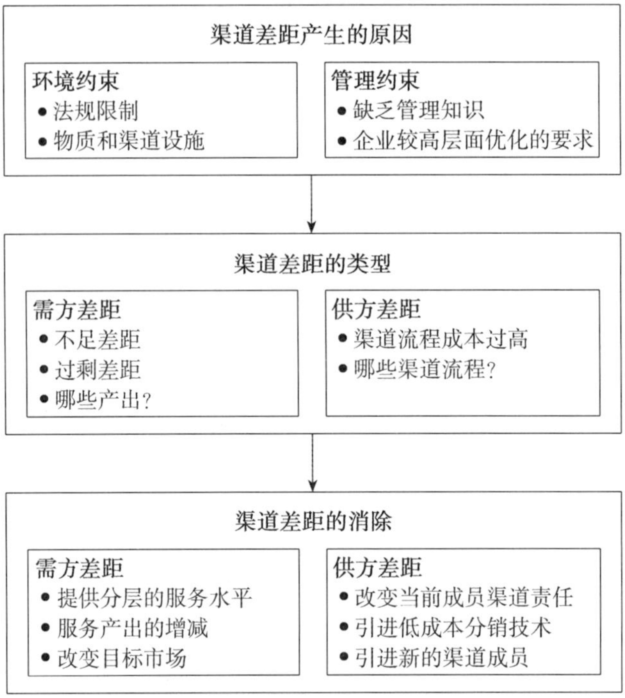

图10-6　渠道差距分析框架

环境因素中会造成渠道差距的另一个重要因素是目标市场中与渠道运行相关的物质基础设施的缺乏或者低效。如在网上零售快速发展的过程中，中国企业的网上渠道一度受到低效的物流设施和安全的网上支付技术的限制。就物流而言：一方面，中国的第三方物流企业的发展还处于比较低的水平，这导致了企业难以将配送服务外包给那些低成本、高效率的物流公司；另一方面，中国的交通基础设施还在建设完善中，在中心城市这些诸如航空、铁路和高速公路等交通基础设施已经相对完善，但在广大农村和较为偏远的地区，这些基础设施还十分不完善。这两方面极大地限制着网上渠道的高效率运转，在中心城市，网上零售商不得不在物流成本和物流服务质量方面做出平衡与取舍，那些高质量完成物流配送服务的物流供应商往往需要更高的成本；而如果要节约物流配送的成本，则物流服务的质量就难以控制，这反过来会影响顾客对网上商店的重购意愿与忠诚度。就支付技术而言，网络环境下的支付安全是所有消费者和网络商店共同关心的问题，它在相当长时间内约束着网上购物的增长，直到高效率的第三方支付系统的出现，这一限制条件才有所缓和。

②管理限制。造成渠道差距的企业内部要素主要来自管理者管理知识与技能的限制，以及企业在更高层面优化流程而牺牲了渠道系统的效率。对于前者，缺乏对渠道运行和消费者需求与行为的深入了解可能造成渠道管理者做出了一些错误的决策，虽然这些决策的初衷是为了提高渠道的运行效率。如一个主要通过网络渠道销售计算机的企业发现产品的退货率很高，为了降低退货率，公司规定只有那些受损的产品才可以退货，否则不予退货。企业管理人员认为，只要顾客在收到产品时产品是完好无损

的，他们就没有理由要求退货。结果，这个政策不仅没有降低退货率，公司管理人员惊讶地发现所有退回的产品都有不同程度的损坏[①]。显然公司的退货政策激励了那些消费者的破坏行为，因为如果产品没有损坏将无法退货。这个例子充分地说明，那些由于缺少对消费者行为了解的管理约束可能会对公司的渠道绩效带来意想不到的影响。

另一种情况是，企业为了在更高层面优化配置企业的资源而造成了企业渠道绩效的降低。如一个化工企业生产硫化钠等化工原料，其通过设在天津的出口代理商将产品出口到国外市场。为了降低企业生产的成本，企业将工厂迁到了土地、人力等要素成本都很低的新疆。这样，企业需要将设在新疆的工厂生产的硫化钠产品运到天津才能完成产品的销售。但由于新疆与天津距离遥远，加之硫化钠这种化学产品还需要专门的运输设备，为了节约物流成本，公司几乎没有选择地只能采用铁路运输。但由于铁路部门用于运输硫化钠产品的罐车经常供应不足，公司尽管很努力，也往往无法保证产品能够按期发货。这样一来，天津的出口代理商就面临了很多的不确定性，如它与海外用户签订了协议，设定了发货日期，但新疆工厂方面却可能由于运输设施的协调问题导致在规定日期无法将产品运抵天津，这导致了代理商的违约、信用损失等很多成本。在这个例子中，该企业为了在生产层面进行优化，而极大地降低了其渠道的绩效。

（2）渠道差距的类型。无论是什么原因造成了渠道差距，这些差距通常都表现为两个方面：需方差距和供方差距。

①需方差距。需方差距产生于渠道的用户方面，即企业的渠道产出水平与消费者对渠道产出的需求之间存在的差距。这种需方差距可能包括两种情况：一种情况是渠道的服务产出水平没有达到消费者的需求水平，我们将这种渠道差距称为不足需方差距；另一种情况是渠道服务产出水平超出了消费者的需求水平，我们将这种渠道差距称为过剩需方差距。

不足需方差距的出现主要原因在于企业的渠道产出水平过低，或者既定产出水平下产出的成本过高。如当前银行业中广泛存在排队问题，消费者为了获得银行的服务不得不等待很长时间，很多消费者对此非常不满。对于银行来说，这是一个非常典型的渠道产出不足问题，可以增设自动柜员机、增设网点、鼓励更多顾客采用电子银行自助服务等措施来解决。再如，零售商店在缺少存货的情况下向消费者大量销售，并承诺很快就会送货，但如果其存货无法在短时间内补充，消费者就不得不等待很长时间才能获得产品，消费者为此付出了更多的时间成本和货币的机会成本，企业的渠道产出水平在此例中同样是不足的。

需要注意的一点是，不足需方差距并不是在消费者支付了更高的价格而获得了相对较低质量的服务时才出现，因为消费者衡量购买价值的逻辑是考察其所获得总价值与支付的总成本之间的差额，即让渡价值。当消费者为某项渠道服务支付了很低的成本时，如果企业的渠道产出质量难以达到消费者支付的成本，消费者同样会认为企业

---

① 科兰，等. 营销渠道［M］. 蒋青云，等译. 7版. 北京：中国人民大学出版社，2008：142.

的渠道产出并没有达到其期望的水平，因而不足需方差距同样会出现。

与不足需方差距相反，过剩需方差距是由于企业向其消费者提供了在消费者看来是多余的渠道服务。如对于很多在商场购物的消费者来说，他们更喜欢在无人打扰的情况下自由地比较和选择商品。如果企业规定销售人员在顾客进店时必须进行贴身服务，主动热情地为消费者介绍产品、提供服务，当这种情况出现时，企业的渠道产出就过剩了，虽然企业可能为此需要付出更多的成本，如对服务人员的培训、监督和考核，但这些工作对于其顾客来说可能是多余的。

显然不足与过剩对于企业的渠道运行来说都意味着问题，不足差距意味着企业没有向其消费者提供后者期望的服务水平；过剩差距则意味着企业的渠道成本可能由于为消费者提供他们并不需要的价值而过高。但需要注意的一点是，需方的不足与过剩差距可能同时存在于企业的渠道产出中，可能某种服务存在不足，而另一些服务则过剩了。但企业渠道的不同服务之间在很多时候都难以相互替代，因而企业在分析需方渠道差距时，需要搞清楚到底哪项服务存在不足，哪项服务存在过剩问题。

此外，企业渠道的需方差距可能在不同的细分市场之间存在差距。一项在A市场中存在不足的渠道服务，可能在B市场中并不存在。因此，企业在对渠道需方差距进行分析时，还需要考虑不同细分市场的差异，而不能一概而论。

②供方差距。如果渠道流程执行的成本过高，就会产生供方渠道差距。值得注意的是，渠道供方差距存在的条件是，所有渠道成员所共同执行的渠道流程的总成本高于必要的成本。因此，即使某个渠道流程的执行成本非常高，但只要它能使得所有渠道流程共同执行的成本最低，供方渠道差距就不会存在。如某个企业要求对其新招募的销售人员进行非常系统的培训，公司为此支付了大量的培训成本。但这些受到良好训练的销售人员可能流向竞争者的企业，如果企业的销售队伍流失率太高，则企业的这项培训提供的渠道产出相对于其创造的价值而言就显得太高了。需要注意的是，在分析供方差距时，以最低的成本来执行渠道流程是没有意义的，只要保障所有渠道成员所共同执行的渠道流程成本不高于必要的成本就行。当然，企业也需要搞清楚哪些流程的成本高是有意义的，而哪些没有。

2）供方、需方渠道差距联合分析

当我们将需方差距和供方差距放到一起考虑时，我们可以得到六种可能的情况（见表10-5）①。其中，第一和第三种情况是只存在需方差距的情况；第二种情况是两种差距都不存在的理想状况；第五种情况只存在供方差距；而第四和第六种情况则是既存在需方差距又存在供方差距的状态。

在供需双方都不存在差距的第二种状态下，企业的渠道运行处于一种理想状态。但这种理想的渠道运行状态在现实中是很难达到的，企业渠道的实际运行状态都会或多或少地存在一些差距。

在第一和第三种状态下，企业的渠道存在需方差距，这意味着消费者所期望的渠道服务产出水平要么没有达到，要么被过量地提供。根据前面的分析，第一种状态对

① 科兰，等.营销渠道［M］. 蒋青云，等译. 7版. 北京：中国人民大学出版社，2008：149.

表10-5　　渠道差距的类型一览表

供方差距	需方差距		
	不足差距	无差距	过剩差距
无差距	1.消费者的服务需求没有得到充分满足	2.企业以恰当的成本有效满足了消费者的服务需求	3.消费者的服务需求被过量地满足了
有差距	4.高渠道成本下的渠道服务产出不足	5.高渠道成本下的渠道需求与服务产出匹配	6.高渠道成本下的过量消费者服务

企业的负面影响可能要大于第三种状态，尤其是在竞争较为激烈的市场上，当消费者感觉一个企业的渠道服务产出水平处于令人不满意的状态时，消费者可能会转向竞争者的渠道。第三种状态中，企业为消费者提供了很多消费者并不需要的多余的服务产出，这导致了成本的浪费，做得更多在很多时候要比做得不够更好一些。

第五种状态是只存在供方差距，即虽然企业的渠道产出水平很好地满足了消费者的需求，但企业提供这些产出的成本太高，因而这种状态下企业的主要任务是保证渠道服务产出水平不变的情况下降低渠道流程执行的成本。

第四种和第六种状态是两种渠道差距同时存在的，即企业在较高的渠道运行成本下所提供的渠道产出服务与消费者对渠道服务产出水平的期望不匹配，要么不足，要么太过。相比较而言，第六种情况似乎更好一些，虽然企业执行渠道功能的成本很高，但渠道的服务产出水平至少已经达到了消费者的需求，只是企业提供的服务过多造成了成本的浪费。比较糟糕的是第四种情况，即企业执行渠道功能的成本不仅很高，并且渠道的服务产出水平还没有达到消费者期望的水平。

3）根据渠道差距调整渠道

根据企业渠道差距存在的原因，以及供方和需方渠道差距的匹配情况，企业就可以有针对性地制定渠道调整的策略来减小或消除渠道差距了。

（1）缩小或消除需方渠道差距①。缩小或消除需求方渠道差距可以考虑以下三种方法：

第一，针对特定目标市场需方差距的类型，增加或减少渠道的服务产出水平。在存在需方不足差距时，企业需要根据消费者对渠道服务的需求增加相应的服务产出项目，或者提高现有的渠道产出水平。在存在需方过剩差距时，企业可以根据消费者的需求状况减少或缩减一些服务产出项目或降低服务水平。在进行这种调整时，企业需要遵循的一个非常关键的原则是，增加或者减少的渠道服务项目、提高或降低渠道服务产出的水平一定要基于消费者对渠道产出的需求水平，一旦偏离了这个关键点，企业的渠道调整策略就可能不会奏效。

第二，针对不同的目标市场群体提供多样化、多层次的服务产出水平，满足不同消费者群体的不同需求。例如在银行业中广泛存在的排队问题，并不是所有的消费者都对排队有意见，或者有相同水平的不满意，那些时间充裕、没什么时间成本的顾客

① 科兰，等. 营销渠道［M］. 蒋青云，等译. 7版. 北京：中国人民大学出版社，2008：152-153.

（如一些老年人）对于排队可能并没有太多的抱怨；而那些工作紧张、时间成本很高的顾客则对排队有更高水平的不满。针对这样两个不同的细分市场，企业可以有区别地提供服务产出。如对后一类顾客收取一定的费用提供VIP服务，只要收费成本在顾客的接受范围内就可以解决这个问题。

第三，转换企业所服务的目标市场。很多企业会发现，相对于调整企业的渠道产出水平，将企业服务的目标市场做出调整可能来得更加容易。例如某百货商店在面对越来越多的连锁百货进入其市场的竞争压力下，调整了其所服务的目标市场。该商店部分地退出了在服装等领域与其他百货商店的竞争，转而建立了一个非常庞大的自有品牌食品卖场，这吸引了很多顾客前来购买。由于其自有品牌商品颇受消费者欢迎，周边一些超市甚至愿意引进其自有品牌商品进入超市销售。该百货商店的战略之所以成功，是因为它抓住了一个市场空当，无论是超市还是百货店都没有将这类产品的需求者作为主要的目标顾客。

（2）缩小或消除供方渠道差距①。缩小或消除供方的渠道差距可以从以下几个方面着手：

第一，改变当前渠道成员的角色，即在渠道成员和渠道结构都不发生变化的情况下，在渠道成员之间重组渠道流程。供应方渠道差距存在的一个关键原因可能在于一些渠道成员执行了它并不擅长的渠道功能，即该渠道成员执行某些渠道流程的成本过高，而渠道中的其他成员可以更低的成本来执行这些流程。显然这种流程的重组一定要充分考虑渠道成员的专长与成本，确保将某个渠道流程分配给最擅长执行该流程的渠道成员。

第二，引进新的分销技术，以降低渠道流程执行的成本。如在电子网络等方面投入可以有效地降低企业获取、处理和传输有关信息的成本。TCL集团在对其渠道进行调整时，就陆续投入很多资金实施信息化建设，这种信息化建设的结果不仅削减了其渠道中的大量冗员，还极大地提高了渠道运行的效率。

第三，引进新的渠道参与者以提高渠道运行效率。除了可以在现有渠道成员之间将渠道流程重组以外，如果企业发现某项渠道功能在渠道系统内无法找到最合适的执行者，企业就可以考虑向渠道系统中引进新的渠道参与者。如企业可以通过将物流功能外包给专业的第三方物流公司提高渠道物流功能的执行效率。

总之，渠道差距分析提供了一种对渠道运行绩效进行诊断并进行调整的规范性分析方法，企业可以将这种分析方法与其他传统分析方法相结合，更加有效地对企业渠道运行绩效进行评价、对存在的问题进行诊断，并采取行之有效的策略进行渠道调整与改进。

---

① 科兰，等. 营销渠道［M］. 蒋青云，等译. 7版. 北京：中国人民大学出版社，2008：152-153.

本章小结

营销渠道管理是一个动态的过程。由于企业外部环境的不断变化，竞争对手不断采取新的营销策略，企业自身的资源条件也在不断改变，这都要求企业阶段性地对营销渠道进行绩效评价，以便准确地了解企业当下的营销渠道是否适合现时的营销环境，是否更有助于实现企业的营销目标。对营销渠道进行多方面评价的结构，构成了企业进行渠道调整和渠道改进的依据。

渠道绩效评价，也可称之为渠道绩效评估，是指厂商通过系统化的手段或措施对其营销渠道系统的效率和效果进行客观的考核和评价的活动过程。评价渠道绩效可以从宏观层面和微观层面来进行。从宏观层面来讲，渠道绩效就是指渠道系统对全社会做出的贡献，它是站在整个社会的高度来考察的；而从微观方面来讲，渠道绩效指的是渠道系统或渠道成员对企业做出的贡献，它是从企业自身的角度来考察的。

渠道绩效评价流程包括：详尽了解企业的经营目标，并将其分解为一系列的销售目标；设定渠道绩效的评价指标；制定渠道绩效评定制度；认清绩效差距并制定渠道改进规划。

渠道绩效评价的常用方法有两种：一种是历史比较法，另一种是区域比较法。其中，历史比较法，就是将渠道系统或渠道成员的当期销量与上期销量做比较，得出上升或下降的比值，然后再与整体市场的升降百分比进行比较。区域比较法，就是将各渠道成员的绩效与该区域销售潜量分析所得出的数值进行比较，具体地说，就是将某区域内各渠道成员在某一时段的实际销售量与通过分析得出的该区域销售潜量进行比较并且排序，然后通过测算相关指标，以确定这些渠道成员在这一时段是否达到某一标准。

一般而言，企业对渠道进行调整的原因主要来自企业外部和内部两个方面。企业外部的原因主要来自市场环境、竞争等方面的因素；企业内部的因素多是现行渠道难以满足企业的目标。

针对渠道调整的不同原因，企业对营销渠道的调整方式一般包括以下几种：调整整体渠道结构，调整渠道中间商的合作方式，调整渠道政策，调整渠道成员的关系，调整区域性市场的渠道结构，对原有渠道系统进行彻底整合调整。

渠道差距分析是用来寻找渠道差距并进行渠道调整与改进的一种分析方法。渠道差距产生的原因包括外部环境因素和企业内部管理因素，其中外部环境因素主要包括法律、法规的约束和市场中物质和渠道设施的限制；企业内部管理因素主要包括管理知识的限制和企业在高层次优化的结果。渠道差距可能存在于供给方，也可能存在于需求方，根据渠道差距产生的原因可以选择有针对性的策略对渠道进行调整。

拓展学习

双重渠道的效率、冲突与功能[①]

1）双重渠道理论及问题的提出

双重渠道（dual distribution channel）是制造商同时采用了中间商渠道和直销渠道服务于某个市场的渠道结构模式。早在20世纪60年代，西方学者就开始关注双重渠道问题，关于双重渠道的功能与影响问题一直是学者们关注的焦点。如Moriarty和Moran认为双重渠道可以更好地服务目标市场，这是由于双重渠道可以给消费者提供更多的选择，并且为制造商在各个目标市场中匹配成本和收益提供了机会。Dutta等学者认为双重渠道为制造商管理分销活动提供了更丰富的信息，并且赋予了制造商在目标市场上制定渠道策略的灵活性，如制造商可以通过一定的手段将业务在不同的渠道间相互转移。此外，制造商的直销渠道还可以对中间商渠道产生强大的示范效应，从而更有利于展示品牌形象、服务目标市场。Chiang等学者认为直销渠道是制造商为了获取渠道控制权而采取的一种策略，通过直接介入市场，制造商可以提升相对于中间商的渠道权力。虽然双重渠道具有很多对制造商有利的功能，但管理双重渠道对制造商而言是个颇具挑战性的任务，因为双重渠道的主要问题之一就在于其可能导致渠道间的冲突。Davis认为双重渠道容易引发渠道冲突，制造商会利用自身的价格优势对零售商造成威胁，而Yan等学者的研究则发现制造商可以通过建立直销网点，促进零售商对顾客服务的提高，从而获取更多的利润，同时零售商由于提高了服务质量，促进了销售量的增加，相应的也就获取了更多的利润。

综观上述学者的观点，制造商在传统中间商渠道的基础上增加直销渠道可能是为了获得渠道控制权，提高整个渠道的效率以及增加收益，但双重渠道带来的可能对渠道运行绩效产生负面影响的问题也不容忽视。但是，对于制造商所服务的某个特定市场而言，直销渠道和中间商渠道的运行效率是否会存在一些差异？产生这些差异的原因是什么？如果两条渠道的运销效率存在差异的话，制造商为什么不使用效率更高的单一渠道系统？双重渠道中除了存在竞争与冲突以外，是否还存在一些支持其高效率运转的其他机制？本文认为双重渠道内可能存在着渠道间的分工，这种功能分工允许了低效率运转的渠道的存在，并在总体上提升了整个渠道系统的绩效。针对上述研究问题，本文选取B品牌化妆品大连销售公司（以下简称B公司）作为案例，通过对大连B品牌化妆品的双重渠道系统的研究来对以上问题进行深入研究。

2）研究设计

（1）案例背景

B品牌化妆品是化妆品行业中少数采用双重渠道策略的化妆品品牌之一，并且于

① 选自高洁，金玉冬，张闯．双重渠道的效率、冲突与功能：以B品牌化妆品为例．未发表工作论文．文中删去了原文中的夹注和文后参考文献。

2003年进军大连市场，考虑到产品因素、市场环境与企业自身因素，企业没有设立类似加盟店、SPA会所、旗舰店、生活会馆等形式的分销渠道，而只选择了百货商场专柜与专卖店两种分销渠道，两条渠道统一由该品牌化妆品大连销售公司管理。这样，B品牌化妆品在大连市场上的渠道就形成了非常典型的双重渠道结构，由销售公司直接经营的专卖店是直接渠道，而设在百货商店的专柜则构成了间接渠道。因此，拥有多年双渠道经营经验的B公司可以作为具有一定代表性的案例用来对本文的问题进行研究。

目前，B公司在大连市共有三家专卖店和五家商场专柜。三家专卖店分别是ZS店、BN店和HP店；商场专柜有BS店、JH店、XA店、XM店和KF店。其中ZS店、BN店和XM店在相距不到100米的商圈（商圈一），XA店与JH店仅一条街之隔（商圈二）。为使研究对象能够较好地体现双渠道管理的特性，我们选取了B品牌化妆品在大连市的全部八个店面来进行实地考察并收集相关资料。但是由于各店面开设的时间不同，所以我们在后文对两条渠道的效率进行比较时，将对比较的时间跨度进行相应的界定和调整。

（2）数据收集

根据案例研究对数据收集的要求，本文从各个可能的方面收集了相关数据。首先，关于B公司的各个店面的销售额、运营成本、会员资料等数据来自各个店面的相关经营记录和会员顾客数据库。本文作者利用在B公司实习的机会，得到了该公司经理的支持，获得了比较完整、详细的上述数据。其次，第一手数据主要是通过访谈获得的。作者选取了1位大连销售公司的负责人、8位门店的店长和各店的店员作为访谈对象，分别一对一地对她们进行了访问。在对访谈者深入访谈前，作者事先拟定了详细的访谈提纲，对访谈过程进行了录音，以便于数据资料的记载和整理。本文访谈的相关情况如表10-6所示。

3）案例研究及结论

（1）两种渠道的效率比较

①销售贡献率分析

本案例中，双重渠道系统中的渠道销售贡献率是指通过该渠道实现的销售额占公司产品在该市场上销售总额的比率。2005—2009年两条渠道的销售贡献率情况如表10-7所示。

从表10-7可以看出，专卖店的销售贡献率逐年下降而商场专柜的销售贡献率逐年上升，这说明专卖店对公司的贡献在减弱而商场专柜的贡献与日俱增。专卖店的销售贡献率从2005年的74%下降到了2009年的24.5%；而商场专柜的贡献率从2005年的26%上升到2009年的75.5%，两条渠道的贡献率变化体现了在全部销售额中两条渠道完成的销售额此消彼长的过程。

下面我们将通过专卖店与商场专柜两种渠道的年度销售额、销售费用、销售费用率等指标来进一步分析两种渠道的效率水平。

②销售额分析

2005—2009年两条渠道的总销售额与单店平均销售额情况如表10-8所示。

表 10-6 **访谈设计内容简表**

项　目	一线销售人员	各店铺店长	公司负责人
样本数量	16	8	1
平均访谈时间	30分钟	1小时	1小时30分钟
样本分布	3家专卖店、5家商场专柜各随机抽取2名	3家专卖店、5家商场专柜	大连销售公司负责人
样本基本信息	年龄在22～32岁之间，平均年龄27岁，100%女性，最高受教育程度大专，平均从事化妆品行业3年，平均在B公司工作2年	年龄在28～32岁之间，平均年龄30岁，100%女性，最高受教育程度本科，平均从事化妆品行业6年，平均在B公司工作4年	年龄45岁，女性，受教育程度本科，在B公司工作年限为7年
主要数据信息	平均每月销售额、每月平均销售完成率、平均每月办理会员数、会员维持率、对公司分销渠道设计的建议	店铺平均每月销售额、店铺成本构成、店铺每月平均办理会员数、平均每月重购率、平均每月增长率、顾客投诉情况和对公司目前双重渠道管理的看法和建议	各店铺每年销售额、店铺成本利润率、双重渠道现状评价与未来规划等

表 10-7 **2005—2009年专卖店与商场专柜的销售贡献率表** 单位：%

销售贡献率	2005年	2006年	2007年	2008年	2009年
专卖店	74	70	52	35	24.5
商场专柜	26	30	48	65	75.5

表 10-8 **2005—2009年专卖店与商场专柜的销售变化表** 单位：万元

年　份	专卖店		商场专柜	
	总销售额	单店平均销售额	总销售额	单店平均销售额
2005	204	102	72	72
2006	301	100	114	57
2007	432	144	436	109
2008	432	144	784	137
2009	300	100	924	185

就销售总额而言，专卖店的总销售额从2005年到2007年一直上涨，2008年与2007年持平，而在2009年却比上一年下跌了132万元，但相对于2005年而言仍有47%的增幅。相比之下，同期商场专柜的总销售额却在持续上涨，从2005年到2009年，每年的平均增幅达89%。由于专卖店和商场专柜在数量上的差异，将两条渠道的

销售总额直接比较并不能说明两个渠道的效率，因此需要对两条渠道单店的平均销售额进行比较。在单店平均销售额方面，专卖店的单店平均销售额在2007年和2008年上涨之后又回落到与2005年大体相当的水平；而商场专柜的单店平均销售额则处于持续增长状态（2006年略有下降，因为JH店于2006年年末开店，销售额只有30万元，拉低了单店平均销售额），5年间的平均增长率达到了27%。尽管如此，我们注意到，2005—2008年期间，虽然商场专柜单店平均销售额的增长很快，但其绝对额一直低于专卖店的水平，只在2009年前者才超出了后者。在访谈中，我们了解到，2009年商场专柜在商场的压力下接受了每年3次的商场促销活动，活动期间商场专柜的销售额迅猛增加，同时商场专柜依靠商场的高客流拥有着源源不断的新顾客从而使其获得了持续增长的销售额。商场专柜的促销活动对处于同一商圈中的专卖店的影响是非常直接的，如与单店销售额最高的商场专柜（XM店）处于同一商圈的两个专卖店——ZS店和BN店，在与商场专柜的激烈竞争中略显逊色，销售额下降。与此同时，同年3月单店销售额最高的专卖店（HP店）由于所在购物中心的整体调整从大堂中央的位置调到角落，客流明显下降从而导致其销售额直线下降。因而，2009年开始的商场专柜促销和专卖店位置的调整是导致专卖店渠道单店平均销售额大幅下降的主要原因。

为了能更好地比较两条渠道的效率，本文又选用平均每平方米销售额与人均销售额这两个指标来进行双重渠道的效率分析。2008—2009年两条渠道的平均每平方米销售额与人均销售额的情况如表10-9所示。

表10-9 **2008—2009年专卖店与商场专柜的平均销售额变化表** 单位：万元

年份	平均每平方米销售额		人均销售额	
	专卖店	商场专柜	专卖店	商场专柜
2008年	8	9	36	40
2009年	5	11	25	49

从表10－9可以看到，专卖店平均每平方米销售额2008年为8万元，到2009年下降到5万元，下降了38%，人均销售额2008年为36万元，到2009年下降到25万元，下降了31%；而商场专柜平均每平方米销售额2008年为9万元，到2009年上升到11万元，上升了22%，人均销售额2008年为40万元，到2009年上升到49万元，上升了23%。造成两种渠道向不同方向发展的原因在销售额分析中有了详细的介绍，在此不做过多的解释。但是，由表10-9可以清晰地看出不论是2008年还是2009年，商场专柜的平均每平方米销售额和人均销售额都要明显高于专卖店的水平，由此可以看出，商场专柜的销售能力要高于专卖店。

③销售费用分析

2008年B品牌化妆品在大连市的8个店面已全部开业，同时，在2008年和2009年间专卖店与商场专柜的销售额变化也十分明显，因此我们选取了2008年和2009年的数据来做比较进行深入的成本分析。由于数据获取有限，我们仅从销售费用以及销售费用率来进行成本分析。其中，销售费用只包括了销售人员的工资、综合管理费、电话费、宽带费和专卖店的房租、商场的返点及促销费用。销售费用率是指销售费用占销售额的比率。两条渠道的销售额与费用情况如表10－10所示。

表10-10 **2008—2009年专卖店与商场专柜的销售费用表** 单位：万元

项目	专卖店		商场专柜	
	2008年	2009年	2008年	2009年
总销售额	432	300	784	924
总销售费用	69	78	176	215
单店平均销售费用	23	26	35	43
总销售额-总销售费用	363	222	608	709
销售费用率	0.160	0.260	0.224	0.233

分析表10-10可以得到以下几点结论：

第一，专卖店的总销售费用和单店平均销售费用都要低于商场专柜，造成这种差距的主要原因是商场专柜需要向商场交纳25%～30%的返点，销售额越高，返点越高，销售费用也就越高。而专卖店的销售费用相对稳定，主要就是每年约50万元的房租，这就说明专卖店销售得多可以为企业减少更多的成本。

第二，虽然商场专柜的销售费用高，但它拥有着高销售额，因此商场专柜的销售额与销售费用差依然很高，这就说明了商场专柜可以为企业带来更多的利润。

第三，专卖店的销售费用率上升幅度明显，商场专柜几乎没有变化。专卖店销售费用率上升主要是由于店铺销售额的直线下降和费用的提高所导致的，专卖店费用的提高主要是HP店的店铺规模扩大而造成的。商场专柜的销售费用率几乎没有变化的原因是销售额增加的同时商场的返利也在同比例的增加，2009年的销售费用率略高于2008年是因为2009年部分商场专柜参加了商场的促销活动，导致促销费用的提高，从而销售费用率也有所提高。

第四，从2009年销售费用率的对比发现，专卖店的销售费用率超出了商场专柜的销售费用率，专卖店的低销售额使其低销售费用的优势消失。这样的话，只有专卖店的总销售额达到336万元，平均单店168万元时，它的销售费用率才能与商场专柜的持平，专卖店的低销售费用优势才可以显示出来，也就是当专卖店的总销售额超过336万元时，它的超额销售量会给企业带来更多的利润。但从专卖店和商场专柜的走势来看，这样的目标对于专卖店是个挑战。

从以上三个财务指标对双重渠道的效率分析可以得到，拥有着强大销售能力的商场专柜较专卖店而言有着更高的渠道效率。并且从该双重渠道系统的发展趋势来看，商场专柜的优势将更加明显，那么效率较低、贡献较小的专卖店渠道存在的价值是什么？从整体来看，如果可以增加双重渠道的总销售额并降低总销售费用，那么对于企业来讲才可以实现最高利润和最优渠道效率。但是，如何使专卖店和商场专柜优势互补，充分利用专卖店的低销售费用、商场专柜的高销售能力实现上述目标？这将是我们下文的研究重点。

（2）双重渠道冲突

双重渠道的冲突包括专卖店与商场专柜这两条渠道之间的冲突，以及各自渠道内的冲突。同一渠道内的冲突主要在于对同一商圈内目标顾客的抢夺，由于我们研究的目标主要在两种渠道的比较上，所以对此种冲突不进行分析。

根据访谈数据，专卖店与商场专柜的渠道间冲突主要体现在以下三个方面。首先，渠道间目标消费者抢夺的冲突。目前3家专卖店与5家商场专柜已基本覆盖了整个大连市区市场，由于商场专柜新开门店数量的不断增加，加之百货商店产品品种繁多、齐全、商场活动打折力度大，商场专柜在争取目标消费者的竞争中占据了优势地位，这也是最终导致两种渠道的年销售额差距逐渐拉大的主要原因。其次，促销活动冲突。2009年之前，B品牌化妆品在大连地区主要是依靠自己每个月不同组合的赠品来进行促销活动，多数情况下专柜从不参加任何商场买省、赠券、打折等促销活动。但是，在商场持续不断的压力下，商场专柜不得不每年参加3次商场最大规模的促销活动，结果导致在商场专柜参加商场促销活动的月份，其月销售额会环比上涨1～2倍、当月新办理会员卡数量环比增长1～3倍、当月老顾客的重购金额会环比增长1～2倍。相比之下，专卖店的当月销售额则会环比下降10%～20%，当月新办理会员卡数环比下降10%～30%，同时还会有大量会员销售额的流失。最后，会员管理冲突。由于会员信息是为全国联网各个店铺所共享的，所以存在专卖店与商场专柜相互之间会员自然流失、流动、抢夺等现象。历史数据显示，专卖店在会员管理方面要优于商场专柜，尤其是在销售淡季，专卖店的重购率比商场专柜的重购率高出25%～30%。

综合以上分析，总体来讲商场专柜在与专卖店的竞争中居于强势地位，这是因为商场专柜在目标消费者的抢夺和促销活动上处于优势，而专卖店在会员管理方面会比商场专柜更有竞争力。虽然两条渠道的店铺会由于上述冲突而多有怨言，但上述冲突并未对B品牌化妆品在大连市场的销售产生太大的负面影响，相反，该品牌在大连市场的销售额实现了较快速度的增长，这显然得益于两条渠道的互补性功能分工。

（3）双重渠道的功能分工

化妆品分销渠道的主要功能包括销售功能、市场覆盖功能、品牌形象展示功能、服务功能、会员管理功能等，通过前文的分析可以很明显地看出商场专柜的销售功能和市场覆盖功能要优于专卖店。下面本文通过对双重渠道中专卖店与商场专柜的品牌形象展示功能、服务功能及会员功能来具体分析比较两种渠道的功能及其服务质量差异。

①品牌形象展示功能和服务功能比较

一方面，与商场专柜相比专卖店的店铺面积大，装修淡雅精致，设备齐全，如产品展架、新产品展柜、试用台、广告板、产品宣传册挂牌等等。所以，专卖店可以更好、更全面地展示B品牌化妆品的清新、淡雅、天然的品牌形象。另一方面，商场专柜由于客流量大，所以在销售全过程中，包括产品讲解、产品试用、会员卡办理、验货、付货、回访等服务工作由于时间精力有限无法做到细致入微，很多时候无法达到标准要求，甚至会遭到顾客投诉。而专卖店则可以将每一个环节都做到细致入微，让顾客满意度达到较高水平，因此专卖店的顾客投诉率要远远低于商场专柜。可见，专卖店在品牌形象展示和顾客服务方面的功能要强于商场专柜。

②会员管理功能比较

下面通过对双重渠道的平均每个月办卡数量及重购率来对会员管理功能进行比较分析。在本案例中，重购是指拥有会员卡的会员，无论是否在本店铺开卡，只要有2次以上（包括2次）的消费即可算作重购。表10-11展示了两条渠道会员卡的发售数量及淡、旺季的重购率。

表10-11　　2009年两种渠道的平均每月办卡数量及重购率的比较

项目		专卖店	商场专柜
平均每月办卡数量（张）	倾心卡	46	220
	知心卡	53	270
重购率（%）	旺季	65	40
	淡季	75	45

由表10-11可以看出，商场专柜的办卡数量远远高于专卖店。根据访谈数据，在商场专柜有活动的月份商场会员卡办理数最高可达到平均水平的3倍，而在专卖店的活动月，其办卡数最高可达到平均水平的1倍。从这一点可以得出商场专柜的客源贡献率比专卖店高很多。

从表10-11还可以看到，不论是旺季还是淡季，专卖店的重购率都会比商场专柜的重购率高，由此可以看出专卖店在维系顾客方面的功能要强于商场专柜，相对于商场专柜，顾客对于在专卖店得到的服务会更满意。根据调查数据，在销售旺季，专卖店的重购率为65%，在销售淡季，专卖店的重购率更是提高到75%，这说明专卖店的销售额一半以上是由老顾客贡献的，特别是在销售淡季，有3/4的顾客是老顾客，这也充分说明了专卖店的顾客维系功能很强。可见，商场专柜办理会员卡数目明显多于专卖店，而专卖店的重购率却又明显地高于商场专柜，也就是说，商场专柜在客源贡献率方面强于专卖店，而在维系顾客方面却逊于专卖店。

综合以上分析，两种渠道的功能存在互补性，商场专柜补充了专卖店销售功能薄弱、市场覆盖率低的缺陷；专卖店在一定程度上补充了商场专柜服务功能、会员管理功能、品牌形象展示功能较弱的缺陷。因此，专卖店渠道的存在使得整个渠道系统的运转效率更高。所以，虽然商场专柜的分销渠道已经可以覆盖整个大连市，并且销售业绩稳步增长、渠道运转效率良好，但专卖店渠道所承担的功能却可以更好地服务于市场，从而有利于提升B品牌化妆品在大连市场的竞争力。

4）结论与管理建议

本文以B品牌化妆品大连销售公司为例对双重渠道中的效率、冲突与功能等问题进行了深入的案例研究。研究发现商场专柜的渠道效率明显优于专卖店，而且在双重渠道的冲突中，商场专柜依托客流丰富的百货商场拥有着较强的竞争力，并在一定程度上对专卖店的销售产生了负面影响。但从渠道功能来看，相对低效运行的专卖店也有着不可替代的功能，其较低的销售费用，良好的顾客维系能力、服务能力以及品牌展示能力，与商场专柜渠道的功能形成了良好的互补性。从某种程度上说，这也构成了制造商直销渠道存在的一个重要原因，它可以从功能上补充中间商渠道的缺陷，从而获得整个渠道运行效率与效果的最优化。本案例中，商场专柜拥有高客流从而可以实现大量的销售，而专卖店则有着高质量的服务和良好的品牌形象的展示功能，从而可以为品牌吸引更多的顾客；商场专柜的重心在于吸引新顾客，而专卖店的重心在于维系顾客。两个渠道的功能互补性从整体上提升了B品牌化妆品在大连市场上的绩效。

因此，在双重渠道中，传统中间商渠道依靠零售商集聚客源的能力可以获得较高的销售额，而制造商的直接渠道则可利用自身优势为顾客提供更高质量的服务，这构成了制造商采用双重渠道的一个重要原因。即使直接渠道的运行效率可能并不高，但是它不仅可以提高制造商对渠道的控制力，还可以弥补传统中间商渠道的缺陷，通过优势互补来提高整个渠道系统的绩效。

双重渠道在运行效率上存在差异，渠道间存在着冲突，是因为两种渠道在功能分工上不同，所以如何使这两种渠道协同发展，优势互补是企业应该关注的重点，本文结合研究发现对企业的双重渠道管理提出以下几点建议：第一，企业应当合理地规划与分配双重渠道的功能分工。企业在制定战略和营销策略时应根据不同渠道的不同特点，进行渠道的合理规划与分工，利用两者的合力作用使整个渠道更高效地运作，从而达到企业既定目标。第二，将渠道间冲突转化为渠道间合作。渠道间的冲突展示了两条渠道的不同功能，因此可以利用不同渠道的功能优势来进行合作，例如建立转化中间商渠道的顾客为直接渠道的顾客的机制，使消费者在中间商渠道购买产品，在直接渠道享受售后服务，将中间商渠道吸引的新顾客引入直接渠道继续消费。这样不仅可以在高客源的情况下尽量减少销售费用，还可以通过提高服务质量来提高顾客价值。第三，创造渠道间良性竞争的机制。对于制造商来讲，不仅可以通过渠道的优势互补来进行渠道管理，还可以通过弥补渠道自身的劣势来进行管理，这样就造成了渠道间的竞争，但这种竞争有利于顾客服务的提高。例如，直接渠道可以利用促销模式来吸引顾客，中间商渠道可以通过提高服务质量来留住顾客，虽然看似加剧了渠道间冲突，但是这种良性竞争可以促进双方提高顾客服务水平进行顾客的抢夺，对于整个渠道系统来讲是有益的。

复习思考题

1. 什么是营销渠道绩效评价？渠道绩效评价的基本流程是什么？
2. 对渠道绩效进行评价可以在哪些层面展开？
3. 对渠道系统进行评价有哪些评价方法？
4. 对渠道成员进行评价有哪些评价方法？
5. 简述渠道差距分析框架的基本内容。

6.什么是渠道差距？它包括哪些类型？

7.渠道差距产生的约束条件有哪些？

8.如何消除或减少需求方渠道差距？

9.如何消除或减少供应方渠道差距？

案例分析

华为：渠道建设立体化即是最清晰的方向①

当前，提到IT销售通路时，更多的是围绕业务驱动以及用户需求为核心展开，可以说业界已经不再停留于传统意义上的渠道合作，而是将目光聚焦在以方案商、软件开发商以及分销伙伴为一体的合作生态体系，深度挖掘潜在的市场价值。其中，渠道的立体化支持无疑是拉近厂商与渠道的一条最重要的纽带，也是构建高效、敏捷、诚信渠道体系的重要基石。

1）立体布局强调行业渗透

所谓立体化，按笔者的理解，应是渠道规则更加精细，行业领域更加细分，聚焦能力建设、支持手段更加贴近于当下新ICT时代的发展趋势。

华为在2016年的合作生态圈建设也正是顺应了这一立体化的发展基调，分别从智慧城市、分销生态、云生态以及解决方案领域推出了最新的合作新政，核心是在新ICT市场环境中驱动生态圈向方案转型、向软件创新、向增值跃进。

众所周知，随着渠道合作规模、模式和市场环境的变化，渠道支持的内涵与外延正在不断发生变化，特别是对于更加强调创新、集成以及行业价值挖掘的华为渠道伙伴而言，可谓是立体业务对应立体需求，综合价值对应综合能力。

华为有针对性地进行了合作生态圈的立体布局，重点从能力建设、智慧城市建设、行业拉通建设三大层面助力合作伙伴，以稳住机遇，快速获取增值价值。

用华为企业BG中国区总裁蔡英华的话来说，合作伙伴大学是赋能阵地，智慧城市是战略机会，行业拉通则是精准布局，三者协作互通，聚力增值。

以智慧城市为例，作为新近成立的业务部门，华为在内部将通过智慧城市平台实现跨行业、跨产品、跨领域的拉通。在外部，通过构建智慧城市生态圈，以华为ICT解决方案为平台，对接合作伙伴的行业能力，形成完善的解决方案。无疑，这都需要能力提升与行业渗透的相互融合。

2）让能力高效呈现

具体到ISV合作上，能力提升的目的是让我们的合作伙伴可以更好地实现转型，ISV对行业的理解是强于华为的，而我们所要做的，就是为它们提供标准接口、开放平台，保证ISV的方案在华为的平台上能高效呈现。

---

① 根据赵珏．华为：渠道建设立体化即是最清晰的方向［EB/OL］．［2016-03-23］．http：//www.c114.com.cn/news/126/a946036.html改编。

为此，2016年，华为在ISV生态布局上重点从技术支撑体系（eSDK平台、实验室与社区）、ISV战略资源体系（人才培养、技术支持、营销支持）、ISV分层体系（认证、优选、领先）上进行精细化的助力，做到面面俱到，高效对接。

值得一提的是，ISV分层体系更体现了华为从ISV能力级别上做出的清晰判断。

对于华为而言，分层体系旨在更好地推出双方在细分市场的运作机制，保持高度的敏捷行动和快速反应。今年，华为在ISV支撑体系上的投入会到2亿元规模，这样的联合创新力度驱动价值巨大，可见华为用心之专注。

作为优选ISV合作伙伴，先进数通副总裁罗云波认为，华为更加立体化的分层体系能够帮助先进数通进一步打开市场，从专业领域的深耕到非专业领域的拓展，华为皆可通过自身的营销布局来帮助合作伙伴获得潜在的市场机会。

“先进数通定位于金融领域，但我们的大数据方案在很多非金融领域也能发挥所长，客户需求巨大”，罗云波说，“华为的市场触角能够帮助我们实现业务的快速延伸，不仅是先进数通，很多ISV的优秀方案也能通过华为的巡展及丰富的营销活动迅速传播出去”。

事实上，除了罗云波提到的层级助力，在能力上，得益于华为的对国际前沿趋势与技术的掌握，先进数通在提升云、大数据等领域的技能上可谓如鱼得水，华为通过自身的能力平台，让合作伙伴学有所长，学有所用。

“除了能力培养，也让我们在战略布局上感到省心与安心，作为ISV伙伴，我们不用过多考虑战略方向的前行，跟着华为走，就是找对了方向。” 罗云波说道。

的确，这种方向感有对趋势的把握，也有从原来的链式关系转变为生态圈手挽手、肩并肩的合作关系，这种关系即是华为合作生态体系极其重要的一个持久状态。能力是持久发展的支撑，而合作伙伴大学的系统赋能确有其与以往传统能力建设的不同之处，即系统化的能力培养。

蔡英华也用“一平台、两能力、三实现”来定义合作伙伴能力提升的使命与发展路径。其中，“一平台”指华为中国合作伙伴大学，持续完善赋能体系，助力合作伙伴转型；“两能力”指提升自主报价和自主交付能力，2016年的目标是将这两个关键能力的自主率均提升至75%以上；“三实现”指逐步实现赋能的精准化、课程的实用化、管理的IT化。

华为中国合作伙伴大学也是通过分层、分级的培训和指导，使合作伙伴能力立体化得到赋能。

3）在渠道上实现精细化层级运作

在渠道精细化建设层面，2016年，华为high touch的NA客户，将从2015年的2 000多家缩减到1 000家左右。华为将把增值空间、利润空间以及客户跟进空间，更大力度地开放给渠道合作伙伴，让合作伙伴向自己所cover的领域开足“火力”，收获利润。

另外，交易界面也是合作伙伴值得关注的重点，华为加大了商务授权并鼓励伙伴自主提单，提高了合作伙伴返点使用比例并延长了1年有效期，渠道返点使用比例提升至50%；在授信上，设备+服务的全部授信得到完美覆盖，而面向所有500万元以上项目授信已经进入发展期；渠道授信支撑，从总代落实到了二代，持续总代&一级经销商的MDB投入，授予金牌MDB使用额度。

以上种种渠道新政表明：一是华为渠道的市场拓展运作资金有了更加强大的支持；二是华为的渠道精耕细作使得商务运作流程变得更简单高效；三是下级渠道层级的市场拓展力上得到更为贴近市场的运作效果。

毋庸置疑，“客户是中心、渠道是一线、华为是支撑”始终是华为开展渠道立体化支持的核心理念。蔡英华在主题演讲中，聚焦于此并为合作伙伴的业务实践指出了明确的发展路径。他强调，随着“聚焦”与“被集成”战略的深化，华为合作伙伴正在共同成长壮大，硕果累累。华为的“使能”力度必将随着业务驱动与客户需求共同支撑双方的业务创新，能力不是口号，而是行动！创新不是概念，而是突破！2016年，伴随着华为更为立体精细化的渠道运作，支持策略的升级，相信在“启新梦想，铸新辉煌”的愿景之下，华为渠道的数量和质量一定会突飞猛进，节节攀升！

延伸阅读

［1］董春艳，张闯．渠道权力结构与进场费的作用关系——基于中国家电渠道的案例研究［J］．中国工业经济，2007（10）：119-126.

［2］张涛，庄贵军，滕文波．电子零售渠道的建立对各方收益的影响研究［J］．管理学报，2011，8（1）：81-90.

［3］Ganesan S，George M，Jap S，et al. Supply chain management and retailer performance：Emerging trends，issues，and implications for research and practice［J］. Journal of Retailing，2009，85（1）：84-94.